专利代理人执业培训系列教程

ZHUANLI DAILIREN ZHIYE PEIXUN XILIE JIAOCHENG

# 专利申请代理实务

## ——电学分册

ZHUANLI SHENQING DAILI SHIWU DIANXUE FENCE

中华全国专利代理人协会　中国知识产权培训中心／组织编写

李　超／主编

知识产权出版社

全国百佳图书出版单位

**内容提要**

本书由从业经验丰富的专利代理人和资深审查员共同编写，针对专利申请电学领域的专利代理和专利审查实践中的典型问题和常见问题，从相关重要法条解释、专利申请文件撰写流程、审查意见通知书的答复、专利申请文件的修改等方面作了详细阐述，并配置了丰富的案例。对读者而言，是从理论和实践两个层面的全面提升。

读者对象：专利代理行业从业人员，企事业单位从事专利工作的人员。


**责任编辑**：李 琳 王祝兰　　**责任校对**：韩秀天

**封面设计**：独角兽工作室 平面设计　　**责任出版**：卢运霞

**图书在版编目（CIP）数据**

专利申请代理实务．电学分册/李超主编．—北京：知识产权出版社，2013.1（2016.10 重印）

ISBN 978-7-5130-1870-8

Ⅰ.①专… Ⅱ.①李… Ⅲ.①电学—专利申请—代理（法律）—中国—教材

Ⅳ.①D923.42

中国版本图书馆 CIP 数据核字（2013）第 017522 号

‖专利代理人执业培训系列教程‖

**专利申请代理实务**

**——电学分册**

**李 超 主编**

---

**出版发行**：知识产权出版社有限责任公司

**社　　址**：北京市海淀区西外太平庄 55 号　　**邮　　编**：100081

**网　　址**：http://www.ipph.cn　　**邮　　箱**：bjb@cnipr.com

**发行电话**：010-82000860 转 8101/8102　　**传　　真**：010-82005070/82000893

**责编电话**：010-82000887　82000860 转 8116　　**责编邮箱**：lilin@cnipr.com

**印　　刷**：北京富生印刷厂　　**经　　销**：各大网络书店、新华书店及相关销售网点

**开　　本**：787mm×1092mm　1/16　　**印　　张**：25.75

**版　　次**：2013 年 3 月第 1 版　　**印　　次**：2016 年 10 月第 2 次印刷

**字　　数**：547 千字　　**定　　价**：72.00 元

**ISBN 978-7-5130-1870-8/D·1686（4715）**


---

## 《专利代理人执业培训系列教程》
## 编　委　会



## 《专利申请代理实务——电学分册》

# 序　言

目前，知识产权在推动经济社会发展中的作用和地位越来越凸显，已经成为世界各国竞争的一个焦点。温家宝总理曾经指出："世界未来的竞争，就是知识产权的竞争。"我国正处于转变经济发展方式、调整产业结构的转型期，全社会的研发投入大幅增加，知识产权保护意识不断提升，专利申请数量快速增长，我国知识产权事业正处于重要的战略发展机遇期，要求我们必须直面知识产权工作面临的巨大挑战。

随着国家知识产权战略的实施，企业创新行为更加活跃，创新主体对专利中介服务的需求增加，专利中介服务业务量激增，专利代理行业的市场需求逐年增大。2011年，我国年度专利申请量达到1 633 347件，其中委托代理机构代理申请的达到1 055 247件，自1985年专利代理制度成立以来年度代理量首次突破100万件。其中，代理国外申请128 667件、国内申请926 580件。以上各项数据充分表明，我国专利代理行业的主渠道作用越来越明显，已经成为实践知识产权制度的重要支柱之一。专利代理事业的蓬勃发展也促使了专利代理人队伍的不断壮大，截至2012年10月31日，全国执业专利代理人人数已增至7 949人，专利代理机构达到909家。作为"第二发明人"，专利代理人的工作是一项法律性、技术性都极强的工作，需要由经过专门培训的高素质人员来完成。目前，我国专利中介服务能力随着专利事业的发展取得了举世瞩目的成绩。

随着国际形势的变化和我国知识产权事业的发展，专利代理能力提升面临前所未有的机遇与挑战。申请量、代理量的不断增大，专利审查工作的严格细致，对专利代理工作提出了更加高效、更加准确、更加专业的工作目标。社会需求的不断扩大，发明人、企业发明的多样化，对专利代理人的能力和水平也提出了更高的要求，迫切要求专利代理人全面提升服务能力。应当说，全面提升专利代理能力是知识产权事业发展的必然要求。专利代理人执业培训，是全面提升专利代理人服务能力的重要途径。《国家知识产权战略纲要》对知识产权中介服务职业培训提出了明确要求："建立知识产权中介服务执业培训制度，加强中介服务职业培训，规范执业资质管理。"《专利代理行业发展规划（2009年—2015年）》则对专利代理服务执业培训作出了系统性的安排。

为此，中华全国专利代理人协会在上述国际、国内形势的背景下，深入贯彻落实《国家知识产权战略纲要》和《专利代理行业发展规划（2009年—2015年）》的要求，组织编写专利代理人执业培训系列教程，具有历史性的意义。中华全国专利代理人协会精心组织，挑选在业界具有盛名的相关领域专家组成编写工作组，聘请来自国家知识产权局、最高人民法院知识产权审判庭、相关高校的资深专家与专利代理界的资深专家组成统稿及审稿工作组，并专门成立组织协调工作组承担大量的组织、协调工作。可以说，中华全国专利代理人协会对专利代理人执业培训系列教程编写工作的精心组织和有序推进，有力地保障了该系列教程的编写质量。作为专利代理人执业培训教材的垦荒者和实践者，他们为我国知识产权事业作出了重要贡献。

此次编写的专利代理人执业培训系列教程，内容涵盖专利代理职业道德、专利代理事务及流程、专利申请代理实务、专利复审及无效代理实务、专利侵权与诉讼、专利咨询服务等各个方面。这一套系列教程具有如下特点：开创性——编写专利代理人执业培训系列教程尚属首次，具有开创意义；实操性——此次编写的专利代理人执业培训系列教程在内容上注重贴合我国法律实践，对于实际操作具有重要指导意义；全面性——此次编写的专利代理人执业培训系列教程涵盖专利代理人中介服务的方方面面，能够全面提升专利代理人的服务能力；权威性——此次承担专利代理人执业培训系列教程编写任务的同志均是相关领域的专家，具有丰富的实务经验和理论水平。相信通过这样一套集开创、实操、全面、权威为一体的专利代理人执业培训系列教程的编写与出版，能够有效提高专利代理机构的服务质量以及专利代理人的业务能力，推动提高专利代理行业的业务水平。

专利代理能力的提升，是一个永恒的时代话题，一个永远跳跃着的音符。感谢为本套系列教程的组织、编写和出版付出心血的所有工作人员，大家的工作有利于提高全社会知识产权创造、运用、保护和管理能力。我相信，专利代理人执业培训系列教程的出版，对于推动专利代理能力的全面提升具有历史性的意义，必然有利于推动专利代理行业又好又快地发展，有利于服务和保障知识产权事业的发展大局。走过筚路蓝缕的岁月，迎接荆棘遍布的挑战，我相信随着专利代理能力的进一步提升，专利代理界将为我国创新型国家建设和经济发展方式的转变作出更大的贡献！

贺化

2012年12月

# 前　言

当前，我国知识产权事业正处于重要战略发展机遇期，专利代理行业作为知识产权服务业的重要组成部分，对于经济社会发展的贡献度日益凸显。2011 年，我国年度专利申请代理量首次突破百万件。但同时，专利代理人才短缺、服务能力不足，已经成为制约专利事业发展的瓶颈。而专利代理人的素质与能力，与专利代理行业的发展和国家知识产权战略的实施密切相关。

为显著提升专利代理人的专利申请代理能力，国家知识产权局决定在国家“十二五”计划期间用五年的时间对所有执业专利代理人进行一次以提升专利代理人实务技能为培训重点的执业轮训，并为配合这次轮训工作着手编写专利代理人实务技能培训教材。

专利代理人实务技能培训教材的编写工作分为两个阶段。第一阶段，从 2011 年 4 月到 2011 年 8 月。作为这次专利代理人实务技能培训教材编写工作总牵头单位的中华全国专利代理人协会，与国家知识产权局审查业务管理部和人事教育部共同组织专利代理实务技能培训教材的教案和学员用讲义的编写，由原任中华全国专利代理人协会副秘书长王启北同志具体负责组织工作，中华全国专利代理人协会在各专利代理机构的推荐与配合下选拔了 18 名资深专利代理人，与从国家知识产权局选拔出的 18 名资深专利审查员和协会秘书处人员组成教案和讲义的编审队伍❶，于 2011 年 7 月底共同完成培训教材的教案和讲义初稿的编写，并在 8 月份国家知识产权局主办的两期专利代理人实务师资培训班上试讲和听取意见，在此基础上形成专利代理人实务培训教材教案和讲义的定稿。第二阶段，从 2012 年 2 月到 2012 年 9 月。中华全国专利代理人协会与中国知识产权培训中心共同承担将上述培训教材的教案和讲义初稿编写成正式出版稿，并由现任中华全国专利代理人协会徐媛媛副秘书长负责具体组织工作。在这个阶段，根据 2011 年年底北京市知识产权局组织的三期专利代理人实务培训班以及 2012 年第一季度江苏省知识产权局和广东省知识产权局组织的专利代理人实务培训班的教学实践和听取到的意见对教材内容进行进一步完善，包括调整不合适的案例、增补必要的内容、采用规范化的表述、修订不严谨的说明，最后形成专利代理人执业培训系列教程中《专利申请代理实务》的三个分册：机械分册、电学分册和化学分册。

❶ 编审人员分成编写组和审稿组，编写组人员参见三个分册各章的编写者。

本书为专利代理人执业培训系列教程《专利申请代理实务》三个分册中的电学分册。

全书共分五章。

第一章为相关重要法条解释。该章共分四节，其中第一节、第三节中的必要特征部分和单一性部分以及第四节中的实用性部分由李笑[1]编写，第二节和第三节中的权利要求清楚和支持部分由高雪[2]编写，第四节中的新颖性和创造性部分由吴观乐[3]编写。该章从专利保护客体、说明书的撰写、权利要求书的撰写以及授予专利权的三个实质条件四个角度阐述了与专利申请文件撰写和审查意见通知书答复相关的重要法条的立法宗旨，结合案例深入浅出地解析了各法条的内涵。此外，该章还涉及商业方法、计算机程序等电学领域特殊的问题，并给出了具体的解读。

第二章为专利申请文件撰写流程，由李涛[4]编写。该章共分五节，介绍了专利代理人如何与申请人进行沟通、落实待申请专利的技术交底书，其中包括计算机软件领域特定的技术文件的需求、如何确认技术方案和发明点、如何拓展发明技术方案、如何构架权利要求布局以及如何撰写专利申请文件等具体内容。本章最为突出的特点是首次全面地提出了将专利申请文件撰写与专利战略相结合所需要考虑的因素以及实际操作的要义，为专利代理人向申请人提供高层次的专利咨询，给出了丰富的、前瞻性的方向指引。

第三章为审查意见通知书的答复，其中第一节和第二节由陶海萍[5]编写，第三节由李笑编写。该章介绍了如何向申请人转达审查意见通知书、如何理解审查意见通知书的内容和向申请人提出答复建议，以及如何完成审查意见通知的答复等工作。其中还依据审查意见通知书中所列出的证据、申请文件之缺陷等实体内容进行了分类，针对不同类别给出了准确、高效的不同实操指导。此外，为帮助读者更好地掌握答复审查意见通知书的具体实务工作，本章还给出了一个答复审查意见通知书的具体案例。

第四章为专利申请文件的修改，由沈乐平[6]编写。该章就专利申请文件修改的时机和方式、修改的内容和范围，通过各种具体修改类型的案例说明应该如何正确理解《专利法》第33条、《专利法实施细则》第51条的规定，并且给出了针对申请文件的缺陷如何修改即符合相关规定的解读。

第五章为案例，是专利申请文件撰写实操部分。该章分为四节，通过四个具体案例介绍电学领域专利申请的技术交底书的获取与挖掘、发明点的确认、权利要求书的

---

[1] 李笑：国家知识产权局专利局通信发明审查部。
[2] 高雪：国家知识产权局专利复审委员会。
[3] 吴观乐：北京市柳沈律师事务所。
[4] 李涛：北京锐思知识产权代理事务所。
[5] 陶海萍：北京三友知识产权代理有限公司。
[6] 沈乐平：国家知识产权局专利局专利审查协作北京中心。

布局、说明书的撰写等内容，并且每个案例分别对应了电学领域不同的技术特点。这些案例均给出了如何通过与申请人的一次或多次沟通来逐渐深入地理解技术方案，如何围绕专利的实施来确定保护的主题，如何根据确定的保护主题来撰写权利要求书，以及如何围绕权利要求书所要求保护的技术方案撰写说明书，既可供读者、尤其是专利代理人在代理电学领域专利申请时借鉴和参考，也可供读者学习时进行模拟练习。其中：案例一为“一种音频控制电路”，由刘静[1]和崔维[2]编写。该案例属于电子电路技术领域，涉及电子电路硬件结构的改进，其重点是在权利要求撰写中体现出电学领域常见的功能性限定的技术特征。为更好地体现说明书充分公开的内容如何支持权利要求功能性限定的技术特征，该案例通过多个实施例以及本领域技术人员应具备的专业知识，分析了具体电路构成与相应的功能性限定的技术特征之间的关系。案例二为“一种在无线网络控制器中产生内部时钟的方法及装置”，由鄄迅[3]编写。该案例的技术内容属于通信技术领域，在通信领域特有的通信方法、网络端设备等多角度、多层次的保护需求前提下，构建多保护主题的发明专利申请。该案例的素材来自代理实践中的案例，其中既有硬件结构的改变，也有处理方法的改进，代理人通过与申请人的沟通对发明点的技术内容进行了详细的梳理，最后完成一个保护方案相对全面的专利申请文件。案例三为“一种用于运行应用程序的方法和装置”，由王英[4]编写。该案例的素材同样来自代理实践中的案例，其技术内容属于计算机技术领域。该案例体现了涉及计算机程序的专利申请中的一般性和特殊性问题，旨在说明如何撰写与方法步骤对应的装置保护主题的权利要求书和说明书。案例四为“一种计算机文件系统搜索排序方法及装置”，由刘静编写。该案例的重点是针对计算机技术领域常见的一些数据处理方法或算法类发明，如该案例文件系统中搜索排序的方法，给出了如何挖掘发明交底材料本身的技术问题、技术效果以及技术手段，尤其是在撰写权利要求时如何更好地表达其技术信息、撰写出符合专利法保护客体基本规定的技术方案等的示例。该案例同样给出了与方法步骤对应的、涉及装置保护主题的权利要求书和说明书撰写的示例。

本书从教案和讲义到成书出版的编写阶段，编写人员负责将各章节的编写稿按照出版社的出版要求进行整理，并同时由刘芳负责组内第一次审稿、修改和统稿；本书成稿后由李超、蹇炜、王智勇进行了二次审稿、修改和统稿；最后，由李超、吴观乐、蹇炜、徐媛媛进行总审、最终修改和统稿。

在本书编写过程中，吴观乐同志对许多章节提出了极有价值的修改建议和意见。同时在前期教案的案例整理中，国家知识产权局刘红梅处长也给出了专家意见。中华

---

[1] 刘静：国家知识产权局专利局电学发明审查部。

[2] 崔维：上海市光大律师事务所。

[3] 鄄迅：北京市金杜律师事务所。

[4] 王英：北京市永新专利商标代理有限公司。

全国专利代理人协会徐媛媛、李海玲等同志所做的协调和沟通工作是本书最终得以成稿的重要保障，中国知识产权培训中心、知识产权出版社为本书的出版也做了大量工作，特此表示感谢！

本书在编写过程中得到国家知识产权局各业务部门与各专利代理机构的大力协助，各专利审查业务部门与各专利代理机构充分调动了机构集体力量，协助编写人员收集、汇总与专利申请文件撰写、审查意见通知书答复与申请文件修改以及撰写案例有关的资料，为编写人员顺利完成本次教材编写工作奠定了良好的基础。国家知识产权局贺化副局长、宋建华司长，中华全国专利代理人协会杨梧会长、李建蓉秘书长等领导和专家对本书的编写给予了许多指导和帮助。在此一并表示感谢！

由于作者的水平和实践经验所限，本书内容一定存在不少偏颇之处，敬请读者批评指正！

# 目　　录

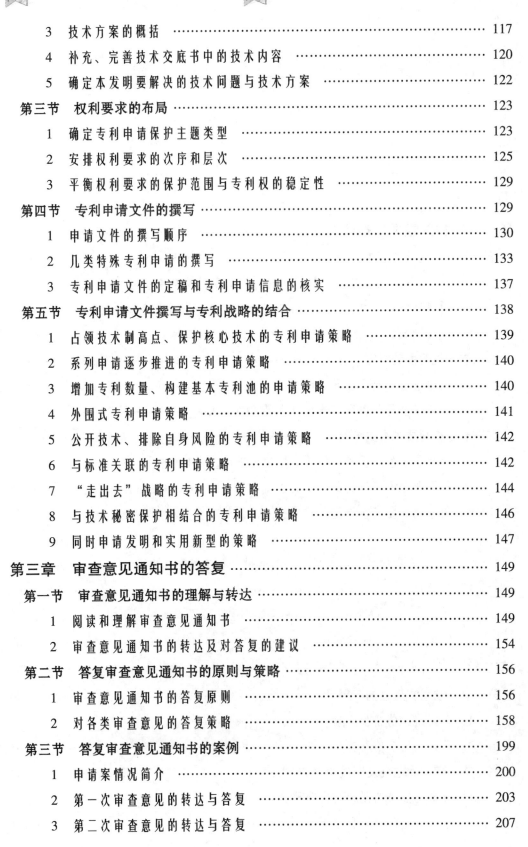

# 第一章　相关重要法条解释

本章试图从专利保护客体、说明书的撰写、权利要求书的撰写以及授予专利权的三个实质条件（新颖性、创造性和实用性）四个角度阐述与申请文件撰写和审查意见通知书答复相关的重要法条的立法宗旨，并通过案例向读者说明这些法条的内涵。

## 第一节　专利保护客体

《专利法》第 2 条、第 5 条、第 25 条对专利保护客体作出了规定，本节主要针对其中涉及发明专利保护客体的法律条款作出解释。其中，《专利法》第 2 条第 2 款对可授予专利权的发明专利申请主题给出了定义，《专利法》第 5 条和第 25 条分别明确规定了一些不能授予专利权的主题。

### 1 《专利法》第 2 条第 2 款规定的可授予专利权的客体

我国《专利法》第 1 条阐明了专利法的立法宗旨，即：对发明创造授予专利权是为了保护专利权人的合法权益，鼓励发明创造，推动发明创造的应用，提高创新能力，促进科学技术进步和经济社会发展。那么，什么是专利法意义上的发明创造？《专利法》第 2 条中进一步明确了“发明创造”的定义，对可授予专利权的客体作出了规定，其中第 2 款和第 3 款分别对专利法意义上的“发明”和“实用新型”给出了明确的、正面的定义。

《专利法》第 2 条第 2 款规定：“发明，是指对产品、方法或者其改进所提出的新的技术方案。”

《专利法》第 2 条第 3 款规定：“实用新型，是指对产品的形状、构造或者其结合所提出的适于实用的新的技术方案。”❶

#### 1.1　法条释义

由《专利法》第 2 条第 2 款和第 3 款对发明和实用新型的定义可知，发明和实用新型专利保护的发明创造都是“新的技术方案”，明显不同于外观设计专利的保护客体。为了帮助读者更清楚地理解和掌握什么是新的技术方案，下面从两个方面作出

❶ 本书的重点是发明专利，对于实用新型专利本身的特点在本书中不涉及。

解释。

(1) 专利法意义上的“技术方案”

在上述定义中，对发明专利权的保护客体产生限制作用的主要是“技术方案”这一措辞，产品或方法都是由技术方案来体现的。

技术方案是对要解决的技术问题所采取的包含有利用了自然规律的技术手段的集合，也就是说，技术方案是针对所要解决的技术问题而采取的一系列技术手段的集合，而技术手段通常是由技术特征来体现的。反之，未采用技术手段解决技术问题以获得符合自然规律的技术效果的方案，不属于《专利法》第 2 条第 2 款规定的“技术方案”。其中，“利用了自然规律”并不是要求申请文件中必须指明具体应用了什么自然规律，只要技术方案本身符合自然规律、不与自然规律相违背即可。

一项技术方案应该同时具备技术手段、技术问题和技术效果三要素。技术手段通常体现于技术特征中，产品技术方案的技术特征可以是零件、部件、材料、器具、设备、装置的性质、结构、成分等；方法技术方案的技术特征可以是工艺、步骤、过程以及所采用的原料、设备、工具等。各个技术特征之间的相互关系也是技术特征。发明所要解决的技术问题，是指要解决的现有技术中存在的技术问题（即发明目的）。技术效果与为达到该效果而采用的技术手段密不可分。

在专利代理实践中，专利代理人经常需要判断申请人所想要保护的主题是否属于专利法意义上的技术方案。而判断一个方案是否为技术方案，应当将要求保护的方案作为一个整体来考虑，判断整个方案是否采用了技术手段、是否解决了技术问题并产生了技术效果。不应仅根据方案中存在技术特征即直接得出整个方案为技术方案的结论，而应判断方案中的技术特征对发明所要解决的问题和实现的效果能否起作用，并判断所要解决的问题是否为技术问题和实现的效果是否为技术效果。

(2)“新的技术方案”与新颖性要求的区别

本条款中出现的“新的”一词，是用于界定能够获得发明专利的技术方案的性质，若无“新的”一词，则将导致对产品、方法提出的任何技术方案都可以被称为“发明”，这显然有悖于立法宗旨和发明的基本概念，会导致公众产生误解。正因为如此，这里所说的“新的技术方案”，仅仅是对可申请专利保护的发明客体的一般性定义，而不是判断新颖性的具体审查标准。

### 1.2 法条应用

下面对专利代理实践和专利审查实践中所遇到的四类不属于《专利法》第 2 条第 2 款规定的主题（涉及声、光、电、磁、波等信号或能量的主题，涉及商业方法的发明，涉及图形、平面、曲面和弧线类的主题以及涉及计算机程序的主题）进行分析说明，以帮助专利代理人进一步掌握对《专利法》第 2 条第 2 款规定的应用。

#### 1.2.1 涉及声、光、电、磁、波等信号或能量的主题

这些主题不属于专利法意义上的产品发明，因而不符合《专利法》第 2 条第 2 款

的规定。

需要注意的是，只要权利要求的主题名称为上述主题，则无论该权利要求是否还包含其他技术内容，也不必区分该主题是天然存在的、还是人为干预获得的，均不属于《专利法》第2条第2款规定的发明保护客体。

但是，这类信号或能量的应用属于可授予发明专利权的保护客体，因此在专利代理实践中，面对这类专利申请，应当进一步向申请人了解具体技术内容，以便与申请人探讨可否以这类信号或能量的应用作为申请要求保护的主题。

【案例1-1】

在本案例中，权利要求的主题为用于物质成分分析的光束，其权利要求1为：

1. 一种用于物质成分分析的光束，其特征在于：该光束的波长为484nm。

【分析】

该权利要求的保护主题是一种波长为484nm这一特性的光束，而光束本身不属于《专利法》第2条第2款规定的客体，因而即使该光束可用于解决技术问题（用于物质成分分析），该光束本身也不构成专利法意义上的产品发明。

但是，由该主题的名称可知，如果改变对该主题的写法，就可成为发明专利的保护客体。就本案例来说，可以针对利用光束的性质解决技术问题这一点撰写出属于专利法保护客体的技术方案：一种物质成分分析方法，其特征在于采用波长为484nm的光束照射液体，并通过测定液体对光的吸收来进行物质成分测定。

【案例1-2】

在本案例中，权利要求的主题为稳频单频激光，其权利要求1为：

1. 一种由稳频单频激光器发出的稳频单频激光，其特征在于所述稳频单频激光器具有激光管和稳频器。

【分析】

该权利要求请求保护的主题是一种激光，虽然其特征部分对产生激光的激光器的具体构成部件例如激光管等进行了限定，但由于请求保护的主题是激光，因此该权利要求作为一个整体请求保护的是激光本身，而激光本身不属于专利法意义上的产品发明，因而该权利要求不符合《专利法》第2条第2款的规定。

同样，由该主题的名称和其特征部分的技术特征可知，如果改变对该主题的写法，将其主题名称改写为“稳频单频激光器”，就可成为发明专利的保护客体。

【案例1-3】

在本案例中，权利要求的主题为γ射线探伤方法，其权利要求1为：

1. 一种γ射线探伤方法，其特征在于，采用γ射线对工件进行辐照处理，在位于该工件相对于γ射线的另一侧的图像接收成像仪上形成清晰图像。

【分析】

权利要求请求保护的主题是一种利用γ射线对工件进行探伤的方法，虽然该主题涉及γ射线，但是利用了γ射线能透过工件形成图像的性能解决了工件探伤这样的技术问题，这样的方案通过所采用的技术手段、解决了技术问题、产生了技术效果，构成了技术方案，因而该权利要求的保护主题符合《专利法》第2条第2款的规定。

### 1.2.2 涉及商业方法的发明

商业方法是指实现各种商业活动和事务活动的方法，是一种对人的社会和经济活动规则和方法的广义解释，涉及的领域包括证券、保险、租赁、拍卖、广告、服务、经营管理、行政管理、事务安排等。

涉及商业方法的发明因其解决的问题和达到的效果均不是技术性的，不符合《专利法》第2条第2款关于技术方案的定义，不属于发明专利保护的客体。需要注意的是，不同的国家对商业方法主题的发明是否属于专利保护客体的规定有所不同，专利代理人在实际工作中应当注意各国在这方面规定的差别。

【案例1－4】

在本案例中，权利要求书中请求保护的主题是积分换奖系统，其中权利要求1为：

1. 一种积分换奖系统，由销售侧装置和积分换用服务器装置构成，可提供根据所支付的金额而积蓄得到的积分交换规定的奖品的服务，其特征在于：

所述积分换用服务器装置送回记载服务登录者专用ID的ID通知邮件、作为对来自希望服务登录者的登录邮件的应答；

所述销售侧装置具有控制商品的销售的基本控制部；用于输入所述ID的操作部；和控制包括积分服务在内的附加价值的功能的应用控制部，所述应用控制部在能够确认来自希望购入商品者的商品购入所对应的金额的支付以及ID输入的阶段，将与本次支付金额对应的积分相加到前次收集处理以后的积分上，将该相加结果与所述ID有关联地储存；

所述积分换用服务器装置在任意的时间在与ID有关联的状态下收集所述积分的相加结果，按ID单位将收集的全部的积分积累，在积累后的积分达到可交换奖品的规定积分时，对持有该ID的服务登录者发送记载奖品申请格式的申请介绍邮件，此外，在可以确认收到记载顾客信息的申请邮件的阶段，对服务登录者返送记载与奖品交换有关的数字化内容的统一资源定位地址的奖品交换介绍邮件。

【分析】

本案例的权利要求1的积分换奖系统包括销售侧装置和积分换用服务器，现有积分换奖系统存在自动售货机需要内装读卡器读出卡中所记忆信息的问题，虽然本申请声称解决了在销售侧安装读卡器所带来麻烦的问题，但实际上依然是通过在销售侧装置上设置与读卡器相似功能的公知的用于输入所述ID的操作部，例如数字键盘或指纹传感器，将服务登录者输入的ID和根据购入金额的积分有关联地记忆，从而实现积分换奖服务。因此，本申请的积分换奖系统是利用公知的销售侧装置和服务器装置，通过计算机和惯用网络技术的简单叠加或者拼凑，以达到实现消费积累积分，进而通过所积累的积分兑换奖品的目的。由于本申请所解决的问题为如何更便捷地刺激消费者消费，从而促使商家获得更多利益这样的非技术问题，并且所取得的效果是向消费者提供根据所支付的金额而积蓄得到的积分交换规定的奖品的服务，这种效果也为非技术性的，其实际上是利用已有的技术手段来完成一种商业规则的运作。因此，上述的权利要求 1 不属于《专利法》第 2 条第 2 款规定的技术方案，不是专利保护的客体。

反之，如果一件申请采用了新的技术手段以解决技术问题而非仅仅使商家获得更多利益，并因此取得技术效果而不是运作商业规则，那么这样的方案就属于专利法保护的客体。

【案例 1－5】

在本案例中，权利要求书中请求保护的主题是生产现场物料监管系统，其中权利要求 1 为：

1. 一种生产现场物料监管系统，通过图形展示和列表说明，以整合分散于全球各据点的物料信息，其特征在于包括：

一中央数据库，用于汇总物料信息，储存经过整合的二维图形、三维图形及信息列表；

至少一据点数据库，用于储存备份该据点物料信息，同时定期进行资料更新，将更新的物料信息传送至中央数据库；

一物料监管网络服务器，用于根据客户端计算机的访问需求，读取中央数据库中物料信息，该服务器包括一应用程序，用于传递、整合、连接图形化资料及列表化资料，以图形的形式展现各据点生产现场的物料状况，以列表说明生产现场的物料信息；所述的应用程序包括数据整合模块，用于将接收到的各类资料进行整合分类，以列表形式显示于图形中，该数据整合模块包括数据选取子模块、数据传递子模块及列表输出子模块，其中所述的数据选取子模块用于根据不同层次图形对应需要不同种类数据的标准从中央数据库中选取与图形内容相对应的辅助资料，所述的列表输出子模块用于将整合的各种数据汇总成与图形内容相一致的列表，与图形同时显示，并反馈至中央数据库。

【分析】

该权利要求 1 要求保护的生产现场物料监管系统，包括中央数据库、至少一据点数据库和物料监管网络服务器。权利要求 1 所述的生产现场物料监管系统，是利用公知的数据库和网络服务器装置，来实现物料的管理，从而达到合理配置资源、降低市场风险、减少库存成本的目的。因此，本案中所要解决的问题是对存在多个不同生产现场的物料信息进行全面掌控管理，所述方案是一种人为规定的生产现场的物料监管规则，本案的发明目的和实施所述方案获得的效果都不是技术性的，其实际上是利用公知的技术手段来实现一种商业管理的规则。因此，该权利要求 1 不属于《专利法》第 2 条第 2 款规定的技术方案，不是专利保护的客体。

1.2.3　涉及图形、平面、曲面或弧线类的主题

以图形、平面、曲面或弧线等作为要求保护的主题与涉及声、光、电、磁、波等信号或能量的主题类似，不属于专利法意义上的产品发明，因而不符合《专利法》第 2 条第 2 款的规定。

【案例 1－6】

在本案例中，权利要求书中请求保护两项主题：供划线作业使用的划规和由该划规形成的等分圆，其中两项独立权利要求 1 和独立权利要求 2 分别为：

1. 一种供划线作业使用的划规，由两臂及铰轴组成，其特征在于……

2. 用权利要求 1 的划规所形成的等分圆。

【分析】

权利要求 2 请求保护的主题是一种等分圆，虽然权利要求 2 请求保护的等分圆用权利要求 1 的划规进行了限定，但其实质上请求保护的主题是一种图形，而图形本身不属于《专利法》第 2 条第 2 款意义上的产品发明，因此不属于发明专利保护的客体。

权利要求 1 请求保护一种划规，属于专利保护的客体。

1.2.4　涉及计算机程序的发明

涉及计算机程序的发明是指为解决发明提出的问题，全部或部分以计算机程序处理流程为基础，通过计算机执行按上述流程编制的计算机程序，对计算机外部对象或者内部对象进行控制或处理的解决方案。涉及计算机程序的解决方案并不必须包含对计算机硬件的改变。

【案例 1－7】

在本案例中，权利要求书中请求保护一项实现天干地支转换的方法，其中独立权利要求 1 为：

1. 一种在手机上实现天干地支转换的方法，其特征在于：按照下列步骤进行操作：通过手机键盘输入年、月、日、时；执行手机内部软件，将输入的年、月、日、时转换为对应的天干地支表示；将转换好的天干地支显示在手机屏幕上。

【分析】

本方案的实质是利用手机内部软件（计算机程序）转换时间的表示方式，将年月日时转换成对应的天干地支。但是手机是公知的，当实现该方法时，既未对手机带来内部性能的改进，也没有对手机的构成或功能带来任何技术上的改变。该方案所要解决的问题就是转换时间的表示方式，这种所谓的依照天干地支对年月日时进行的转换的实质属于一种人为规定的简单对应，不构成技术问题。其所采用的手段就是依照对应规则利用计算机程序实现转换，而利用软件实现数据的转换属于公知技术，该对应

规则是人为规定的特定联系，是以人的主观意愿为依据的，不受自然规律的约束，不属于技术手段。该方案的效果是用天干地支代替年月日时的显示方式，不是符合自然规律的技术效果。由此可知，该权利要求请求保护的方案不属于《专利法》第 2 条第 2 款规定的技术方案，不属于专利保护的客体。

【案例 1－8】

在本案例中，权利要求书中请求保护一种去除图像噪声的方法，其中独立权利要求 1 为：

1. 一种去除图像噪声的方法，其特征在于，包括以下步骤：

获取输入计算机的待处理图像的各个像素数据；

使用该图像所有像素的灰度值，计算出该图像的灰度均值及其灰度方差值；

读取图像所有像素的灰度值，逐个判断各个像素的灰度值是否落在均值上下 3 倍方差内，如果是，则不修改该像素的灰度值，否则该像素为噪声，通过修改该像素的灰度值去除噪声。

【分析】

该方案是一种图像数据处理方法，所要解决的问题是如何在有效地去除图像噪声的同时，又能够减少因去除图像噪声处理产生的图像模糊现象，是技术问题；该方法通过执行计算机程序实现图像数据的去除噪声处理，反映的是根据具有技术含义的像素数据的灰度均值及其灰度方差值，对灰度值落在均值上下 3 倍方差外的像素点视为图像噪声予以去除，对灰度值落在均值上下 3 倍方差内的像素点视为图像信号不修改其灰度值，避免像现有技术那样对所有像素点都用均值替代的缺陷，利用的是遵循自然规律的技术手段；获得既能有效去除图像噪声又能减少因去除图像噪声处理造成的图像模糊现象的效果，同时由于被替换的像素点明显减少，使得系统的运算量减少，图像处理速度和图像质量提高，因而获得的是技术效果。

因此，该发明专利申请是一种通过执行计算机程序实现外部技术数据处理的解决方案，属于《专利法》第 2 条第 2 款规定的技术方案，属于专利保护的客体。

## 2 因违反法律、社会公德或者妨害公共利益而不授予专利权的主题

《专利法》第 5 条第 1 款规定："对违反法律、社会公德或者妨害公共利益的发明创造，不授予专利权。"

### 2.1 法条释义

从维护国家和社会利益的角度出发，《专利法》还根据我国国情对可授予专利权的发明创造的范围作出了某些限制性规定。规定对违反法律、社会公德或者妨害公共利益的发明创造不授予专利权，目的在于防止对可能扰乱正常社会秩序、导致犯罪或者造成其他不安定因素的发明创造授予专利权。下面针对违反法律、违反社会公德和

妨害公共利益三类不同情况进一步阐述《专利法》第5条第1款的内涵。

（1）违反法律

《专利法》第5条第1款所称的法律，是指全国人民代表大会或者全国人民代表大会常务委员会依照立法程序制定和颁布的法律，不包括行政法规、司法解释和规章，例如国务院颁布的各种条例等并不在《专利法》第5条第1款所称的法律的范畴内。

需要说明的是，法律是动态的，国家根据现实需要会颁布实施新的法律，修改或废止内容过时或者与社会现实情况不适应的原有法律，因此需要关注法律的变化。

违反法律的发明创造，是指发明创造为法律明文禁止或与法律相违背，这样的发明创造不能被授予专利权。

（2）违反社会公德

社会公德，是指公众普遍认为是正当的、并被接受的伦理道德观念和行为准则。它的内涵基于一定的文化背景，随着时间的推移和社会的进步不断发生变化，而且因地域不同而各异。也就是说，社会公德的内涵是不断变化的，既具有一定的文化背景，又与社会的发展、地域性的不同相关。中国专利法中所称的社会公德限于中国内地，不包括港澳台地区。

发明创造与社会公德相违背的，不能被授予专利权。例如克隆的人或克隆人的方法、人胚胎的工业或商业目的的应用等，这类发明创造违反社会公德，因而不能被授予专利权。

（3）妨害公共利益

妨害公共利益，是指发明创造的实施或使用会给公众或社会造成危害，或者使国家和社会的正常秩序受到影响。但是，如果发明创造因滥用而可能造成妨害公共利益的，或者发明创造在产生积极效果的同时存在某种缺点的，不会因“妨害公共利益”而被拒绝授予专利权。

### 2.2 法条应用

下面对专利代理和专利审查实践中经常遇到的三类案件（涉及赌博、可能对人体造成伤害、涉及滥用发明）进行分析说明，以帮助读者掌握对《专利法》第5条第1款的应用。

（1）涉及赌博的情形

赌博为我国法律明令禁止，与赌博相关的发明创造不应当被授予专利权；但是，其本身并不是专用赌博器具而有可能被滥用的游戏设备仍然是属于专利保护的客体。

【案例1-9】

在本案例中，申请要求保护一种派利分成法赌博系统，说明书中写明的派利分成法赌博的系统包括一个吞币终端、一个控制装置和一个吐币终端，所述控制装置及两个终端可通信地相互连接。

【分析】

该申请请求保护一种赌博系统，而赌博是我国法律明令禁止的，因而不能被授予专利权。

本案例如果删去说明书中与赌博相关的内容，且在权利要求书中请求保护一种单纯的游戏机，就不会违反《专利法》第5条。

【案例1-10】

在本案例中，权利要求书中请求保护的主题为用于赌博的彩金分享系统，其权利要求1为：

1. 一种用于赌博的彩金分享系统，包括服务器和多个用户终端，多个用户终端通过网络与服务器通信连接；用户终端配置有语音识别单元，用户可以通过语音命令进行下注操作；服务器接收用户的语音命令，控制赌博游戏的进程。

【分析】

本案例要求保护的分享系统由服务器和多个用户终端构成，构成了技术方案，但是该分享系统是用于赌博的设备，违反我国的法律，因此属于《专利法》第5条第1款所规定的不授予专利权的情况。

【案例1-11】

在本案例中，权利要求书中请求保护的主题涉及由投入游戏币而启动的游戏机，其权利要求1为：

1. 一种游戏机，其包括：硬币接收部，硬币通过部，硬币送出部，以及硬币检测传感器，其中，硬币检测传感器进一步包括发光元件和光接收元件。

【分析】

在本案例中，由说明书记载的内容可知，权利要求书中的硬币为游戏币，其能识别游戏币的真假，如果是假游戏币，则由硬币送出部将假游戏币退出，且不能启动该游戏。由此可知该主题与“老虎机”不同，不涉及赌博，属于单纯的游戏机，不属于《专利法》第5条第1款规定的不授予专利权的情况。

（2）对人体造成伤害的情形

按照《专利审查指南2010》第二部分第一章第3.1.3节的规定，以致人伤残为手段的发明创造，不能被授予专利权。

【案例1-12】

在本案例中，申请要求保护一种防盗装置，如果盗窃者未按正常手段打开被关闭的门，该防盗装置会发出一种强激光而伤害盗窃者的眼睛，甚至可使盗窃者双目失明。

【分析】

本申请的发明要解决的技术问题是防盗，但是解决该技术问题的防盗装置的手段中包含有致人伤残的手段，不能被授予专利权。反之，如果该防盗装置没有采用致人伤残的手段，则不属于对人体造成伤害的情形，存在可被授予专利权的可能。类似的主题还有能喷出硝镪水的防盗门、能释放毒针的防盗器等。

（3）涉及滥用发明的情形

如发明创造本身并没有违反法律，但由于其被滥用而违反法律的，则不应当依据《专利法》第5条第1款的规定拒绝授予专利权。例如医疗用药物，其本身具有治疗某种疾病的用途，如镇痛等，而这些药物的药理特性可能会被一些吸毒人员用来作为毒品，在这种情况下吸毒人员将其作为毒品而吸毒是违反法律的，但不能因为该药物可能被吸毒人员滥用作为毒品而对这类药物本身不给予专利保护。类似的主题还有麻醉品、镇静剂、兴奋剂和用于娱乐的游戏机、棋牌等。

【案例1－13】

一种声控监听器。说明书中明确指出其目的是提供一种电子监听器产品，体积小，隐蔽性好。

【分析】

“监听器”本身作为发明创造并没有违反法律，但是为了保护公众的隐私权，不允许私自采用该产品对公众监听，即该产品在其被滥用时违反法律的规定，这种情况不属于《专利法》第5条第1款规定的不能被授予专利权的情形。

## 3 《专利法》第25条规定的不授予专利权的主题

按照《专利法》第25条的规定，对科学发现、智力活动的规则和方法、疾病的诊断和治疗方法、动物和植物品种❶以及用原子核变换方法获得的物质等，不授予专利权。

### 3.1 法条释义

从各国专利法的规定以及专利法的实施情况来看，并非任何发明创造都可以获得专利保护，各国都根据国际上通用的规定以及本国的实际情况将其中一部分排除在专利保护之外，并且，不授予专利权的客体会随着科学与经济的发展而有所变化。

#### 3.1.1 科学发现

科学发现，是指对自然界中客观存在的物质、现象、变化过程及其特性和规律的揭示。科学理论是对自然界认识的总结，是更为广义的发现。例如牛顿第二定律、万有引力定律、能量守恒定律等。

科学发现和科学理论都属于人们认识的延伸，这些被认识的物质、现象、过程特

❶ 考虑到涉及动物和植物品种的申请不属于电学领域，因此下面对法条的释义和应用部分不再对动物和植物品种作出说明。

性和规律不同于改造客观世界的技术方案，不是专利法意义上的发明创造，因此不能被授予专利权。

发现与发明的区别在于，发现是一种对客观世界的认知，而发明则是一种对客观世界的改造；发现仅仅是揭示自然界原本就存在而人类尚未认识的事物，而发明是利用技术手段改造了自然界中客观存在的事物。

发明和发现虽有本质不同，但两者关系密切。通常，很多发明是建立在发现的基础之上的，进而发明又促进了发现。



3.1.2 智力活动的规则和方法

智力活动，是指人的思维运动，它源于人的思维，经过推理、分析和判断产生出抽象的结果，或者必须经过人的思维运动作为媒介，间接地作用于自然产生结果。智力活动的规则和方法是指导人们进行思维、表述、判断和记忆的规则和方法。

专利法为专利权人提供的权利是禁止未经专利权人许可而进行制造、使用、销售之类的生产经营活动，而不是用专利权来禁锢人的思想。智力活动的规则和方法涉及的是在人的头脑中进行的活动，试图将这样的活动置于专利独占权的范围之内是不合理的，也是不现实的。更重要的是，由于智力活动的规则和方法没有采用技术手段或者利用自然规律，也未解决技术问题和产生技术效果，因而不构成技术方案，不是专利法意义上的发明创造。基于这些原因，在《专利法》第25条中，将智力活动的规则和方法排除在可授予专利权的客体之外。

3.1.3 疾病的诊断和治疗方法

出于人道主义的考虑和社会伦理的原因，医生在诊断和治疗过程中应当有选择各种方法和条件的自由。另外，疾病的诊断和治疗方法直接以有生命的人体或动物体为实施对象，无法在产业上利用，不属于专利法意义上的发明创造，因此，不能被授予专利权。

疾病的诊断和治疗方法是指以有生命的人体或动物体为直接实施对象，进行识别、确定或消除病因或病灶的过程。

需要说明的是，疾病的诊断和治疗方法虽然不能被授予专利权，但是用于实施疾病诊断和治疗方法的仪器或装置，以及在疾病诊断和治疗方法中使用的物质或材料都可以给予专利保护。

（1）疾病的诊断方法

疾病诊断方法是指为识别、研究和确定有生命的人体或者动物体病因或病灶状态的过程。

判断涉及疾病诊断方法的权利要求时，应当关注两点：对象和直接目的，即判断该方法的对象是否为有生命的人体或动物体（包括离体样本），以及该方法的直接目的是否是为了获得疾病的诊断结果或健康状况。如果上述两个条件同时满足，那么该权利要求属于疾病的诊断方法。

（2）疾病的治疗方法

疾病的治疗方法是指为使有生命的人体或者动物体恢复或获得健康或减少痛苦，进行阻断、缓解或者消除病因或病灶的过程。

疾病的治疗方法包括以治疗为目的或者具有治疗性质的各种方法。

3.1.4　用原子核变换方法获得的物质

按照《专利法》第25条第1款第（5）项的规定，用原子核变换方法获得的物质不能被授予专利权。但是，《专利审查指南2010》第二部分第一章第4.5.1节进一步明确原子核变换方法也不能被授予专利权。作出上述规定的原因在于：原子核变换方法以及用该方法所获得物质关系到国家的经济、国防、科研和公共生活的重大利益，不宜为单位或私人垄断。

原子核变换方法，是指使一个或几个原子核经分裂或者聚合，形成一个或者几个新原子核的过程，例如，磁镜阱法等。这些变换方法不能被授予专利权，但是，为实现核变换方法的设备、仪器及其零部件均属于可被授予专利权的客体。

用原子核变换方法所获得的物质，主要是指用加速器、反应堆以及其他核反应装置生产、制造的各种放射性同位素，这些同位素不能被授予发明专利权，但是，这些同位素的应用以及使用这些同位素的仪器、设备属于可被授予专利权的客体。

### 3.2　法条应用

下面结合案例对电学领域常见的涉及《专利法》第25条的几种情形（仅以计算机程序本身为特征的产品、计算机程序本身、通信协议本身、单纯的商业方法、汉字编码方法、与疾病的诊断和治疗方法一一对应的功能架构产品、人为制定的规则和方法、以有生命的人体或动物体为对象的疾病诊断和治疗方法、原子核变换方法和实现原子核变换方法的设备）进行说明，以使读者加深对《专利法》第25条法条应用的理解。

3.2.1　仅以计算机程序本身为特征的产品

计算机程序本身是指为了能够得到某种结果而可以由计算机等具有信息处理能力的装置执行的代码化指令序列，或者可被自动转换成代码化指令序列的符号化指令序列或者符号化语句序列。

一项权利要求除其主题名称之外，对其进行限定的全部内容仅仅涉及计算机程序本身，则该权利要求实质上仅涉及智力活动的规则和方法，属于《专利法》第25条第1款第（2）项规定的不授予专利权的客体。

【案例1-14】

在本案例中，权利要求书中请求保护的主题涉及一种计算机可读媒体，其权利要求1为：

1. 一种计算机可读媒体，其特征在于，所述计算机可读媒体包括由处理器执行的计算机可执行指令，所述计算机可执行指令用于：……

【分析】

该权利要求请求保护一种计算机可读媒体，其中包括由处理器执行的计算机指令。除了主题名称外，其他限定内容仅仅涉及计算机程序本身，因此该权利要求属于《专利法》第25条第1款第（2）项规定的不授予专利权的客体。

【案例1－15】

在本案例中，权利要求书中请求保护的主题涉及一种计算机可读媒体，其权利要求1为：

1. 一种具有计算机可执行部件的计算机可读媒体，其特征在于，所述介质分成：

第一部件，用于创建包含与第一XML模式相关联的第一类型元素及与第二XML模式相关联的第二类型元素的可扩展标记语言文档部件，并且所述第一部件被配置为显示第一类型元素中的违背了所述第一XML模式的元素；

第二部件，用于存储节点，所述每个节点与所述第一部件中的相应元素相关联；

第三部件，用于确认元素，所述第三部件被安排为通过响应确认的违背信息，将错误返回到所述第一部件。

【分析】

该权利要求请求保护一种计算机可读媒体，其中包括能完成一定功能的若干部件。这些部件由存储在计算机可读媒体上的计算机程序按照功能划分而成，并不是真正构成该计算机可读媒体的组成部件。申请人试图将所请求保护的计算机程序产品化为形式上的存储介质的物理结构，以掩盖其请求保护计算机程序本身的实质。该权利要求实质上仍然属于一种仅仅由所记录的程序限定的计算机可读媒体，属于《专利法》第25条第1款第（2）项规定的不授予专利权的客体。

【案例1－16】

在本案例中，权利要求书中请求保护的主题涉及一种光盘介质，其权利要求1为：

1. 一种光盘介质，具有轨道槽，沿着所述轨道槽存储信息；

所述轨道槽包括沿着所述轨道槽上排列的多个单位区间部分，该多个单位区间部分沿着所述轨道槽具有周期性变位的侧面；

所述多个单位区间部分的侧面，以单一基本周期变位，所述侧面由朝向所述光盘介质的外周变位以及朝向所述光盘介质的内周变位的陡峭度互不相同的多种摆动模式的组合所形成；

所述单位区间部分具有以单一基本周期变位且具有多个周期的振动波形；

所述振动波形的组合表示地址信息。

【分析】

该权利要求请求保护一种光盘介质，其中的技术特征是对存储介质的物理结构的改进，因此该权利要求属于可授权的产品权利要求，属于《专利法》第 2 条第 2 款规定的技术方案。

3.2.2　计算机程序本身

如果一项权利要求请求保护的主题名称为“程序”，无论其限定内容如何，均不属于专利保护的客体。

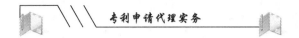

【案例 1－17】

在本案例中，权利要求书中请求保护的主题涉及一种程序产品，其权利要求 1 为：

1. 一种用来判定介质的程序产品，该程序产品包括：

专用信息获取装置，用来取得有关介质的专用值的信息，其中关于专用值的信息记录在预形成于介质里的摆动凹槽；

正当性判定装置，用来基于关于专用值的信息来判定介质的正当性；

读准许装置，用来在介质被正当性判定装置判定为正当时准许读入主程序；

读禁止装置，用来在介质被正当性判定装置判定为不正当时禁止读入主程序。

【分析】

主题名称实质为“程序”，例如“程序”“程序产品”“补丁”“指令”等的权利要求，无论其限定的内容如何，均认为其要求保护的是计算机程序本身，属于《专利法》第 25 条第 1 款第（2）项规定的不授予专利权的客体。如果将计算机程序应用到具体的技术领域，结合了技术手段，并非仅仅涉及计算机程序本身，则不属于《专利法》第 25 条第 1 款第（2）项规定的不授予专利权的客体。

专利代理人在撰写申请文件时，如果涉及请求保护的主题名称为“程序”的权利要求，删除此类权利要求即可满足《专利法》的规定。

3.2.3　通信协议本身

协议是指相互通信的双方（或多方）对如何进行信息交换所一致同意的一套规则。

在网络软件的结构化技术中，为了降低网络设计的复杂性，绝大多数网络都组织成一堆相互叠加的层。同等层之间的实体通信时，有关通信规则和约定的集合就是该层协议。由此可见，协议本质上是一种规则或约定，属于《专利法》第 25 条第 1 款第（2）项规定的不授予专利权的客体。

但是，当涉及协议的专利申请的权利要求表现为与某一具体技术领域相结合时，由于此类发明是为了解决该技术领域中的特定技术问题，同时通常需要采用基于该协议的相应的技术手段，并能够由此获得相应的技术效果，因此应认为其符合《专利法》第 2 条第 2 款的规定，不属于《专利法》第 25 条第 1 款第（2）项规定的不授予专利权的客体。

【案例 1－18】

在本案例中，权利要求书中请求保护的主题涉及一种主机证书授权协议，其权利要求 1 为：

1. 一种用于在姿态验证会话期间在认证、授权和记账服务器和姿态验证服务器之间交换信息的主机证书授权协议，包括：至少一个版本协商请求消息；至少一个版本协商响应消息；至少一个姿态验证请求消息；以及至少一个姿态验证响应消息。

【分析】

该权利要求的主题为协议，其主要是给该协议定义了四个消息，属于《专利法》第 25 条第 1 款第（2）项规定的不授予专利权的客体。

【案例 1－19】

在本案例中，权利要求书中请求保护的主题涉及一种用户面的数据跟踪方法，其权利要求 1 为：

1. 一种用户面的数据跟踪方法，其特征在于，包括：（A）用户面协议栈处理模块根据操作维护管理模块对跟踪参数的配置采集用户面的数据；（B）用户面协议栈处理模块将所采集的用户面数据发到操作维护管理模块；（C）操作维护管理模块存储所收到的数据，以便对其进行分析处理。

【分析】

该权利要求请求保护的主题是一种用户面的数据跟踪方法，将协议应用到具体的技术领域，结合了技术手段，并非仅仅涉及协议本身，不属于《专利法》第 25 条第 1 款第（2）项规定的不授予专利权的客体。

3.2.4 单纯的商业方法

单纯的商业方法发明专利申请是指以单纯的商业方法为主题的发明专利申请，属于《专利法》第 25 条第 1 款第（2）项规定的智力活动的规则和方法，不属于专利保护的客体。

【案例 1－20】

在本案例中，权利要求书中请求保护的主题涉及一种股票配股缴款方法，其权利要求 1 为：

1. 一种股票配股缴款方法，客户与证券商先签订股票配股缴款代理合同书，在合同期内，证券商在每只股票配股缴款截止日前检查客户资料，并对满足条件的客户代理自动缴纳配股款，其特征在于，检查客户资料的内容和步骤如下：

客户是否拥有该种配股；

客户是否已自行缴款；

客户是否中途书面申请弃权该配股；

客户是否有足额资金。

该案说明书中记载："一种股票配股缴款方法，使证券商在每只股票配股缴款截止日前，检查客户资料是否需要配股缴款，即能很方便地实现代理客户自动配股缴款，从而减少客户的损失。”

【分析】

该权利要求请求保护的内容涉及一种股票配股缴款方法，其是通过人的行为来实施商业运作，属于《专利法》第25条第1款第（2）项规定的智力活动的规则和方法的范围，因而不属于专利保护的客体。

专利代理人在撰写申请文件时，如果部分权利要求涉及单纯商业方法发明专利申请，删除此类权利要求，即可满足《专利法》的规定。

3.2.5　汉字编码方法

汉字编码方法属于一种信息表述方法，它与声音信号、语言信号、可视显示信号或者交通指示信号等各种信息表述方式一样，解决的问题仅取决于人的表达意愿，采用的解决手段仅是人为规定的编码规则，实施该编码方法的结果仅仅是一个符号/字母数字串，解决的问题、采用的解决手段和获得的效果也未遵循自然规律。因此，仅仅涉及汉字编码方法的发明专利申请属于《专利法》第25条第1款第（2）项规定的智力活动的规则和方法，不属于专利保护的客体。

单纯的汉字编码方法属于《专利法》第25条第1款第（2）项规定的智力活动的规则和方法，但是在将汉字编码方法与特定键盘（例如计算机键盘）相结合而构成计算机汉字输入方法后，属于专利保护的客体。

【案例1－21】

在本案例中，权利要求书中请求保护的主题涉及一种基于优化字根键盘的电脑汉字输入方法，其权利要求1为：

1. 一种基于优化字根键盘的电脑汉字输入方法，其特征是将不少于33个键位的电脑键盘中的英文字母键和标点符号键分成拼音首字母区、象形字母区、象形标点区三个键位分区，将优选的296个字根，按照其拼音首字母相同、形态相近或相关的特征，结合让键盘中各键位使用频率趋于均衡的工艺，分别归入对应的三个键盘分区的相应键位中，组成各键位包含特定汉字字根的电脑字根键盘，由该字根键盘以及与该字根键盘相适应的汉字拆分、编码、输入方法相互结合，形成的电脑汉字输入方法。

本发明的目的在于：“在继承传统文化精髓和吸取前人创造性思想精华的基础上，进一步改进和完善汉字输入编码技术，克服现有编码技术的诸多不足，创造出一种能够同时实现‘精确性、实用性、简洁性、规范性’的理想的汉字输入法编码方案。”

【分析】

权利要求1请求保护的主题是一种基于优化字根键盘的电脑汉字输入方法，其中将不少于33个键位的电脑键盘分为了三个键位分区，将296个字根分入上述三个分区的键位中，各个键位包含有特定汉字字根。从上述分析的内容可知，权利要求1中根据296个字根分区的电脑键盘就是权利要求1请求保护的汉字输入方法输入汉字所需的键盘，权利要求 1 请求保护的汉字输入方法是使用根据 296 个字根分区的电脑键盘来实现计算机汉字输入的方法，因此权利要求 1 属于与特定键盘相结合的计算机汉字输入方法，属于专利保护的客体。

3.2.6　与疾病的诊断和治疗方法一一对应的功能架构产品

疾病的诊断和治疗方法，是指以有生命的人体或者动物体为直接实施对象，进行识别、确定或消除病因或病灶的过程，属于《专利法》第 25 条第 1 款第（3）项的范围，不能被授予专利权。用于实施疾病诊断和治疗方法的仪器或装置，以及在疾病诊断和治疗方法中使用的物质或材料属于可被授予专利权的客体。但是当该装置权利要求的形式是与疾病的诊断和治疗方法一一对应的功能架构产品时，该申请能否获得专利权的保护则不能唯一确定。

【案例 1－22】

在本案例中，权利要求书中请求保护的主题涉及一种检测患者患癌症风险的方法和装置，其权利要求 1 和权利要求 2 分别为：

1. 一种检测患者患癌症风险的方法，包括如下步骤：（i）分离患者基因组样本；（ii）检测是否存在或表达 SEQ ID NO：1 序列所包含的基因，其中存在或表达所述基因表明患者有患癌症的风险。

2. 一种检测患者患癌症风险的装置，包括如下装置：（i）分离患者基因组样本的装置；（ii）检测是否存在或表达 SEQ ID NO：1 序列所包含的基因的装置，其中存在或表达所述基因表明患者有患癌症的风险。

其中，说明书仅仅给出了流程图，并未给出实体结构框图。

【分析】

权利要求 1 请求保护的方法的直接目的是获得患者患有癌症的风险度，是以获得同一主体的健康状况为直接目的的，因此该方法属于疾病的诊断方法。

用于实施疾病诊断和治疗方法的仪器或装置，以及在疾病诊断和治疗方法中使用的物质或材料都可以给予专利保护。然而，当前的权利要求 2 并不属于用于实施疾病诊断和治疗方法的仪器或装置，权利要求 2 采用与方法权利要求的各个步骤完全对应一致的方式撰写，其本质上是为了实现各个步骤所建立的功能模块，所以该产品权利要求应理解为功能模块构架形式的产品，而不应理解为实体装置。因此这类装置权利要求也不能获得专利权的保护。

如说明书中给出了实体框图，则该申请能否获得专利权的保护的结论不能唯一确定。如果本申请对实体框图中的部分装置作出了结构上的改进，则此装置上的改进有可能获得专利权的保护；如果说明书中虽然给出了实体框图，但该框图中的全部仪器或装置都没有结构上的改进，本申请的实质仍是对装置中执行的方法/程序上的改进，则仍然不能够获得专利权。因此专利代理人在撰写或修改申请文件时，需根据申请的具体内容作进一步分析。

【案例 1 – 23】

在本案例中，权利要求书中请求保护的主题涉及一种用于估算特定个人在一特定时间段或年龄间隔内获得特定生物状况的概率的方法和装置，其权利要求 1 和权利要求 2 分别为：

1. 一种用于估算特定个人在一特定时间段或年龄间隔内获得特定生物状况的概率的方法，所述方法包括：

（a）在一测试时间段内至少两次周期性地从一组测试人口的每个个人成员采集一组生物指示值，其中至少一部分所述生物指示值是通过测量来自该组测试人口的特定个人的生物样品而获得的；

（b）在所述测试时间段内监视该组测试人口的特定个人并采集关于所述特定个人是否在所述测试时间段内获得所述特定生物状况的数据；

（c）从所述特定个人采集一组生物指示值，其中至少一部分所述生物指示值是通过测量来自所述特定个人的生物样品而获得的；

（d）处理在步骤（a）、（b）和（c）中采集的数据并根据所处理的数据来计算所述特定个人在一特定时间段或年龄间隔内获得所述特定生物状况的概率；以及

（e）显示或输出所计算的概率。

2. 一种用于预测个体未来健康的系统，包括：

处理装置，用于执行计算机程序，该计算机程序包括的步骤用于：

（a）从被测试总体的个体个人成员中纵向得到的生物标识中选择生物标识子集，以便判别是否属于子总体 D 和 E 的成员，子总体 D 确定为在特定时间段或年龄间隔内已获得特定生物状况，子总体 E 确定为在特定时间段或年龄间隔内未获得特定生物状况。

（b）采用所选生物标识的分布来进展统计过程，将被测总体的成员分级成或者属于在特定时间段或年龄间隔内获得特定生物状况具有指示性高概率的子总体 PHD，或者属于在特定时间段或年龄间隔内获得特定生物状况具有指示性低概率的子总体 PLD；或者对每个被测总体成员进行定量判断，推算在特定时间段或年龄间隔内获得特定生物状况的概率。

【分析】

权利要求 1 要求保护一种用于估算特定个人在一特定时间段或年龄间隔内获得特定生物状况的概率的方法，其主要内容是检测特定个体的生物指标，将其与该个体所属的群体的相应生物指标一起进行数据处理分析，从而得出该特定个体获得特定生物状况的概率。上述方法是以有生命的人为检测对象，其目的是为了获得个体“特定生物状况”的概率。所谓“特定生物状况”，根据说明书记载，“包括所有健康范围，从最强健的健康到最严重的疾病”，也就是说所述方法的目的是为了获知个体罹患各种疾病的潜在可能性。因此权利要求 1 实质上是一种患病风险度的评估方

法，属于《专利法》第25条第1款第（3）项所规定的疾病诊断方法，不能被授予专利权。

而且，当前的权利要求2并不属于用于实施疾病诊断和治疗方法的仪器或装置，其实际上是执行权利要求1中处理步骤的计算机程序的装置，并且说明书中也未给出任何实体装置图，所以该产品权利要求应理解为功能模块构架形式的产品，而不能理解为实体装置。因此这类装置权利要求也不能获得专利权的保护。



3.2.7 人为制定的规则和方法

在一些专利申请中，会涉及一些人为制定的规则和方法，如果仅针对这些规则和方法要求保护，就属于智力活动的规则和方法，不能被授予专利权。

对于将标准专利化的专利申请，如果撰写得不合适，就可能属于这种情况。下面给出一个这样的案例。

【案例1-24】

在本案例中，权利要求书中请求保护的主题为治疗妇科炎症的胶囊制剂的质量控制方法，其权利要求1为：

1. 一种治疗妇科炎症的胶囊制剂的质量控制方法，其特征在于：质量控制方法由性状、鉴别、检查和含量测定组成，其中鉴别是对地稔、头花蓼、黄柏、五指毛桃和延胡索的鉴别，含量测定是用高效液相色谱法对胶囊制剂中没食子酸的含量测定。

【分析】

该权利要求涉及药品的质量控制方法。一般来说，对于质量控制方法，由于质量控制的项目和标准都是人为的规定，因此无论从质量控制方法的主题名称来看，还是从其发明内容来看，其均属于智力活动的规则和方法。就本案例来说，测定哪些成分，控制哪些指标，检测哪些项目，都是根据产品的特点而人为制定的规定。因此，本案例中的质量控制方法的主题就是一种智力活动的规则和方法，不能被授予专利权。

如果把该案例改写为一种胶囊制剂的生产方法，且其中测定哪些成分，控制哪些指标，检测哪些项目遵守了客观规律，采用技术手段，解决技术问题，并取得技术效果，就有可能被授予专利权。

下面再给出一个其他方面有关人为制定的规则和方法的例子。

【案例1-25】

在本案例中，权利要求书中请求保护的主题为麻将游戏中确定启牌方位的方法，其权利要求1为：

1. 一种麻将游戏中确定启牌方位的方法，其特征在于：首先使用两个骰子进行投掷，两个骰子停在桌面上后，对两个骰子上表面的点数求和，当其和值为1、5或9，则确定为东；当其和值为2、6或10，则确定为南；当其和值为3、7或11，则确定为西；当其和值为4、8或12，则确定为北。

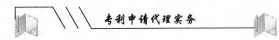

【分析】

该权利要求请求保护的是麻将游戏中确定启牌方位的方法，该方法中根据两个骰子停止位置上表面点数的和值确定方位是人为制定的方法，这种人为制定的规则和方法属于典型的智力活动规则与方法，不能被授予专利权。

3.2.8 以有生命的人体或者动物体为对象的疾病诊断和治疗方法

在实际工作中，该主题的判断是个难点，下面从疾病诊断方法和疾病治疗方法两个方面对这一主题的判断进行说明。

（1）疾病诊断方法的判断

一般地，按照如下的标准判断一种方法是否属于疾病诊断方法，即一项与疾病诊断有关的方法如果同时满足以下两个条件，则属于疾病的诊断方法：

① 以有生命的人体或动物体为对象。

② 以获得疾病诊断结果或健康状况为直接目的。

上述“健康状况”应当理解为患病风险度、健康状况、亚健康状况以及治疗效果预测和评估等。因此，患病风险度评估方法、健康状况（包括亚健康状况）的评估方法都属于疾病的诊断方法。

如果以上方法中包括了诊断全过程，即包括对检测结果进行分析、比较，以及得出诊断结果的过程，则该方法的直接目的是获得疾病的诊断结果或健康状况，属于疾病的诊断方法。

下面给出两个由于同时满足上述两个条件而属于疾病的诊断方法的案例。

【案例1-26】

在本案例中，权利要求书中请求保护的主题为体内诊断骨质疏松症对患者骨的损伤情况的方法，其权利要求1为：

1. 体内诊断骨质疏松症对患者骨的损伤情况的方法，它包括：在患者骨相邻的皮肤表面设置一个声传感器，对骨施加应力使其产生声发射，利用声传感器检测声发射信号，并且分析声信号以确定骨质疏松症。

【分析】

该申请的权利要求请求保护一种诊断骨质疏松症对患者骨的损伤情况的方法，该方法直接以有生命的人体为实施对象，通过在患者的皮肤上设置声传感器，根据声信号的分析，以获取骨质疏松症诊断结果为直接目的，因此该权利要求请求保护的主题属于疾病诊断方法，属于《专利法》第25条规定的不授予专利权的客体。

【案例1-27】

在本案例中，权利要求书中请求保护的主题为生成脑电向量图的方法，其权利要求1为：

1. 一种生成脑电向量图的方法，包括如下步骤：

a. 信号采集；

b. 信号预处理；

c. 数学模型的建立与计算；

d. 生成脑电向量图；

e. 脑电向量图的统计分析，建立正常人群体和病人群体模型；

f. 鉴别诊断。

【分析】

该权利要求以有生命的人体的脑部为对象，通过信号的采集、处理、建立数学模型并生成脑电向量图，通过对其进行统计分析来获得正常人群体和病人群体模型，通过与正常模型的比较来获得疾病的诊断结果。这种方法以有生命的人体为实施对象，以获得大脑是否有功能性改变的诊断结果为直接目的，因此属于疾病诊断方法。

在这里，需要强调的是上文提到的两个判断条件并非都必须同时在权利要求的技术方案中清楚地体现，如果在权利要求的表述上并未体现其中一个条件，但该方法实际上包含着这一条件（例如“离体样品从人体或动物体直接取得”或者“能根据医学知识和申请公开的内容由检测结果而得知疾病诊断结果或健康状态”），仍应认定为属于疾病诊断方法。

由《专利审查指南 2010》第二部分第一章第 4. 3. 1. 1 节中的规定可知，如果请求专利保护的方法中虽未包括诊断步骤但包括检测步骤，而根据现有技术中的医学知识和该专利申请公开的内容，只要知晓所说的诊断或检测信息（如通过检测获得的生理参数），就能直接获得疾病的诊断结果或健康状况，则该方法仍然不能被授予专利权。

《专利审查指南 2010》第二部分第一章第 4. 3. 1. 1 节还规定，如果一项发明从表述形式上看是以离体样品为对象的，但该发明是以获得同一主体疾病诊断结果或健康状况为直接目的，则该发明仍然不能被授予专利权。

但是，需要说明的是，有些方法实际上并非以有生命的人体或动物体为实施对象，或者，其直接目的不是获得诊断结果或健康状况，例如，仅仅是为了获取作为中间结果的检测信息，这些方法就不属于疾病的诊断方法。

为帮助专利代理人更好地理解《专利审查指南 2010》的上述规定，下面给出四个案例加以说明，其中确定是否属于疾病的诊断方法的关键在于由该方法能否直接得知疾病的诊断结果。

【案例 1 – 28】

在本案例中，权利要求书中请求保护的主题为利用脉波测量动脉血压的方法，其权利要求 1 为：

1. 一种利用脉波测量动脉血压的方法，包括：

a. 测量人体手掌置于心脏水平面上的动脉血压值及脉搏波传导时间；

b. 利用静流体力学方程及手掌离开心脏水平面的距离计算出人体手掌置于非心脏

水平面上的脉搏波传导时间；

c. 由所得到的上述值计算出动脉血压与脉搏波传导时间之间线性关系的回归系数及常数；



d. 利用上述回归出的线性关系，测量人体的脉搏波传导时间以得到人体的血压值。

【分析】

该案例的利用脉波测量动脉血压的方法中包括检测步骤，而根据现有技术中的医学知识和该专利申请公开的内容，只要知晓检测获得的血压，就能直接获得疾病的诊断结果或健康状况，因此该方法不能被授予专利权。

【案例 1－29】

在本案例中，权利要求书中请求保护的主题为皮肤纹理和皱纹的测定方法，其权利要求 1 为：

1. 一种皮肤纹理和皱纹的测定方法，包括皮肤硅胶复膜样品的制备和皮肤纹理与皱纹的测量，其中：

a. 皮肤硅胶复膜样品的制备依次为用超细硅胶在被测部位复膜，经固化稳定后作复膜横断面切片，切片的横断面按顺序排列，制得复膜样品待测；

b. 皮肤纹理与皱纹的测量为将以横断面按顺序排列的复膜样品的外形轮廓放大摄像并输入计算机，经计算机图像分析系统，逐个测量皮肤复膜样品近皮肤侧表面凸起的高度，测得皮肤纹理与皱纹的深度。

【分析】

该申请的直接目的不是为了获得疾病诊断结果或健康状况，而是测定皮肤纹理和皱纹，属于只是从活的人体获取的形体参数信息的方法。从公开的内容看，所获得的信息本身不能直接得出疾病的诊断结果，也不能得出相关个体的健康状况，因而不属于疾病诊断方法。

【案例 1－30】

在本案例中，权利要求书中请求保护的主题为确定萎缩性胃炎的方法，其权利要求 1 为：

1. 一种用于确定萎缩性胃炎的方法，所述方法包括：测定样品中胃蛋白酶原 I 和胃泌素浓度，并测定幽门螺杆菌的标志物的浓度或有无；将得到的数据输入到数据处理器中，将分析物浓度测量值与该分析物的预定临界值进行比较，得出诊断结果。

【分析】

该申请涉及一种确定萎缩性胃炎的方法，通过对来自受试者的样品进行检测，来确定受试者是否患有萎缩性胃炎。虽然在形式上并不满足以有生命的人体或动物体为实施对象这一条件，而是通过离体样品的检测处理来获取诊断结果或健康状况为直接目的，但是该申请仍然不能被授予专利权。

【案例1－31】

在本案例中，权利要求书中请求保护的主题为测定唾液中酒精含量的方法，其权利要求1为：

1. 一种测定唾液中酒精含量的方法，该方法通过检测被测人唾液酒精含量，以反映出其血液中酒精含量。

【分析】

该方法涉及一种离体样本的检测方法，其直接目的是检测该样本主体的血液中的酒精含量，并不能最终确定患者是否酒精中毒，即不是为了获得疾病的诊断结果，因此该方法不属于疾病的诊断方法。

除上述两种情况外，还存在另一种虽未包含上文提到的两个条件中的一部分但仍被认为属于疾病诊断方法的情形：请求保护的方法中没有包括具体的诊断结果，但包括与正常值进行对照、比较的步骤，则该方法的直接目的也是为了获得疾病的诊断结果或健康状况，属于疾病的诊断方法，不能被授予专利权。

除上述例子外，涉及疾病诊断方法的专利申请有多种表述方式：诊断工具在疾病诊断中的应用，如人多囊蛋白－1定量检测试剂盒在疾病诊断中的应用；以分期、分型表述的疾病诊断方法，如一种急性白血病的分型方法；等等。

（2）疾病治疗方法的判断

治疗方法，是指为使有生命的人体或者动物体恢复或获得健康或减少痛苦，进行阻断、缓解或者消除病因或病灶的过程。治疗方法包括以治疗为目的的或者具有治疗性质的各种方法。应当注意的是，预防疾病或者免疫的方法视为治疗方法。对于既可能包含治疗目的、又可能包含非治疗目的的方法，应当明确说明该方法用于“非治疗目的”，否则不能被授予专利权。

《专利审查指南2010》第二部分第一章第4.3.2.1节和第4.3.2.2节中分别列举了属于或应当视为治疗方法的例子（包括外科手术治疗方法、以治疗为目的的针灸方法、为预防疾病而实施的各种免疫方法等）和不属于治疗方法的例子（包括制造假肢的方法，动物肉类质量提高方法、屠宰方法，对已经死亡的人体或动物体的遗容整理，杀灭动物体外部虱子和跳蚤的方法等），在具体案例的分析时，建议根据《专利审查指南2010》中列举的内容进行对照，来确定其是否属于疾病治疗方法。

【案例1－32】

在本案例中，权利要求书中请求保护的主题为血液透析方法，其权利要求1为：

1. 一种血液透析方法，其中在透析过程中，在透析液中提供凝血酶抑制物，以及透析液和浓缩液中含有低分子量凝血酶抑制物。

【分析】

该申请涉及一种血液透析方法，通过将血液在体外进行透析的过程中，加入一种凝血酶抑制物来防止血液凝固，透析后的血液重新返回同一主体体内，来实现对肾脏功能障碍患者的治疗，因而属于疾病的治疗方法。

【案例1－33】

在本案例中，权利要求书中请求保护的主题为颈椎复位法，其权利要求1为：

1. 一种快速颈椎复位法，采用大夫在患者侧后方站姿一只手臂肘窝挂住患者下颚部，轻柔、快速上提到病变椎体上方，另一只手拇指瞬间推向生理位置，一次完成复位。

【分析】

该方法以一次完成颈椎复位从而达到治愈疾病的目的，属于疾病治疗方法，不应当授予专利权。

需要注意的是，对于请求保护美容方法的发明专利申请，如果该美容方法是单纯的美容方法，与治疗疾病无关，且未采用外科手术来完成，即该美容方法未使用器械对有生命的人体或动物体实施创伤性或介入性治疗或处置，则不属于疾病治疗方法，例如在皮肤、毛发、指甲、牙齿外部等可视部位局部实施的、非治疗目的的身体除臭、保护、装饰或者修饰方法。但是，如果该美容方法具有治疗目的或治疗效果，并且该治疗目的或治疗效果与美容效果密不可分，则该美容方法属于治疗方法。

【案例1－34】

在本案例中，权利要求中请求保护的主题为去除牙斑的方法。在说明书中明确写明该方法具有改善牙齿外观的美容效果，同时去除牙斑菌不可避免地具有预防龋齿和牙周病的治疗作用。

【分析】

由该申请说明书中记载的内容可知，本发明去除牙斑的方法的治疗效果与美容效果不可区分，因此属于疾病的治疗方法，不能被授予专利权。

【案例1－35】

在本案例中，权利要求书中请求保护的主题为防止皮肤晒黑的方法，采用此方法对于在游泳场合防止皮肤晒得过黑有特别好的效果，其权利要求1为：

1. 防止皮肤晒黑的方法，在人体暴露于环境的部位涂抹防晒霜，然后再在其上涂抹一层阻止水将防晒霜洗去的防溶剂。

【分析】

该方法以美化肤色为目的，不以治疗为目的，并且也不包括创伤性或介入性的处置过程，为单纯的美容方法，因此不属于治疗方法并且具有实用性，属于可授予专利权的主题。

### 3.2.9 与原子核变换方法及其所获得的物质有关的主题

正如前面法条释义部分所指出的，原子核变换方法和用原子核变换方法获得的物质常用于军事目的，关系到国家的重大利益，不宜为人垄断，不宜公开，因此不能被授予专利权。

原子核变换方法，例如完成核聚变反应的磁镜阱法、封闭阱法等直接变换方法不受《专利法》保护。但是，为实现核变换而增加粒子能量的粒子加速方法，例如如电子行波加速法、电子驻波加速法、电子对撞法、电子环形加速法是可以受到《专利法》保护的。

用原子核变换方法获得的物质，例如用加速器、反应堆以及其他核反应装置生产的各种同位素、化合物同样不受《专利法》保护。但是，原子核变换方法获得的物质的应用可以受到《专利法》保护。

此外，实现核变换方法的装置、设备、仪器等也是受《专利法》保护的。

【案例1－36】

在本案例中，权利要求书中请求保护的主题为生产钼99的装置，其权利要求1为：

1. 一种用于生产钼99的装置，该装置借助同位素转换反应用钼100生产高放射性强度的钼99，其特征在于包括：一个电子加速器；一个转换器，用于将电子束转换成高能高强度的光子束；以及一个钼100靶。

【分析】

本案例要求保护的主题是用原子核变换方法生产钼99的装置，它既不是原子核变换方法，也不是用原子核变换方法获得物质，而是实现核变换方法的装置，因此属于可被授予专利权的主题。

## 第二节 说明书的撰写

《专利法》第26条第3款和第4款对说明书的实质要求作出了规定。本节将结合具体案例对这两个法律条款作出说明，以帮助专利代理人更好地理解和掌握这两个法律条款。

### 1 说明书应当充分公开发明

按照《专利法》第26条第3款的规定，说明书应当对发明或者实用新型作出清楚、完整的说明，以所属技术领域的技术人员能够实现为准。

#### 1.1 法条释义

在专利制度的框架下，申请人通过说明书向社会公众公开其作出的具有新颖性、创造性和实用性的发明创造，以换取国家授予其一定时间期限之内的专利独占权，有利于鼓励其作出发明创造的积极性；公众获得了新的技术信息，既能在其基础上作出进一步改进，避免因重复研究开发而浪费社会资源，又能促进发明创造的实施，有利于发明创造的推广应用。对申请人和公众而言，这是一种双赢的结果。如果说明书没有达到所属技术领域的技术人员能够实现的程度，就会打破上述利益平衡，不会被授予专利权。如果说明书存在不满足《专利法》第26条第3款规定的缺陷，则很可能无法通过后续修改克服这样的缺陷，因此在提交专利申请的时候必须注意使说明书满足这一要求。

《专利法》第26条第3款中规定的“清楚”“完整”和“能够实现”三者是一个整体的要求，并不是彼此并列的要求，其中以“能够实现”发明为核心，而对说明书的“清楚”“完整”，要求其能达到本领域技术人员能够实现的程度。

在说明书有附图的情况下，说明书的文字说明部分与说明书附图的结合也应当满足这样的要求。在申请人对涉及的生物材料提交保藏的情况下，说明书的文字说明部分、说明书附图、被保藏的生物材料三者的结合也应当满足这样的要求。

1.1.1　所属技术领域的技术人员

根据《专利法》第26条第3款的规定，判断说明书是否“清楚”“完整”地公开到“能够实现”发明的程度（即判断说明书是否充分公开了发明）应当基于所属技术领域的技术人员的知识和能力来进行评价。

所属技术领域的技术人员，也可称为本领域的技术人员，是指一种假设的“人”，假定他知晓申请日或者优先权日之前发明所属技术领域所有的普通技术知识，能够获知该领域中所有的现有技术，并且具有应用该日期之前常规实验手段的能力，但他不具有创造能力。如果所要解决的技术问题能够促使所属技术领域的技术人员在其他技术领域寻找技术手段，他也应具有从该其他技术领域中获知该申请日或优先权日之前的相关现有技术、普通技术知识和常规实验手段的能力。

设定这一概念的目的，在于统一标准，尽量避免主观因素的影响。《专利法》第26条第3款规定，“以所属技术领域的技术人员能够实现为准”，其含义是所属技术领域的技术人员在阅读说明书的内容之后，就能够实现该发明或者实用新型的技术方案，解决发明或者实用新型要解决的技术问题，产生其预期的有益效果。

1.1.2　清楚、完整

作为清楚、完整这一要求的具体体现，说明书必须主题明确、表述准确并且完整。

主题明确指的是说明书应当从现有技术出发，明确地反映出发明想要做什么和如何去做，使所属技术领域的技术人员能够确切地理解该发明要求保护的主题。换句话说，说明书应当写明发明所要解决的技术问题以及解决其技术问题采用的技术方案，并对照现有技术写明发明的有益效果。上述技术问题、技术方案和有益效果应当相互适应，不得出现相互矛盾或不相关联的情形。

表述准确指的是说明书应当使用发明或者实用新型所属技术领域的技术术语。说明书的表述应当准确地说明发明或者实用新型为解决技术问题所需采用的技术内容，不得含糊不清或者模棱两可以致所属技术领域的技术人员不能清楚、正确地理解该发明或者实用新型。

完整指的是，凡是与理解和实施发明或者实用新型有关，但所属领域的技术人员不能从现有技术中直接、唯一得到的内容，均应当在说明书中作出清楚、明确的描述。一份完整的说明书应当包含下列各项内容：理解发明或者实用新型不可缺少的内容；确定发明或者实用新型具有新颖性、创造性和实用性所需的内容；实现发明或者实用新型所需的内容。对于克服了技术偏见的发明或者实用新型，说明书还应当解释为什么该发明或者实用新型克服了技术偏见，新的技术方案和技术偏见之间的差别以及为克服技术偏见所采用的技术手段。

1.1.3　能够实现

所属技术领域的技术人员能够实现，是指所属技术领域的技术人员按照说明书记载的内容，就能够实现该发明或者实用新型的技术方案，解决其要解决的技术问题，产生其预期的有益技术效果。

说明书应当清楚地记载发明或者实用新型的技术方案，详细地描述实现发明或者实用新型的具体实施方式，完整地公开对于理解和实现发明或者实用新型必不可少的技术内容，达到所属技术领域的技术人员能够实现该发明或者实用新型的程度。

以下各种情况由于缺乏解决技术问题的技术手段而被认为无法实现：

① 说明书中只给出任务和/或设想，或者只表明一种愿望和/或结果，而未给出任何使所属技术领域的技术人员能够实施的技术手段。

② 说明书中给出了技术手段，但对所属技术领域的技术人员来说，该手段是含糊不清的，根据说明书记载的内容无法具体实施。

③ 说明书中给出了技术手段，但所属技术领域的技术人员采用该手段并不能解决发明或者实用新型所要解决的技术问题。

④ 申请的主题为由多个技术手段构成的技术方案，对于其中一个技术手段，所属技术领域的技术人员按照说明书记载的内容并不能实现。

⑤ 说明书中给出了具体的技术方案，但未给出实验证据，而该方案又必须依赖实验结果加以证实才能成立，例如，对于已知化合物的新用途发明，通常情况下，需要在说明书中给出实验证据来证实其所述的用途以及效果，否则将无法达到能够实现的要求。

1.1.4　《专利法》第26条第3款中“能够实现”与《专利法》第22条第4款中“能够制造或者使用”的区别

《专利法》第22条第4款要求，发明必须具备实用性，即“发明或者实用新型能够制造或者使用，并且能够产生积极效果”。具备实用性是授予专利权的基本条件之一，不具备实用性就不能被授予专利权。

一项发明创造要获得专利保护，首先必须能在产业中应用，而不能是理论的、抽象的、无实际意义的东西。“能够制造或者使用”意味着能在实践中实现，如果发明是产品，则该产品能够制造出来并且能够解决技术问题；如果发明是方法，则应能够在实际中予以使用并且能够解决技术问题。

《专利法》第26条第3款要求专利申请的说明书对发明或者实用新型作出清楚、完整的说明，以“所属技术领域的技术人员能够实现”为准。这是对专利申请说明书的要求，即通常所称的充分公开发明创造的要求。在这里，“所属技术领域的技术人员能够实现”是衡量说明书是否达到充分公开发明创造的要求的基准，是说明书清楚、完整地说明发明创造的结果。

不具备实用性的方案通常是因为违反客观规律、依赖随机因素或独一无二的自然条件等而无法制造或使用，这种固有的缺陷与说明书公开的程度无关，即使说明书公开得再详细，发明也不具备实用性。而一项实际上可能具备新颖性、创造性、实用性的发明，则有可能因说明书的撰写未能达到充分公开的要求，所属领域技术人员难以实现而不能获得专利权。

### 1.2　法条应用

《专利法》第26条第3款虽然是对说明书的要求，但实践中的重点在于考查权利要求书中请求保护的技术方案在说明书中是否公开充分。因此，专利代理人在撰写申请文件时，对于希望通过权利要求书得到保护的技术方案一定要注意在说明书中对该技术方案作出清楚、完整的说明，以致本领域的技术人员根据说明书中记载的内容能够实现该技术方案。

在专利代理实践中，判断说明书是否充分公开发明可能会遇到各种不同的情况。下面仅就几类常见的情形举例说明如何判断说明书是否充分公开了发明，以帮助专利代理人更好地掌握《专利法》第26条第3款的应用。在下面给出的各种情形的案例中，多半说明书未充分公开发明，其目的是提醒专利代理人在今后撰写专利申请文件的实践中尽量避免出现类似的问题。

#### 1.2.1　说明书中对发明技术内容的描述含糊不清

说明书中未清楚描述发明技术内容是实践中导致说明书未充分公开发明的一个主要原因。下面从对发明关键部件的结构未作出清楚描述、对产品各部件的位置关系或其他相互关系未交代清楚等四个方面作出说明。

（1）未清楚描述发明关键部件的结构

按照《专利审查指南2010》第二部分第二章第2.2.6节的规定，对最接近的现有技术或者发明或实用新型与最接近的现有技术共有的技术特征，一般来说可以不作详细的描述，但对发明或者实用新型区别于现有技术的技术特征以及从属权利要求中的附加技术特征应当足够详细地描述，以所属技术领域的技术人员能够实现该技术方案为准。由以上规定可知，对属于发明改进点的技术特征应当作出详细描述。例如对于产品发明而言，应当对发明的关键部件作出清楚的描述，否则就可能导致说明书未充分公开发明。

【案例1－37】

在本案例中，权利要求书中请求保护的发明是一种使用交流电的点烟器，其无需将交流电转换为直流电，而是直接使用交流电驱动点烟器。说明书中只记载了该点烟器可使用交流电，而没有记载该点烟器的具体结构。

【分析】

现有技术中的点烟器都采用直流电源来驱动，本发明的改进之处是该点烟器可以实现用交流电驱动点烟。由于说明书对该点烟器利用交流电驱动点火只给出了一种设想，而未针对该点烟器的改进之处给出该点烟器的具体结构，因而所属技术领域的技术人员按照说明书记载的内容无法得知本发明的点烟器如何实现用交流电驱动点烟器，因此本申请的说明书未能清楚、完整地对本发明作出说明，以致本领域的技术人员按照说明书的记载无法实现本发明。

【案例1－38】

在本案例中，权利要求书中请求保护一种机械玩具动物。在独立权利要求中特征部分的一个区别特征为该机械玩具动物还包括一个动作控制机构和一个受控制机构控制而完成动物姿态改变的座杆。在本申请的说明书中指出："本发明的机械玩具动物除了采用现有技术中的动力、传动变速机构之外，主要是设计了一套控制机构和一对能支撑地面以移动重心而完成姿态改变的座杆。"但是，在说明书中没有描述保证动物玩具实现蹲下、坐立、趴下、站立、行走等一系列动作的控制机构和与该控制机械相配合的座杆的具体结构。

【分析】

对于本发明而言，该控制机构和座杆是本发明技术方案的关键技术措施，由于该关键技术措施未公开，从而无法得知该控制机构和座杆如何实现该机械玩具动物的姿态改变，也就是说，所属技术领域的技术人员根据说明书记载的内容无法实现该发明的技术方案，达到其技术效果，因而本申请的说明书未充分公开发明。

本案例应当在说明控制机构和座杆的具体结构的同时，进一步说明两者如何配合以使机械动物玩具实现蹲下、坐立、趴下、站立、行走等一系列动作。

（2）未清楚写明各部件位置关系或其他相互关系

《专利审查指南2010》第二部分第二章第2.2.6节规定，对于产品的发明或者实用新型，实施方式或者实施例应当描述产品的机械构成、电路构成或者化学成分，说明组成产品的各部分之间的相互关系。对于可动作的产品，只描述其构成不能使所属技术领域的技术人员理解和实现发明或者实用新型时，还应当说明其动作过程或者操作步骤。

由上述规定可知，对于电学领域的产品发明，说明书具体实施方式部分应当写明各组成部件位置关系或其他相互关系，如果未写明与发明改进点密切相关的各部件的相互关系就可能导致说明书未充分公开发明。

【案例 1 - 39】

在本案例中，权利要求书中请求保护一种狗链，其要解决的技术问题是提供一种可随意调节其链条长度并且可以实现照明的多功能狗链。权利要求的技术方案的区别特征包括两个技术手段：其一，在狗链的圈体上设置照明装置进行照明；其二，通过设置线轮、连接件、弹簧和推块来调节狗链的链条长度。说明书中只给出该多功能狗链所包含的部件：圈体、链条、照明装置、线轮、连接件、弹簧、推块等部件，而未写明线轮、连接件、弹簧、推块和链条之间的位置关系和/或连接关系。

【分析】

根据说明书的记载，其第一个技术手段能够实现，而对于第二个技术手段调节链条长度只给出与该技术手段有关的部件的名称线轮、连接件、弹簧和推块，而对这些部件之间的位置关系和其他相互关系未作任何说明，由于这些部件之间的位置关系和其他相互关系是实现调节链条长度的关键所在，未对这些关系作出说明就将导致本发明中的第二个技术手段不能实现，因此说明书未充分公开本发明。

但对本案例来说，如果本发明要解决的技术问题是提供一种可以实现照明的多功能狗链，与此相应，权利要求书中的独立权利要求的区别特征仅为第一个技术手段，而在其从属权利要求 2 限定部分的附加技术特征进一步写明了第二个技术手段中各部件的名称，但未写明各部件之间的相互关系，在此同时说明书中也未写明这些部件之间的相互关系，那么在这种情况下，应当认为独立权利要求的技术方案已在说明书中充分公开，但从属权利要求 2 的技术方案未被说明书充分公开。

【案例 1 - 40】

在本案例中，发明为一种同步组合列车，将现有每个车次的一列车增加到两列，成为每车次两列车的同步组合列车。其权利要求书中独立权利要求的技术方案是在前后两列火车驾驶台上装上微机遥控装置，由前面火车司机遥控前后两列火车同步前进、同步停止。说明书中没有写明遥控装置是如何与火车的驾驶台上的操作系统进行连接的。

【分析】

由说明书记载的内容可知，本发明想要解决的技术问题是使前后两列火车同步前进和同步停止。为此其技术方案是在前后两列火车的驾驶台上安装微机遥控装置，由前面火车司机遥控前后两列火车。但本专利申请的说明书中并没有说明该遥控装置如何安装在火车的驾驶台上，以及该遥控装置与现有火车的驾驶台上的操作系统如何进行连接，从而导致所属技术领域的技术人员无法根据说明书中的教导去理解和实施该发明。因而，本发明专利申请的说明书未充分公开发明，不符合《专利法》第 26 条第 3 款的规定。

（3）仅写明要求保护的产品的工作原理和所达到的效果而未清楚地写明产品的结构

对一些要求保护产品发明的专利申请，如果在权利要求的技术方案和说明书中仅仅写明其工作原理和/或其能达到的技术效果，而未清楚地描述该产品的结构，以致本领域技术人员根据说明书记载的内容不能得知该产品是如何实现其工作原理和如何达到该技术效果，这样的说明书（包括其权利要求书在内）未充分公开发明，不符合《专利法》第26条第3款的规定。

【案例1－41】

申请涉及一种电容变压的方法，其提出的技术方案仅包括：该电容器在利用电磁感应原理来升高或降低电压的方法中，可以克服受电感线圈时间常数的影响，电压信号实现快速变化。

【分析】

由于说明书中没有公开如何采集电压信号，采用何种电路的连接方式，如何利用电磁感应原理来升高或降低电压。因此，所属技术领域的技术人员根据说明书的记载不能实现这种电容变压的方法，因此说明书公开不充分。

（4）涉及计算机程序的发明，未给出主要流程图

涉及计算机程序的发明专利申请的说明书除了应当从整体上描述该发明的技术方案之外，还必须清楚、完整地描述该计算机程序的设计构思、相关技术特征以及达到其技术效果的实现方式。若说明书附图中未给出该计算机程序的主要流程图，在某些情况下可能会无法清楚、完整地描述该计算机程序的主要特征，从而导致说明书公开不充分。在说明书中，应当以所给出的计算机程序流程为基础，按照该流程的时间顺序，以自然语言对该计算机程序的各个步骤进行描述。

1.2.2 未给出解决技术问题、达到技术效果的技术手段

《专利审查指南2010》第二部分第二章第2.1.3节中给出五种由于缺乏解决技术问题的技术手段而被认为无法实现发明的情形，其中第一种情形为“说明书中只给出任务和/或设想，或者只表明一种愿望和/或结果，而未给出任何使所属技术领域的技术人员能够实施的技术手段”。因而，专利申请属于上述情形时，就可认定其说明书未充分公开发明，不符合《专利法》第26条第3款的规定。

【案例1－42】

一项有关“风铃”的发明专利申请，其权利要求书中独立权利要求的区别特征为“该风铃装置具有音色能随气温上升而变高，随气温下降而变低的特征。”从属权利要求和说明书中记载的内容均未进一步说明该风铃装置通过什么具体结构或者采用何种材料来实现音色能随气温上升而变高、随气温下降而变低。

【分析】

由于说明书（包括权利要求书）中没有公开这种风铃装置的具体结构，也未说明

其通过采用何种材料、何种结构来实现音色能随气温上升而变高、随气温下降而变低，由此可知该说明书中只给出了发明的任务和设想，而没有记载任何技术手段，所属技术领域的技术人员根据说明书的记载不能制造出这种风铃，因此说明书未充分公开本发明中的风铃装置。

这类申请在我国专利制度设立数十年后的今天依然零星出现，多半由于申请人担心竞争对手仿制或出于其他原因未在说明书具体说明实现该任务或设想的技术手段从而造成说明书未充分公开发明。专利代理人应当充分注意这一点，引导申请人对技术方案进行必要的说明，并将其写在说明书中。例如本案例，申请人如果具体说明了采用什么样的技术手段来实现风铃音色的调节，则有可能满足说明书充分公开发明的要求。

【案例1－43】

一件发明专利申请，权利要求书中请求保护一种制造陶瓷和半陶瓷产品的自动化转子生产线，其说明书中记载的技术内容写明这种自动化转子生产线采用压制法制造陶瓷和半陶瓷产品，该生产线能够使产品的连续运输和全部制造过程全盘自动化，从而提高产品的生产率，但未说明该生产线的具体构成。

【分析】

说明书中仅给出了这种生产线所要完成的任务，而未给出这种生产线的构成，所属技术领域的技术人员根据说明书的记载不能得知这种生产线包括哪些装置，也不知该生产线如何完成使产品的连续运输和全部制造过程全盘自动化从而提高产品的生产率的任务，因此说明书未充分公开发明，不符合《专利法》第26条第3款的规定。

### 1.2.3 说明书中给出的技术手段含糊不清或者不能解决发明要解决的技术问题

《专利审查指南2010》第二部分第二章第2.1.3节中给出的五种由于缺乏解决技术问题的技术手段而被认为无法实现发明的情形中的第二种情形为“说明书中给出了技术手段，但对所属技术领域的技术人员来说，该手段是含糊不清的，根据说明书记载的内容无法具体实施”。申请文件出现这种情况多半是因为申请人担心竞争对手仿制产品而将其中部分技术手段作为技术秘密保留造成的。

【案例1－44】

本案例权利要求请求保护的是一种休闲折叠椅，说明书中将该休闲折叠椅的椅背与椅座的连接方式均描述为：采用折弯件连接，该折弯件的两端和中部各有一连接孔，其一端的连接孔通过螺栓连接于椅背上，而另一端和中部的两个连接孔通过螺栓连接于椅座上，而该折弯件不能折叠。

【分析】

本案中，对于椅背与椅座之间的连接方式，说明书仅仅给出了如上文所述的一种方式。因此，根据说明书的描述来制作该折叠椅时，只能采用说明书所描述的连接方式。但本发明请求保护的是一种能够折叠的休闲椅，而由于连接椅背与椅座之间的折弯件不能折叠，按照上述连接方式制造出的折叠椅也根本无法折叠。也就是说，按照说明书中记载的技术手段，无法实现发明的技术方案，解决其技术问题。即说明书给出的技术手段不能解决该发明所要解决的技术问题，本案说明书公开不充分。



【案例1－45】

本申请的权利要求书中请求保护一种机械锻压设备，为解决说明书中写明的技术问题，在该机械锻压设备中装配了一种由特种钢制成的部件。虽然在该说明书中对机械设备的结构给出了详细的说明，但是并未公开对实现本发明起关键作用的特种钢的组成。

【分析】

在本案例中，申请人将本发明关键的技术特征"特种钢的组成"作为技术秘密而保留，因而说明书中仅给出了含糊不清的技术手段，致使所属技术领域的技术人员根据说明书的记载无法实现本发明的技术方案，因此说明书未充分公开本发明。

《专利审查指南2010》第二部分第二章第2.1.3节中给出五种由于缺乏解决技术问题的技术手段而被认为无法实现发明的情形中的第三种情形为"说明书中给出了技术手段，但所属技术领域的技术人员采用该手段并不能解决发明或者实用新型所要解决的技术问题"。例如，说明书中给出了技术手段，但此技术手段必须与其他技术手段相结合才能解决所述的技术问题，申请人在说明书中没有描述与之结合的其他技术手段，因此对所属技术领域的技术人员来说，仅根据说明书中给出的技术手段并不能解决说明书中所述的技术问题。

【案例1－46】

本申请要求保护一种废气锅炉热交换器，本发明要解决的技术问题是提高废气锅炉的换热效率。在说明书的背景技术部分写明现有的废气锅炉热交换器中均采用不带肋片的热交换管，其原因在于废气锅炉中的空间较小，无法安装带肋片的热交换管。权利要求书中独立权利要求特征部分的技术特征是热交换管上带有肋片，且在说明书的发明内容部分说明由于在热交换管上设置有肋片，加大了换热面积，从而提高了换热效率。在权利要求书的从属权利要求以及说明书的具体实施方式中给出了这些热交换管上的肋片高度与热交换管直径尺寸之间的配合关系、肋片的各种形状以及肋片间的间隔，但未对热交换管相对于废气锅炉倾斜安装的内容作出说明。

【分析】

本案例中，在实质审查阶段申请人就本发明如何解决在较小的废气锅炉空间内安装带肋片的热交换管的困难作出了说明，从而得知本发明之所以成功是因为申请人通过实践得知将热交换管倾斜一个合适的角度安装就能实现将带肋片的热交换管安装到废气锅炉的炉膛中。由此可知，本发明是通过在热交换管上设置肋片并将热交换管倾斜安装来实现提高换热效率的，也就是说"在热交换管上设置肋片"这一技术手段必须与另一技术手段“热交换管倾斜设置”相结合才能真正解决本发明的技术问题，而在说明书和权利要求书中并未对“热交换管倾斜设置”这一技术手段作出说明，因此本领域技术人员根据说明书中给出的技术手段并不能解决说明书中所写明的技术问题。这正是《专利审查指南2010》第二部分第二章第2.1.3节中给出的五种由于缺乏解决技术问题的技术手段而被认为无法实现发明的情形中的第三种，因此本申请的说明书未充分公开发明，不符合《专利法》第26条第3款的规定。

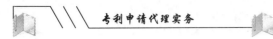

对于这类申请，专利代理人在撰写专利申请文件时应当加强与申请人的沟通，善于发现申请人交底材料中是否缺少充分公开发明的技术手段，请申请人给予补充，以便把实现发明创造所必需的技术内容在说明书中充分公开。

### 1.2.4 引证方式导致公开不充分的情形

申请人在撰写说明书时，有时会引证其他文件说明发明的相关内容。此时，应当审视说明书作为一个整体是否符合《专利法》第26条第3款的规定。

（1）引证文件中的内容不能作为本申请文件记载的内容的情形

《专利审查指南2010》第二部分第二章第2.2.3节中规定，引证文件满足所列三个要求时，可以认为本申请说明书中记载了所引证文件中的内容。也就是说，若引证文件不满足这三个要求，就不能将引证文件中的内容作为本申请说明书中记载的内容。具体来说，在下述三种情形中，就不能将引证文件中的内容作为本申请说明书中记载的内容。

① 如果说明书中没有对所引证的文件给出明确的指引，以致不能获得该文件，则不能将引证文件中的内容作为本申请说明书中记载的内容。

② 如果引证文件是中国专利文件，并且该文件的公开日晚于本申请的公开日或者没有公开，则不能将该引证文件中的内容作为本申请说明书中记载的内容。

③ 如果引证文件是非专利文件或外国专利文件，并且该文件的公开日在本申请的申请日（含申请日）之后，则不能将该引证文件中的内容作为本申请说明书中记载的内容。需提请注意的是，即使所引证的外国专利文件有中国同族专利文件，且该中国同族专利文件的公开日不晚于本申请的公开日，也不能将该引证的外国专利文件和中国同族专利文件中的内容作为本申请说明书中记载的内容。另外，申请人用中国同族专利文件替换外国专利文件作为引证文件的修改方式不能被接受。

在上述三种情形中，如果所属技术领域的技术人员在说明书中缺少引证文件内容的情况下仍能根据说明书的描述实现该发明或实用新型，则说明书符合《专利法》第26条第3款的规定。反之，说明书未充分公开发明，不符合《专利法》第26条第3款的规定。

【案例1-47】

本申请涉及一种用于内燃机的高温催化剂组合物，权利要求1请求保护一种催化剂，其中提到该催化剂的一种组分是稳定的氧化铝载体颗粒。说明书中在描述如何使氧化铝载体颗粒稳定时仅提到“请参照美国专利申请696，946中描述的相关内容”，而并未描述该方法的具体步骤，但是在本申请的申请日之前该美国专利申请尚未被公开，而且现有技术中也不存在其他方法来稳定氧化铝载体颗粒。



【分析】

由于构成本申请技术方案的一个必不可少的组分采用了引证其他文件的方式撰写，然而该引用的外国专利文献在本申请的申请日之前尚未被公开，所属技术领域的技术人员在申请日之前得不到该引证文件，从而无法得知如何得到该组分，因此本申请的说明书是不完整的，从而导致所属技术领域的技术人员根据说明书中记载的内容不能实现本发明，因此不符合《专利法》第26条第3款的规定。

(2) 引证文件中的内容可以作为本申请文件记载的内容时对“充分公开”的判断

当引证文件满足《专利审查指南2010》第二部分第二章第2.2.3节中所列出的三个要求时，则引证文件中的内容可以作为本申请文件记载的内容。此时，如果引证文件中的内容是实现发明必不可少的部分，则应当将引证文件中的内容与明确记载在说明书中的内容结合起来作为整体看待。如果本领域技术人员根据说明书中记载的内容和引证文件中的内容能清楚地得知两者记载的内容如何结合，并且可以确认这种结合能够解决本发明要解决的技术问题并取得预期效果，则应当认为本申请的说明书充分公开了发明；相反，如果本领域的技术人员由说明书记载的内容难以将引证文件中的内容与说明书记载的内容相结合以解决技术问题和获得预期效果，则应当认为说明书没有充分公开发明。

【案例1-48】

在本案例中，发明专利申请请求保护一种影像扫描的校正方法，这种校正方法不必采用手调校正即可获得真实的彩色影像。该方法包括用含有彩色板的影像扫描器进行扫描以读取数据，转换R、G、B计数值，加总取平均等步骤。

说明书中在描述“加总取平均步骤”时是通过“参见CN1257093A的说明书第3页第2段”的方式描述的。经核实CN1257093A的公开日早于本申请的申请日，但是该引证文件中公开的“加总取平均”方法只适用于白色校正，而本申请是要进行彩色校正。

【分析】

本申请文件中所引证的文件CN1257093A的公开日早于本申请的申请日，因此可以认为本申请文件中记载了所引证文件中的内容。但是，本发明涉及的是对扫描的彩色影像进行校正，而该引证文件中公开的“加总取平均”方法只适用于白色校正。由于彩色校正针对产生色差后需要进行校正处理的情况较白色校正更为复杂，因此CN1257093A所公开的适用于进行白色校正的“加总取平均”方法不能直接应用于本申请中的彩色校正处理，即CN1257093A所公开的“加总取平均”方法难以与本申请中的其他步骤相结合实现本申请请求保护的影像扫描校正方法，因此本申请的说明书不符合《专利法》第26条第3款的规定。

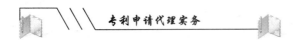

【案例1-49】

在本案例中，本申请的申请日为1990年7月26日，公开日为1992年2月5日。权利要求书中请求保护一种多池式静电准液膜分离装置，该装置包括静电式准液膜组合式挡板-电极组件，以及其他部件。另外，权利要求中还记载了各个部件的连接关系。申请人在说明书中描述静电式准液膜组合式挡板-电极组件时提到“参照本申请人向中国专利局提出的申请号为89220196.7实用新型专利申请文件中的‘静电式准液膜组合式挡板-电极组件’”。该实用新型的申请日为1989年11月29日，公开日为1991年9月25日。

【分析】

虽然本申请说明书中未作详细说明的“静电式准液膜组合式挡板-电极组件”对于本专利申请请求保护的技术方案“多池式静电准液膜分离装置”是一个关键部件，其对本发明的充分公开是必不可少的内容，但是在本申请的说明书中，对该部件采用了引证文件的写法，因此需要核实这种引证文件的描述方式是否影响对本发明的充分公开。

由于在本申请的说明书中对引证文件的指引非常明确，公众根据其引证的实用新型专利申请号可以获得该引证文件，并且该引证文件是一件申请人本人在先提出的中国实用新型专利文件，其公开日在本专利申请的公开日之前，因此按照《专利审查指南2010》第二部分第二章第2.2.3节中的规定，可以认为本申请文件中记载了所引证文件中的内容。进而，所属技术领域的技术人员根据说明书的记载很容易将引证文件中的“静电式准液膜组合式挡板-电极组件”结合到本发明的“多池式静电准液膜分离装置”中，因此应当认为本申请文件记载的内容充分公开了本发明，本申请符合《专利法》第26条第3款的规定。

### 1.2.5 反映发明关键技术内容的说明书附图不清楚、不完整

说明书附图作为说明书的一部分，在判断说明书是否充分公开的过程中同样起着非常重要的作用，尤其是对于一些仅仅在说明书附图中有所体现、而在说明书文字部分并没有明确记载的特征，说明书附图是否清楚、完整地描述成为判断该发明或者实用新型是否充分公开的关键。

【案例1-50】

一种沟槽电容结构及其制作方法，说明书中记载：“值得说明的是，由于深沟槽开口72于浅沟隔离62形成后才加以制作，因此在进行蚀刻工艺时由于浅沟隔离62、基底52与氮硅层60的蚀刻选择比有所差异，因此各深沟槽开口72与浅沟隔离62接触部分具有垂直状的内壁，而其未与浅沟隔离接触部分则具有圆弧状的内壁，借此圆弧状的内壁可增加有效电容面积。”（说明书附图见图1-1、图1-2。）

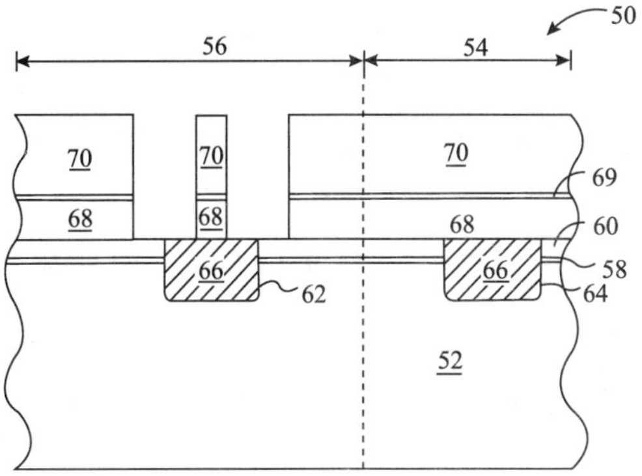


图 1-1　形成浅沟隔离的沟槽电容

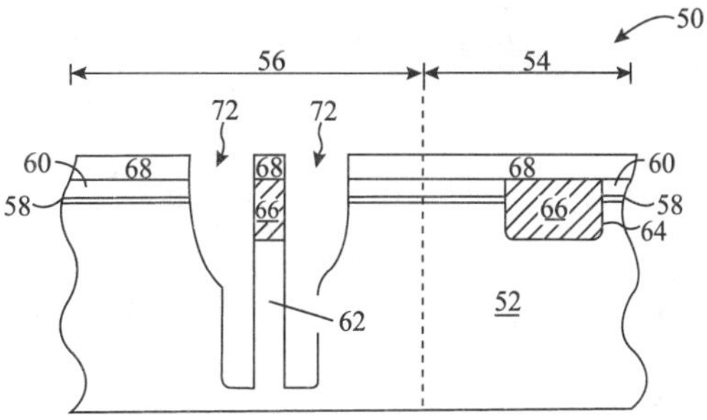


图 1-2　蚀刻之后的沟槽电容

【分析】

本申请的附图 1-2 中明确示出深沟槽开口 72 的未与浅沟隔离 62 接触部分的侧壁与硬屏蔽 68 的边缘齐平，而通常情况下，碗状开口在掩模下方的层边缘具有内凹，齐平与内凹是两种完全不同的相对位置关系，其带给所属技术领域的技术人员的信息是完全不同的，因此上述差别不能视为细微结构的差异。而且，由于本申请附图 1-2 中的开口和本领域公知常识性文件中的开口与掩模的位置关系明显不同，因此所属技术领域的技术人员会认定二者是通过不同工艺获得的，而不会认为采用后者的工艺能够得到前者的结构。

由此可见，所属技术领域的技术人员根据说明书记载的内容，无法得知在何种蚀刻工艺条件下可以得到具有圆弧状内壁的开口 72，从而也就无法实现本申请。因此本申请的说明书公开不充分，不符合《专利法》第 26 条第 3 款的规定。

## 2　说明书公开的内容应当足以支持权利要求

按照《专利法》第 26 条第 4 款的规定，权利要求书应当以说明书为依据。

### 2.1　法条释义

说明书是申请人公开其发明或者实用新型的文件，权利要求书是确定专利保护范围的文件。专利权人所获得的权利范围应当与其所作出的贡献相当，即权利要求的保护范围应当与说明书的公开内容相适应，为此《专利法》第 26 条第 4 款将说明书与权利要求书之间的这种关系表述为“权利要求书应当以说明书为依据”。也就是说，说明书充分公开的内容应当足以支持权利要求的保护范围，否则将导致权利要求的保护范围没有以说明书为依据，不能被允许。

由此可知，为使发明得到充分保护，需要在说明书中充分公开足以支持其权利要求保护范围的技术内容。如果说明书所充分公开的内容不能满足“概括得到”权利要求所请求的保护范围的需要，那么就导致权利要求得不到说明书的支持。

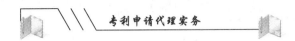

需要注意的是，说明书的全部内容均可用于支持权利要求，而不是仅限于具体实施方式部分的内容。如果说明书的其他部分也记载了与具体实施方式或实施例有关的内容，从而使得从说明书的全部内容来看，权利要求所作概括是适当的，则应当认为说明书公开的内容足以支持权利要求。

相反，说明书中仅有与权利要求保护范围相应的文字描述，如发明内容部分对应有一段与权利要求相同或相应的文字所表述的技术方案，但是说明书具体实施方式所公开的内容不足以支持说明书发明内容部分给出的技术方案的话，则仍然认为说明书公开的内容不足以支持权利要求。

### 2.2 法条应用

对于《专利法》第26条第4款有关“权利要求书应当以说明书为依据”的规定，从审查角度来说是判断权利要求书所要求保护的范围是否得到说明书的支持，但是从申请文件撰写角度、尤其是从说明书撰写角度来看，当申请人想要求保护一个较宽的保护范围时，作为专利代理人应当使说明书公开的内容足以支持权利要求的保护范围。如果说明书撰写不当，其公开的内容不足以支持权利要求的保护范围，则在审查期间将不允许本发明取得申请人所想要求保护的范围，从而会损害申请人的权益。当申请人想要求较宽的保护范围时，则应当尽量使说明书中公开的内容支持这一较宽的保护范围。

说明书应该有足够的实施方式来支持权利要求。具体实施方式是对发明或者实用新型的优选的技术方案进行展开说明。当一个实施方式或实施例足以支持权利要求所概括的技术方案时，说明书中可以只给出一个实施方式或实施例。当权利要求（尤其是独立权利要求）覆盖较宽的保护范围时，如果其概括的技术方案或其中的技术特征不能从一个实施方式或实施例中找到依据，则应当给出足够数量的实施方式或实施例，以支持权利要求的保护范围。

由《专利审查指南2010》第二部分第二章第3.2.1节和第2.2.6节中规定的内容可知，权利要求中的技术特征采用概括方式表述或者相当于概括方式表述的类型主要有四类：上位概念概括、并列选择方式概括、数值范围概括以及产品权利要求的功能性限定。下面针对这四个方面通过案例来具体说明在撰写说明书时应当撰写足够的实施方式来支持权利要求的保护范围。

（1）上位概念概括

如果上位概念概括的内容涵盖了说明书充分公开的实施方式的所有等同替代方式或明显变型方式，且这些方式都能够解决相同的技术问题，并具有相同或相近的技术效果，则该权利要求的概括是合理的。

反之，如果上位概念概括的内容涵盖了如下内容，则这样的概括不合理，得不到说明书的支持：①所属技术领域的技术人员在说明书充分公开的实施方式的基础上，结合说明书记载的所有内容，通过常规的实验或者分析方法不能实施的技术方案；

②不能解决本发明所要解决技术问题的技术方案；③产生不了预期技术效果或其效果难于确定的技术方案。

【案例1－51】

在本案例中，申请人想保护一种在日常生活中用于吸收对人体有害气体的家用空气净化器。鉴于日常生活中最常见的是由于家庭装修而产生的甲醛，申请人仅用该空气净化器对甲醛气体做了效果试验，与此相应在技术交底书中也只提供了有关甲醛试验的测试结果。

【分析】

由于日常家庭生活中的有害气体不仅仅是甲醛，还有甲烷、乙烯、苯酚、硫化氢、二氧化硫、氯化氢、由煤气灶泄漏的燃气、由香烟产生的含有尼古丁的烟气等，而这些气体有不同的性质，因此用该空气净化器对吸收甲醛能带来良好的吸收效果，并不能证明其对其他有害气体也能同样带来好的效果。在这种情况下，应当与申请人进行沟通和查阅有关资料，了解日常生活中的有害气体主要有哪几种，并按其性能和被吸附的机理将这些有害气体分成几类，从这几类中至少各选出一种用该空气净化器进行试验，并提供相应的吸收效率试验数据，以便写入说明书中以支持申请人对该空气净化器所想要求保护的范围。

（2）并列选择方式概括

在电学领域中，对于并列选择方式概括的技术方案，最好针对每一个具体的并列选择的方式分别给出一个实施方式，但对其中性能相近的具体并列选择方式可以只给出一个实施方式。

【案例1－52】

在本案例中，权利要求书中请求保护的主题为一种连接件的制造方法，其中权利要求1为：

1. 一种连接件的制造方法，首先采用锻造或铸造形成胚体，……

申请人在提供的技术交底书中仅给出了第一步为通过锻造制成钢胚的实施方式，并没有提供第一步通过铸造制成钢胚而制造连接件的实施方式。

【分析】

为了使撰写的说明书支持权利要求，就应当与申请人进行沟通，以了解采用铸造制成钢胚与采用锻造制成钢胚会否对制造连接件的后几步工艺流程和制成连接件的产品性能产生较大的影响。通过沟通得知，本发明所要解决的技术问题是提高连接件的抗弯强度，正是通过锻造制成钢胚而使最后制得的连接件具有较好的抗弯强度，而通过铸造形成胚体受其工艺条件的限制并不会有助于提高连接件的抗弯强度，由此可知这样的并列选择的概括方式不合适，应当建议申请人删去权利要求中的“铸造形成胚体”这一不合理的概括内容。

当然，如果在本案例中，权利要求书中两个并列选择特征是“通过锻造制成钢胚或通过精铸制成钢胚”，由于精铸制成钢胚也有助于提高连接件的抗弯强度，对本发明要解决的技术问题能带来与“通过锻造制成钢胚”相类似的技术效果，则最好要求申请人再补充第一步通过精铸制成钢胚而制造连接件的有关内容，并将其作为另一个实施方式写入说明书中，以支持该权利要求包含有并列选择概括方式表征的特征的技术方案。

（3）数值范围概括

按照《专利审查指南2010》第二部分第二章第2.2.6节的规定，当权利要求相对于背景技术的改进涉及数值范围时，通常应给出两端值附近（最好是两端值）的实施例，当数值范围较宽时，还应当给出至少一个中间值的实施例。对于这类包含有采用数值范围概括的技术特征的权利要求，应当通过与申请人沟通来了解该数值范围对所属技术领域来说是较宽数值范围还是较窄数值范围，以确定最后写入到说明书中的具体实施例的数量。

【案例1－53】

本案例涉及不锈钢加工方法中，申请人提供的技术交底书中所记载的两个实施例A步骤的处理温度分别是305℃和398℃，申请人欲在权利要求请求保护的技术方案中将A步骤的处理温度的范围确定为“300～400℃”。

【分析】

通过与申请人的沟通，得知对于不锈钢加工方法，A步骤的处理温度范围300～400℃是一个较宽的范围区间，因而在说明书中仅记载两个在其端值附近的实施例是不够的，应当要求申请人再补充一个温度为该范围中间值附近（如340～360℃之间的任一温度）的实施例，从而支持申请人所想要求保护的权利要求的技术方案。

（4）产品权利要求的功能性限定

《专利审查指南2010》第二部分第二章第3.2.1节中对产品权利要求中采用功能性限定作出了具体规定，说明在什么条件下才允许采用功能性限定的技术特征，并指出在哪些情况下将认为这种功能性限定未得到说明书的支持（有关内容将在本章第三节2.2.3中作出说明，在此不再重复）。由上述规定可知，在撰写专利申请文件时，如果对产品权利要求，拟采用功能性限定的技术特征，就应当分析解决该技术问题的关键是采取具体的结构来实现该功能或达到该效果，还是借助能实现该功能的部件与其他技术手段的结合。仅仅属于后者的情况采用此功能性限定的技术特征才是合适的。此外，一旦确定在产品权利要求中采用功能性限定的技术特征，在撰写说明书时就应当给出尽可能多的实施方式，一方面使其满足说明书应当支持权利要求的要求，另一方面也能使专利权人在侵权诉讼中处于主动地位。[1]

---

[1] 《最高人民法院关于审理侵犯专利权纠纷案件应用法律若干问题的解释》（法释［2009］21号）第4条规定：“对于权利要求中以功能或效果表述的技术特征，人民法院应当结合说明书和附图描述的该功能或者效果的具体实施方式及其等同的实施方式，确定该技术特征的内容。”由上述规定可知，说明书中针对该功能性限定的技术特征，给出的实施方式越多，则在侵权诉讼中对专利权人就越有利。

【案例 1－54】

权利要求 1 如下：

一种移动通信终端用电池充电器，其特征是由如下几个部分构成：……感知构件，位于所述外壳上，感知所述电池是否插入所述外壳内并带动起动部件动作；……

说明书充分公开的技术方案中的感知构件是由销和弹性部件构成。

【分析】

权利要求 1 中包括用功能进行限定的技术特征“感知构件”，说明书中仅公开了由销和弹性部件构成的特定结构来实现感知构件的上述功能的内容。由于现有技术中不存在实现上述感知电池插入并带动相关部件动作的功能的常规手段，因而所属技术领域的技术人员由说明书公开的内容不能明了上述功能还可以采用说明书中未提到的其他替代方式来完成，因此含有上述功能性限定的技术特征的该权利要求得不到说明书的支持，不符合《专利法》第 26 条第 4 款的规定。

对于这种情况，在撰写说明书时，应该对该感知构件充分展开说明，可提供多种可行的替代方式，以使说明书能够支持权利要求。

## 第三节　权利要求书的撰写

《专利法》第 26 条第 4 款和第 31 条以及《专利法实施细则》第 19 条至第 22 条和第 34 条对权利要求书撰写的实质要求和形式要求作出了规定。鉴于篇幅所限，本节仅针对涉及权利要求书实体要求的法律条款（《专利法》第 26 条第 4 款、《专利法实施细则》第 20 条第 2 款、《专利法》第 31 条和《专利法实施细则》第 34 条）从法条释义和法条应用两个方面作出说明，以更好地帮助专利代理人掌握这些法律条款的应用。

### 1　权利要求应当清楚、简要地限定要求专利保护的范围

按照《专利法》第 26 条第 4 款的规定，权利要求书应当清楚、简要地限定要求专利保护的范围。

#### 1.1　法条释义

鉴于权利要求书是用来确定专利权的保护范围的法律文件，就要求权利要求书能清楚地界定其要求专利保护的范围，以便所属技术领域的技术人员能清晰地确定该权利要求所要求保护的范围与不要求保护的范围之间的界限，并在实践中能够清楚地确定某一项技术方案是否落入该权利要求的保护范围。为此《专利法》第 26 条第 4 款中规定了“权利要求书应当清楚、简要地限定要求专利保护的范围”，从而可以明确地界定申请人所获得的权益范围。

权利要求书是否清楚、简要地限定要求专利保护的范围，应当由所属技术领域的技术人员从技术和法律含义的角度进行分析判断。

按照《专利审查指南2010》第二部分第二章第3.2.2节中的规定，“权利要求书应当清楚”包含两层含义：一是指每一项权利要求应当清楚，二是指构成权利要求书的所有权利要求作为一个整体也应当清楚。而对于每一项权利要求应当清楚来说，既要求每项权利要求的类型应当清楚，也要求每项权利要求所确定的保护范围应当清楚。

“权利要求书应当简要”也包含两层含义：其一，每一项权利要求应当简要；其二，构成权利要求书的所有权利要求作为一个整体也应当简要。

### 1.2 法条应用

下面，从四个方面（每项权利要求的类型应当清楚、每项权利要求所确定的保护范围应当清楚、权利要求书的所有权利要求作为整体应当清楚以及权利要求书应当简要）结合具体案例对本法条的应用作展开说明，以便帮助专利代理人更好地理解和掌握《专利法》第26条第4款中有关“权利要求书应当清楚、简要地限定要求专利保护范围”的规定。

#### 1.2.1 每项权利要求的类型应当清楚

按照性质划分，权利要求有两种基本类型，即物的权利要求和活动的权利要求，或者简单地称为产品权利要求和方法权利要求。

就每项权利要求的类型应当清楚而言，首先，权利要求的主题名称应当能够清楚地表明该权利要求的类型；其次，权利要求的主题名称应当与权利要求的技术内容相适应。

按照《专利法》第11条的规定，《专利法》对授权后的产品权利要求和方法权利要求提供了不同的保护，因此在类型上区分权利要求的目的是为了更准确地确定权利要求的保护范围。为此，要求权利要求的主题名称能清楚地表明其类型是产品权利要求还是方法权利要求，不允许采用含糊不清的主题名称。下面，结合一个具体案例说明主题名称不清楚的常见情形。

【案例1-55】

在本案例中，权利要求书中请求保护的主题为全自动化转子生产线的改进方案，其权利要求1为：

1. 一种全自动化转子生产线的改进方案，用具有一个输入端和一个输出端的可编程逻辑控制器发送和接收相应的预定信号；还包括增加一个用于连续运输的传送单元。

【分析】

该权利要求的主题名称是“改进方案”，而改进方案既可以表示产品，也可以表示方法。由于申请人没有明确权利要求所要求保护的“改进方案”是产品还是方法，因此该主题名称采用了含糊不清的表达方式，造成该权利要求的类型不清楚，导致权利要求的保护范围不清楚。而由该权利要求的技术特征来看，应当将上述权利要求的主题名称修改为“一种全自动化转子生产线”，从而清楚地表明该权利要求的类型为产品权利要求。

同样，若将权利要求的主题名称表述为“一种……技术”“一种……配方”“一种……设计”“一种……逻辑”，则这些都属于含糊不清的主题名称。此外，如果表述成既要求保护产品又要求保护方法的主题名称，如“一种……产品及其制造方法”，也属于主题名称含糊不清、未清楚表明其类型的情形。

就权利要求的主题名称与其技术内容相适应这一要求来说，《专利审查指南2010》第二部分第二章第3.2.2节中明确规定：

“产品权利要求适用于产品发明或者实用新型，通常应当用产品的结构特征来描述。特殊情况下，当产品权利要求中的一个或多个技术特征无法用结构特征予以清楚地表征时，允许借助物理或化学参数表征；当无法用结构特征并且也不能用参数特征予以清楚地表征时，允许借助于方法特征表征。使用参数表征时，所使用的参数必须是所属技术领域的技术人员根据说明书的教导或通过所属技术领域的惯用手段可以清楚而可靠地加以确定的。”

“方法权利要求适用于方法发明，通常应当用工艺过程、操作条件、步骤或者流程等技术特征来描述。”

下面，结合一个具体案例说明权利要求的主题名称与其技术内容不相适应的常见情形。

【案例1-56】

在本案例中，权利要求书中请求保护的主题为数控机床的自调试方法，其权利要求1为：

1. 一种数控机床的自调试方法，其特征在于所述数控机床的控制单元由单片机、控制电路……组成。

【分析】

该权利要求请求保护一种自调试方法，申请人在描述该方法时，仅描述了控制单元，即产品的组成情况，而这些都是产品特征，缺少对自调试方法的各个步骤及实施流程的描述，导致该权利要求所要求保护的技术方案不清楚，因而该权利要求的保护范围不清楚。就本案例而言，专利代理人应当与申请人就发明的主要改进之处进行沟通，以便确定保护主题的类型，在此基础上撰写权利要求书。如果经沟通得知，本发明相对于现有技术的改进之处为在原有设备基础上实现了数控机床的自调试方法，则应当对该权利要求的技术特征进行改写，使其反映在数控机床上进行自调试的各个步骤，使该权利要求的技术内容与其主题名称相适应；相反，如果经沟通得知，本发明数控机床的自调试是通过其产品各部件的结构或者由其单片机和控制电路形成的功能模块来实现的，则应当将上述权利要求的主题名称修改为“一种数控机床”，使权利要求的主题名称与其技术内容相适应。



### 1.2.2 每项权利要求所确定的保护范围应当清楚

《专利审查指南2010》第二部分第二章第3.2.2节中指出：“权利要求的保护范围应当根据其所用词语的含义来理解。一般情况下，权利要求中的用词应当理解为相关技术领域通常具有的含义。”由此可知，为使每项权利要求的保护范围清楚，权利要求中所用词语应当尽可能采用本技术领域的技术用语。即使说明书中写明了某自定义词具有特定的含义，也应当尽可能使得由权利要求的文字表述即可明确其含义，以避免不同人对同一项权利要求的保护范围的理解不一致；通常，不应当使用在所属技术领域中具有基本含义的词汇来表示其本意之外的其他含义，以免造成误解和语义混乱。

此外，权利要求中不得使用含义不确定的用语，不得出现“例如”“最好是”“尤其是”等导致权利要求中限定出不同保护范围的类似用语，一般不得使用“约”“接近”“或类似物”等会导致权利要求范围不清楚的类似用语。

下面，结合具体案例来说明因权利要求中用语不当而造成权利要求保护范围不清楚的常见情形。

【案例1-57】

本案例权利要求中出现术语“高频”，而说明书中特别说明本申请中对“高频”定义为“3~5MHz为高频”。

【分析】

在本领域中，通常所说的“高频”范围是3~30MHz。由此可见，说明书中对“高频”的定义有悖于该术语的公知含义。如果申请人在权利要求书中只使用措辞“高频”，而未说明其具体频率范围，则在结合考虑说明书、附图和公知常识后对要求保护的发明进行确认时，这样的定义会在解释该术语时产生混乱。

此时，可以删除措辞“高频”而代之以具体的频率范围。

【案例1-58】

在本案例中，权利要求书中请求保护的主题为一种透镜装置，其权利要求1为：

1. 一种透镜装置，包括左、右两个镜片，其特征在于左、右两个镜片上分别设有第一滤光区和第二滤光区，……

【分析】

在确定权利要求1的保护范围时，对其中提到的“左、右两个镜片上分别设有第一滤光区和第二滤光区”这一技术特征，由于其中的“分别”一词含义不清，从而对该技术特征可能有两种理解：一种是“左镜片上设有第一滤光区，右镜片上设有第二滤光区”；另一种是“左镜片和右镜片的每个镜片上都设有第一滤光区和第二滤光区”。也就是说，该权利要求1中采用“分别”这一词汇不能清楚表达“左镜片”

“右镜片”与“第一滤光区”“第二滤光区”这几个要素之间的关系，从而导致权利要求的保护范围不清楚。

对本案例来说，根据说明书中的描述可知，左、右这两个镜片中每个镜片都设有第一滤光区和第二滤光区，因此应当将权利要求1写成：

1. 一种透镜装置，包括左、右两个镜片，其特征在于，每个镜片上都设有第一滤光区和第二滤光区，……

【案例1－59】

在本案例中，权利要求书中请求保护的主题为一种××装置的减震系统，其从属权利要求4为：

4. 按照权利要求2或3所述××装置的减震系统，其特征在于，在所述底座与中间隔板之间设有一弹簧装置，最好是蝶形弹簧。

【分析】

权利要求中出现的措辞“最好是”造成该权利要求出现了不同的保护范围，其中上位概念弹簧装置概括的是一个较宽的范围，而下位概念蝶形弹簧又限定出一个具体的较窄的范围，无法确定该权利要求的保护范围到底是哪个，从而造成该权利要求的保护范围不清楚。

如果申请人欲保留权利要求中“最好是蝶形弹簧”的优选技术方案，可以将该权利要求修改为两项从属权利要求：

4. 按照权利要求2或3所述××装置的减震系统，其特征在于，在所述底座与中间隔板之间设有一弹簧装置。

5. 按照权利要求4所述××装置的减震系统，其特征在于，所述弹簧装置是蝶形弹簧。

【案例1－60】

在本案例中，权利要求书中请求保护的主题为一种用于刚性防爆板的夹紧装置，其从属权利要求2和从属权利要求3为：

2. 按照权利要求1所述刚性防爆板的夹紧装置，其特征在于：所述夹条可以是横断面呈S形的片簧。

3. 按照权利要求1所述刚性防爆板的夹紧装置，其特征在于：所述夹条可拆卸地安装在所述防爆板的连接件上。

【分析】

权利要求中出现“可以”之类的词语，并不一定会导致权利要求的保护范围不清楚，需要确定其中“可以”的含义是表示方案的选择还是对技术特征性质的描述，并根据此分析结果判断是否会导致权利要求保护范围不清楚。一般情况下，如果权利要求中出现的“可以”的含义为表示技术方案不确定的选择，就会导致权利要求的保护范围不清楚；如果其中“可以”的含义为对技术特征性质的描述，则不会导致权利要求保护范围不清楚。

在本案例中，权利要求 2 中出现了“可以”的文字表述，权利要求 3 中出现了“可”的文字表述。需要分析这两项从属权利要求中“可以”和“可”的含义。

在权利要求 2 限定部分中的“可以是横断面呈 S 形的片簧”表示的是不确定的选择情形，因此导致保护范围不清楚，正确的写法是将其中的“可以”两字删去，使其成为确定的选择，即将该权利要求 2 中限定部分的技术特征修改为“所述夹条是横断面呈 S 形的片簧”即可。如果申请人采用“可以”的表述是在两种以上方案的选择，例如该权利要求 2 限定部分表述成“所述夹条可以是横断面呈 S 形的片簧，也可以是横断面成直线的片簧”，仍然包含有不确定选择的含义，应当将其修改成包括两个并列优选方案的从属权利要求，即将其限定部分修改成用确定选择的文字表述方式表征的特征：“所述夹条是横断面呈 S 形的片簧或者是横断面成直线的片簧。”

在权利要求 3 限定部分中的“可拆卸地安装”所表示的是夹条与防爆板连接件之间采用一种可拆卸的安装方式，表示两者之间相对所处的状态，体现了“能够”的特性，如果将“可”字删去，则“拆卸”与“安装”就形成彼此矛盾的结合关系，由此可知，采用“可拆卸地安装”的表述比采用“拆卸地安装”更清楚地说明夹条与防爆板连接件之间的连接关系，因此该权利要求 3 的保护范围是清楚的。

1.2.3　权利要求书的所有权利要求作为整体应当清楚

《专利审查指南 2010》第二部分第二章第 3.2.2 节中指出，构成权利要求书的所有权利要求作为整体应当清楚是指权利要求之间的引用关系应当清楚。

在撰写权利要求书时，权利要求之间的引用关系应当正确，使得一项权利要求与其引用的权利要求之间在内容上要有连贯性，不能前后矛盾或无法衔接。例如从属权利要求中由“所述”等进一步限定的技术特征应当在其引用的权利要求中出现过，否则该从属权利要求将会由于缺乏引用基础而导致保护范围不清楚。

【案例 1-61】

在本案例中，权利要求书中请求保护的主题为一种计算机散热系统，其中权利要求 1~3 为：

1. 一种计算机散热系统，包含机箱壳体、散热装置、风扇，所述机箱壳体之间上开有出风口，其特征在于：所述散热装置位于所述风扇和出风口之间，……

2. 如权利要求 1 所述的计算机散热系统，其特征在于：在所述风扇和所述机箱出风口之间设置有风道。

3. 如权利要求 1 或 2 所述的计算机散热系统，其特征在于：所述风道包括第一段风道和第二段风道，第一段风道位于所述风扇的散热装置之间，……第二段风道位于所述散热装置和所述机箱出风口之间，……

【分析】

在本案例中，从属权利要求 3 中限定部分进一步限定的技术特征涉及的“所述风道”仅在其引用的权利要求2中出现过，而没有在其引用的权利要求1中出现过，因此，该从属权利要求3在引用权利要求1时，限定部分的“所述风道”缺乏引用基础，致使权利要求3引用权利要求1的技术方案的保护范围不清楚。为此，应当将权利要求3的引用部分仅引用权利要求2，即权利要求3的引用部分修改为“如权利要求2所述的计算机散热系统”，从而可消除原权利要求3引用关系不正确而导致权利要求未清楚地限定保护范围的缺陷。

【案例1-62】

本案例的权利要求书中有两项独立权利要求，其独立权利要求1和独立权利要求7分别为：

1. 一种汽车，包括发动机和安全装置，……

7. 如权利要求1所述的制造汽车的方法，……

【分析】

在本案例中，独立权利要求1请求保护的技术方案为一种汽车，而权利要求7请求保护的技术方案为制造汽车的方法，因而两者均为独立权利要求。在独立权利要求7的主题名称中采用了引用独立权利要求1的表述方式，由于其撰写不当，使其似乎成了一种主题名称为制造汽车方法的独立权利要求1的从属权利要求，而目前权利要求1的请求保护的主题名称是汽车，因此独立权利要求7中的主题名称所包含的对权利要求1的引用关系与权利要求1的主题不相适应，从而导致独立权利要求7的保护范围不清楚。对本案例来说，应当修改独立权利要求7的主题名称，使其中所包含的引用权利要求1的内容与权利要求1的主题相一致，通常可以采用下述表述方式：“一种制造权利要求1所述汽车的方法”或者“一种如权利要求1所述汽车的制造方法”。

1.2.4 权利要求书应当简要

按照《专利审查指南2010》第二部分第二章第3.2.3节中的规定，为满足构成权利要求书的所有权利要求作为整体应当简要的要求，不仅权利要求的数目应当合理，而且权利要求书中不得出现两项或两项以上保护范围实质上相同的同类权利要求；为满足每项权利要求应当简要的要求，在每项权利要求中不得对原因或者理由作不必要的描述，而且在可能的情形下应当尽量采取引用在前权利要求的方式撰写。

下面为一个权利要求书中存在两项保护范围实质相同的同类权利要求的案例，通过该案例以说明如何修改来使该权利要求书满足权利要求书应当简要的要求。

【案例1-63】

在本案例中，权利要求书中请求保护的主题为刀，其中权利要求1~3为：

1. 一种刀，包括刀柄和刀片。

2. 如权利要求1所述的刀，还包括套在刀片外面的刀鞘。

3. 一种刀，包括刀柄、刀片，还包括套在刀片外面的刀鞘。

【分析】

从属权利要求 2 与独立权利要求 3 为两项保护范围实质相同的同类权利要求，导致权利要求书从整体上不简要，因此应当从从属权利要求 2 和独立权利要求 3 中删去一项权利要求。而对于从属权利要求 2 和独立权利要求 3，应当通过删去独立权利要求 3 来消除这一缺陷。一方面，因为权利要求 2 采用了引用在前权利要求的方式撰写，保留该项权利要求同时满足了每项权利要求应当简要的要求；另一方面，这两项权利要求属于一项发明，按照《专利法实施细则》第 21 条第 3 款的规定，一项发明应当只有一个独立权利要求，因此删去独立权利要求 3 可使本申请符合《专利法实施细则》第 21 条第 3 款的规定。

## 2 权利要求书应当以说明书为依据

按照《专利法》第 26 条第 4 款的规定，权利要求书应当以说明书为依据。

《专利法》的立法本意在于为专利权人提供与其所作出的贡献相适应的权利保护，获得权利的前提是专利权人充分公开了其发明创造，基于权利和义务对等的原则，权利要求请求保护的范围应当与专利权人公开的内容相适应，两者之间应当密切关联。《专利法》将这种关系表述为“权利要求书应当以说明书为依据”。如果权利要求的保护范围比说明书充分公开的内容要宽，则申请人可能获得的权利会大于其应尽的充分公开的义务，对社会公众是不公平的，因此不允许对这样的权利要求授予专利权。

### 2.1 法条释义

所谓“权利要求应当以说明书为依据”，是指权利要求应当得到说明书的支持。权利要求书中的每一项权利要求所要求保护的技术方案应当是所属技术领域的技术人员能够从说明书充分公开的内容中得到或者概括得出的技术方案，并且不得超出说明书公开的范围。

说明书公开的范围既包括说明书明确记载的内容，也包括本领域技术人员能够从说明书记载的内容概括得出的技术方案，因此，只要权利要求中所要求保护的技术方案没有超出这两部分内容，就符合《专利法》第 26 条第 4 款有关权利要求书应当以说明书为依据的规定。

（1）“说明书记载”的含义

“权利要求所要求保护的技术方案是说明书中明确记载的内容”，是指权利要求的技术方案未对说明书中记载的内容进行扩展，其所要求保护的范围与说明书记载的内容一致，是说明书中明确记载的技术方案。

如果一项权利要求请求保护的技术方案就是说明书中明确公开的一个或多个技术方案，则该权利要求得到了说明书的支持。

（2）“由说明书概括得出”的含义

“权利要求所要求保护的技术方案能够由说明书充分公开的内容概括得出”，是指由说明书记载的一个或者多个实施方式或实施例概括而成的权利要求应当不超出说明书公开的范围。如果所属技术领域的技术人员可以合理预测说明书给出的实施方式的所有等同替代方式或明显变型方式都具备相同的性能或用途，则应当允许申请人将权利要求的保护范围概括至覆盖其所有的等同替代或明显变型的方式。如果权利要求的概括包含申请人推测的内容，而其效果又难以预先确定和评价，则这种概括应当认为是超出了说明书公开的范围。对于权利要求概括得是否恰当，应当参照与之相关的现有技术进行判断。开拓性发明可以比改进性发明有更宽的概括范围，权利要求可以在说明书公开内容的范围内进行合理的扩展。

## 2.2 法条应用

由《专利审查指南2010》第二部分第二章第3.2.1节和第2.2.6节中规定的内容可知，权利要求中的技术特征采用概括方式表述或者相当于概括方式表述的类型主要有四类：上位概念概括、并列选择方式概括、产品权利要求的功能性限定和数值范围概括。下面针对这四类情形通过具体案例对《专利法》第26条第4款有关权利要求书应当以说明书为依据的规定的应用进行说明。

### 2.2.1 上位概念概括

对于发明和实用新型专利申请，如果其相对于现有技术作出的改进是利用了某技术特征某些下位概念的个性作出的，就不允许对该技术特征采用其上位概念来表述的方式；如果其相对于现有技术作出的改进是利用了某技术特征所有下位概念的共性作出的，只要在说明书中给出足够数量的实施例，就允许对该权利要求中这一技术特征采用上位概念概括的方式表述。在这里所提到的足够数量并非是一定要数量越多越好，只要根据说明书中给出的实施方式（甚至仅给出一个实施方式）就能合理地预测与所有下位概念相应的实施方式都能解决发明和实用新型所要解决的技术问题并达到相同的技术效果即可。

【案例1－64】

在本案例中，权利要求书中请求保护的主题为一种变形固定板，其中权利要求1为：

1. 一种变形固定板，其具有一个由柔性材料构成的外层，……

说明书中仅描述了外层为“海绵”的变形固定板。

【分析】

该权利要求采用“柔性材料”这一上位概念描述固定板的外层。虽然说明书中仅描述了外层为“海绵”的变形固定板，但如果说明书中还描述了“海绵外层是用于防止固定板的内部材料擦伤皮肤的”，则所属技术领域的技术人员很容易想到其他多种可用作所述变形固定板外层的公知柔性材料，例如棉布、毡布、无纺布等，而并不局限于说明书中提及的海绵，并且这些柔性材料均能达到所述技术效果。因此，采用上位概念概括的上述权利要求能够得到说明书的支持，符合《专利法》第26条第4款有关“权利要求书应当以说明书为依据”的规定。

反之，如果根据说明书的描述，本发明仅使用的是“海绵”的特定性能，如良好的吸水性，而不是公知的柔性材料的“共性”，则采用上述上位概念概括限定无法得到说明书的支持。

【案例1-65】

在本案例中，权利要求书中请求保护的主题为视频信号处理系统，其中权利要求1为：

1. 一种视频信号处理系统，包括：

接收模块……

编码模块，用于编码接收到的图像数据；

输出模块……

说明书中仅仅公开了一种使用循环分组编码来实现本发明的处理方法和系统。

【分析】

权利要求1中的上位概念“编码”概括了所有的编码方式。但在说明书中仅仅给出了采用循环分组编码的方式编码接收到的图像数据。依据本申请文件所记载的内容，所属技术领域的技术人员只能通过循环分组编码的方式来实现本发明的技术方案，不知道其他的编码方式，或者不能确定该上位概念所概括的除本申请说明书所述特定编码方式之外的其他编码方式均能解决本发明的技术问题。因此，该权利要求中的“编码”概括了一个较宽的保护范围，该权利要求没有以说明书为依据，不符合《专利法》第26条第4款的规定。

2.2.2　并列选择方式概括

并列选择方式概括通常使用“或者”“和”之类的词语来并列几个必择其一的具体特征。常见的并列选择概括通常采用“A、B、C或者D”或“由A、B、C和D组成的物质组中选择的一种物质”这两种方式进行撰写。

采用并列选择方式概括时，被并列选择的具体特征应当在解决本发明技术问题中起到相等或相应技术效果的作用。因此在分析时，可以将这些被并列选择的具体特征按其性质是否相近分为几类，如果对每一类具体特征都有一个实施方式和或实施例，则通常认为所作并列选择方式概括是合适的，该权利要求得到说明书的支持；相反，如果其中有一类未给出实施方式或实施例，就会认为由其他类中的实施方式或实施例难以推测也适用于包含这一类具体特征的技术方案也能解决本发明要解决的技术问题和得到类似的技术效果，从而认为采用并列选择方式概括技术特征表征的权利要求得不到说明书的支持。

此外，在采用并列选择概括时还有一些形式上的要求，如不得将上位概念概括的内容用“或者”与下位概念并列。

【案例1-66】

在本案例中，权利要求书中请求保护的主题为一种图像处理设备，其中权利要求1为：

1. 一种图像处理设备，其特征在于：采用键盘、鼠标或触摸屏的输入装置，……

说明书中仅描述了采用键盘作为输入装置。

【分析】

虽然说明书中仅描述了采用键盘作为输入装置的图像处理设备，但由说明书中对本发明内容的描述可知，本发明相对于现有技术所作的改进与采用何种手段作为数据输入装置无关，而所属技术领域的技术人员知道，在发明的图像处理设备中鼠标及触摸屏可以起到与键盘等效的数据输入作用，因此，该权利要求可以采用并列选择概括方式限定其图像处理设备中的输入装置，即表述成“采用键盘、鼠标或触摸屏的输入装置”。由此可知，采用上述并列选择概括技术特征表征的权利要求能够得到说明书的支持。

反之，如果根据说明书的描述，本发明相对于现有技术的改进与所采用的数据输入装置有关，也就是说只有采用具有特定结构的“键盘”才能实现本发明目的，那么该权利要求采用上述并列选择方式概括的技术特征就没有得到说明书的支持。

2.2.3 产品权利要求中功能性限定的技术特征

按照《专利审查指南2010》第二部分第二章第3.2.1节中的规定，对于产品权利要求，只有当某一技术特征无法用结构特征来限定或者用结构特征限定不如用功能或效果特征限定更为恰当时，才允许使用功能或效果特征来限定发明。此外，还明确指出，如果权利要求中限定的功能是以说明书实施方式中记载的特定方式完成，且本领域技术人员不能明了此功能还可以采用其他替代方式来完成，或者本领域技术人员有理由怀疑该功能性限定所包含的一种或几种方式不能解决发明所要解决的技术问题的话，则不得采用覆盖上述替代方式或者不能解决技术问题的方式的功能性限定的特征来表征发明。

【案例1-67】

在本案例中，权利要求书中请求保护的主题为一种用于改变图像信号的编码电路，其中权利要求1为：

1. 一种用于改变图像信号的编码电路，包括：

将图像分成多个子图像的装置；

变换电路，用于将各个子图像变换成二维的毗邻系数组；

移动检测器，用于接受子图像，并在检测出子图像中有引人注目的移动部分时产生移动信号；

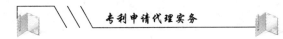

扫描装置，用于根据与移动信号有关的扫描形式读取所述系数组，并将它们转换为一串系数序列；

其特征在于，所述扫描形式至少一步跳到与先前读取的系数不毗邻的预定系数。

【分析】

该权利要求中提到了变换电路、检测器、扫描装置等多个部件，对其中每个部件都采用了在其名称之后加上“用于……”之类的措辞来表述，而不是记载这些部件的具体电路构成。这种措辞看起来好像是在表述部件的用途，也好像是在表述采用这些部件的目的，但实质上都是指出部件在要求保护的技术方案中所起的作用或者功能，这是功能性限定特征的一种典型表达方式。这种表述在电学领域是允许的。其一，电路结构本身使用结构表述将非常复杂，无法准确表达清楚；其二，本领域根据功能性限定也能够明确采用何种结构实现该功能。

2.2.4　数值范围

按照《专利审查指南2010》第二部分第二章第2.2.6节中的规定，当权利要求相对于背景技术的改进涉及数值范围时，通常应给出两端值附近（最好是两端值）的实施例，当数值范围较宽时，还应当给出至少一个中间值的实施例。

【案例1－68】

在本案例中，权利要求书中请求保护的主题为一种扬声器，其权利要求1为：

1. 一种扬声器，其特征在于，该扬声器由振动膜组成，所述振动膜由……的框架及在圆筒状绕线管的外周部卷绕线圈所构成的音圈组成，……所述圆筒状绕线管以……为主成分，并混合有5%～30%的合成纤维和20%～50%的无机填料，由抄浆后经轧辊热压加工的片材形成。

说明书的发明内容及实施例部分中的描述为“应加入35%～50%，最好为50%的无机填料”。

【分析】

权利要求1请求保护的是一种扬声器，其中包括：圆筒状绕线管包括20%～50%的无机填料。但是在本发明说明书的发明内容部分以及实施例部分中，均描述为“加入35%～50%，最好为50%的无机填料”。并且，本领域的技术人员也不能从说明书公开的内容中概括得出“加入了20%～35%的无机填料”的技术方案也能够解决相同的技术问题或达到相同的技术效果。因此，权利要求1得不到说明书的支持，不符合《专利法》第26条第4款关于权利要求书应当以说明书为依据的规定。

【案例1－69】

在本案例中，权利要求书中请求保护的主题为一种装饰件的制备方法，其权利要求1为：

1. 一种装饰件的制备方法，先将基材制成装饰件的坯材，对其外表面进行清洗后电镀金属镍，其特征在于，将镀镍后的装饰件置入真空炉里冷却，冷却时间控制在

1～100分钟，……

说明书中给出了两个实施例，其中第一个实施例中的冷却时间为80分钟，第二个实施例的冷却时间为50分钟。

【分析】

本发明涉及一种"装饰件的制备方法"，权利要求对装饰材料电镀金属镍后放入真空炉里的冷却时间限定为一个较宽的范围1～100分钟，而说明书中公开的两个实施例中的冷却时间分别为50分钟和80分钟。对本领域的技术人员来说，对电镀后的金属件仅冷却1分钟和冷却50分钟或80分钟的效果有明显的不同，因此不能从说明书中公开的两个实施例预见到本制备方法中仅冷却1分钟能够达到本发明想要得到的效果，也就是说本领域的技术人员不能合理地预见冷却时间在1～100分钟的范围内都能解决其技术问题，从而权利要求所限定的冷却时间范围得不到说明书的支持。

为克服上述缺陷，申请人应在说明书中给出足够多的实施例，如果想要取得权利要求书中所限定的保护范围，则应当在撰写申请文件时在说明书中再给出冷却时间为几分钟和九十几分钟的两个实施例，最好给出冷却时间分别为1分钟和100分钟的两个实施例，以使本领域的技术人员根据说明书中记载的内容能够合理地预见冷却时间在1～100分钟的范围内都能解决本发明的技术问题。

2.2.5　全部以计算机程序实现的发明专利申请的功能模块构架权利要求，必须与方法步骤完全对应一致

如果全部以计算机程序流程为依据，按照与该计算机程序流程的各步骤完全对应一致的方式，或者按照与反映该计算机程序流程的方法权利要求完全对应一致的方式，撰写装置权利要求，即这种装置权利要求中的各组成部分与该计算机程序流程的各个步骤或者该方法权利要求中的各个步骤完全对应一致，则这种装置权利要求中的各组成部分应当理解为实现该程序流程各步骤或该方法各步骤所必须建立的功能模块，由这样一组功能模块限定的装置权利要求应当理解为主要通过说明书记载的计算机程序实现该解决方案的功能模块构架，而不应当理解为主要通过硬件方式实现该解决方案的实体装置。

完全对应一致的撰写方式是指装置权利要求与方法权利要求的主题名称相对应，装置权利要求中的各组成部分与方法权利要求的各个步骤及其执行时序相对应。

【案例1－70】

在本案例中，权利要求书中请求保护的主题为一种对CRT屏幕上的字符进行游标控制的方法，其权利要求1为：

1. 一种CRT显示屏幕的游标控制方法，包括：

用于输入信息的输入步骤；

用于将游标水平和垂直移动起始位置地址存储到H/V起始位置存储装置中的

步骤；

用于将游标水平和垂直移动终点位置地址存储到 H/V 终点位置存储装置中的步骤；

用于将游标当前位置的水平和垂直地址存储到游标位置存储装置中的步骤；

其特征是所述游标控制方法还包括：

用于分别将存储在所述游标位置存储装置中的游标当前的水平及垂直地址与存储在所述 H/V 终点位置存储装置中相应于其水平及垂直终点位置的地址进行比较的比较步骤；

由所述输入键盘输出信号和所述比较器输出信号控制的游标位置变换步骤，该步骤可对如下动作进行选择：

对存储在游标位置存储装置中的水平及垂直地址，按单个字符位置给予增1，

或对存储在游标位置存储装置中的水平及垂直地址，按单个字符位置给予减1，

或把存储在 H/V 起点存储装置中的水平及垂直起始位置的地址向游标位置存储装置进行置位；

用于根据所述游标位置存储装置中的存储状态在显示屏上显示所述游标当前位置的游标显示步骤。

将上述权利要求 1 所述涉及计算机程序的发明专利申请的权利要求写成装置权利要求：

2. 一种 CRT 显示屏幕的游标控制器，包括：

用于输入信息的输入装置；

用于存储游标水平和垂直移动起始位置地址的 H/V 起始位置存储装置；

用于存储游标水平和垂直移动终点位置地址的 H/V 终点位置存储装置；

用于存储游标当前位置的水平和垂直地址的游标位置存储装置；

其特征是所述游标控制器还包括：

用于分别将存储在所述游标位置存储装置中的游标当前的水平及垂直地址与存储在所述 H/V 终点位置存储装置中相应于其水平及垂直终点位置的地址进行比较的比较器；

由所述输入键盘输出信号和所述比较器输出信号控制的游标位置变换装置，该装置包含：

对存储在游标位置存储装置中的水平及垂直地址，按单个字符位置给予增 1 的装置，

或对存储在游标位置存储装置中的水平及垂直地址，按单个字符位置给予减 1 的装置，

或把存储在 H/V 起点存储装置中的水平及垂直起始位置的地址向游标位置存储装置进行置位的装置；

用于根据所述游标位置存储装置中的存储状态在显示屏上显示所述游标当前位置的游标显示装置。

【分析】

上述“对 CRT 屏幕上的字符进行游标控制”的发明专利申请是全部以计算机程序流程为依据的，其装置权利要求的主题名称与方法权利要求的主题名称相对应，其各个组成单元的限定内容也是与方法权利要求的各个步骤相对应的，因此该装置权利要求的撰写形式被认为是与方法权利要求完全对应一致的。



## 3 独立权利要求应当记载解决技术问题的必要技术特征

《专利法实施细则》第 20 条第 2 款规定：“独立权利要求应当从整体上反映发明或者实用新型的技术方案，记载解决技术问题的必要技术特征。”

### 3.1 法条释义

《专利法实施细则》第 20 条第 2 款只适用于独立权利要求。

《专利审查指南 2010》第二部分第二章第 3.1.2 节中对该条款所提到的必要技术特征给出了明确的界定：必要技术特征是指，发明或者实用新型为解决其技术问题所不可缺少的技术特征，其总和足以构成发明或者实用新型的技术方案，使之区别于背景技术中所述的其他技术方案。

由此可知，该必要技术特征是针对发明或者实用新型解决的技术问题来确定的，且这些必要特征的总和构成了本发明完整的技术方案。下面从“本发明解决的技术问题”和“完整的技术方案”这两方面作出进一步说明。

（1）本发明解决的技术问题

这里所称的“本发明解决的技术问题”应当是指由说明书中记载的内容能确定的本发明解决的技术问题。该技术问题可以是：

① 说明书中明确记载的技术问题。

② 通过阅读说明书能够直接确定的技术问题，例如，虽然说明书中没有写明“本发明要解决的技术问题是……”，但是，从申请人在背景技术部分提到的现有技术存在的缺陷，可以判断出发明要解决的技术问题是克服现有技术存在的缺陷。

③ 根据说明书记载的技术效果或技术方案能够确定的技术问题，需要注意不能从技术方案中的孤立技术特征带来的技术效果推导整个技术方案所要解决的技术问题。

（2）完整的技术方案

《专利法实施细则》第 20 条第 2 款的立法宗旨在于确保独立权利要求从整体上反映发明或者实用新型的技术方案，也就是说，该独立权利要求对于其所要解决的技术问题是一个完整的技术方案。由此可知，包括发明要解决的技术问题必备的所有必要技术特征，形成完整的技术方案，是独立权利要求应当满足的条件之一，即独立权利要求中不能缺少解决其技术问题所必不可少的技术特征。

### 3.2 法条应用

根据以往的专利审查和专利代理的实践，为了使所撰写的独立权利要求包括解决技术问题的必要技术特征，对产品独立权利要求来说，不仅要写明解决该技术问题所必须具备的各个部件，还应当写明对解决该技术问题必不可少的部件之间的相互关系；对方法独立权利要求来说，不仅要写明解决该技术问题所必需的步骤，还应当写明对解决该技术问题必不可少的各步骤之间的顺序关系。

此外，在根据专利申请说明书中记载的技术特征来确定必要技术特征时，有时会遇到说明书中描述的所要解决的技术问题有多个，此时其说明书所描述的实施方式或实施例可能记载了能够解决所有技术问题的技术特征。在这种情况下，在判断必要技术特征时，应当判断其独立权利要求所限定的技术方案就某一个技术问题的解决来说是否是完整的，而不能要求独立权利要求所限定的技术方案能够同时解决多个技术问题。

《专利法实施细则》第 20 条第 2 款规定独立权利要求应当包括解决技术问题的全部必要技术特征，但并未规定独立权利要求中不得写入对解决技术问题来说是非必要的技术特征，因此，当独立权利要求中包含了非必要技术特征时，审查机构不会要求申请人对该独立权利要求进行修改。但是，从撰写申请文件的角度来看，独立权利要求中写入了非必要技术特征必定缩小了其要求保护的范围，会使本申请不能得到充分的保护。因此，为了充分保护申请人的权益，在撰写权利要求书时，不要将非必要技术特征写入独立权利要求。

为了帮助专利代理人更好地掌握《专利法实施细则》第 20 条第 2 款的法条应用，下面从四个方面（产品独立权利要求的必要技术特征、方法独立权利要求的必要技术特征、说明书中写明解决多个技术问题时必要技术特征的确定、避免将非必要技术特征写入独立权利要求中）结合具体案例作出说明。

#### 3.2.1 产品独立权利要求的必要技术特征

产品发明中为解决技术问题不可缺少的部件以及这些部件的必要连接关系、配合关系和位置关系等应当作为必要技术特征写入产品独立权利要求中。当独立权利要求中缺少其中某一必不可少的部件或者这些部件之间必要的相互关系时，就不能解决本发明的技术问题，该独立权利要求将会因不符合《专利法实施细则》第 20 条第 2 款的规定而不能被授予专利权。

下面，结合两个具体案例来说明产品独立权利要求缺少各部件的相互关系时如何判断其是否符合《专利法实施细则》第 20 条第 2 款的规定。

【案例 1－71】

在本案例中，权利要求书中请求保护的主题为一种多层的数字版权保护系统，其权利要求 1 为：

1. 一种多层的数字版权保护系统，该系统包含有数字媒体文件的打包加密器、容器文件加密器、媒体播放授权服务器、下载授权服务器，其特征在于，还包括分割和切片加密器、容器文件网络服务器、流媒体或文件服务器、种子服务器以及播放器。

【分析】

该申请要解决的技术问题是对版权通过多层加、解密方式来进行保护。该独立权利要求中的各个部件仅仅是简单罗列，缺少各个部件之间的相互连接关系或信号流向关系，特别是缺少分割和切片加密器的功能及其与其他部件如容器文件加密器等之间的连接关系或信号流向关系，因而无法解决对版权通过多层加、解密方式来进行保护的技术问题。

【案例 1－72】

在本案例中，权利要求书中请求保护的主题为一种物料进给系统，其权利要求1为：

1. 一种物料进给系统，包括一进料斗、进料阀门和控制阀门开启大小的控制电路，其特征在于，还包括一个检测进料斗物料进给量并将检测结果信号送至控制电路的检测装置。

说明书中所记载的本发明要解决的技术问题是：提供一种进料斗物料进给量的检测装置，可以防止进料过多导致的物料从进料斗排出时发生的堵塞现象。

说明书中的具体实施方式中还具体记载了进料斗物料进给量的检测装置是通过一固定装置固定安装在进料斗内部，并通过一个电路连接装置将检测结果信号送至控制电路。

【分析】

该独立权利要求中虽然没有记载进料斗物料进给量的检测装置是通过一固定装置安装在进料斗内部，也没有记载其通过一个电路连接装置将检测结果信号送至控制电路，但其已清楚地分别写明了该检测装置与进料斗以及该检测装置与控制电路的其他关系：用于检测进料斗物料进给量，将检测结果信号送至控制电路。通过说明书的记载可知，本发明正是通过增加一种进料斗物料进给量的检测装置并将检测结果送至控制电路来防止进料过多导致的物料从进料斗排出时发生的堵塞现象。至于该检测装置采用何种固定装置固定在何处以及通过何种装置将检测信号送至控制电路与本发明要解决的技术问题无关，因此该权利要求并不缺少解决其技术问题的必要技术特征，符合《专利法实施细则》第20条第2款的规定。

#### 3.2.2　方法独立权利要求的必要技术特征

对方法独立权利要求来说，不仅要写明解决技术问题所必需的步骤，还应当写明对解决技术问题必不可少的各步骤之间的顺序关系。因为对方法发明来说，其各步骤的顺序关系往往与其所要解决的技术问题密切相关，因此当独立权利要求中缺少上述反映各步骤间顺序关系技术特征时，有些情况下会导致独立权利要求出现缺少必要技术特征的缺陷。

下面结合一个具体案例来进一步分析方法独立权利要求中缺少各步骤顺序关系时如何判断其是否符合《专利法实施细则》第20条第2款的规定。

【案例1－73】

在本案例中，权利要求书中请求保护的主题为一种蛋糕制作方法，其权利要求1为：

1. 一种蛋糕的制作方法，包括以下步骤：

将生面粉平铺放入蒸面的大屉中制作熟面的步骤；

蒸熟的面取出用筛子筛出备用；

将鸡蛋和白糖混合搅拌成原混合物体积的两倍；

将生面和熟面混合均匀，加入打好的由鸡蛋和白糖混合搅拌而成的蛋液里，搅拌成黏稠状；

装入刷好熟油的模具中，放入烤炉烘烤，炉温上下火都为220℃，烤制的蛋糕呈金黄色时出炉。

其特征在于，还包含在面上扎出通气孔的步骤。

说明书中记载的本发明要解决的问题是提供一种风味独特的蛋糕。

【分析】

本申请说明书中指出：蛋糕的风味有可能不仅取决于制造蛋糕的原料和添加成分，还取决于其具体的加工步骤。在许多情况下，制作蛋糕的原料和添加成分并没有什么不同，而通过增加一个加工步骤和/或改变原加工步骤的顺序而取得很好的效果。对于本发明来说，由于在生面上扎通气孔，并且加入打好的蛋液的顺序与以往不同，而使蛋糕的风味有了变化，不仅制出的蛋糕表面光滑，色泽金黄，口感柔软弹性好，并且存放时间长，不易变质。

由于该特定的加工顺序使得制作出的蛋糕与现有的普通蛋糕相比，具有独特的风味，因此上述独立权利要求中的方法步骤的顺序，尤其是在生面上扎通气孔是该权利要求必不可少的技术特征，上述独立权利要求缺少解决技术问题的必要技术特征。

为了克服上述缺陷，根据说明书记载的内容，应当将上述权利要求修改如下：

1. 一种蛋糕的制作方法，依照下列顺序制作：

将生面平铺放入蒸面的大屉中；

在铺平的生面上扎出通气孔后将生面蒸熟；

将蒸熟的面取出用筛子筛出备用；

将鸡蛋和白糖混合搅拌成原混合物体积的两倍；

将生面和熟面混合均匀，加入打好的由鸡蛋和白糖混合搅拌而成的蛋液里，搅拌成黏稠状；

装入刷好熟油的模具中，放入烤炉烘烤；炉温上下火都为220℃，烤制的蛋糕呈金黄色时出炉。

修改后的独立权利要求中用“依照下列顺序制作”明确限定了各步骤的顺序关系，尤其是将原权利要求中的技术特征“还包含在面上扎出通气孔的步骤”改写成“在铺平的生面上扎通气孔后将生面蒸熟”并作为本制作方法的第二步骤。这样改写之后的独立权利要求，既克服了原独立权利要求缺少解决技术问题必要技术特征的缺陷，也更清楚地限定了独立权利要求的保护范围。

3.2.3　说明书中写明解决多个技术问题时必要技术特征的确定

当一件专利申请的说明书中描述的所要解决的技术问题有多个时，需要分析这些要解决的技术问题之间的关联关系。如果由说明书记载的内容得知其中之一是关键技术问题，其他技术问题是在此基础上作出的进一步改进所带来的效果，则应当判断独立权利要求是否记载了解决该关键技术问题的必要技术特征。但在有些情况下，说明书记载的要解决的多个技术问题是彼此并列的，为解决这些技术问题各自采取了彼此无关的相应措施，在这种情况下只要独立权利要求所限定的技术方案就某一个技术问题的解决来说是完整的，就认为该独立权利要求记载了解决技术问题的必要技术特征。

下面结合一个具体案例说明在后一种情况下如何判断该独立权利要求是否符合《专利法实施细则》第20条第2款的规定。

【案例1－74】

在本案例中，权利要求书中请求保护的主题为一种雨伞，其独立权利要求1和从属权利要求2为：

1. 一种雨伞，其表面具有一涂层，涂层中包含组分A。

2. 按照权利要求1所述的雨伞，所述涂层中还含有主要由荧光粉成分构成的组分B。

说明书中发明内容部分写明本发明要解决的技术问题是提供一种有效预防紫外线照射的雨伞，并进一步写明本发明要解决的技术问题还包括提供一种可方便行人夜间行走的雨伞。

【分析】

由说明书中记载的内容可知，本发明所要解决的两个技术问题是彼此并列的两个技术问题，说明书具体实施方式部分明确写明雨伞表面涂层中包含的组分A可以很好地减弱阳光中的紫外线的强度，涂层中包含的组分B中由于包含有荧光粉成分，可以夜晚发光，从而方便行人在夜间行走。由此可知，本发明分别解决这两个技术问题的技术措施也是彼此独立的，在这种情况下独立权利要求只要能解决其中一个技术问题就可以认为其符合《专利法实施细则》第20条第2款的规定。

由于本申请的独立权利要求中1已记载了组分A，因而已经能够解决其中的“预防紫外线的照射”这一个技术问题，因此目前该权利要求并不缺少解决其技术问题的必要技术特征。

对于上述申请案来说，就目前提交的权利要求书来说，对于其所解决的第二个技术问题“方便行人夜间行走”在说明书发明内容部分按下述方式改写：“作为本发明的改进，本发明进一步解决的技术问题是提供一种方便行人夜间行走的雨伞”，就不易被误认为独立权利要求缺少解决技术问题的必要技术特征了。[1]

【案例 1－75】

在本案例中，权利要求书中请求保护的主题为一种手机，其独立权利要求 1 和从属权利要求 2 为：

1. 一种手机，其特征在于：所述手机包含内存清理模块，在手机处于使用状态时以任意方向摇动手机时，内存清理模块可以清理手机内超过预定时间未使用过的应用程序。

2. 如权利要求 1 所述的手机，其特征在于：所述手机还包括卡路里计算模块，在摇动手机的同时，以弹出界面的形式提示用户执行摇晃动作所消耗的热量。

说明书中记载了随着“安卓”等应用的迅猛发展，用户使用手机下载 App 的数量也日益增多，但用户不太懂得如何对手机进行清理，导致手机响应时间变慢，并且目前手机清理内存的方式比较复杂。因此本发明要解决的问题是可以便捷地清理手机内存，并进一步写明本发明要解决的技术问题是可以方便计算用户消耗的热量。

【分析】

由说明书中记载的内容可知，本发明所要解决的两个技术问题是彼此并列的两个技术问题，说明书具体实施方式部分明确写明摇动手机可以触发手机的内存清理模块，从而便捷地清理手机内很久不使用的 App，而摇动动作还可触发另一个热量计算模块，从而在摇动手机的同时计算所消耗的热量并在显示屏上向用户显示。由此可知，本发明分别解决这两个技术问题的技术措施也是彼此独立的。在这种情况下，独立权利要求只要其能解决其中一个技术问题就可以认为其符合《专利法实施细则》第 20 条第 2 款的规定。

由于本申请的独立权利要求 1 中已记载了内存清理模块，因而已经能够解决其中的“便捷地清理内存”这一个技术问题，因此目前该权利要求并不缺少解决其技术问题的必要技术特征。

对于上述申请案来说，就目前提交的权利要求书来说，对于其所解决的第二个技术问题“计算所消耗的热量”在说明书发明内容部分按下述方式改写：“作为本发明

[1] 其实对于这样的申请案，还可以针对“方便行人夜间行走”这一技术问题撰写另一项独立权利要求，但这项独立权利要求与本申请的独立权利要求之间不满足单一性的要求，因此可以对这另一项独立权利要求的技术方案另行提出一件专利申请。

的改进，本发明进一步解决的技术问题是提供一种方便计算所消耗热量的手机"，就不易被误认为独立权利要求缺少解决技术问题的必要技术特征。当然，在这种情况下，可以将其作为附加技术特征写成该独立权利要求的从属权利要求。



3.2.4　独立权利要求中不应写入非必要技术特征

独立权利要求中不应写入非必要技术特征，否则会限制独立权利要求的保护范围。如果这些非必要技术特征是一些能为本发明的创造性作出贡献的技术特征，则可以将这些技术特征作为附加技术特征写入独立权利要求的从属权利要求中，使保护范围有层次地缩小。

下面结合一个具体案例来说明独立权利要求应当避免写入非必要技术特征的问题。

【案例1-76】

在本案例中，权利要求书中请求保护的主题是一种跑步机，其权利要求1为：

1. 一种跑步机，其特征在于，包括：

可监控人体生理反映的检测系统，……

根据检测结果调整跑步机皮带运转速度的控制电路，……

以及可播放音乐的音响设备。

说明书记载的本发明要解决的技术问题是提供一种专业跑步机，可以随时监控人体锻炼时的生理反应变化，从而更合理地对锻炼强度进行调整，以达到最好的锻炼效果。

在说明书的具体实施方式中，本发明的跑步机包括一台用于监控人体锻炼时生理反应变化的检测系统外，还包括一套音响设备，可以在锻炼者跑步的同时随着锻炼者人体生理反应变化的需要播放各种适合的音乐，以使锻炼者身心得到更好的放松。

【分析】

由说明书的具体实施方式中所描述的内容可知，根据人体锻炼时的生理反应变化来合理调整锻炼强度是通过在此跑步机上增设监控人体锻炼时生理反应变化的检测系统和根据检测结果调整跑步机皮带运转速度的控制电路实现的，而可播放音乐的音响设备虽然可随着锻炼者人体生理反应变化的需要播放各种适合的音乐，以使锻炼者身心得到更好的放松，但并非是解决本发明技术问题必不可少的技术特征。写入这一技术特征将缩小本申请独立权利要求的保护范围，使本发明不能得到充分的保护，因此，独立权利要求中不应写入有关音响设备的技术特征。当然，在这种情况下，可以将其作为附加技术特征写成该独立权利要求的从属权利要求。

【案例1-77】

在本案例中，权利要求书中请求保护的主题是一种电子装置，其权利要求1为：

1. 一种电子装置，包括显示屏、电源单元及微处理器，所述微处理器用于处理待播放的音视频信息，其特征在于：所述电子装置还包括开关单元，所述开关单元连接于所述显示屏和电源单元之间，所述微处理器用于检测到待播放的信息为音频信息时断开开关单元，以断开所述显示屏的电源供给；所述微处理器还包括调整单元，根据预存的用户习惯信息来自动调整音频播放的音量。

说明书中记载了由于便携式光盘播放机、手机、MP3 及 MP4 等电子装置中，显示器及扬声器都工作时的功率较大，造成电池使用时间较短。因此，本申请要解决的技术问题是提供一种可延长电池使用时间的电子装置。

【分析】

由说明书的具体实施方式中所描述的内容可知，节约显示屏所消耗的功率是通过微处理器判断待播放信息的类型从而选择性地关闭显示屏的电源供给来实现的，而根据用户的习惯信息来自动调整播放音乐的音量虽然可提供更好的音效，以满足使用电子装置的用户的需求，但并非是解决本发明技术问题必不可少的技术特征。因此，独立权利要求中不应写入有关调整单元的技术特征。写入这一技术特征将缩小本申请独立权利要求的保护范围，使本发明不能得到充分的保护。当然，在这种情况下，可以将其作为附加技术特征写成该独立权利要求的从属权利要求。

## 4 单一性

《专利法》第 31 条第 1 款规定：“一件发明或者实用新型专利申请应当限于一项发明或者实用新型。属于一个总的发明构思的两项以上的发明或者实用新型，可以作为一件申请提出。”

### 4.1 法条释义

《专利法》第 31 条立法的主要原因有两方面：从经济角度考虑是为了防止申请人只支付一件专利的费用而获得几项不同发明或者实用新型专利的保护；从技术角度考虑是为了便于专利申请的分类、检索和审查。

《专利法》第 31 条规定的内容是各国专利制度中普遍采用的一个原则，也就是单一性原则。采用这一原则是为了防止申请人在一件专利申请中囊括内容上无关或者关系不大的多项发明创造，便于国家知识产权局对专利申请进行管理、检索和审查，便于授予专利权之后权利人行使权利、承担义务，便于法院和管理专利工作的部门审理或者处理专利纠纷，也便于公众有效地利用专利文献。

《专利法》第 31 条第 1 款对有关发明和实用新型专利申请的单一性作出了规定，第 2 款对有关外观设计专利申请的单一性作出了规定。

就《专利法》第 31 条第 1 款有关发明和实用新型专利申请单一性的规定来说，其包含两个方面的内容。首先，明确规定“一件发明或者实用新型专利申请应当限于一项发明或者实用新型”，这是单一性原则的基本含义：“一件专利申请应当限于一项发明创造”，以充分体现给予申请人的权利与其所承担义务相适配。但是，对于两项以上密切相关的发明创造，允许将其合案申请更有利于审查、检索和保护，尤其是对一件专利申请中可以包含的发明创造的数量仅限于一项，不允许将技术上密切相关的多项发明创造合并在一起申请，会给申请人带来沉重的经济负担，也会降低专利审批和管理工作的效率。因此《专利法》第 31 条第 1 款还进一步规定了其基本含义之外的例外情况："属于一个总的发明构思的两项以上的发明或者实用新型，可以作为一件申请提出。"也就是说，只要符合《专利法》第 31 条第 1 款进一步规定的条件（即两项以上的发明或实用新型属于一个总的发明构思），一件专利申请中即使包含两项以上的发明或实用新型，也被认为符合单一性原则。

从性质上看，单一性要求是授予专利权的重要形式条件，而不是授予专利权的实质性条件。这体现在不符合本条规定的，在授予专利权之前是国家知识产权局驳回专利申请的依据；在授予专利权之后，即使认为一项专利权不符合本条规定，也不能以不具备单一性为理由请求宣告该专利权无效。

所谓"一件专利申请应当限于一项发明创造"，并不是指一件专利申请只能披露一项发明创造的内容，而是指一件专利申请只能要求保护一项发明创造。因此，对发明和实用新型专利申请而言，单一性的判断对象不是说明书及其附图，而是权利要求书。

《专利法实施细则》第 34 条进一步对《专利法》第 31 条第 1 款中的"两项以上发明属于一个总的发明构思"的含义作出规定："可以作为一件专利申请提出的属于一个总的发明构思的两项以上的发明或者实用新型，应当在技术上相互关联，包含一个或者多个相同或者相应的特定技术特征，其中特定技术特征是指每一项发明或者实用新型作为整体，对现有技术作出贡献的技术特征。"上述规定提供了判断一件申请中要求保护两项以上的发明创造是否属于一个总的发明构思的方法。

由《专利审查指南 2010》第二部分第六章第 2.1.2 节作出的进一步规定可知，特定技术特征是体现发明或实用新型对现有技术作出贡献的技术特征，也就是从每一项要求保护的发明或实用新型的整体上考虑，使该发明或实用新型相对于现有技术具备新颖性和创造性的技术特征。其中，"每一项发明或实用新型作为整体"是指确定一项技术方案的特定技术特征时，不仅要考虑技术方案本身，还要考虑技术领域、所解决的技术问题和产生的技术效果。对于技术方案，应当将构成该技术方案的各个技术特征，包括技术特征之间的关系作为技术方案整体的组成部分来看待。

这里引入的"特定技术特征"是专门为评价专利申请单一性而提出的概念。通过引入"特定技术特征"概念，从现有技术的角度来评价单一性，就将判断不同的技术方案是否"属于一个总的发明构思"这样一个抽象的问题具体化为评价这些技术方案是否"具有一个或者多个相同或者相应的特定技术特征"，后者更具操作性，也更加客观。

## 4.2 法条应用

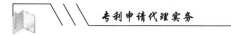

对于发明专利申请可能合案申请的两项以上的发明主要有四类情况：两项以上同一主题名称的产品发明或者方法发明；两项以上主题名称不同但彼此为配套关系的产品发明；两项以上主题名称不同但彼此形成组成关系的产品发明或方法发明；两项以上主题名称不同且为不同类型的发明。下面针对上述四种情形并结合案例对《专利法》第31条第1款的应用作出说明。

### 4.2.1 两项以上同一主题名称的产品发明或者方法发明

两项以上同一主题名称的产品发明或者方法发明并不必然具备单一性，因此这些产品发明或方法发明合案申请时需要判断它们是否符合单一性的规定，即判断它们之间是否包含了相同和/或相应的特定技术特征。

下面结合具体案例进一步分析同一主题名称的产品发明或者方法发明的权利要求之间判断单一性需要注意的问题。

【案例1－78】

在本案例中，权利要求书中请求保护的主题为一种基站，其权利要求1和权利要求2分别为：

1. 一种基站，其包括：

发送模块，用于向中继站分配中继站专用随机接入前导，其中所述中继站专用随机接入前导指示所述中继站的接入优先级高于普通终端的接入优先级；

随机接入模块，用于确定当接收到中继站专用随机接入前导时，优先对所述中继站进行基于非竞争的随机接入。

2. 一种基站，其包括：

设置模块，用于预先设置发射功率阈值，其中所述发射功率阈值用于确定基站接收的随机接入前导是否为中继站发送的随机接入前导；

随机接入模块，用于在根据接收到的随机接入前导发射功率参数确定所述随机接入前导是中继站发送的随机接入前导，优先对所述中继站进行基于非竞争的随机接入。

【分析】

权利要求1涉及“为中继站分配优先级较高的接入前导，从而实现优先接入”；权利要求2涉及“为中继站设置表示中继站标识的发射功率阈值，从而实现优先接入”；虽然这两项权利要求包括了相同的特征“随机接入模块”，但该执行接入功能的模块属于本领域的惯用技术手段，并不是对现有技术作出贡献的特定技术特征。因此这两组权利要求在技术上互不关联，不属于一个总的发明构思，不具备单一性。

### 4.2.2 两项以上主题名称不同但彼此为配套关系的产品发明

形式上相互配套使用的产品发明并不必然具备单一性，这些配套使用的产品发明是否具备单一性以这些发明是否包含了相应的特定技术特征为判断基准。

下面结合具体案例进一步分析形式上相互配套使用的权利要求之间判断单一性需要注意的问题。

【案例1－79】

在本案例中，权利要求书中请求保护的主题为两相三脚插头和两相三孔插座，其权利要求1和权利要求2分别为：

1. 一种两相三脚插头，其特征在于：所述插头的三个插销的横截面均为椭圆形，其中地线插销的长度比另两个插销的长度短，另两个插销具有相等的长度。

2. 一种两相三孔插座，其特征在于：所述插座的三个插孔的横截面均为椭圆形，其中地线插孔的深度比另两个插孔的深度浅，另两个插孔具有相同的深度。

现有技术中没有公开和暗示插销长度、插孔深度不等以及插销和插孔的横截面为椭圆形的插头及插座，本发明的两相三脚插头和两相三孔插座相对于现有技术是非显而易见的，因此具备创造性。

【分析】

在上述两项发明中，插头中三个插销具有不同的长度与插座中三个插孔具有不同的深度以及插头中三个插销的横截面为椭圆形与插座中三个插孔的横截面为椭圆形是相互配合共同解决技术问题的相应的特定技术特征，因此这两项权利要求属于一个总的发明构思，两者之间有单一性。

【案例1－80】

在本案例中，权利要求书中请求保护的主题也为插头和插座，其权利要求1和权利要求2分别为：

1. 一种安全电源插头，包括底座和插销，其特征在于：每个插销根部设置有一折叠式橡胶套。

2. 一种用于与权利要求1所述电源插头配套使用的安全电源插座，包括插座体，插座体上设有插孔，其特征在于：所述插座体上设有插孔的一侧罩有由四个侧壁构成的防护罩，其中两个相对的侧壁顶端设有滑槽，滑槽内活动设置有两个对称的挡板，所述挡板相邻的边缘处设有供电线引出的缺口。

现有技术中没有公开和暗示插销根部设置有折叠式橡胶套的电源插头，现有技术中插座上的防护罩为整体式，其中滑有可在滑槽内移动的挡板，即本发明的电源插头和插座相对于现有技术是非显而易见的，具备创造性。

【分析】

尽管权利要求2在撰写形式上写明电源插座是与权利要求1中的电源插头配套使用，其作出的改进都是为了使其使用更安全，但是这两项权利要求的技术方案采用了不同的构思，其中权利要求1电源插头相对于现有技术的特定技术特征是“在插销根部设置橡胶套”，而权利要求2电源插座相对于现有技术的特定技术特征是“在防护罩中两个相对的侧壁顶端设有滑槽，滑槽内活动设置有两个对称的挡板，该两挡板相邻的边缘处设有供电线引出的缺口”，两者既不相同，又不相应，因此这两项权利要求不属于一个总的发明构思，不符合《专利法》第31条有关单一性的规定。

4.2.3　两项以上主题名称不同但彼此形成组成关系的产品发明或方法发明

形式上属于相互包含等组成关系的产品发明或方法发明并不必然具备单一性，是否具备单一性仍然以是否包含了相同或相应的特定技术特征为判断基准。

下面结合具体案例进一步分析形式上为组成关系的权利要求之间判断单一性需要注意的问题。

【案例1－81】

在本案例中，权利要求书中请求保护的主题为一种灯泡、探照灯和应急灯，其权利要求1、权利要求2和权利要求3分别为：

1. 一种灯泡，其中灯丝为某种合金材料。

2. 一种探照灯，装有灯丝为某种合金材料的灯泡和具有强聚光效应的聚光装置。

3. 一种应急灯，装有灯丝为某种合金材料的灯泡和光源强度精细调节装置。

对于本案例来说，某种合金材料为现有技术中的已知材料，现有技术中未公开过具有强聚光效应的聚光装置，也未公开过光源强度精细调节装置。

【分析】

对于本案例来说，需要分析权利要求1的技术方案是否具备创造性。

如果本申请是利用某种合金已知的性质来作为灯泡的灯丝，则该灯泡相对于现有技术公开的灯泡不具备创造性。权利要求2的特定技术特征为具有强聚光效应的聚光装置，而权利要求3的特定技术特征为具有光源强度精细调节装置，这两个特定技术特征既不相同，又没有相应的关系，即权利要求2和权利要求3不具有相同或相应的特定技术特征，它们之间不属于一个总的发明构思，因此不具备单一性。

如果本申请利用某种合金新发现的性质而将其用作灯泡的灯丝以提高灯泡性能，例如新发现该合金在电流通过时能发出较强的光，且具有足够的强度从而在用作灯泡的灯丝时可大大提高白炽灯的寿命，那么权利要求1相对于现有技术具备新颖性和创造性。这样一来，权利要求2和权利要求3都包含有权利要求1的灯泡，则三项独立权利要求具有相同的特定技术特征，因此这三项发明属于一个总的发明构思，满足单一性的要求，可以合案申请。

4.2.4　两项以上主题名称不同且为不同类型的发明

对于两项以上主题名称不同且为不同类型的发明，在判断它们之间是否具有单一性时以它们之间是否存在着相同或相应的特定技术特征为判断基准。

下面，结合具体案例进一步分析两项以上主题名称不同且为不同类型的发明之间判断单一性需要注意的问题。

【案例1－82】

在本案例中，权利要求书中请求保护的主题为消音板、消音板的制造方法以及制造消音板的专用模具，其权利要求1、权利要求2和权利要求3分别为：

1. 一种消音板，包括衬布和位于衬布之上的吸声层，其特征在于：所述吸声层的表面为锯齿形，其中锯齿的顶角为40~85°。

2. 一种制造消音板的方法，包括如下步骤，先在该模具的锯齿状底壁上涂覆一层脱模剂，再将拌匀的含水吸声层原料注入开口的模具中，然后在其上粘结敷设衬布，待吸声层原料固结并干透后，将粘结在衬布上的吸声层从模具中取出。

3. 一种制造消音板的专用模具，该模具带有扁平的空腔，其特征在于：该模具的底壁为锯齿形表面，该锯齿的顶角为40~85°。

在本发明中，为提高消音板的吸声性能，对现有技术中消音板吸声层表面作出改进，由平表面改为锯齿形表面，与此相应，模具的底表面也做成相应的锯齿状，为了保持消音板脱模时其锯齿表面的形状，在注模前先在模具底表面上涂覆一层脱模剂。

【分析】

由于现有技术中消音板的吸声层表面均为平的，且现有技术中也未暗示可以将其表面改成顶角为40~85°的锯齿表面来提高吸声效果，因而消音板相对于现有技术具备创造性，与此相应，权利要求1的特定技术特征为"吸声层的表面为锯齿形，其中锯齿的顶角为40~85°"；而对于权利要求3要求保护的专用模具来说，其相对于现有技术中专用模具作出创造性贡献的特定技术特征为"底壁为锯齿形表面，该锯齿的顶角为40~85°"，其采用这一结构正是为了使制成的消音板表面具有顶角为40~85°的锯齿表面，由此可知，权利要求3的特定技术特征与权利要求1的特定技术特征是相应的，因此这两项独立权利要求属于一个总的发明构思，符合单一性的规定。而对于权利要求2要求保护的制造消音板的方法来说，其相对于现有技术中消音板的制造方法作出创造性贡献的特定技术特征是"在将拌匀的含水吸声层原料注入开口的模具之前先在该模具的锯齿状底壁上涂覆一层脱模剂"，采用这一步骤是为了确保所制得的权利要求1中的消音板具有锯齿状外表面，由此可知，权利要求2的特定技术特征"先在该模具的锯齿状底壁上涂覆一层脱模剂"与权利要求1的特定技术特征"消音板的吸声层外表面具有锯齿状表面"是相应的，由此说明三项独立权利要求的特定技术特征是相应的特定技术特征，因此这三项独立权利要求属于一个总的发明构思，具有单一性，可合案申请。

需要注意的是，对于两项以上主题名称不同且为不同类型的发明，如果两项独立权利要求不属于一个总的发明构思，即使在撰写权利要求书时对后一项独立权利要求采用了回引前一独立权利要求的写法，仍然不能消除其不符合单一性的缺陷，而且还可能导致后一项独立权利要求未清楚地限定要求专利保护的范围。例如，在本案例中，产品权利要求仍然为带有锯齿状外表面的消音板；而对于消音板的制造方法，为制得低成本的消音板，采用了容易取得且价格低廉的原料，其制备方法与常规的方法不同，需要将混合料置于密封容器中抽真空。若对这两项发明提出合案申请，写成如下两项独立权利要求1和权利要求2：

1. 一种消音板，包括衬布和位于衬布之上的吸声层，其特征在于：所述吸声层的表面为锯齿形，其中锯齿的顶角为40~85°。

2. 一种制造权利要求1所述消音板的方法，包括混合备料、浇注、贴衬布、脱模工序，其特征在于：在混合备料工序中，先将硅橡胶生料与作为填料的天然砂和立德粉调和至无干料，再放入第三种填料蛭石粉调和至无干料，加入交联剂和催化剂调匀后置于密封容器中抽真空达1~5mmHg，待混合配料充分膨起再自行塌下就可以进行浇注工序。

由于权利要求2的特定技术特征是该混合备料工序中原料的选择和将混合料置于密封容器中抽真空并使混合配料充分膨起再自行塌下，与权利要求1中的特定技术特征“吸声层的表面为锯齿形，其中锯齿的顶角为40~85°”既不相同，又不相应，因此两者不属于一个总的发明构思，不符合《专利法》第31条第1款的规定。当然，在实务中，还有可能会在实质审查意见通知书中指出独立权利要求2未清楚地限定其要求专利保护范围的缺陷。

## 第四节　授予专利权的实质条件——新颖性、创造性和实用性

《专利法》第22条第1款规定，“授予专利权的发明和实用新型，应当具备新颖性、创造性和实用性。”由此可知，发明和实用新型专利申请授予专利权的三个实质条件为新颖性、创造性和实用性。

### 1　新颖性

《专利法》第22条第2款对授予专利权的新颖性条件进一步作出了规定：“新颖性，是指该发明或者实用新型不属于现有技术；也没有任何单位或者个人就同样的发明或者实用新型在申请日以前向国务院专利行政部门提出过申请，并记载在申请日以后公布的专利申请文件或者公告的专利文件中。”

#### 1.1　法条释义

根据《专利法》第22条第2款的规定，如果一项发明或实用新型属于现有技术，则该发明或者实用新型不具备新颖性；如果存在申请在先、公布或公告在后且记载有同样发明或者实用新型内容的中国专利申请文件或专利文件（即存在该发明或者实用新型专利申请的抵触申请），则该发明或者实用新型也不具备新颖性。也就是说，在判断发明或者实用新型是否具备新颖性时将会涉及“现有技术”和“抵触申请”两个基本概念，因此对《专利法》第22条第2款的法条释义将从“现有技术”“抵触申请”和“判断原则”三个方面加以说明。

1.1.1 现有技术

根据《专利法》第22条第5款的规定，现有技术是指申请日以前在国内外为公众所知的技术。现有技术包括申请日（有优先权的，指优先权日）前在国内外出版物上公开发表、在国内外公开使用或者以其他方式为公众所知的技术。[1]

需要注意的是，在2008年修改《专利法》之后，现有技术的地理范围有了较大的变化，即这三种公开方式的地理范围都为世界范围，即按照现行《专利法》对于新颖性的规定是绝对新颖性；而修订前的《专利法》对于新颖性的规定是相对新颖性，即现有技术中对出版物的公开是世界范围的，而对使用及其他方式公开的范围仅限于国内（且不包括港澳台）。

现有技术的时间界限为“申请日以前”，需要特别注意的是，此处的“申请日以前”应当理解为“申请日前”，不包括申请日当天，即申请日当天公开的技术内容不在现有技术的范畴之内。

“为公众所知”是对现有技术状态上的要求。即现有技术应当在申请日前处于能够为公众获得的状态。处于保密状态的技术内容，由于并没有处于公众能够获得的状态，因而不属于现有技术。而公众所知的内容也应当是关于这项技术的实质性的内容。如仅仅获得产品而无法得知其材料成分或制备方法，则不能认为该产品的材料成分和制备方法也属于现有技术。另外，需要特别注意的是，只需要存在“为公众所知”的这种可能性即可，并不要求事实上真正地被“知晓”。例如一件产品首次在某一商店陈列销售，即使该商品在一周之内一件也未售出，也未被任何顾客打听了解过，则仍应当认为该产品从陈列销售日起已处于可被公众购买得到的状态，也就是说通过该产品能获知的技术内容从该产品的陈列销售日起就已构成现有技术，而不应当认为从商店销售第一件产品之日才成为现有技术。

1.1.2 抵触申请

根据《专利法》第22条第2款的规定，在发明或者实用新型新颖性的判断中，由任何单位或者个人就同样的发明或者实用新型在申请日以前向专利局提出、并且在申请日以后公布的专利申请文件或者公告的专利文件均损害该发明或者实用新型的新颖性。在专利领域，将这种损害新颖性的专利申请，称为抵触申请。

需要注意的是，在2008年修改《专利法》之后，有关抵触申请的规定也有了比较大的变化：按照修改前的《专利法》，抵触申请仅限于由“他人”在先提出专利或专利申请，而这次修订中将抵触申请的范围扩大到“任何单位或者个人”在先提出的专利或专利申请，即本人在先提出的专利或者专利申请也可能会构成抵触申请。

---

[1] 对于申请日（有优先权的，指优先权日）为2009年10月1日前的发明和实用新型申请适用2008年修改前的《专利法》，现有技术为申请日（有优先权的，指优先权日）前国内外公开发表、在国内公开使用或者以其他方式为公众所知的技术，即出版物公开是世界范围的，而使用及其他方式公开的范围仅限于国内。

应当注意的是，一件申请构成抵触申请，需要同时满足三个条件：[1]

① 该申请是一件中国专利申请。

② 该申请在本申请的申请日（本申请有优先权的，为优先权日）前提出、在申请日（本申请有优先权的，为优先权日）当天或之后公布或公告（以下简称“在先申请”或者“申请在先、公布或公告在后”）。

③ 该在先申请与本申请为同样的发明或者实用新型。对这一条件而言，不仅要查阅在先申请公布或公告的专利申请文件或专利文件的权利要求书，而且还要查阅其说明书（包括说明书附图），即便本申请的权利要求书中要求保护的技术方案与在先申请公布或公告的权利要求书中的任一项权利要求均不相同，但只要该技术方案已记载在在先申请公布或公告的说明书中，就认定该在先申请与本申请为同样的发明或者实用新型，即确定抵触申请是以已公布或公告的在先申请的全文内容为准，而不仅限于权利要求书。

1.1.3 判断原则

新颖性的判断是针对一件专利申请权利要求的技术方案作出的。一项权利要求的技术方案是否具备新颖性，应按照下述两个判断原则进行判断。

（1）同样的发明或者实用新型

《专利法》第22条第2款前半段中有关“不属于现有技术”的规定，就是指专利申请权利要求所请求保护的技术方案与现有技术中的技术方案不是“同样的发明或者实用新型”，而在《专利法》第22条第2款后半段中有关不存在抵触申请的规定，就是指专利申请权利要求所请求保护的技术方案与任何在先申请、且在后公布或公告的中国专利申请文件或专利文件不是“同样的发明或者实用新型”。因此，新颖性判断就是判断本专利申请权利要求所保护的技术方案与现有技术的技术方案或者与在先申请、在后公布或公告的中国专利申请文件或专利文件中的技术方案是否为“同样的发明或者实用新型”。

对于“同样的发明或者实用新型”，《专利审查指南2010》规定了“四个实质相同”的判断原则，即发明或者实用新型的技术方案与现有技术或者申请在先、公布或公告在后的中国专利申请文件或专利文件公开的相关技术内容相比，技术领域、所解决的技术问题、技术方案和预期效果实质上相同，则认为两者为同样的发明或者实用新型。需要注意的是，在这“四个实质相同”中，“技术方案实质上相同”是关键。技术方案实质上相同，是指对比文件中明确记载的或者隐含且能直接、毫无疑义地确定的技术内容与本申请的技术方案相比实质上相同。当两者的技术方案实质相同时，

---

[1] 对于申请日（有优先权的，指优先权日）为2009年10月1日前的发明和实用新型申请适用2008年修改前的《专利法》，构成抵触申请还有另一个条件：该专利申请是由他人提出的，如果该申请是由本人提出的，则不会构成抵触申请。

对于技术领域、解决的技术问题、预期效果是否实质相同，所属技术领域的技术人员可以根据两者的技术方案进行判断。

（2）单独对比

在判断两者是否构成同样的发明或实用新型时，应当将发明或者实用新型专利申请的各项权利要求分别与每一项现有技术或者与每一件申请在先、公布或公告在后的中国专利申请文件或专利文件中的每个相关技术内容单独进行比较，不能将其与几项现有技术的组合进行比较，也不能将其与一项现有技术和一件申请在先、公布或公告在后的中国专利申请文件或专利文件中的某个相关技术内容的组合进行比较，也不能将其与几件申请在先、公布或公告在后的中国专利申请文件或专利文件中的相关技术内容的组合进行比较，也不能将其与一份对比文件中的多项技术方案的组合进行对比，即对新颖性的判断中适用单独对比的原则。

### 1.2 法条应用

《专利审查指南2010》第二部分第三章第3.2节中给出了在判断是否构成同样的发明或者实用新型时常见的五种情形。

① 如果要求保护的发明或者实用新型与对比文件所公开的技术内容完全相同，或者仅仅是简单的文字变换，应当认定两者是相同内容的发明或者实用新型，则该发明或者实用新型不具备新颖性。上述相同的内容应该理解为包括可以从对比文件中直接地、毫无疑义地确定的技术内容。

② 如果要求保护的发明或者实用新型与对比文件相比，其区别仅在于前者采用一般（上位）概念，而后者采用具体（下位）概念限定同类性质的技术特征，则对比文件中包含具体（下位）概念的技术方案就使采用一般（上位）概念限定的发明和实用新型丧失新颖性。

③ 如果要求保护的发明或者实用新型与对比文件的区别仅仅是所属技术领域的惯用手段的直接转换，则该发明或者实用新型不具备新颖性。

④ 对于要求保护的发明或者实用新型与对比文件相比其区别仅在于所采用数值或者以连续变化数值范围限定的技术特征不同的情形，如果前者中的数值在后者中被披露或为后者数值范围的一个端点值，或者前者为一连续变化数值范围而后者披露的数值或连续变化数值范围的端值落在前者连续变化数值范围（包括该数值范围的端值）中，则该发明或者实用新型不具备新颖性。

⑤ 对于包含性能、参数、用途或制备方法等特征的产品权利要求，如果本技术领域的技术人员根据该性能、参数、用途、制备方法无法将要求保护的产品与对比文件产品区分开，则推定要求保护的产品与对比文件产品相同，则该产品权利要求不具备新颖性。

下面结合一些具体案例来帮助读者加深对《专利法》第22条第2款在不同情况

下如何应用的理解。

【案例 1－83】

在本案例中，权利要求书中请求保护的主题是一种动铁式交流弧焊机，其权利要求 1 为：

1. 一种动铁式交流弧焊机，由静铁心、动铁心、初级线圈、次级线圈、电源开关、壳体、底架及附件组成，其特征在于动铁心为一整体 H 型。

对比文件 1 为申请在先、公开在后的中国专利申请文件，其说明书第 1 页结合附图对带摇臂装置的电焊机进行了描述，由该段文字和附图 1 可清楚地看出该电焊机是一台动铁式交流弧焊机，它包括静铁心、动铁心、初级线圈和次级线圈，且该动铁心为一整体 H 型。

【分析】

通过将权利要求 1 的技术方案与对比文件 1 中说明书中公开的内容对比可知，尽管本申请要求保护的权利要求 1 技术方案的主题名称为"动铁式交流弧焊机"，对比文件 1 中公开了"带摇臂装置的电焊机"，但由其文字可知该电焊机就是一台动铁式交流弧焊机，只是文字的表述不同，应当认为上述"带摇臂装置的电焊机"就是"动铁式交流弧焊机"。本申请权利要求 1 的技术方案中未被对比文件 1 披露的技术特征仅仅是记载在权利要求 1 前序部分中的技术特征：该交流弧焊机还包括电源开关、壳体、底架及附件。对于本领域的技术人员来说，任何一台交流弧焊机必定包括电源开关、壳体、底架以及如电焊钳这类的附件，因此这些技术特征虽然未记载在该对比文件 1 中，但该对比文件 1 中的交流弧焊机必定包括这些部件，即这些技术特征属于可从该对比文件 1 中直接地、毫无疑义地确定的内容。由此可知，权利要求 1 请求保护的技术方案与对比文件 1 中所公开的技术内容完全相同，属于相同的技术领域，解决相同的技术问题，达到相同的技术效果，因此权利要求 1 相对于对比文件 1 不具备《专利法》第 22 条第 2 款规定的新颖性。[1]

【案例 1－84】

在本案例中，权利要求书中请求保护的主题是一种补胎胶钉，其权利要求 1 为：

1. 一种补胎胶钉，由胶钉座及与之相连接的塞柱所组成，其特征在于：胶钉座与塞柱为一整体件，胶钉座为圆形或椭圆形，塞柱为圆柱、椭圆柱或棱柱状。

对比文件为一件申请日前公告的中国实用新型专利文件，该对比文件中披露了一种机动车外胎修补橡胶钉，该橡胶钉由钉盖和钉体组成，钉体和钉盖连为一体，钉盖为圆形，钉体为圆柱形。

---

[1] 对于本案例来说，如果对比文件 1 是申请日前公开的现有技术，在实质审查时通知书中通常会给出更稳妥的审查意见：该权利要求 1 相对于对比文件 1 和本领域的公知常识不具备创造性。

【分析】

通过对比可知，对比文件中的橡胶钉由连成一体的钉盖和钉体组成，其中的钉盖就是本申请权利要求 1 中的胶钉座，钉体就是本申请权利要求 1 中的塞柱，钉盖为圆形，钉体为圆柱形。由此可知，对于权利要求 1 中胶钉座为圆形、塞柱为圆柱状的补胎胶钉与对比文件 1 中所公开的技术内容完全相同，因此权利要求 1 中的这一技术方案相对于对比文件 1 不具备《专利法》第 22 条第 2 款规定的新颖性。而对于权利要求 1 中胶钉座为椭圆形、塞柱为椭圆柱或棱柱状的技术方案，其与对比文件 1 所披露的机动车外胎修补橡胶钉相比，区别仅仅是以椭圆形胶钉座来代替对比文件 1 中的圆形钉盖，以椭圆柱或棱柱状塞柱来代替对比文件 1 中的圆柱状钉体，对于补胎胶钉这一技术领域来说，椭圆形胶钉座与圆形钉盖以及椭圆柱或棱柱状塞柱与圆柱状钉体属于本技术领域惯用手段的直接置换，因此权利要求 1 中胶钉座为椭圆形、塞柱为椭圆柱或棱柱状的技术方案相对于对比文件 1 所披露的机动车外胎修补橡胶钉也不具备《专利法》第 22 条第 2 款规定的新颖性。❶

【案例 1－85】

在本案例中，权利要求书中请求保护的主题是一种音频数据和附加数据之间的同步记录管理方法，其独立权利要求 1 为：

1. 一种音频数据和附加数据之间的同步记录管理方法，其特征在于包括以下阶段：

第一阶段，将对应于记录在可以再记录的记录媒体上的音频曲数据的附加数据，分割为多个附加数据单元；

第二阶段，将关于上述被分割的附加数据单元播放时间长度的信息，邻接记录在上述附加数据单元。

根据说明书记载，本案例的音频数据和附加数据之间的同步记录管理方法可以使用户对实时连续播放的音频曲数据进行同步处理来区分识别并播放、输出或区别表示。从而，用户可以更为便利地确认音频曲数据的歌词或多种附加信息。

对比文件 1 公开了一种在低储存容量下要求音乐伴唱讯号的方法，并具体公开了以下技术特征“情韵资料包括被编码的字幕资料及用以将该字幕资料与该音声资料同步化的时序信息，字幕资料包括相关音乐节目的歌词，每一音乐节目的歌词被分成多个区段，时序信息包括不同区段的歌词的显示时间、起始时间及记号信息”。

---

❶ 在实质审查阶段，通常仅在对比文件为申请在先、公告在后的中国专利申请文件或专利文件时，审查意见通知书中才会以该权利要求的技术方案与该对比文件公开的技术方案的区别为惯用手段的直接置换来认定该权利要求不具备新颖性。因此，对于本案的情况，在实质审查时通知书中会给出更稳妥的审查意见：该权利要求 1 的技术方案相对于对比文件 1 公开的方案是等效手段的替换，因而该权利要求 1 相对于该对比文件 1 和本领域的公知常识不具备创造性。但是，在无效宣告程序中，对于本案例的情况，作为请求方的专利代理人，可以在请求书中指出：该权利要求 1 的技术方案相对于该对比文件 1 的区别为惯用手段的直接置换，因而不具备新颖性；至少该区别为等效手段的替换，因此该权利要求 1 的技术方案至少不具备创造性。

【分析】

由此可见，本申请权利要求 1 中的内容与对比文件披露的在低储存容量下要求音乐伴唱讯号的方法相比，两者的区别在于权利要求 1 中的“附加数据”为上位概念，而对比文件中的“字幕资料”为下位概念。由此可知，本实用新型专利权利要求 1 要求保护的方法与对比文件中所披露的方法相比，仅仅在于前者采用了上位概念的技术特征来代替现有技术的下位技术手段，因此权利要求 1 不具备《专利法》第 22 条第 2 款规定的新颖性。

【案例 1－86】

在本案例中，权利要求书中请求保护的主题是一种热处理台车窑炉，其权利要求 1 为：

1. 一种热处理台车窑炉，……其拱衬厚度为 100～400 毫米。

申请日前公开的对比文件中披露的热处理台车窑炉的形状结构与本申请权利要求 1 中所请求保护的热处理台车窑炉相同，两者的区别仅在于对比文件中公开的热处理台车窑炉的拱衬厚度为 180～250 毫米。

【分析】

由于对比文件中拱衬厚度的连续变化数值范围（包括其两端值）落在权利要求技术方案中拱衬厚度的连续变化数值范围之内，即比权利要求技术方案中拱衬厚度连续变化的数值范围更窄，由此可以认定两者这一相应的技术特征相同，从而可以得出权利要求 1 请求保护的热处理台车窑炉相对于对比文件公开的热处理台车窑炉不具备《专利法》第 22 条第 2 款规定的新颖性。

【案例 1－87】

在本案例中，权利要求书中请求保护的主题是一种内燃机用活塞环，其权利要求 1 为：

1. 一种内燃机用活塞环，……其活塞环的直径为 95 毫米。

对比文件公开的内燃机用活塞环的形状结构与权利要求 1 中的形状结构相同，其区别仅在于对比文件中活塞环的直径为 70～105 毫米。

【分析】

虽然本申请权利要求 1 的技术方案中活塞环的直径 95 毫米落在对比文件公开的内燃机用活塞环直径的连续变化数值范围 70～105 毫米之内，但其不同于对比文件公开的连续变化数值范围的两个端值，因而两者的这一技术特征应当认为不相同。由此可见，对比文件不能否定该权利要求的新颖性，也就是说权利要求 1 请求保护的内燃机用活塞环相对于对比文件披露的内燃机用活塞环具备《专利法》第 22 条第 2 款规定的新颖性。在这种情况下，只能判断该对比文件是否能否定本申请权利要求 1 的创造性。若这种优选只是常规的选择，不能带来预料不到的技术效果，则该权利要求 1 的技术方案相对于对比文件和本领域的公知常识不具备《专利法》第 22 条第 3 款规定的创造性；若这种优选能带来预料不到的技术效果，则不能否定权利要求 1 的创造性。

【案例 1－88】

在本案例中，权利要求书中请求保护的主题是一种无汞碱性扣式电池，其权利要求 1 为：

1. 一种无汞碱性扣式电池，包括负极盖、置于该负极盖内腔中的负极锌膏、正极外壳、置于该正极外壳内腔底部的正极活性材料、位于负极锌膏和正极活性材料之间的隔膜，以及密封胶圈，其特征在于：所述负极盖由不锈钢基片、电镀在该基片外表面上的镍层和电镀在该基片内侧的铜层构成，在该铜层内表面上电镀一层铟，所述负极锌膏为含铟的无汞锌膏。

对比文件为一篇在本申请的申请日前向国家知识产权局提出申请、申请日后公开的发明专利申请，其公开了一种无汞碱性扣式电池，该扣式电池也包括负极盖、负极锌膏、正极外壳、正极活性材料、隔膜、密封胶圈，负极盖的内侧也电镀了一层铟层，负极锌膏为含铟的无汞锌膏，该负极盖由压制而成的镍－不锈钢－铜层复合材冲压而成。

【分析】

通过分析对比可知，该对比文件中所披露的无汞碱性扣式电池与本申请权利要求 1 的无汞碱性扣式电池的区别仅仅在于两者的负极盖制备方法不同：对比文件的负极盖是压制而成的镍－不锈钢－铜层复合材，而本申请的负极盖由不锈钢基片、电镀在该基片外表面上的镍层和电镀在该基片内侧的铜层构成。尽管两者的区别仅仅体现在两者的制备方法特征不同，但正由于两者的方法特征不同而使两者在构造上体现出区别：对比文件中该三层的厚度为同数量级，而本申请中电镀镍层和电镀铜层与不锈钢基片相比厚度要小一个数量级；对比文件中的三层复合材在冲压成负极盖时会出现层间错位，从而导致电镀铟层与负极盖的结合强度不好，而本申请的铜层与不锈钢层结合紧密，冲压成负极盖时不会出现层间错位，因此电镀铟层与负极盖的结合强度好，这样一来本申请的无汞碱性扣式电池的防漏液效果比对比文件中的无汞碱性扣式电池要好得多。由上述分析可知，上述方法特征导致本申请的无汞碱性扣式电池产品在结构上与对比文件公开的无汞碱性扣式电池不同，而且该方法特征给本申请的无汞碱性扣式电池产品带来了不同于对比文件的无汞碱性扣式电池的性能，因此本申请权利要求 1 请求保护的无汞碱性扣式电池相对于对比文件公开的无汞碱性扣式电池具备《专利法》第 22 条第 2 款规定的新颖性。

## 2 创造性

《专利法》第 22 条第 3 款规定："创造性，是指与现有技术相比，该发明具有突出的实质性特点和显著的进步，该实用新型具有实质性特点和进步。”

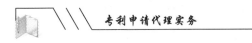

由上述规定可见，发明专利创造性的标准要高于实用新型专利。但是，根据《专利审查指南2010》第四部分第六章第4节中的规定可知，两者在创造性的判断标准上有所不同，但在判断原则和判断方法上基本相同，因此本节在法条释义部分先重点讲述发明创造性的判断原则和判断基准，之后再对实用新型创造性判断中与发明的不同之处作一简单说明。

### 2.1 法条释义

根据《专利法》第22条第3款的规定，发明专利应当具有突出的实质性特点和显著的进步。所谓突出的实质性特点，是指对所属技术领域的技术人员来说，发明相对于现有技术是非显而易见的。如果发明是所属技术领域的技术人员在现有技术的基础上仅仅通过合乎逻辑的分析、推理或者有限的试验可以得到的，则该发明是显而易见的，也就不具有突出的实质性特点。即突出的实质性特点是以是否显而易见作为判断标准的。

所谓显著的进步，是指发明与现有技术相比能够产生有益的技术效果。例如，发明克服了现有技术中存在的缺点和不足，或者为解决某一技术问题提供了一种不同构思的技术方案，或者代表某种新的技术发展趋势。

#### 2.1.1 所属技术领域的技术人员

发明是否具备创造性，应当基于所属技术领域的技术人员的知识和能力进行评价。对于所属技术领域的技术人员的概念已在本章第二节1.1.1中作出说明。对创造性判断所基于的所属技术领域的技术人员设定上述概念的目的也在于统一判断标准，使创造性判断更为客观，避免受判断者主观因素的影响。

由对所属技术领域的技术人员设定的概念可知，所属技术领域的技术人员的能力和水平随着时间的推移而提高，例如二十年前有关计算机方面的知识和能力不属于除计算机以外其他领域技术人员所掌握的内容，而在二十年后的今天，有关计算机方面的基本知识应当属于所有技术领域技术人员的普通知识。正由于此，在判断创造性时不能以判断时所属技术领域技术人员的水平和能力进行分析，而应当以该专利申请或专利的申请日（有优先权的，指优先权日）时所属技术领域技术人员水平和能力作出是否具备创造性的判断。

#### 2.1.2 判断原则

与新颖性判断一样，判断一件专利申请是否具备创造性，也是针对该专利申请权利要求的技术方案作出的。

按照《专利审查指南2010》第二部分第四章第3.1节的规定，判断一件专利申请是否具备创造性应当遵照下述三个原则。

（1）应当同时满足“具有突出的实质性特点”和“显著的进步”两个条件

判断一项权利要求的技术方案是否具备创造性，应当同时判断该权利要求的技术方案是否具有突出的实质性特点和是否具有显著的进步。

为了与国际通用标准趋于一致，目前对创造性标准的两个条件是这样掌握的：当一件发明专利申请权利要求的技术方案相对于现有技术具有突出的实质性特点，则基本上可以认定其也具有显著的进步（至于此两方面的判断将在后面作进一步说明）；反之，当一项权利要求的技术方案相对于现有技术来说尚不能明确得出其具有突出的实质性特点的结论时，如果由于产生预料不到的技术效果而使该权利要求的技术方案相对于最接近的现有技术具有突出的实质性特点和显著的进步，从而认定其具备创造性。

（2）对技术方案本身、解决的技术问题和有益效果作整体分析

在对发明的创造性进行判断时，同样不能仅考虑发明的技术方案本身，而且还要考虑发明所属技术领域、所解决的技术问题和所产生的技术效果，将发明作为一个整体看待。也就是说，在判断发明相对于现有技术是否具有突出的实质性特点和显著的进步时，不仅要分析构成技术方案本身的技术特征，还要分析其相对于最接近现有技术所解决的技术问题，以及分析其区别技术特征相对于最接近的现有技术起什么样的作用、产生什么样的有益效果（具体分析参见后面法条应用部分）。

（3）现有技术结合对比

与新颖性“单独对比”的判断原则不同，评价发明创造性时，可以将一份或者多份现有技术中的不同的技术内容组合在一起对要求保护的发明进行评价。更确切地说，是将几项现有技术结合起来与专利申请要求保护的技术方案进行对比分析，例如：一篇对比文件（包括国内外的使用公开或以其他方式的公开）所披露的一项现有技术的内容与公知常识的结合，两篇或多篇对比文件（包括国内外的使用公开或以其他方式的公开）分别披露的几项现有技术的内容的结合，同一篇对比文件中所披露的几项现有技术的内容的结合，或者多篇对比文件（包括国内外的使用公开或以其他方式的公开）分别披露的几项现有技术与公知常识的结合等。

2.1.3 判断基准

《专利审查指南2010》第二部分第四章第3.2.1节和第3.2.2节中分别对发明专利申请给出了“突出的实质性特点”和“显著的进步”的判断基准。

（1）突出的实质性特点的判断基准

判断发明是否具有突出的实质性特点，就是判断要求保护的发明对本领域的技术人员来说是否显而易见：如果本发明要求保护的权利要求技术方案相对于现有技术是显而易见的，则不具有突出的实质性特点；反之，如果是非显而易见的，则具有突出的实质性特点。

为确定要求保护的发明的权利要求的技术方案相对于现有技术是否显而易见，最通常的判断方法就是“三步法”，即按照下述三个步骤进行判断：

① 针对要求保护的发明的权利要求的技术方案确定其最接近的现有技术。

② 确定该权利要求的技术方案与最接近的现有技术相比的区别特征，并根据该区别特征所能达到的技术效果确定其实际解决的技术问题。

③ 在此基础上，判断该权利要求的技术方案对本领域的技术人员来说是否显而易见，即现有技术中是否给出将上述区别特征应用到该最接近的现有技术以解决上述实际解决的技术问题的启示，如果现有技术存在这种技术启示，则该权利要求的技术方案显而易见，不具有突出的实质性特点；反之，如果现有技术不存在这种技术启示，则该技术方案非显而易见，具有突出的实质性特点。

（2）显著的进步的判断基准

在判断发明要求保护的技术方案是否具有显著的进步时，主要应当考虑其是否具有有益的技术效果。通常，要求保护的技术方案属于下述情况之一，就认为其具有有益的技术效果，从而具有显著的进步：

① 与现有技术相比具有更好的技术效果，例如，质量改善、产量提高、节约能源、防治环境污染等。

② 提供了一种技术构思不同的技术方案，其技术效果能够基本上达到现有技术的水平。

③ 代表某种新技术发展趋势。

④ 尽管其在某些方面有负面效果，但在其他方面具有明显积极的技术效果。

#### 2.1.4　实用新型创造性的判断

实用新型和发明专利两者在创造性判断标准上的不同，主要体现在现有技术中是否存在“技术启示”。也就是说，在判断现有技术中是否存在技术启示时，两者存在区别，这种区别体现在下述两个方面。

（1）现有技术的领域

对于发明，不仅要考虑其所属的技术领域，还要考虑其相近或相关的技术领域，以及该发明所要解决的技术问题能够促使本领域的技术人员到其中去寻找技术手段的其他技术领域。

而对于实用新型，一般着重考虑该实用新型所属的技术领域；但是，现有技术中给出明确的启示，例如现有技术中有明确的记载，促使本领域的技术人员到相近或者相关的技术领域寻找有关技术手段的，可以考虑其相近或者相关的技术领域。

（2）现有技术的数量

对于发明专利，可以引用一项、两项或者多项现有技术评价其创造性。

而对于实用新型专利，一般情况下可以引用一项或者两项现有技术评价其创造性；但是，对于由现有技术通过“简单的叠加”而成的实用新型专利，可以根据情况引用多项现有技术评价其创造性。

### 2.2　法条应用

由前面介绍的有关创造性的法条释义可知，在确定发明或实用新型是否具有突出的实质性特点时通常采用“三步法”加以判断，在此基础上得出该发明或实用新型是否具备创造性的结论，因而能否正确掌握“三步法”的判断方法对于审查员和专利代理人来说都是十分重要的。下面重点结合具体案例具体说明如何正确和熟练地运用“三步法”来判断创造性。



《专利审查指南2010》第二部分第四章除了给出创造性判断最经常采用的审查原则、审查基准和判断方法外，还分别对几类不同类型的发明（开拓性发明、组合发明、选择发明、转用发明、已知产品的新用途发明和要素变更的发明）的创造性判断以及判断发明创造性时需要考虑的其他因素作出了说明。考虑到本书篇幅有限，且《专利审查指南2010》第二部分第四章第4节已结合案例对几类不同类型的发明的创造性判断作出了较详细的说明，因此对这一部分不再结合具体案例作具体说明，仅仅再结合具体案例对创造性判断过程中需要考虑的其他因素作出说明。

2.2.1 “三步法”的运用

在创造性判断过程中能否正确运用“三步法”的关键在于其中的第三个步骤，即判断现有技术中有无给出将区别特征应用到该最接近的现有技术以解决实际解决的技术问题的启示。

《专利审查指南2010》第二部分第四章第3.2.2.1节中指出，当出现下述三种情况之一，通常就可以认为现有技术中存在着使本领域技术人员在面对所述技术问题时有动机改进该最接近的现有技术并获得要求保护的权利要求技术方案的技术启示：

① 所述区别特征为公知常识，例如，本领域中解决该重新确定的技术问题的惯用手段，或教科书或者工具书等中披露的解决该重新确定的技术问题的技术手段。

② 所述区别特征为与最接近的现有技术相关的技术手段，例如，同一份对比文件其他部分披露的技术手段，该技术手段在该其他部分所起的作用与该区别特征在要求保护的发明中为解决该重新确定的技术问题所起的作用相同。

③ 所述区别特征为另一份对比文件中披露的相关技术手段，该技术手段在该对比文件中所起的作用与该区别特征在要求保护的发明中为解决该重新确定的技术问题所起的作用相同。

以上给出了三种通常认定为现有技术给出结合启示的情况。相反，在下述三种情形下可以认为现有技术未给出结合启示：

① 该权利要求的技术方案相对于最接近的现有技术的区别技术特征在其他现有技术中均未披露且又不是本领域公知常识。[1]

② 该权利要求的技术方案相对于最接近的现有技术的区别技术特征虽然在另一项

[1] 需要注意的是，对于审查意见通知书中认为某技术特征属于本领域的公知常识或者是本领域技术人员容易想到且未举证也未说理的情况，在答复时不要简单地认为审查意见通知书未举证或说明理由，最好从技术角度说明不是本领域的公知常识或者不易想到的理由，以便说服审查员改变观点。

现有技术中披露，但其在另一项现有技术中所起的作用与其在该权利要求技术方案中为解决所述问题所起的作用不同，则该另一项现有技术未给出将上述区别技术特征应用到最接近的现有技术中来解决上述技术问题的技术启示。

③ 该权利要求的技术方案相对于最接近的现有技术的区别技术特征虽然在另一项现有技术中披露，但在本领域中已存在两者难以结合的偏见或者最接近的现有技术中已明确指出两者难以结合的教导，就可认为现有技术未给出结合的启示。[1]

关于现有技术是否给出结合启示，通常要结合具体案情进行分析，才能得到比较客观的结论。下面通过具体案例加以说明。

【案例1-89】

在本案例中，权利要求书中请求保护的主题是一种曲轴的制造方法，其权利要求1为：

1. 一种曲轴的制造方法，其包括下述几个步骤：在成形的曲轴产品上，先将曲轴上除曲颈以外的部分覆盖住，对该曲轴的轴颈部分先进行氟化处理，然后再在其上进行氮化处理，从而在该曲轴的曲颈部分形成一硬质氮化层，最后除去曲颈以外部分的覆盖物。

最接近的现有技术为一篇公开了在钢制件产品上渗氮以提高其耐磨性的对比文件，该对比文件所公开的渗氮方法为先对此钢制件产品进行氟化处理，然后再对其进行氮化处理。此外，《机械设计手册》中已经披露，对于工件上不需要进行诸如氮化这样的化学处理的表面，可以先将其掩盖而加以防护，最后处理完后再除去掩盖物。

【分析】

为提高曲轴的使用寿命，本发明在该曲轴的易磨损的曲颈部分形成硬质耐磨层。作为本发明最接近的现有技术的对比文件中已给出了在金属制品表面上先进行氟化处理再进行氮化处理而形成硬质耐磨层的技术教导，因而本申请权利要求1与该对比文件的区别是在进行氟化处理前将无需处理的部分（即曲轴不易磨损的部分）覆盖住，在氮化处理后再将覆盖物除去。鉴于公知常识性证据《机械设计手册》中已经披露了对于工件上不需要进行诸如氮化这样的化学处理的表面，可以先将其掩盖而加以防护，最后处理完后再除去掩盖物的技术手段，因而本发明的曲轴制造方法与该对比文件的区别特征对本领域的技术人员来说是公知常识。由此可知，本发明的技术方案相对于该对比文件和公知常识是显而易见的，不具有突出的实质性特点。

[1] 需要注意的是，对于这种情形，为了实现两者的结合必定采取了一定的技术措施，故应当将相应的措施补入到该技术方案中。

【案例1-90】

本案例涉及一种“用于货物集装箱的自动排水装置”。为了能及时将货物集装箱内部生成的凝结水排走，在货物集装箱的底部安装有自动排水装置。该自动排水装置的圆柱形外壳带有向下开口的管段，在该管段中设有一个带通道孔的隔板，一个可浮动的封闭件坐落在该隔板上侧的通道孔位置。当货物集装箱内部生成的冷凝水积存在该管段中时，就会使此可浮动的部件向上浮，从而生成的冷凝水就能及时经隔板的通道孔以及隔板下侧的管段排走。但是这样的自动排水装置也存在一个问题，当这样的集装箱置于海轮甲板上时，会因海浪导致的甲板积水而造成海水向该自动排水装置的排水管段倒灌，倒灌的海水也会使该可浮起的封闭件向上浮动，从而倒灌的海水将流入集装箱，影响运送产品的质量。为解决这一技术问题，本发明对现有技术中的“用于货物集装箱的自动排水装置”作出了改进，在该隔板下侧的管段内也设有一个可浮动的封闭件，从而当海水倒灌时，首先使隔板下侧的管段内的可浮动封闭件向上浮起，从隔板下侧将隔板通道孔堵住，从而阻止海水倒流到集装箱内，保证了运送货物的质量。反之，在正常运输状态未出现海水倒灌时，该隔板下侧的可浮动封闭件将坐落在该管段的排出口处，此时若集装箱内出现冷凝水积存，冷凝水将会流入隔板上侧的管段，并使位于隔板上侧的可浮动封闭件浮起，则冷凝水就经隔板通道孔流入隔板下侧管段，紧接着再使隔板下侧的可浮动封闭件向上浮起，离开排出口，从而使冷凝水及时排走。本案例的权利要求1为：

1. 一种用于货物集装箱的自动排水装置，其圆柱形外壳中具有一个向下开口的管段，在该管段中设有一个带通道孔的隔板，一个可浮动的封闭件坐落在该隔板上侧的通道孔位置，其特征在于，在该隔板下侧的管段内也设有一个可浮动的封闭件。

该权利要求的最接近的现有技术对比文件1为申请日前公开的美国专利文件，其公开了一种用于货运集装箱的自动排水装置，该自动排水装置的圆柱形外壳带有向下开口的管段，在该管段中设有一个带通道孔的隔板，一个可浮动的封闭件坐落在该隔板上侧的通道孔位置；另一篇对比文件2是申请日前公开的美国专利文件，其公开了一种带止回阀的下水管道，下水管顶端的开口与地面平齐，下水管下方设有一个V形托架，其上放置一个浮球，该浮球在下水管内污水回灌时将会浮起，并堵住下水管顶端的开口。

【分析】

本专利申请权利要求1的技术方案与该最接近的现有技术对比文件1的区别仅在于：在该隔板下侧的管段内也设有一个可浮动的封闭件。该技术方案相对于对比文件1实际解决了防止海水倒灌流入集装箱这一技术问题。在对比文件2中所公开的浮球也是一件可浮动的封闭件，当下水管内污水回灌时该浮球将会浮起并堵住下水管顶端的开口。由此可知，对比文件2披露了本专利权利要求1与对比文件1的区别技术特征：一个可浮动的封闭件，且该技术特征在对比文件2中所起的作用与其在本专利权利要求1技术方案中所起的作用完全相同，因此本领域的技术人员在面对对比文件1所存在的技术问题（防止海水倒灌流入集装箱）时有动机将对比文件2所披露的“在下水管顶端开口下方设置一个可浮动的封闭件”这一技术手段应用到对比文件1中来防止海水倒灌，也就是说，本领域技术人员由对比文件1和对比文件2分别披露的“用于货运集装箱的自动排水装置”和“在下水管顶端开口下方设置一个可浮动的封闭件”得到本申请权利要求1的技术方案是显而易见的，本申请的权利要求1不具有突出的实质性特点。从而权利要求1相对于对比文件1和对比文件2不具备创造性。

【案例1-91】

在本案例中，权利要求书中请求保护的主题是一种旋流平焰燃烧器，其权利要求1为：

1. 一种旋流平焰燃烧器，包括可燃气体喷嘴、吸入段、混合管、扩压管和旋流器，该可燃气体喷嘴伸入到该吸入段，从而当可燃气体从可燃气体喷嘴流入到吸入段时将可燃气体喷嘴周围空气吸入，其特征在于：在所述可燃气体喷嘴中设置了一根与高压气源相连通的中心管。

在其说明书中写明，现有技术中的旋流平焰燃烧器在应用于不同种类可燃气体时，需要更换可燃气体喷嘴，使用很不方便。本发明要解决的技术问题是提供一种能适用于不同种类可燃气体的旋流平焰燃烧器。为解决这一技术问题，本发明是通过在可燃气体喷嘴中设置一根与高压气源相连通的中心管来实现的：当一种可燃气体需要较多的空气才能充分燃烧时，就让中心管内通入较多的高压空气，其与可燃气体一起在吸入口处产生负压，从而在那里抽吸更多的低压空气；相反，当使用的可燃气体为达到充分燃烧只需要较少的空气时，则减少中心管的高压空气量，从而使空气与可燃气体之比降低，甚至关闭高压空气，得到最小的空气与可燃气体的流量比，这样本发明的平焰燃烧器对不同种类可燃气体都能实现充分燃烧。

检索到的最接近的现有技术对比文件1与权利要求1的技术方案中的旋流平焰燃烧器均包括可燃气体喷嘴、吸入段、混合管、扩压管和旋流器，其唯一不同之处是该对比文件1中的可燃气体喷嘴是单层管，没有与高压气源相连通的中心管。

在实质审查过程中引用的另一篇相关对比文件2中公开了一种焊炬，它是一种可燃气体乙炔的燃烧器，在该焊炬的可燃气体喷嘴中也有一根与高压气源相通的中心管，且明确写明在可燃气体喷嘴中设置与高压气源相通的中心管是为了调节火焰长度，以适应不同焊接工艺的需要。

【分析】

权利要求1与该最接近现有技术的区别技术特征是“该可燃气体喷嘴中设置了一根与高压气源相连通的中心管”，从而可确定该权利要求1的技术方案相对于该最接近的现有技术实际解决的技术问题是提供一种对不同可燃气体都能实现充分燃烧的旋流平焰燃烧器，从而该旋流平焰燃烧器适用于各种可燃气体。

那么，本领域技术人员在面对最接近的现有技术对比文件 1 所存在的不能使各种可燃气体得到充分燃烧这个技术问题时，是否有动机使用另一篇对比文件 2 披露的焊炬的可燃气体喷嘴中与高压气源相通的中心管来解决上述技术问题呢？为此，应该分析“与高压气源相通的中心管”这一技术特征在对比文件 2 和本发明中所起的作用是否相同。在本发明中，当高压气体从位于可燃气体喷嘴的中心管喷出时，其加大了由可燃气体引射的低压空气量，改变了可燃气体与空气的混合比，从而可使高热值可燃气体充分燃烧；而在此对比文件 2 中，该焊炬是焊接用的焰炬，其可燃气体始终是乙炔，无需变换可燃气体的种类，其在可燃气体喷嘴中设置与高压气源相通的中心管是为了调节火焰长度，需要细长火焰时在加大高压空气量的同时减少低压空气量，而需要短粗火焰时减小高压空气量，与此同时增加低压空气量，且在这两种情况下，空气与可燃气体的混合比基本保持不变。由此可知，“与高压气源相通的中心管”这一技术手段在另一篇对比文件 2 中所起的作用与在本申请权利要求技术方案中所起的作用不同，因而本领域技术人员从该对比文件 2 中得不到利用“与高压气源相通的中心管”来调节空气与可燃气体的混合比以解决本发明所要解决技术问题的启示，即本领域技术人员在面对最接近的现有技术对比文件 1 所存在的不能使各种可燃气体得到充分燃烧这个技术问题时，没有动机利用对比文件 2 公开的焊炬的可燃气体喷嘴中与高压气源相通的中心管来解决上述技术问题。由此可知，由上述两篇对比文件得到权利要求 1 的技术方案对本领域技术人员来说是非显而易见的，即该权利要求 1 的技术方案相对于上述两篇对比文件具有突出的实质性特点。

由此实例可知，当该区别技术特征在发明中为解决技术问题所起的作用与对比文件中明确写明的该区别技术特征在其中所起的作用完全不同，也就是说根据该对比文件不能得知该区别技术特征能起到解决本发明技术问题的作用，就应当认为该对比文件未给出结合的启示，不能以该对比文件已公开该区别技术特征为依据来否定该发明的创造性。

【案例 1－92】

在本案例中，权利要求书中请求保护的主题是一种用于预防和治疗颈椎病的枕头，其权利要求 1 为：

1. 一种用于预防和治疗颈椎病的枕头，由枕套和枕芯构成，其中间部位设有近似于头形的凹陷槽，凹陷槽下方为头枕、凹陷槽沿头枕宽度方向的两侧为颈枕，其特征在于：在头枕和颈枕的下方设置气囊，在颈枕内装有振动按摩器。

检索到的最接近的现有技术公开的“颈椎乐”枕头也由枕套和枕芯构成，其中间部位设有近似于头形的凹槽，凹槽下方为头枕，在头的上下两侧为颈枕，在头枕和颈枕的下方设置气囊。在此最接近的现有技术中还写明该气囊不适宜与振动按摩器一起使用。

另一篇对比文件中披露了一种颈椎病治疗枕，包括由头枕和颈枕构成的枕芯，在枕芯中设置了振动按摩器，该振动按摩器的振动部件设置在颈枕内。

【分析】

权利要求1与该最接近的现有技术相比的区别特征是“颈枕内装有振动按摩器”，该区别技术特征在另一篇对比文件中已经披露，其在此对比文件中所起的作用是通过振动来按摩颈椎，与其在本发明中所起的作用相同。如果仅考虑这一点，本领域技术人员可以想到将其用到最接近的现有技术中来解决本发明权利要求1技术方案相对于最接近的现有技术所解决的技术问题。但是，由于最接近的现有技术中已经写明采用气囊的“颈椎乐”枕头不适宜再采用振动按摩器，因此本领域的技术人员在面临最接近的现有技术所存在的技术问题时不会有动机将另一篇对比文件披露的颈椎病治疗枕中的振动按摩器应用到最接近的现有技术中来。需要说明的是，在这种情况下，不应当认为该权利要求1的技术方案就能授权，因为要同时采用气囊和振动按摩器必定采取了一定的技术措施来解决两者同时采用所带来的困难，应当将这一技术措施写入独立权利要求。由本案例的说明书中具体实施方式的内容可知，通过在气囊和振动按摩器之间设置隔板就可以克服气囊和振动按摩器同时采用所存在的困难，因此应当对权利要求1作出如下修改：

1. 一种用于预防和治疗颈椎病的枕头，由枕套和枕芯构成，其中间部位设有近似于头形的凹陷槽，凹陷槽下方为头枕、凹陷槽沿头枕宽度方向的两侧为颈枕，其特征在于：在头枕和颈枕的下方设置气囊，在颈枕内装有振动按摩器，在气囊和振动按摩器之间设置隔板。

作出上述修改后，不仅最接近的现有技术和另一篇对比文件中均未披露“在气囊和振动按摩器之间设置隔板”这一技术特征，而且另一篇对比文件也未给出将区别技术特征“在颈枕内装有振动按摩器”应用到最接近的现有技术的启示，因此修改后的权利要求1相对于最接近的现有技术和另一篇对比文件是非显而易见的，具有突出的实质性特点。

2.2.2　判断发明创造性时需要考虑的其他因素

在《专利审查指南2010》第二部分第四章第4节对判断发明创造性时需要考虑的其他因素作出了说明，特别强调在下述四种情况下不应轻易作出发明不具备创造性的结论。

(1) 发明解决了人们一直渴望解决但始终未能获得成功的技术难题

如果在某科学技术领域中存在着人们长期渴望解决但始终未能获得成功的技术难题，经过发明者的努力给予解决了，则该发明具有突出的实质性特点和显著的进步，具备创造性。现结合一个案例加以说明。

【案例1-93】

在本案例中，权利要求书中请求保护的主题是一种在打包扁带上印制标记的方法，其权利要求1为：

1. 一种在打包扁带上印制标记的方法，先将标记刻制成下凹的图案，凹纹中用印刷颜料填平，把平面上残余颜料刮去，再采用一块平整无纹且质地柔软的橡胶布，由其粘取凹纹处的颜料再打印在打包扁带上，产生清楚的标记图案。

第一次审查意见通知书中以《印刷机械概论》一书中凹版印刷机一章有关凹版印刷的描述内容和平版印刷中有关胶印机的描述内容相结合容易得到本申请独立权利要求的技术方案为由，认定该独立权利要求不具备创造性。



申请人在意见陈述书中从两个方面作了有力的争辩：首先，指出打包扁带自20世纪50年代就已经在国内普遍使用，由于其带面布满凹凸纹，人们采用模具热压使带面留下永久性变形的标记，但这种方法会损伤打包扁带，使其易断裂，为此人们一直寻求一种既在打包扁带表面可印制出完整标记，又不损害其带基质量和强度的方法，但三十多年来，一直没有得到解决，而本专利申请却成功地解决了这个难题；其次，指出用于印刷的纸张表面从微观上看是不平的，但与打包扁带的凹凸不平相比，还是相当平整的，尽管胶印机中的橡胶辊比铅印版略具弹性，印刷较粗糙的纸会显得清晰些，但是打包扁带表面具有宏观尺寸的明显凹凸纹，橡胶辊相对于这种凹凸不平来说仍然是太硬了，采用普通胶印技术中的橡胶辊仍无法在打包扁带表面上印制出完整的标记，而本发明中采用了质地柔软的橡胶布作为印体，从而才解决了这一人们长期渴望解决的难题。

【分析】

考虑到凹版印刷和胶印技术早已问世，自从20世纪50年代提出在打包扁带上印制清晰的标记且不致损伤打包扁带这个技术问题以来，本领域技术人员一直未想到采用凹版印刷和胶印技术来解决这一技术难题，而本发明通过采用质地柔软的橡胶布解决了人们长期渴望解决的难题，从而应认定本发明专利申请对于本领域技术人员是非显而易见的，具有突出的实质性特点和显著的进步，符合《专利法》第22条第3款有关创造性的规定。但是，需要强调的是，独立权利要求的技术方案中应当包含用于解决此长期渴望解决的技术问题所采取的技术措施。就本案例而言，其中已写明采用“平整无纹且质地柔软的橡胶布”，体现出采用了与现有技术中“橡胶辊”不同的技术措施。

（2）发明克服了技术偏见

技术偏见是指在某段时间内、某个技术领域中，技术人员对某个技术问题普遍存在的、偏离客观事实的认识，它引导人们不去考虑其他方面的可能性，阻碍人们对该技术领域的研究和开发。如果发明克服了这种技术偏见，采用了人们由技术偏见而舍弃的技术手段，从而解决了技术问题，则这种发明具有突出的实质性特点和显著的进步，具备创造性。

【案例1-94】

在本案例中，权利要求书中请求保护的主题是一种用于轧钢机油膜轴承的套筒。

说明书的背景技术部分中写明，现有技术中包括自锁套筒和非锁定套筒两种：对于自锁套筒，其通过胀紧配合与轧辊相结合，这种预张紧的胀紧配合可以增强其承受引起弹性变形的负载的能力，从而当采用薄壁自锁套筒时，可以补偿因采用薄壁而导致的强度降低；对于非锁定套筒，需要采用连接键和键槽将其旋转固定地锁定在辊颈上，因而非锁定套筒只能依靠自身的筒壁强度来承受引起弹性变形的负载，因而现有技术中的非锁定套筒均采用厚壁。紧接着，在说明书的技术方案部分明确写明，本发明的构思是将非锁定套筒也做成薄壁，利用其选定的壁厚范围产生的适当的弹性变形，增大了套筒壁与轴承内壁的接触面积，从而增大其承载区的宽度，进而实现提高承载能力。

最接近的现有技术是的国家标准《轧机油膜轴承通用技术条件》中披露的非锁定套筒结构，本发明专利申请权利要求技术方案与该最接近的现有技术的区别仅在于本发明中的套筒壁厚度的数值范围比最接近的现有技术薄。另一件对比文件为《现代大型轧机油膜轴承》一书中给出的德萨油膜轴承，其中套筒的最小壁厚落入本发明专利技术方案中的套筒壁厚度的数值范围。

【分析】

本案例是一个克服技术偏见的典型例子。鉴于另一件对比文件《现代大型轧机油膜轴承》一书中给出的德萨油膜轴承中的套筒为自锁套筒，而现有技术中存在着“非锁定套筒不能像自锁套筒那样采用薄壁”这一技术偏见，因此阻碍着本领域的技术人员将自锁套筒的薄壁应用到非锁定套筒中，即本领域的技术人员在看到薄壁自锁套筒时不会想到将其应用到非锁定套筒中得到本发明专利的技术方案。本发明克服了这种技术偏见，对“非锁定套筒”采用了人们由技术偏见而舍弃的“薄壁”这一技术手段，从而解决了技术问题，应当认为这种发明具有突出的实质性特点和显著的进步，符合《专利法》第22条第3款有关创造性的规定。

(3) 发明取得了预料不到的技术效果

发明与现有技术相比，其技术效果产生“质”的变化，具有新的性能，或者产生“量”的变化，超出人们预期的想象，即这种“质”的或“量”的变化对本领域技术人员来说事先无法预测或推理出来，则认为该发明取得了预料不到的技术效果。此时，一方面认为该发明具有显著的进步，同时也反映发明的技术方案非显而易见，具有突出的实质性特点，因而该发明具备创造性。

【案例1-95】

在本案例中，发明专利申请的权利要求书中请求保护的主题是一种粉状硝酸铵炸药，其权利要求1为：

1. 一种粉状硝酸铵炸药，由85%~93%（重量）轻质膨松硝酸铵、2.5%~5.0%（重量）木粉、2.0%~4.0%（重量）复合油和0~6.0%（重量）TNT组成。

说明书中针对现有技术粉状硝酸铵炸药存在的污染环境严重、爆炸性能低的缺陷对本发明粉状硝酸铵炸药的有益效果作出了如下说明："本发明粉状硝酸铵炸药的主要组分轻质膨松硝酸铵是用普通硝酸铵经表面活性剂预处理，用真空结晶法结晶获得，其晶形结构改变，得到多裂纹、多孔隙的轻质膨松硝酸铵，用这种轻质膨松硝酸铵代替传统的轻质膨松硝酸铵，再辅以高热值油相材料，使制得的炸药具有足够的空隙和较大的反应界面，达到在不含 TNT 或仅含少量 TNT 时具有优异的爆炸性能，并消除或减轻了环境污染。"

检索到的最接近的现有技术中的粉状硝酸铵炸药由 87.5%（重量）硝酸铵、4.0%（重量）木粉、7.0%（重量）TNT 和 1.5%（重量）复合油组成。

【分析】

最接近的现有技术中的粉状硝酸铵炸药中的组分硝酸铵和木粉的含量落在本发明专利申请权利要求的技术方案中相应组分的数值范围之内，应当认为两者的硝酸铵组分和木粉组分的含量相同，而本发明专利申请组分 TNT 含量的数值范围的上限 6.0% 与最接近的现有技术中公开的数值 7.0% 十分相近，本发明专利申请组分复合油含量的数值范围的下限 2.0% 与最接近的现有技术中公开的数值 1.5% 十分相近，因此本发明专利申请所请求保护的粉状硝酸铵炸药的组分和含量与最接近的现有技术公开的粉状硝酸铵炸药极为相近。

但是，最接近现有技术的粉状硝酸铵同样存在着污染环境严重、爆炸性能偏低、不稳定的缺陷；而本发明粉状硝酸铵炸药的主要组分轻质膨松硝酸铵是用普通硝酸铵经表面活性剂预处理，用真空结晶法结晶获得，其晶形结构改变，得到多裂纹、多孔隙的轻质膨松硝酸铵，用这种轻质膨松硝酸铵代替传统的轻质膨松硝酸铵，再辅以高热值油相材料，使制得的炸药具有足够的空隙和较大的反应界面，达到在不含 TNT 或仅含少量 TNT 时具有优异的爆炸性能，并消除或减轻了环境污染。由此可知，尽管本发明的粉状硝酸铵炸药的组分含量与最接近的现有技术十分接近，但由于其中一种组分的来源与最接近的现有技术不同，从而使其性能明显优于最接近的现有技术中粉状硝酸铵炸药，应当认为本发明专利申请不仅相对于最接近的现有技术具有显著的进步，而且对本领域技术人员来说是非显而易见的，具有突出的实质性特点，具备《专利法》第 22 条第 3 款规定的创造性。当然，需要说明的是，对本发明粉状硝酸铵炸药作出创造性贡献的技术特征"轻质膨松铵是用普通硝酸铵经表面活性剂预处理、且用真空结晶法结晶获得"应当写入独立权利要求中。

（4）发明在商业上获得成功

当发明的产品在商业上获得成功时，如果这种成功是由于发明的技术特征直接导致的，则一方面反映出发明具有有益效果，另一方面也说明了发明是非显而易见的，因而这类发明具有突出的实质性特点和显著的进步，具备创造性。

【案例 1-96】

在本案例中，发明专利申请的权利要求书中请求保护的主题是一种"微风吊扇"。

该发明专利申请的微风吊扇由于体积小、风量小、耗电少，适用于夏天气候湿热的南方，一上市就受到人们的欢迎。鉴于此，不少厂家纷纷仿造，在此同时，其中好几家侵权厂家针对这件发明专利申请的审定文本向国家知识产权局提出了异议（类似于目前专利授权后的无效宣告请求）。专利申请人在异议程序中争辩该专利申请具备创造性时，其中一条理由是该发明取得了商业上的成功，并在意见陈述书中作出具体说明：由于本发明在该微风吊扇上设置了一对平衡杆，儿童不小心将手碰到微风吊扇的叶片时，该微风吊扇会自动停转，因而这种微风吊扇的使用对儿童特别安全，特别适用于在夏天气候湿热的南方吊挂在儿童的蚊帐内，正由于该微风吊扇具有这种功能，受到了人们的青睐，销售量剧增，取得了商业上的成功。

【分析】

由专利权人的上述陈述可知，该发明专利申请商业上的成功是由于采取了“设置一对平衡杆”这一技术措施带来的，并非是仅仅通过广告宣传和采用促销手段带来的，因而专利权人的上述主张得到了认可。但是，导致其取得商业成功的技术措施“微风吊扇上设置了一对平衡杆”应当写入独立权利要求。最后通过将从属权利要求的这一附加技术特征补入到独立权利要求中，该发明专利申请被授予了专利权。

需要提请申请人或专利代理人注意的是，从上述四个方面论述专利申请具备创造性时应注意下述几个问题：

① 正如前面所指出的，创造性的判断是针对权利要求的技术方案进行的，因此，在争辩专利申请具备创造性时应当将为发明带来上述效果的技术特征写入独立权利要求中去，即为解决长期渴望解决而未能解决的技术问题所采用的、或者为克服技术偏见所采用的、或者使发明产生预料不到的技术效果的、或者为发明带来商业上成功的技术手段应当写入独立权利要求中去，例如案例 1－93 中的“橡胶布”、案例 1－94 中的“非锁定套筒”和选定的“套筒薄壁厚度的数值范围”、案例1－95中的“轻质膨松铵是用普通硝酸铵经表面活性剂预处理、且用真空结晶法结晶获得”、案例 1－96 中的“一对平衡杆”均应当写入独立权利要求中去。

② 对于发明解决了人们一直渴望解决、但始终未能获得成功的技术难题来说，最好在说明书中已明确写明该发明所解决的技术问题是人们长期渴望解决的技术问题。此外还要求作为本发明最接近的现有技术与相关的现有技术距本发明的申请日已经有较长的时间，在这种情况下，以此为理由争辩本发明专利申请的技术方案具备创造性才有可能取得成功。此外，既然本领域的技术人员长期以来不能解决渴望解决的技术问题，作为本发明必定采用了人们不易想到的技术措施，应当将此技术措施写入说明书中，并写入独立权利要求中。

③ 对于发明克服技术偏见的情况，申请人或专利代理人应当在专利申请文件的原始说明书的背景技术部分写明这种技术偏见，并进一步在说明书的其他部分，如在发明内容部分写明为什么本发明克服了技术偏见，新的技术方案与偏见之间的差别以及

克服偏见所采用的技术手段。如果原申请文件中未作出上述说明，则从上述角度论述本专利申请具备创造性并不一定能争辩成功，因为按照《专利审查指南2010》第二部分第二章第2.1.2节的规定，为使发明和实用新型专利满足《专利法》第26条第3款规定的“说明书应当对发明或者实用新型作出清楚、完整的说明，以所属技术领域的技术人员能够实现为准”这一要求，说明书中应当包含上述内容。

④ 对于产生预料不到的技术效果的发明来说，只要将导致发明产生预料不到的技术效果的技术特征写入独立权利要求中，就可由此证明该独立权利要求的技术方案具有突出的实质性特点；当然发明具有预料不到的技术效果也就说明其具有显著的进步，从而就可得出其具备创造性。然而，对于有突出的实质性特点的发明来说，就不再要求其有预料不到的技术效果，只要其属于前面所指出的具有显著进步的四种情况之一，就可认定其有显著的进步，从而得出具备创造性的结论。

⑤ 当以发明在商业上获得成功作为发明具备创造性的依据时，不能仅仅以商业上的业绩作为商业上成功的证据，还必须说明该商业上的成功是由于发明技术方案的改进所取得的，因为商业上的成功还可能是由于其他原因所致，例如通过销售技术的改进或者广告宣传效果带来的，由这些非技术的原因带来的商业上的成功并不能证明发明专利申请具备创造性。

## 3 实用性

《专利法》第22条第4款规定：“实用性，是指该发明或者实用新型能够制造或者使用，并且能够产生积极效果。”

### 3.1 法条释义

一项发明或者实用新型若想要获得专利权的保护，必须能适于实际应用。换言之，发明或实用新型不能是抽象的、纯理论性的或仅存在于理想状态下的，它必须能够在实际产业中予以应用，并且该发明或实用新型付诸产业实践时，应当能够解决技术问题，产生预期的技术效果。

(1) 能够在产业上制造或使用

上述实用性条款中所称“能够制造或者使用”是指：如果一件发明或实用新型专利申请要求保护一种产品，那么该产品必须在产业中能够制造，并且能够解决技术问题；如果一件发明专利申请要求保护一种方法（仅限发明），那么该方法必须在产业中能够使用，并且能够解决技术问题。这里提到的“能够解决技术问题”对于理解实用性条款中的“能够制造或者使用”的含义很重要，例如，对于“永动机”的情形，虽然就单纯的制造而言，所谓的“永动机”是完全可以制造出来的，但是由于这样的“永动机”不能够解决技术问题，因此这样的产品也是不符合实用性意义上的“产品必须在产业中能够制造，并且能够解决技术问题”的含义的。

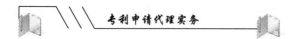

所谓产业应当具有广义的含义，包括工业、农业、林业、水产业、畜牧业、交通运输业以及文化体育、生活用品和医疗器械等各行各业。

应当注意的是，“能够制造或者使用”并非要求该发明或者实用新型在申请时已经在产业上实际予以制造或者使用，只要存在着在产业中制造或使用发明或实用新型技术方案的可能性即可，也就是说只要申请人在说明书中对技术方案进行说明，使得所属技术领域的技术人员结合其具有的技术知识就能够判断出该技术方案应当能够在产业上制造或者使用即可。

此外，因不能制造或者使用而不具备实用性是由技术方案本身固有的缺陷引起的，与说明书公开的程度无关。

（2）能够产生积极效果

“能够产生积极效果”，是指发明或者实用新型制造或者使用后，能够产生预期的积极效果。这种效果可以是技术效果，也可以是经济效果或者社会效果。一项发明或者实用新型与现有技术相比即使谈不上有什么优点，但是仅从其为公众提供了更多选择余地的角度来看，也可以认为它具有我国《专利法》的实用性条款所称的“能够产生积极效果”。

应当注意的是，要求发明或者实用新型“能够产生积极效果”，并不要求发明或者实用新型毫无缺陷。事实上，任何技术方案都不可能是完美无缺的，只要发明或者实用新型产生了正面的效果，而没有使技术整体上发生倒退或变劣，或者是明显无益、脱离社会需求、有害无益，那么就认为该发明或者实用新型“能够产生积极效果”。

### 3.2 法条应用

《专利审查指南2010》第二部分第五章第3.2节中列出了六种被认定为不具备实用性的情况作为判断实用性的基准，现对其中在电学领域中出现相对较多的三种情况（违背自然规律、利用独一无二的条件、无积极效果）结合案例对该法条的应用作进一步说明。

#### 3.2.1 违背自然规律

具备实用性的发明或者实用新型专利申请应当符合自然规律。违背自然规律的发明或者实用新型专利申请是不能实施的，因此，其不具备实用性。

【案例1-97】

在本案例中，权利要求书中请求保护的主题为一种发电装置，其中权利要求1为：

1. 一种发电装置，由电力机车（1）、梯型平衡杠杆（2）、中心固定轴大伞轮（3）、加速机（4）、发电机（5）、输入输出循环控制室（6）组成，其特征在于：电力机车（1）通过梯型平衡杠杆（2）在4～2000米直径范围内轨道上带动大伞轮（3），驱动加速机（4）推动4组发电机（5）发电，从而通过发电机（5）给电力机车（1）提供电力。

说明书中还记载有“在没有外界提供动力的情况下，电力机车能一直运行下去”的内容。

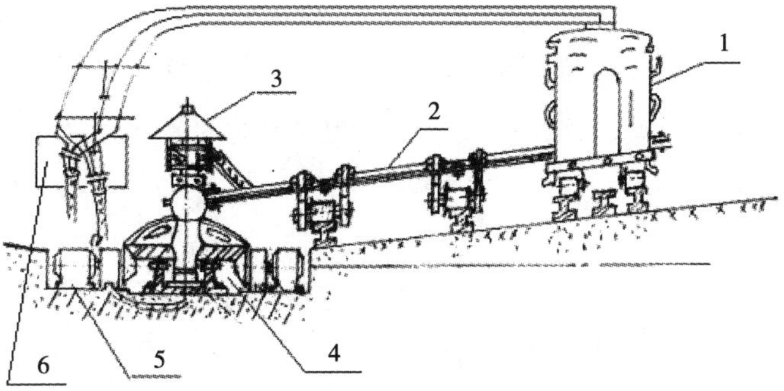


**图1－3 发电装置示意图**

【分析】

根据能量守恒定律，能量只能从一种形式转化成另一种形式，能量不能消失，也不能创造。因此，在系统内的机械能减少或增加的同时，必然有等值的其他形式的能量增加或减少。对于本发明，用电力带动机车沿环形轨道运行时具有转动动能，动能通过发电机转化成电能，电能又提供给电力机车，在不考虑任何其他损耗的情况下，电力机车能一直运行。但是，电力机车是一种消耗电力而行驶的交通工具，在这种能量转化过程中，还必然会有机车发动机的热能损失、车辆传动系统中的摩擦所消耗的能量损失以及车轮与铁轨之间的摩擦所消耗的能量损失等。因此，驱动电力机车所消耗的电能必然大于由该机车所产生的动能再转化而成的电能。也就是说，在没有外界提供动力的情况下，如果电力机车能一直运行下去，则不符合能量守恒定律，因此本发明不能在产业上制造，不具备实用性。

3.2.2 利用独一无二的自然条件

具备实用性的发明或者实用新型专利申请不得是由自然条件限定的独一无二的产品，因此利用特定的自然条件建造的、自始至终都不可移动的唯一产品不具备实用性。但是针对某一特定自然条件下建造、但还能适用其他类似自然条件的不可移动的产品或者利用特定自然条件的原材料所获得的产品不能被认为是利用独一无二的自然条件的产品，因而具备实用性；此外，即使利用独一无二的自然条件的产品本身不具备实用性，如果该产品的构件还能适用于其他场合，则不能认为这些构件本身也不具备实用性。

下面结合几个具体案例加以说明。

【案例1－98】

某桥梁设计公司在完成一项在某宽阔江面某处架设桥梁的设计任务后，根据该桥梁的具体结构申请了一项发明专利申请，由于该处的江面接近1000米，因此权利要求书中要求保护的主题为跨度为千米的桥梁。

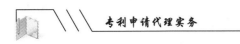

【分析】

虽然该跨度为千米的桥梁的结构是针对此处江面宽度接近1000米这一特定条件设计的，但由于还存在其他江面宽度大体为1000米的场合，在这些地方也可以采用这种桥梁的结构，由此可知这种跨度为千米的桥梁不是独一无二的，可以在产业上制造和使用，因此以跨度为千米的桥梁作为专利申请的主题符合《专利法》第22条第4款有关实用性的规定。

【案例1-99】

本申请要求保护的主题是一种固定架设在珠穆朗玛峰第二台阶处的合金钢天梯，以方便珠穆朗玛峰登山者登上珠穆朗玛峰。

【分析】

由于珠穆朗玛峰第二台阶处的地理条件在全球是独一无二的，因此固定架设在该处的合金钢天梯产品是应用于特定条件下的唯一产品，以此作为专利申请要求保护的主题不符合《专利法》第22条第4款有关实用性的规定。但是，如果这种合金钢天梯是先生产出各个部件和/或构件，然后在珠穆朗玛峰第二台阶处现场组装成合金钢天梯，那么对于这些部件和构件来说，由于还可以在其他有陡壁处组装成适于当地条件的合金钢攀登梯，因此以这些部件或构件，甚至以组装式合金钢攀登梯作为要求保护的主题提出专利申请符合《专利法》第22条第4款有关实用性的规定。

【案例1-100】

本申请要求保护的主题是利用喜马拉雅山上的无污染冰水制造的饮料和制造方法。

【分析】

虽然本申请要求保护的饮料和制造方法利用了特定地区的有限原材料，但是要求保护的饮料产品不是独一无二的，可以在产业上制造，生产这种饮料的方法也可以在产业上使用，因此不能以其原料是特定地区有限的原材料就认为该专利申请不符合《专利法》第22条第4款有关实用性的规定。

3.2.3　无积极效果

具备实用性的发明或者实用新型专利申请的技术方案应当能够产生预期的积极效果，因此明显无益、脱离社会需要的专利申请的技术方案不具备实用性。但是，对于那些技术方案本身效率很低却能适用特定场合使用的专利申请，不能认为其明显无益或脱离社会需要而不授予专利权。

【案例1-101】

在本案例中，权利要求书中请求保护的主题为一种能量储存装置，其中权利要求1为：

1. 一种能量储存装置，其具有可以将输入的电能进行储存的能量储存单元，该能量储存单元可以在脱离输入电能的情况下，持续释放相当于10%输入的电能的能量。

【分析】

对于本申请要求保护的能量储存装置来说，尽管其最终输出的能量相对于输入的能量损失了90%，但可以在没有能量输入的情况下，继续持续一段时间输出能量，这在很多紧急情况下仍然具有有益的技术效果，因而不能因为其能量损失较多而认为本申请明显无益或脱离社会需要。由此可知，本申请符合《专利法》第22条第4款有关实用性的规定。



【案例1-102】

在本案例中，权利要求书中请求保护的主题为一种牙斑净化剂，其中权利要求1为：

1. 一种牙斑净化剂，其中含有1%~99%（重量）的浓度为1%~36%的盐酸和1%~99%（重量）的双氧水。

【分析】

对于本申请要求保护的牙斑净化剂来说，由于其含有浓盐酸组分和双氧水组分，浓盐酸会对牙釉质造成不可修复的损伤，且浓盐酸和双氧水都会对人的皮肤和黏膜组织造成严重损伤，因此，可以认为该权利要求请求保护的牙斑净化剂对人体有害而无益，不能产生预期的积极效果。由此可知，本申请不符合《专利法》第22条第4款有关实用性的规定。

# 第二章　专利申请文件撰写流程

第二章

熟练掌握专利申请文件撰写工作的技巧，高效率地撰写出质量较好的专利申请文件，是专利代理人必须具备的专利代理业务技能，也是每位专利代理人十分关心的问题。由多年来专利申请文件撰写的实践可知，要想撰写出一份高质量的专利申请文件，必须做好以下几方面的工作：通过与申请人、尤其是与其发明人的沟通帮助其提供充分反映发明创造内容的技术交底书，认真阅读和仔细分析技术交底书以正确理解发明创造内容和申请人提出专利申请的意图，根据发明创造内容的特点确定专利申请的保护主题与类型，对权利要求进行合理布局等。只有这样才能撰写出合格的专利申请文件，为后续专利申请的审查、专利权无效宣告及专利侵权诉讼程序奠定良好的基础。为帮助专利代理人提高专利申请文件撰写工作的能力，本章在前四节中分别对“技术交底书的获得”“理解和挖掘发明技术内容”“权利要求的布局”和“专利申请文件的撰写”四方面的工作加以具体说明。此外，本章在第五节中进一步介绍了“专利申请文件撰写与专利战略的结合”方面的内容。

## 第一节　技术交底书的获得

技术交底书是专利代理人获得发明基础信息、理解发明构思和撰写专利申请文件的基本素材。申请人所提供的技术交底书的好坏在很大程度上影响专利申请文件的撰写质量和工作效率。专利代理人应当与其发明人进行必要的沟通，以帮助申请人提供能充分反映发明创造内容的技术交底书。

### 1　与发明人的初步沟通

在一些专利代理机构中，技术交底书是发明人在专利代理人的指导下完成的。还有一些专利代理机构，在与客户接触的初期，专利代理人并不介入，而由市场开发人员或客户服务人员与发明人进行沟通，并向发明人提供技术交底书模板，请发明人按照技术交底书模板的格式提供技术交底书。这两种方式各有利弊。第二种获得技术交底书的方式由于不需要专利代理人前期介入，因而省去了专利代理人的工作，节约了专利代理机构的成本；但是，由于受市场开发人员或客户服务人员专业知识面的限制，这种获取技术交底书的方式可能存在一定的问题，例如技术交底书基本部分不完整，某些不能申请专利的主题被写进了技术交底书等。由专利代理人与发明人进行沟通，指导发明人提供合格的技术交底书，通常能够避免上述不足，并且使专利代理人对案件有初步的了解，有助于后续专利申请文件的撰写。

专利代理人在接到申请人委托办理的专利申请事务后，需要及时与其发明人进行联系和沟通。在很多情况下，发明人初期提供的资料往往不齐全，只有简单的描述，甚至有些情况下，发明人仅提供了一幅草图而无任何文字说明，或仅提供了一件实物，告知专利代理人要求保护该产品，因此，专利代理人与发明人通过沟通获取完整、全面的技术交底书显得尤为重要。

而另有一些发明人出于对本单位技术秘密或技术诀窍的保护目的，不愿提供涉及发明技术方案的一些细节。这时，需要专利代理人向这些发明人说明专利制度是通过申请人公开其发明来换取国家对其技术方案的法律保护。因此，对实施发明必不可少的相关内容必须提供，以避免后续撰写的申请文件出现未充分公开发明或实用新型内容的缺陷。为此，专利代理人应当明确告知发明人下述两方面内容：

① 在技术交底书中所写明的技术内容至少应当构成一个完整的、可实施的技术方案，且该技术方案应当相对于（检索的）现有技术具备新颖性和创造性。

② 保留技术秘密的利与弊：在上述技术方案具备新颖性和创造性的前提下，不公开技术诀窍的好处在于能保留技术秘密，从而使己方在市场竞争中处于有利地位；而其弊端在于一旦上述技术方案不具备新颖性和创造性时，就不能通过在审查过程或专利无效宣告过程中将申请时所保留的技术诀窍补入专利申请文件或专利文件中使本专利申请或本专利相对于现有技术具备新颖性和创造性。

### 1.1　沟通途径及沟通技巧

通常情况下，专利代理人在专利申请代理过程中需要与申请人方的发明人及负责审核专利申请文件的知识产权经理联系。而在技术交底书获取阶段，主要是与发明人联系，下面对专利代理人与发明人的沟通途径和沟通技巧分别作进一步说明。

#### 1.1.1　沟通途径

专利代理人与发明人之间的沟通途径主要包括电话沟通、邮件沟通、传真沟通、即时消息沟通与面谈沟通五种方式。

（1）电话沟通

电话沟通是专利代理人日常工作中常见的一种沟通方式，适合非正式通知、了解问题以及解答常规性问题等。对于一些比较复杂且需要发明人具体说明的技术方案问题，也可以采用电话沟通的方式。此时注意，因涉及技术较为复杂，可能在电话沟通中出现思路不清的局面，应当注意在电话沟通前将希望通过本次沟通弄清楚的问题逐一列出。

电话沟通的优点是省时、快捷、可与发明人详细讨论。缺点是非正式性、针对具体图纸内容进行沟通时较困难、对发明人在电话沟通中回答的问题缺少思考的时间。

由于发明人可能承担着繁重的科技研发任务，工作很忙，因此专利代理人与发明人的沟通应尽量少占用发明人的时间，提高沟通效率，尽可能通过一两次来回的联络即可获取所需要的全部信息、图纸、资料。

通过电话与发明人沟通时应注意文明礼貌，通话中语速要平缓，不宜过快或过慢，不要轻易打断对方的话语，认真聆听对方对技术方案的描述并作好电话记录。如遇电话沟通中对方不方便接听或多谈时，可与其约定一个双方方便的时间再次进行电话联系。

电话沟通具体注意事项如下：

① 准备工作：在电话沟通前，如果需要询问的内容比较多，可以事先将需要询问的内容作一个列表，做到有条理有顺序，避免在沟通时条理性不强而导致需要沟通的事项没有一次性沟通完，从而给发明人留下不好的印象。



② 通话时间：上午 9：30 ~ 11：00，下午 14：30 ~ 16：00，这两个时间段是较佳的时段。通常各单位上班时间多在 8：30 ~ 9：00，因而上午在 9：30 后打电话会是一个较好的时间，在打完电话后，对方还有一段充分处理的时间。同样地，考虑到中午有用餐与休息的时间，在下午 14：30 之前不宜打电话给发明人。至于 16：00 之后，由于临近下班且缺少给对方处理的时间，此时与发明人沟通，效果也许比较差。对于对方发明人身居国外而与中国存在时差的情况下，也可以在电话沟通之前，事先用电子邮件与发明人约定方便的时间。

③ 用词用语：接通电话后，首先要自报家门。如果对方的电话是手机，还要询问一下对方是否方便接电话。例如：“您好！我是 × × 公司专利代理人 × × ×，您现在方便接电话吗？（如果对方回答方便，则继续）关于 × × 案件……”如果对方的电话是座机，在报完家门后加一句“请问是 × × 先生/女士/老师吗？”如果不是，则询问发明人是否方便接电话；若不方便，可以约一下例如十分钟或半小时后再打电话。或者必要的时候，可以留下自己的电话，让发明人方便的时候回电话，最后要感谢接听电话的人。在电话沟通的时候，要保持语速正常、清晰，面带微笑，使对方感受到专利代理人的饱满热情与诚意。

④ 接听电话：接电话应当在电话铃响起的第一声结束到第二声结束前接起来，最迟不要超过第三声。让呼叫方长时间地等待可能会影响呼叫方的心情，误认为接听方效率低。在接听电话的时候，应当做好随时记录的准备，将电话内容的重点记录下来，避免遗忘或者反复询问对方。对于重要的内容，应当向对方复述一遍，以保证记录的内容准确无误。在接听电话时，尽量不要打断电话交谈。如果有事情确需打断电话交谈，则必须先向对方道歉，然后告知对方等候的原因。例如，可以向对方解释说：“对不起，我有个电话过来，先接一下，请您稍等一下。”然后，迅速接听第二个电话，并告知第二个通话方：“我正在电话中，一会儿给您打过去。”之后，迅速返回

与第一个通话方的电话交谈。

⑤ 电话沟通结束后：应当将本次沟通中需要存档的内容以电话记录单的形式记录下来，尤其是应当详细写明在电话中已经确认过的事项。表 2－1 为一种常用的电话记录单。

**表 2－1　电话记录单**

| 通话时间 | 年　月　日　时　分 | |
|---|---|---|
| 联络人 | 单位及部门 | |
| | 电话号码 | |
| | 姓　　名 | |
| 要点记录 | 我方卷号 | |
| | | |
| 记录人 | | |

（2）邮件沟通

邮件沟通也是专利代理人日常应用最多的沟通方式之一。其优点是比较正式，有充足的时间准备，表达准确，条理性强；缺点是沟通效率较低，与发明人缺少语言上的交流，不易传递感情，与发明人的距离感较大。

邮件沟通适合正式的通知、需要较长时间准备的内容以及需要对方确认的内容等。

目前电子邮件已非常普及。大部分情况下，电子邮件已经取代了传统的纸质邮件通信方式。因此，下文中，“邮件”一般指电子邮件。

需要注意的是，有些人并没有每天查收邮件的习惯，发邮件后最好以短信或者电话的形式通知发明人查收邮件，以免耽误时间。

通过电子邮件沟通，需要注意如下事项：

① 邮件主题栏中务必写清本次沟通事项的主题、案卷号。

② 邮件正文部分，首先要称呼对方联系人名字，并使用适当的问候语，例如“尊敬的张老师：您好！”邮件通篇语气要友好。正文中应写明希望收信方配合的事项及希望回复的时间。

③ 邮件正文要有条理和层次，要适当地使用回车和空行，以便于阅读。

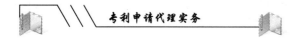

④ 正文结尾要有进一步联系方面的语言与联系信息。例如：若您有任何疑问，请您随时与我联系。我的联系电话是××××××××，手机号码是×××××××××××。

⑤ 邮件签名中写明单位、姓名、日期等事项。

⑥ 在发送邮件之前，应当通读邮件，进行必要的检查（例如，检查是否有拼写错误、是否忘记添加附件等）；在回复邮件的时候，还应当核实回复是否与来信一样抄送相同的联系人（例如全部回复的情况）。

⑦ 如果在一天或者更长时间内无法阅读或者回复邮件，应当将邮箱设置成自动回复；在回复留言中，告知可能何时处理来信。

⑧ 最后需要注意的是，与发明人之间的往来沟通邮件中的附件必须加密处理，尤其是涉及技术内容的往来稿件。当然，申请人明确不要求加密的情况除外。



（3）传真沟通

传真沟通的优点是能够将原件的信息准确地传达给对方。当然这一功能也可以通过邮件方式来代替。使用传真沟通的缺点是容易遗失，不方便接收、回复和转送等。

传真适合法律文件的传送。对于不会使用邮件的人而言，传真也可以是一种替代工具。

传真沟通需要注意如下事项：

① 写明收件人是谁。

② 标注所发传真文件的总页数供对方核实。

③ 写明己方联系方式，包括己方传真等。

④ 请对方回传真或通过电话确认收讫。

（4）即时消息沟通（QQ、MSN、视频会议）

现代科技的发展使我们不但能使用电子邮件这种方便的通信方式，还能使用一些更先进的即时消息沟通工具。例如，包括基于互联网的QQ、MSN点对点即时通信工具，这种即时沟通方式可在语音沟通的同时传送文字资料与图片。具有传送信息容量大、效率高的优点，但操作相对复杂一些，且仅适合一对一的沟通。对于即时通信工具的使用要慎重，因为存在通信内容泄露的风险。即时通信工具提供的视频会议能很好地解决多人同时参与沟通的问题，尤其是当某一发明技术方案需要同时与多人同时进行沟通时，可采用视频会议的方式进行；通过视频会议还可以进行一些实物的演示。这种方式同样能通过视频会议软件来传送文字或图片资料，缺点是需要专用设备或软件来支持，且视频会议设备的设置与操作比较复杂。

即时消息沟通注意如下事项：

① 需在沟通前与对方约定沟通时间，使用视频会议时需提前通知所有参会人员。

② 视频会议沟通前做好相应的设备调试准备，有实物演示时需提前备好实物。

③ 以即时消息沟通方式进行沟通后，应当将本次沟通中需要存档的内容以会谈记

录的形式记录下来，尤其是在会谈中确认过的事项应详细写明。

（5）面谈沟通

一般情况下，通过电话、邮件等不能有效沟通的情况下，可以与发明人当面沟通。例如，在发明人需要演示实物、需要专利代理人查看现场实物、进行专利申请挖掘等情况下，当面沟通是十分必要的沟通手段。

面谈沟通的优点是即时、高效、沟通内容多样、能一次性解决多个方面的问题。通过面对面的沟通，可以就发明的技术方案细节、希望保护的核心内容等进行充分的交流。但是面谈沟通的缺点是成本高，需要考虑交通与时间成本。对于面谈沟通，要事先征询对方是否有时间并愿意当面进行沟通，并与对方约定具体时间。另外，面谈沟通要求专利代理人有较高的专业素质，较好的外在形象、谈吐等。这些更高的要求可能会影响当面沟通的效果。



面谈沟通需要注意如下事项：

① 沟通前做好资料准备，简单地搜索一下可能涉及的技术主题以及技术发展趋势，做到有准备、有目的地去沟通。

② 穿着要得体，给客户以信任感，体现出大气、自信的专业形象和素质。沟通开始时需要适当的寒暄，第一次见面需向对方简单介绍自己。

③ 沟通中要避免不适当的小动作，例如抖腿、转笔、挠腮等，同时注意聆听，并适时提出自己的观点。

④ 做好沟通内容记录。可以在征得对方同意的情况下，进行录音或摄像。

⑤ 最后需要简单复述核心内容，并请对方确认。

上面对与发明人沟通的几种主要方式进行了介绍，专利代理人可根据具体情况选择合适的沟通方式。例如对于技术交底书以及需要发明人进行核实或者修改的内容，最好使用电子邮件。这样，一方面可以方便发明人对初稿进行文字修改或者标注，另一方面可以把往来邮件留存备案，便于以后查阅该案的信函往来历史。在经过充分沟通，了解了技术方案并开始撰写的情况下，如果在撰写过程中遇到一些无法确定的小问题，可以考虑通过电话、即时沟通工具和传真，随时与发明人交流，以提高工作效率。

### 1.1.2　沟通技巧

在与发明人的沟通技巧方面，综合上面介绍的内容可归纳为“耐心”“虚心”“诚心”六个字。

耐心：发明人通常只对技术内容了然于心，对专利知识了解较少。因此，在沟通过程中专利代理人的耐心就显得非常必要。这里说的耐心包括两个方面：一方面，要耐心聆听发明人对技术的解释，尽快习惯发明人的表述方式，以尽可能贴近发明人的思维进行沟通，避免使用发明人不理解的专利术语；另一方面，要耐心引导发明人讲述尽可能多的在专利申请说明书中需要公开的技术细节，有时可能需要向发明人介绍一些专利的基本常识，让发明人理解专利的特殊要求以及专利申请公开与获得专利保护之间的关系。

虚心：这里所说的虚心，是指避免对发明人的创新成果进行主观臆断，要虚心地向发明人请教技术问题、具体的技术手段、能够实现的技术效果。沟通是一个双向的过程，专利代理人一定要注意在沟通过程中充分表达自己对技术方案的看法以及自己的理解，并让发明人对你的理解进行确认或者修正。有些情况下，发明人所研发的发明项目的技术领域并非与专利代理人所学专业技术领域完全契合，这时候专利代理人充分表达出自己的理解尤为重要。对技术内容未完全理解时，绝不可以碍于情面或者不好意思，而不向发明人求教，否则写出来的专利申请往往会造成技术方案或者保护范围上的偏差，甚至出现公开不充分的情况，给申请人带来难以弥补的损失。



诚心：在沟通过程中，专利代理人应该表现出充分的诚意，充分理解和认可发明人的观点，尽可能从发明人的角度去考虑问题，致力于解决发明人所关心的问题。这样，才能取得发明人的信任，为有效的沟通奠定基础。

### 1.2　提前准备需要询问的内容

无论是通过哪种沟通形式与发明人沟通，都需要明确沟通的目的是为了了解清楚该发明的技术方案、发明改进点，为下一步进行专利申请文件的撰写做好充分的准备。因此，在沟通联络前，应根据已经知道的该专利申请的大致技术领域和内容以及对方已提供的材料，准备好需要询问的内容，以了解作出该发明的基础即现有技术等情况。专利代理人也可以先提前进行粗略的检索，了解相关方面的技术发展情况和趋势。另外，专利代理人还可以检索一下客户的业务领域、有无既往专利申请或者论文等，尽可能地弥补专利代理人在专业技术知识上的不足。只有充分了解了申请人方较多的信息，才有可能在沟通中高效地进行交流。

#### 1.2.1　准备与发明技术内容直接相关的问题

在针对发明的具体技术方案进行沟通时，可事先准备如下一些问题：

① 发明属于哪个技术领域、涉及什么主题？

② 现有技术存在怎样的缺陷？您提出的技术方案的出发点是什么？

③ 您是否有相关的现有技术文献资料，例如专业期刊、专利文献？

④ 您是否有现有产品的可编辑图片、电路图、流程图、或实验数据？

⑤ 本发明的技术效果是通过方案中哪一个或哪些部件或机构实现的？

⑥ 图×中示出的××结构的作用是什么？部件间的配合关系是怎样的？××机构的运动过程如何？

如果受托申请的发明涉及电学类的产品而未提供附图，应当要求对方提供相应的附图。有些情况下，所提供的附图为不可编辑格式，应当要求对方提供可编辑格式的附图，以便在撰写专利申请文件时对附图进行调整、修改。

#### 1.2.2 准备与提交专利申请相关的有关问题

除了上面所述与发明技术内容本身有关的问题外，还需要向申请人了解以下与本发明相关的情况：

① 本发明有无相关的专利申请。

② 在此之前是否出现过影响本发明新颖性等方面的事项，例如已经由发明人发表过文章、已经参加过展览、作过会议报告等。

③ 申请专利的目的与用途是什么，例如：

（i）产品将投放市场，需要取得保护。

（ii）需要先取得专利申请优先权，然后到国外申请专利；或者对在先申请作出的改进，拟要求优先权并放弃在先申请。

（iii）公司上市、技术入股。

（iv）产品进入国外市场。

（v）防备竞争对手就相同主题申请专利，造成对己方不利的竞争局面。

（vi）显示企业技术实力。

（vii）参加评奖等客观需求。

④ 是否后续阶段需要向国外提出专利申请，如果属于需要向国外申请专利的情况，则应同时考虑向国外申请专利保护的主题。

对于申请人不同的需求，在对案件的处理上可以区别对待。例如，申请人旨在用该案来取得优先权基础，则在案件处理上并不是要尽善尽美，而是在确保能够取得相应优先权的基础上，尽快将案件提交至国家知识产权局。再如，对于申请人需要到外国进行保护的专利申请，在撰写时就不能只考虑在国内可授予专利权的主题，还需要考虑进入其他国家可能授予专利权的主题，从而避免申请人的利益受损。

如果有向国外申请的可能，需要考虑其他国家对专利申请文件的要求。此时，更应当注意用语尽量规范，用词、句式简单，语法关系清楚，以方便后续翻译。

由于申请人申请专利的目的不同，很多情况下是出于企业专利战略上的需求，读者可参考本章第五节“专利申请文件撰写与专利战略的结合”部分的内容。

### 1.3 排除或避免不授予专利权的主题

在专利代理人拿到申请人提供的相关材料后，进行沟通前应该大致了解发明的技术领域和基本技术内容，应当判断申请人在该项委托的专利申请中准备要求保护的内容是否涉及不能授予专利权的主题，即是否属于《专利法》第2条、第5条以及第25条中规定的不能授予专利权的主题，以避免做无效的劳动。

#### 1.3.1 完全不可以申请专利保护的主题

有些发明主题属于完全不可以申请专利保护的主题，包括：

① 申请人欲要求专利保护的发明属于人为制定的商业方法。

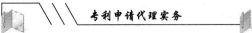

② 申请人欲要求专利保护的发明为违反能量守恒定律的永动机。

③ 申请人欲要求专利保护的发明为违反法律、社会公德或者妨害公共利益的主题，例如专门用于赌博的设备、吸毒的器具等。

④ 申请人欲要求专利保护的主题涉及动植物品种的。此种情况下可以告知申请人，植物品种可以要求保护植物新品种权，而动物品种在中国暂时没有知识产权方面的保护；与此同时，应当告知申请人，育种方法可以通过发明专利申请保护。

⑤ 申请人欲要求专利保护的主题为疾病的诊断或治疗方法。此种情况下，应当告知申请人，在我国疾病的诊断或治疗方法目前是不给予专利保护的，并适当解释在我国不给予专利保护的原因；但在此同时，告知申请人可通过保护检测试剂、仪器、药物以及制药用途等方式来进行变相的保护。



如遇有上述的情况，需要及时与申请人进行沟通，并说明情况，在专利申请中排除或避免这些我国《专利法》明确规定不授予专利权的主题。有时申请人会比较难以理解为何不能申请专利（尤其是涉及单纯商业方法和计算机软件的主题），并会举出若干公开、授权的实例。这时可以解释一下大部分类似主题只是发明专利申请的公布，发明专利申请公布以后还需要进行实质审查，那时包含这样的主题的专利申请将会被驳回；此外，实践中审查员对这方面标准的掌握会略有偏差，可能会出现极个别类似主题的专利申请获得授权的情况，但是在后续的程序中，这些专利权会在他人提出专利无效宣告请求后被专利复审委员会宣告无效。

1.3.2　可通过改变形式来申请的主题

有些情况下，申请人欲要求专利保护的发明涉及《专利法》中规定不授予专利权的主题，但是可以通过改变形式来得到专利保护。这种情况下，可以告知其发明人，需要通过改变申请主题的形式来提出专利申请，但同时应当告知对方，即便以改变申请主题的形式提出专利申请，仍然还存在不能被授予专利权的风险。

【案例2－1】

本案中要求保护的主题是一种“小区安全防盗设备”。如果防盗设备探测到有小偷进入，则该设备会发出声光警报提醒并放出超高压电击重创小偷。对于这类发明，专利代理人应当告知发明人将放出超高压电击重创小偷的部分删除或对其进行修改，使之成为一个不对他人人身造成伤害的防盗设备。

【案例2－2】

本案中要求保护的主题是一种赌博用监控设备，该设备包括新型图像采集装置、无线传输装置以及眼镜式图像显示装置。专利代理人应当告知发明人将赌博用途部分删除或对其进行修改，使得监控设备脱离该特定用途。

## 2 技术交底书的获得

在进行沟通时，应当有目的地引导和协助发明人提供能充分反映发明内容的技术交底书。为此，建议通过提供技术交底书模板的方式来进行。

### 2.1 技术交底书模板的构成

为提高专利代理人与申请人之间的沟通效率，专利代理机构通常备有技术交底书模板以提供给发明人填写。技术交底书模板中列出了需要发明人提供的各方面内容，主要包括基本信息、技术领域、背景技术、现有技术缺陷与存在的问题、本发明要解决的问题、本发明的技术方案、技术效果、本发明的替代方案等。

表 2 - 2 为一种常用的技术交底书模板，但是这种模版不是固定的，其形式和内容可以依据技术领域和发明人对专利的认知程度灵活调整模版的形式和内容。



**表 2 - 2 技术交底书**

发明名称：______________________________

技术问题联系人：______________________________

联系人电话：________ E - mail：________ Fax：________

术语解释：______________________________

______________________________

一、要求保护的发明创造主题名称

写明发明人所认为的本专利申请想要保护的发明创造主题名称。

二、技术领域

写明本专利申请中的发明创造属于何技术领域，可以在哪些领域应用。

三、技术背景

详细介绍本发明创造的技术背景，即背景技术，尤其要描述已有的与本发明最接近的背景技术。

1. 介绍所属技术领域内的技术现状，尤其是与本发明欲改进的核心技术有关的技术现状。

2. 可从大的技术背景和小的技术背景两个方面进行介绍。大的技术背景主要是指该技术领域的总体状况，小的技术背景是指与本发明改进的具体技术密切相关的技术状况。

3. 技术背景介绍的详细程度，以不需再去看文献即可理解该技术内容为准。如果现有技术出自专利文献、期刊、书籍，则提供出处。现有技术有相关附图的，最好一并提供并结合附图说明。

注意：附图请尽可能提供可编辑格式的版本，例如 Visio、CAD、PPT 等格式的图。

四、现有技术存在的问题

介绍现有技术存在的缺点是什么？针对这些缺点，说明本发明要解决的技术问题，即本发明的目的。

1. 客观评价现有技术的缺点，会带来哪些问题，这些缺点是针对本发明的优点来说的，本发明正是要解决这些问题和缺点。本发明无法解决的技术问题不必描述，本发明不能解决的缺点也不必写。

2. 如果找不出对比技术方案及其缺点，可用反推法，根据本发明的优点来找出对应的缺点，还可以从结构角度推导出现有相近产品的缺点。

3. 缺点可以是成本高、结构复杂、性能差、工艺繁琐等类似问题。

4. 针对前面现有技术的所有缺点，逐一正面描述本发明所要解决的技术问题。

五、本发明技术方案的详细阐述

本部分所提供的内容涉及专利申请文件中最重要的部分，越详细越好。

1. 对于发明和实用新型专利要求保护的主题是一个技术方案，因而在这部分应当阐明本发明要解决的技术问题（即发明目的）是通过什么样的技术方案来实现的，不能只有原理，也不能只作功能介绍，应当详细描述本发明的各个发明改进点及相应的技术方案。

2. 技术方案是指为解决上述技术问题（即达到上述发明目的）而采取的技术措施（即由技术手段构成的技术构思）。因此，本发明的技术方案应当通过清楚、完整地描述本发明的技术特征（如构造、组织、形状等）以及作用、原理而将其公开到使本专业技术领域中的普通技术人员能够实施本发明为准。

3. 对于不同类型的发明，需要采用不同的描述方式来说明其技术方案。例如：对于设备发明，应当具体说明其零部件的结构及其连接关系，必要时结合附图加以说明；而对于方法发明，应当具体说明其工艺方法、工艺流程和条件（如时间、压力、温度、浓度）；涉及机电一体化的发明，对于其中与电路有关的内容应当提供电路图、原理框图、流程图或时序图，并应当结合附图进行具体说明；对于部分内容涉及软件、业务（商务）方法的专利申请，除提供流程图外，还应提供相关的系统装置。

4. 所有附图都应当有详细的文字描述，尽量以本领域技术人员不看附图即可明白技术方案为准；同时附图中的关键词或方框图中的注释都尽量用中文。附图中的方框图以黑白方式提供即可，不必提供彩色图；所有英文缩写都应有中文注释。

六、本发明创造的关键改进点

针对本发明创造相对于现有技术所作出的改进给出其关键改进点，即说明其中哪些发明改进点是本专利申请重点想要保护的创新内容。

1. 本发明技术方案的详细描述部分提供的是完整的技术方案，在本部分是提炼出技术方案的关键改进点，列出1、2、3……以提醒专利代理人注意，便于专利代理人撰写权利要求书。

2. 简单点明即可，通常可以根据下面第七项“本发明的有益效果”给出其关键改进点。

七、本发明的有益效果

本部分写明本发明与第三项所述的背景技术相比的优点，尤其是与最接近的背景技术相比的优点。

1. 本部分简单介绍即可。但是，不要仅仅列出各个优点，应当结合技术方案中的各个发明改进点作出具体说明，即以推理方式具体分析各个改进点如何带来这些优点，使得对优点的说明做到有理有据。

2. 可以对应第四项所要解决的技术问题或发明目的作出具体说明，即分析上述各个发明改进点如何解决这些技术问题或实现这些发明目的。

八、本发明的替代方案

针对第五项中的技术方案，写明是否还有别的替代方案同样能解决上述技术问题或实现上述发明目的。

1. 如果有替代方案，请详尽写明，以提供足够多的具体实施方式。此部分内容的提供有助于撰写保护范围更宽的权利要求，防止他人绕过本技术方案去解决同样的技术问题或实现同样的发明目的。

2. 所述替代方案可以是部分结构、器件、方法步骤的替代，也可以是完整的技术方案的替代，例如：在本发明具体技术方案中两个部件的连接为卡式连接，但铰链连接也可能实现本发明，因此铰链连接即为替代方案。

九、其他相关信息

本部分给出其他有助于专利代理人理解本发明内容的资料，从而向专利代理人提供更多的信息，以便专利代理人更好更快地完成专利申请文件的撰写。

## 2.2　引导并协助发明人完成技术交底书

虽然技术交底书模板全面地列出了需要发明人提供的各部分内容，但由于专利申请所需要的技术文件与相关内容不同于研发人员写科技论文或写产品说明书，因而发明人提供的技术交底书很有可能不能满足专利申请文件撰写的需要。在这种情况下，专利代理人应当引导并协助发明人提供能充分反映发明内容的技术交底书。

下面先针对发明人所提供的技术交底书存在的三类主要缺陷说明如何协助发明人消除这样的缺陷，然后对发明人提供的技术交底书中的常见具体问题作出进一步说明。

(1) 发明人未按技术交底书模板进行填写

在提供技术交底材料的阶段，部分发明人可能不太清楚对技术交底书的具体要求，例如选用技术术语的原则、提供材料应详尽到什么程度、核心技术可否加以保密、实例需要如何提供、附图可否采用照片、可否直接将工程制图用作说明书附图等，因而未按技术交底书的模板进行填写，甚至仅寄来一个实物，要求保护该产品。

在这种情况下，专利代理人应当向其说明技术交底书中各部分内容的具体含义与填写要求，以引导并协助发明人完成技术交底书的填写。

（2）发明人提供的技术交底书缺少相应内容

在部分技术交底书中，发明人虽然按照技术交底书模板填写了相关内容，但对其中某些部分的内容填写得十分简单，甚至未填写这一部分内容，导致所提供的技术交底书中缺少某一部分相应内容。例如，有的发明人在研发时并未对现有技术进行检索和调研，仅根据自身对现有技术的了解进行研发，因此在技术交底书第三项“技术背景”部分对现有技术的描述很简略甚至未写。在这种情况下，可以引导发明人对本领域的现有技术进行检索，请发明人提供现有技术文献、现有产品的结构图、现有工艺流程图等；如果发明是对某一现有专利的改进，则可以让发明人提供相应的专利文献信息与资料。又如，有的发明人仅仅针对其研发出的具体产品要求给予专利保护，因此未考虑过还有哪些替代方案，因此未填写第八项“本发明的替代方案”。在这种情况下，可以针对本发明所涉及的各个改进点向发明人逐个了解有无替代的技术手段，从而引导发明人填写这一部分内容。



（3）发明人提供的技术交底书不符合需要

在部分技术交底书中，虽然发明人按照技术交底书的模板填写了各项内容，但其中某些部分内容不够详细或者不符合要求。例如，发明人在技术交底书第五项“本发明技术方案的详细阐述”部分仅给出发明的相应图纸，但文字描述部分过于简单，对其具体结构及工作原理未作详细说明；或者发明人在技术交底书第七项“本发明的有益效果”部分仅给出其具有哪些技术效果或带来哪些优点，但是未写清楚所采用的技术方案与实现的技术效果之间的关系，也就是说既未具体分析本发明的各个改进点如何实现相应的技术效果，也未通过本发明与现有技术试验数据的对比来说明其带来哪些技术效果。在上述情况下，专利代理人可能会难以清楚地理解发明，因而需要有的放矢地要求发明人对这些部分进一步补充相关内容以完善技术交底书。

（4）发明人提供的技术交底书中常见具体问题

下面针对技术交底书中最常见的具体问题作出说明。为了帮助读者理解，针对其中部分情况结合案例加以说明。

（i）仅给出局部信息，缺少全局信息

对于仅给出局部信息的技术交底书，专利代理人难以对发明内容建立全面的认知，因而难以正确理解该发明的技术方案。

【案例2－3】

客户申报一种高速数字信号驱动电路，并提供了电路图，对电路图中的一部分进行了描述，对电路图其他部分未进行描述。

上述技术交底书中对电路图的其他部分未进行描述，如果该部分也与本发明要解决的技术问题相关的话，可能存在公开不充分的问题，专利代理人需要引导发明人对电路图进行修改或增加其他部分的描述。

【案例2-4】

一项有关柔性电路板加工设备的发明创造，仅给出柔性电路板加工设备的视图，未给出被加工柔性电路板在加工时与该加工设备的相对位置关系的图。

技术交底书提供的信息不完整，可能导致专利代理人难以理解技术方案。在这种情况下，专利代理人应当明确要求申请人补充反映柔性电路板在加工时与该加工设备的相对位置关系的附图。

【案例2-5】

申请人拟要求保护一种测量设备，技术交底书中提供了该测量设备的装配图，但对测量设备技术方案的说明部分仅针对该装配图中的一部分结构进行了描述，对装配图其他部分未进行描述。

上述技术交底书中对装配图的其他部分未进行描述，仅以此撰写专利申请文件极有可能会存在未充分公开发明的实质性缺陷，专利申请将无法获得授权。在这种情况下，专利代理人需要引导其发明人根据不同的情况进行修改：如果描述的一部分结构可以独立出来，且能独立起作用，这时需要对装配图进行修改，删除不相关的部分；如果描述的一部分结构与其他部分关联较大，需要协调工作，即使对其他部分没有进行改进，也应当增加其他部分的文字描述。

（ii）附图以照片方式提供

在部分技术交底书中，未提供按照机械制图规范绘制的附图，而仅提供了照片。鉴于《专利审查指南2010》第一部分第一章第4.3节中明确规定，除显示金相结构、组织细胞或者电泳图谱这些特殊情况外，不得使用照片作为附图。在这种情况下，对于不属于上述特殊情况的附图，应当向发明人说明《专利审查指南2010》中的有关规定，并要求对这些照片提供按照机械制图规范绘制的附图。

（iii）附图中缺少有关部件的附图标记

在部分技术交底书中，虽然提供了附图，但这些附图中缺少有关部件的文字或标记，即未反映文字部分提到的各个结构或部件与附图中实际给出的各个结构或部件之间的关联关系，从而使专利代理人在结合附图阅读技术交底书时，不清楚其中提到的部件或说明是针对附图中哪个部分所说的，造成专利代理人对发明内容和技术方案的理解困难。在这种情况下，可通过沟通请发明人另行提供加上有关部件的文字或标记的附图，也可在沟通时根据发明人所作说明自行标注后请发明人确认。

（iv）提供产品项目申报书或者提供说明书性质的操作说明或使用指南等作为技术交底书

部分申请人将其研发产品的项目申报书或者将其即将生产上市产品的产品说明书性质的操作说明或使用指南作为技术交底书提供，这样的技术交底书未将发明的内容及其技术方案予以披露。对于这种情况，专利代理人除了向申请人提供技术交底书的模板外，最好同时向其提供一个比较详细的与该产品领域相接近的技术交底书实例，请其发明人参照该实例提供技术交底书及相关材料。

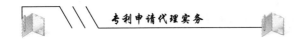

【案例2－6】

申请的主题是一种阀门，技术交底书中仅罗列了阀门的项目申报书中的内容，同时提供了阀门的装配图。

产品的项目申报书是一种产品立项文件，其中涉及核心技术及创新点。然而，项目申报书的创新内容仅涉及其创新之处是什么，并没有涉及这种创新是如何实现的。这样一来，发明人所提供的技术交底书中只给出该产品所取得的技术效果，而没有详细描述技术方案本身。这种情况多半是因为发明人在填写技术交底书时对技术内容的充分公开存在消极抵触思想造成的，因此，专利代理人最好用本领域的已公开的专利申请文件来引导发明人以文字对其发明内容及技术方案作出具体描述。



【案例2－7】

申请的主题是一种新的、与冰箱和冰柜不同的、用于低温储存的产品，为制冷行业开创了一个新领域，尤其适合在客厅中使用。技术交底书记载了产品的开发过程：设计团队想开发一种新产品，首先进行了市场调查，将众多消费者所期待的产品功能进行汇总、整理和决策，随后将确定的功能物化，顺利开发出所需的产品。技术交底书描述了产品的结构和视图。

上述技术交底书类似于该产品的研发报告，虽然描述了产品的结构和视图，但是没有明显写明要解决的技术问题，其中提到的有关为确定该产品需要“什么样的功能”的各种努力和尝试并不是专利法意义上的技术问题。目前市场上有不少新产品也是按照类似上述用于低温储存的产品的开发步骤推出的，如此写出的技术交底书的技术问题很隐蔽，同时该技术问题明显没有存在于现有技术之中。事实上，本发明实际上是解决了技术问题的，使该产品具有上述各个功能就是要解决的技术问题，因此专利代理人应当引导发明人具体说明该新开发的产品具有哪些功能或者根据技术交底书的内容推定其要解决的技术问题后请发明人确认。

（v）涉及软件的技术交底书常见问题

对于软件类的专利申请，发明人也可能难以把握。有的发明人仅提供该软件的优越性和所能够实现的功能，有的发明人提供源程序和代码，有的发明人仅提供软件操作说明和屏幕截图。

【案例2－8】

一种手机值机订阅系统，通过该手机值机订阅系统或方法，航空公司能够在旅客订票过程中就为旅客预订值机链接发布，将发布功能绑定在旅客订票的过程中。值机链接会在航班允许办理值机后以短信方式发送到旅客手机上，进一步简化了旅客的值机流程。客户提供的技术交底书详细论述了现有人工值机的缺陷与不足，本发明的手机值机系统的市场需求和前景，以及该系统软件的操作方法、屏幕截图，还提供了该软件的源程序。

这份技术交底书更像一份项目的立项审批报告或者操作说明，对于该系统软硬件的构成、系统后台所进行的一系列数据处理的过程以及如何解决数据处理过程中的问题等实质的技术问题，都没有描述；所描述的主要是该系统所能实现的功能、满足的需求，而实现这些功能或者需求的过程中所依赖的计算机技术手段才是专利所要保护的内容，却未描述。

为使发明人能更好地理解技术交底书的各部分内容，专利代理人还可以用一个比较详细的与其领域相接近的专利实例，让发明人参照提供相关材料。

## 第二节　理解和挖掘发明技术内容



专利的核心是创新，因而在理解技术交底书中的发明内容时，应当把握该项发明中反映其创新内容的改进点，这是专利代理人撰写出质量较高的专利申请文件的先决条件。专利代理人在理解和确认发明创造的发明改进点后，还应当与申请人一起对发明创造进行分解和挖掘，在此基础上针对各个要求保护的主题进行合理的概括，包括请申请人针对概括的技术方案补充必要的技术内容，从而使申请人作出的发明创造能得到更充分的保护。

### 1　技术交底书的阅读与发明改进点的确认

为了从技术交底书提供的发明内容中准确地确定该发明的改进点，专利代理人首先应当做好三方面的工作：理解发明人的发明意图；通过与提供的现有技术的对比，初步确认发明改进点；必要时进行补充检索，依据进一步找到的现有技术最后确定发明的改进点。

（1）理解发明人的发明意图

在获得申请人提供的完整的技术交底书后，专利代理人首先要做的工作就是仔细阅读技术交底书，理解发明人的发明意图，即确认本发明希望保护什么主题，其基于怎样的现有技术作出的改进，要解决的技术问题是什么。

只有准确地理解了发明人的发明意图，也就是发明人通过该专利申请希望保护什么，才能准确地把握发明改进点，围绕发明改进点去组织和补充撰写说明书和权利要求书所需要的资料。

此外，专利代理人除了通过阅读技术交底书初步了解发明人的发明意图外，还应当在后续的沟通和撰写申请文件的过程中进一步确认发明人的发明意图和特殊要求。

（2）通过与现有技术的对比初步确认本发明要求保护的主题及发明改进点

在充分理解技术交底书中介绍的发明内容后，首先应着手分析该发明可能涉及哪些可给予专利保护的主题，即除了技术交底书中明确写明的要求保护的主题外，是否还包含着其他有可能取得专利保护的主题。只要这些要求保护的主题相对于所提供的现有技术具备新颖性和创造性，就可以初步考虑将这些主题确定为本发明要求保护的主题。

在初步确认了本发明要求保护的主题后，针对各个要求保护的主题与所提供的相应现有技术进行比较，以确认其解决了哪些技术问题，在此基础上分别针对这些要求保护的主题分析其相对于各自的最接近现有技术作出了哪些改进，以找出其各个改进点，并对这些发明改进点作出分析，即分析这些改进点作出了什么样的技术贡献，从中确定最主要的改进点是什么。

【案例 2－9】

如图 2－1 和图 2－2 所示的两种现有技术的肥皂盒中，第一种肥皂盒 20 侧壁 22 太高，取拿肥皂 200 不方便。另一种肥皂盒 30 具有向上突起的肋条 32，肋条的高度接近肥皂盒侧壁 31 的高度，但肥皂 300 易从肥皂容器中滑落。

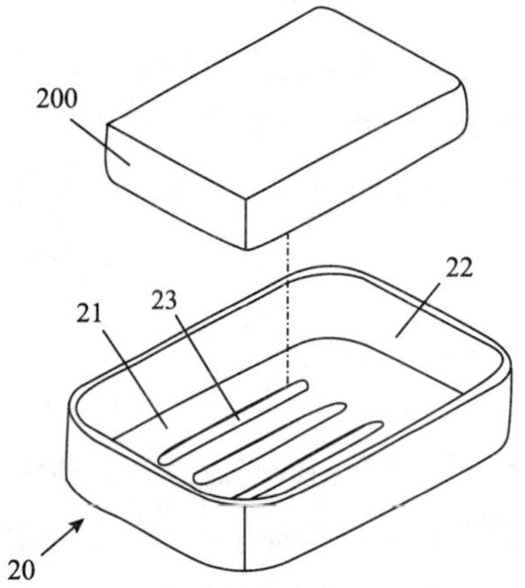


**图 2－1　第一种现有肥皂容器结构图**

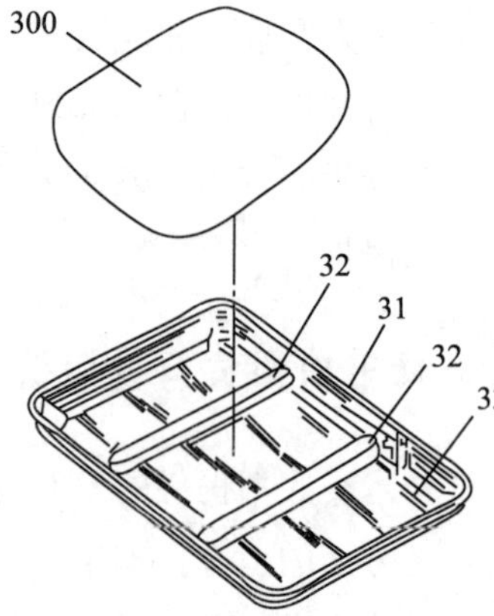


**图 2－2　第二种现有肥皂容器结构图**

由图 2－3 和图 2－4 所示的本发明肥皂盒的立体图和侧视图可知，申请人对现有的肥皂容器作出了多处改进。通过分析对比，可以得知本发明的改进点有以下三个方面：

① 在肥皂容器 1 的前侧壁上形成开口 12 以方便取拿肥皂。

② 设置在肥皂容器 1 的底部上的肋条 7 设计成从前到后（从开口 12 到后侧壁 2）略向下倾斜，以防止肥皂 11 从肥皂容器 1 中滑落。

③ 肥皂容器 1 底壁内表面从后至前略向下倾斜并由肋条 7 构成了排水通道 6，且在肥皂容器前方开口 12 处设置一个垂直向下延伸的唇板 13，就可以及时将从肥皂上淋落到肥皂容器内的污水引流到盥洗器具内。

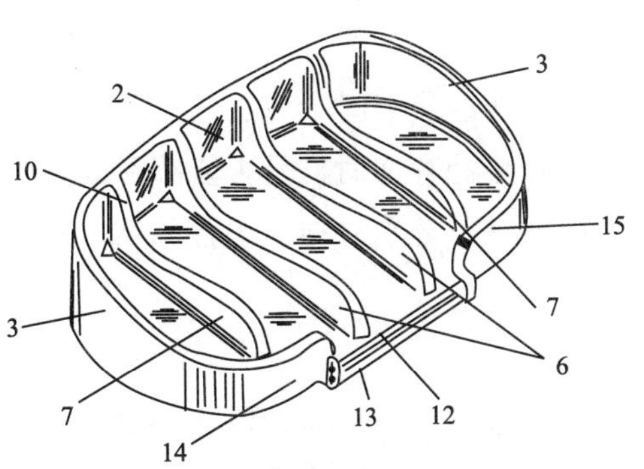


图2-3 针对上述现有肥皂容器的改进结构

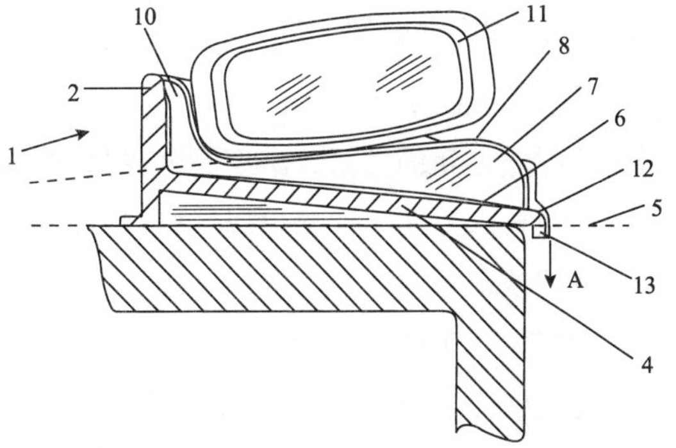


图2-4 肥皂容器改进结构侧视图

(3) 进一步了解本发明现有技术状态

在准确理解了发明人的发明意图并且针对各个要求保护的主题找出发明改进点后，专利代理人有必要对本发明的现有技术作进一步补充检索，以便确认上述发明改进点是否被现有技术公开。

补充检索的主要目的是获得相似技术，以促使申请人进一步补充关键的技术内容。若补充检索时对某个要求保护的主题找到破坏新颖性的对比文件，应当告知申请人，并请求发明人就该主题的内容作出补充或者对该主题的内容进行技术变更，以体现本发明与该对比文件的区别，并就两者的区别作出更多的分析，否则在本专利申请中就要放弃对该主题的专利保护。若补充检索时对某个主题的某个或某些实施方式或实施例找到影响其新颖性或明显不具备创造性的对比文件，那么就该主题来说，应当将这些实施方式或实施例排除在要求专利保护的范围之外，即仅针对其他仍具备新颖性和创造性的实施方式和实施例要求专利保护。

对于如何进行专利申请前的查新检索，涉及许多专门的知识与技能，读者可参照其他介绍专利检索知识的相关书籍。

## 2 技术方案的分解和挖掘

在理解申请人所提供的技术交底书中的技术方案后，专利代理人还应当对发明的技术方案进行充分的分解与挖掘。也就是说，一方面，与其发明人一起进一步分析所作出的发明创造中还存在哪些可以单独产生技术效果的发明改进点，可否考虑针对这些发明改进点也采用独立权利要求、甚至用单独的专利申请进行保护；另一方面，通过与发明人的沟通，了解该发明创造的发明构思，对其提供的具体技术方案进行挖掘和扩展，尤其是与发明人一起分析其所提供的产品类发明中有哪些机构、部件可用其他机构、部件替换，所提供的方法类发明中的参数、工艺条件可否进行改变或者可否扩大数值范围，所提供的产品类发明或方法类发明可否应用于其他相近或不同的技术领域等。

### 2.1 技术方案的分解

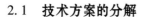

当技术交底书中提供的一项发明创造涉及多个发明改进点时，应当充分分析这些发明改进点之间的关系，必要时考虑这些发明改进点单独存在时，是否能够形成具备创造性的技术方案。如果可以，则应当将相关发明改进点分别总结或组合总结，并构成不同的技术方案。

【案例2－10】

仍以前面案例2－9中的肥皂容器为例加以说明。如图2－3和图2－4所示，申请人对现有的肥皂容器作出的发明改进可以分解出三个不同的发明改进点，这些发明改进点对应解决的是不同的技术问题，而这三个技术方案是可以单独存在的：

① 肥皂容器前方侧壁上形成开口的发明改进点解决了“取拿肥皂不方便”这一现有技术缺陷。

② 设置在肥皂容器底部上的肋条设计为从前到后略向下倾斜解决的是“肥皂易从肥皂容器中滑落”这样的技术缺陷。

③ 肥皂容器底壁内表面从后至前略向下倾斜并由肋条构成了排水通道，且在肥皂容器前方开口处设置一个垂直向下延伸的唇板解决的是“及时将从肥皂上流到肥皂容器中的肥皂水排走且不会弄脏盥洗器具表面”这样的现有技术缺陷。

对于第三个技术方案，可以分拆成两部分，其中前一部分“肥皂容器底壁内表面从后至前略向下倾斜并由肋条构成了排水通道”这两个技术特征可以作为在第一个技术方案的基础上作出的改进，但也可以在前侧壁下方开一窄缝，以此来实现及时将从肥皂上流到肥皂容器中的肥皂水排走而不致泡软肥皂；而后一部分“在肥皂容器前方开口处设置一个垂直向下延伸的唇板”这一技术特征是在前一部分所作改进的基础上作出的进一步改进，或者作为第一个技术方案的进一步改进，从而使肥皂容器中的污水流经前方开口后从唇板直接落入盥洗器具内，从而保持盥洗器具表面干净整洁。也就是说，对第三方面的改进点，经过分解还可以分拆成多个技术方案。

通过这些分解出的技术方案，专利代理人可与申请人沟通确认以哪个技术方案作为主要的保护方案，其他发明改进点是否作为对该要求保护的技术方案的进一步改进；对于其他发明改进点是否还要针对其相应的技术方案另行撰写独立权利要求或者另行单独提交申请加以保护。这将关系到后续权利要求的布局与撰写。

### 2.2 技术方案的挖掘

在专利代理实践中，经常会遇到申请人要求对其所发明的一件具体产品和/或一个具体方法提出专利申请，与此相应在技术交底书中仅仅针对该具体产品或具体方法作出说明，在这种情况下就需要帮助申请人对其作出的发明创造进行挖掘。挖掘的目的是找出发明的全部发明点，找出可能获得专利保护的全部主题，找出希望获得保护的全部技术方案，从而扩展发明的内容以便获得更大范围的专利保护。就一项具体的发明创造进行挖掘通常可以从三个方面着手：对要求保护的主题进行挖掘；从发明构思出发加以挖掘；从发明改进点出发加以挖掘。除此之外，如果申请人所提供的发明创造是为完成一项任务新开发出的产品，还应当帮助申请人从项目任务出发加以分解和挖掘。下面从这四个方面展开说明。

（1）对要求保护的主题进行挖掘

在本节之1“技术交底书的阅读与发明改进点的确认”中，就曾指出在充分理解技术交底书中的发明内容并着手分析可能涉及哪些可给予专利保护的主题时，除了分析技术交底书中明确写明的要求保护的主题外，还应当帮助申请人一起分析是否存在其他有可能取得专利保护的主题，这一项工作就是对申请人提供的发明内容从要求保护的主题角度进行挖掘。

现以“油炸食品及其制作方法和制作设备”为例加以说明。

【案例2－11】

申请人在技术交底书中明确要求保护三个主题：油炸食品、其制作方法和其制作设备。通过与现有技术对比分析，其油炸方法主要涉及两个发明改进点：离心脱油在真空条件下进行；向油炸工序中使用的油脂中添加一种由申请人新组配的由防黏剂、消泡剂和风味保持剂组成的组合物。在这种情况下，如果新组配的由防黏剂、消泡剂和风味保持剂组成的组合物相对于现有技术具备新颖性和创造性，就应当与申请人一起进行分析，确定是否需要针对该新组配的组合物补充必要的实施例和实验数据后将其作为一项要求专利保护的主题。该主题虽然与以真空离心脱油为主要改进点的油炸食品制作方法不属于一个总的发明构思，但该主题与以向油脂中添加新组配的组合物为主要改进点的油炸食品制作方法属于一个总的发明构思，因而可以建议申请人将此新组配的组合物和以向油脂中添加新组配的组合物为主要改进点的油炸食品制作方法一起另行提出一件专利申请。

（2）从发明构思出发加以挖掘

在专利代理实务中，申请人往往会要求专利代理人针对其发明的一件具体产品或一个具体方法提出专利申请，在这种情况下，应当很好地理解该发明的技术内容，弄清楚其发明构思是什么，帮助申请人从发明构思出发挖掘发明的具体实施方式，使发明得到充分的保护。

下面以一个比较经典的案例“能识别安危的试电笔”为例加以说明。

【案例2－12】

申请人针对现有技术中的普通试电笔作出了改进，发明了一种如图2－5所示的可识别安危电压的试电笔。除了包含有普通试电笔中的测试触头1、限流电阻5、氖管8、手触电极10、弹簧3和9及带观察窗的绝缘外壳2外，本发明可识别安危的试电笔中还增加了一个分流电阻6和一个识别电极7。在申请人提供的可识别安危的试电笔的具体结构中，将限流电阻5和分流电阻6设计成一个具有E形纵截面的同心电阻，其中间圆柱体部分相当于原试电笔中的限流电阻5，外面的圆环柱体部分相当于增加的分流电阻6，氖管8仅与限流电阻5接触，不与分流电阻6接触；识别电极7为环形弹性金属片，圆环的内边缘向中间伸出多片接触爪，弹性地卡住分流电阻6的外表面，其外边缘伸出绝缘外壳2中部，弯过来贴在外壳的外表面，成为识别电极7供人手接触的接触点。当用这种结构的试电笔来测试待测点是否带电时，可将测试触头1与待测点接触，此时人手仅接触手触电极10。若氖管不亮，则证明待测处不带电；若氖管亮，则证明待测处带电。此时为区分待测处是带有危险的触电电压还是没有危险的感应电势，就可让人手同时接触手触电极1和识别电极7。若氖管变为不亮，则为没有危险的感应电势；若氖管保持亮，则证明带有危险的触电电压。

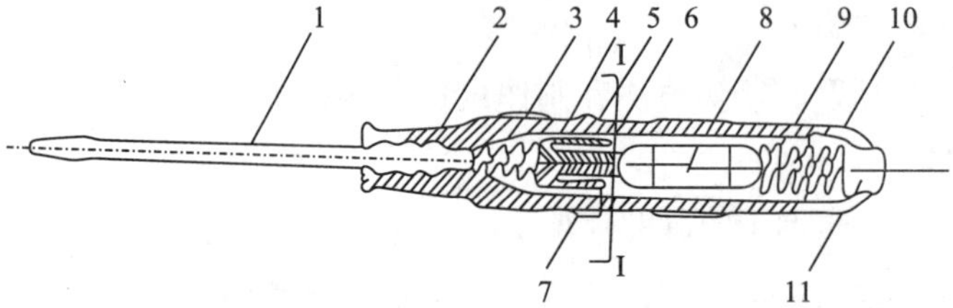


**图2-5　本发明可识别安危电压试电笔结构示意图**

针对这样的可识别安危的试电笔，在理解其技术方案时，就不应当局限于申请人提供的产品的具体结构，而应当与申请人一起来分析该发明的构思，以便针对该发明挖掘出具有相同发明构思的其他实施方式。对可识别安危的试电笔的结构可以整理成如图2-6的电路图，然后与申请人一起理清本发明的构思：在普通试电笔的基础上增加一条在测试时可与由测试触头、限流电阻、氖管和手触电极构成的限流电阻测试电路处于并联或断开两种状态的分流电阻支路，当分流电阻支路与该限流电阻测试电路断开时指示该被测处是否带电，而分流电阻支路与限流电阻测试电路处于并联时指示该被测处所带电势是否对人体有危险。从该发明构思出发就可以进一步挖掘出如图2-7中的两种能达到同样效果的电路。在图2-7（a）的电路中，用微动开关12代替识别电极，微动开关打开时，分流电阻支路与限流电阻测试电路处于断开状态，指示待测处是否带电，而当接通微动开关，分流电阻支路与限流电阻测试电路处于并联状态，指示待测处所带电势是否对人体有危险。在图2-7（b）的电路中，用一个双位双接点手触电极11′来代替手触电极和识别电极，在如图所示状态时，分流电阻支路与限流电阻测试电路处于断开状态，指示待测处是否带电；而当将双位双接点手触

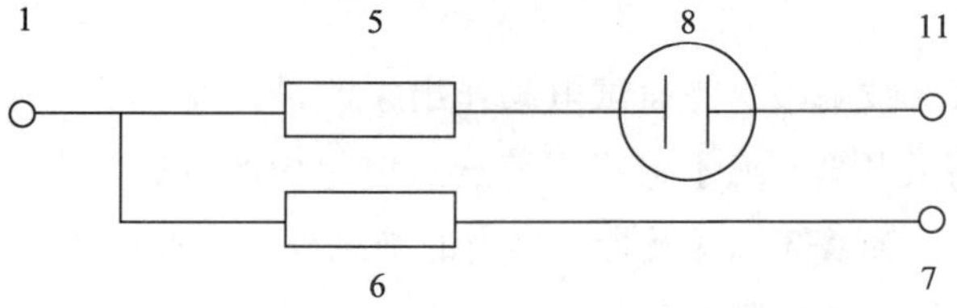


**图2-6　本发明可识别安危电压试电笔电路原理示意图**

电极向左移动到另一个接点位置时，则分流电阻支路与限流电阻测试电路处于并联状态，指示待测处所带电势是否对人体有危险。

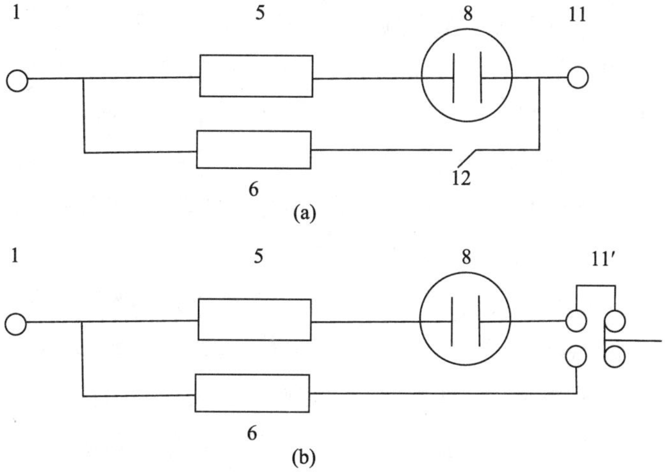


**图2－7　本发明从发明构思出发挖掘出的另两种可识别安危电压试电笔电路原理示意图**



（3）从发明改进点出发加以挖掘

对于技术交底书中仅给出一件具体产品和/或一个具体方法的情况，专利代理人还可以通过向申请人了解其发明改进点的替代手段来帮助申请人挖掘发明。

从发明改进点的替代手段加以挖掘，通常可以按照下述思路进行：首先，分解该发明改进点涉及哪些关联因素；其次，针对各关联因素与申请人一起确定其可采用的替代手段；再次，针对各关联因素及其替代手段进行合理概括，得到扩展的关联因素（这一步相当于本节第3部分中对多个实施方式中的各种替代手段进行合理的概括），以使发明得到更充分的保护。

为帮助理解，用图2－8示出此挖掘过程。

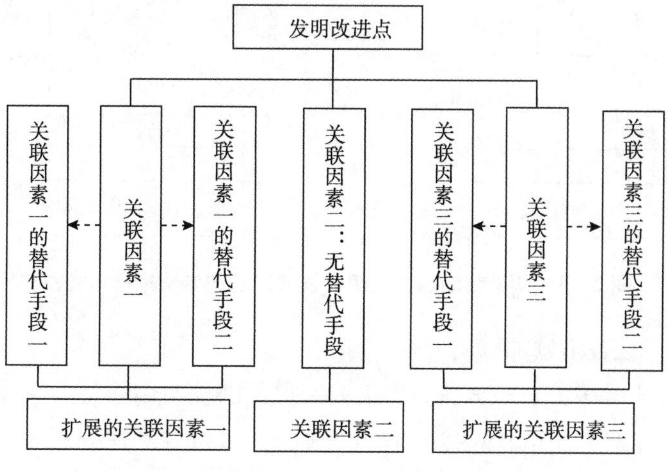


**图2－8　从发明改进点出发对发明进行挖掘的示意图**

下面以“高速涡轮牙钻手机”为例对从发明改进点出发的挖掘方式加以说明。

【案例 2－13】

该项发明创造“高速涡轮牙钻手机”的一个主要发明改进点为用硅胶按压盖取代现有技术中的金属按压盖与复位弹簧，既简化了产品结构，又使牙钻手机的成本大幅降低。专利代理人从硅胶按压盖这一发明改进点出发，通过与申请人沟通，确定其各关联因素的替代手段，对各关联因素进行合理概括，从而更充分地保护发明。

对于硅胶按压盖这一发明改进点，其关联因素包括该按压盖采用的材料以及该按压盖在牙钻手机壳体上的安装方式。在与申请人一起分析这两个关联因素时得知：就按压盖的材料来说，技术交底书中的按压盖材料为硅胶，但还可采用其他具有恢复原形状自弹力性质的聚氨酯、乳胶等医用橡胶材料；就按压盖在壳体上的安装方式来说，除了技术交底书中给出的通过螺纹卡环将按压盖旋紧固定在壳体上，还可以考虑用卡套卡环将按压盖卡紧固定到壳体上，或者直接将按压盖黏结固定到壳体上等。了解到上述两个关联因素的各种替代手段后，针对这两个关联因素及其各自的替代手段分别进行合理概括，最后这两个经扩展的关联因素分别为：“橡胶按压盖”和“其周边固定在机壳的顶部”。上述挖掘的具体过程如图 2－9 所示。

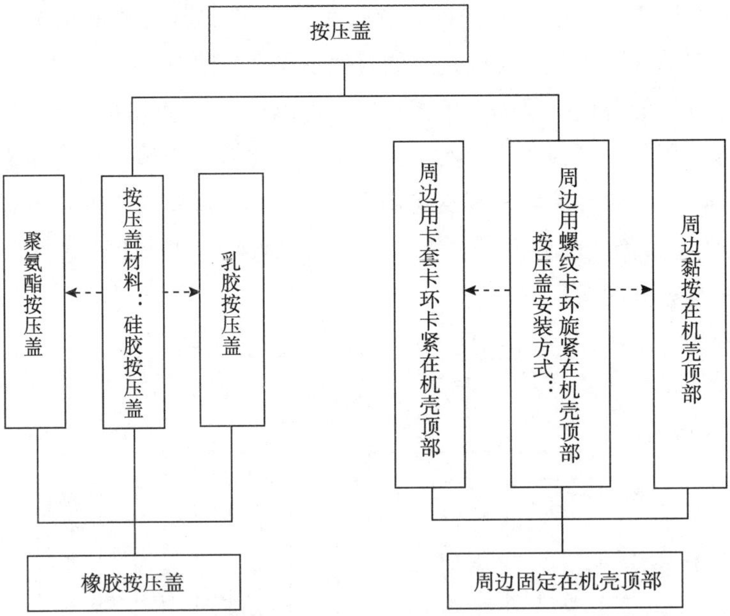


**图 2－9　从硅胶按压盖发明改进点出发的专利挖掘示意图**

（4）从项目任务出发加以挖掘

在专利代理实务中，有时会遇到申请人所提供的发明创造是为完成一项任务新开发出的产品。在这种情况下，在按照上述三种方式进行专利挖掘之前，首先应当帮助申请人从项目任务出发进行专利挖掘，以确定如何使该项发明创造得到充分的保护。

从项目任务出发进行挖掘的途径是通过对该整体项目的任务进行分析研究来完成

的，通常按以下顺序进行：首先，确定该发明创造为完成该项整体任务的核心内容，并由此核心内容分析该发明创造为完成该任务可能涉及到的构成技术因素；在确定构成技术因素后，针对各构成技术因素分析其中哪些是可能相对于现有技术作出技术改进并有可能取得专利保护的主题；最后，再针对各技术主题按照前面所述的三种方式对专利进行挖掘。

这种方式由于是从完成项目任务所涉及的各构成技术因素（也即各技术层面）出发来进行专利挖掘，需要对技术背景和技术现状都非常了解，适合以申请人方的研发人员为主、专利代理人主动配合来进行。

为帮助理解，下面以“光通信网络”为例加以说明。

【案例2-14】

申请人根据通信技术发展的需要设计出一种光通信网络，能够实现点到点的通信，要求给予专利保护。对于这样一项为达到通信要求新开发出来的光通信网络，除了从发明构思和发明改进点两个方面对该光通信网络进行挖掘以得到充分保护外，还应当与申请人方的研发人员一起对该光通信网络进行分析研究。首先，通过与研发人员的进一步沟通得知，研发人员为实现点到点的完整传输过程的光通信网络进行了如下三个方面的开发研究：用于城市之间骨干线路传输的骨干网，用于城市内部数据传输的城域网（本地网），用于实现“光纤到户（FTTB）”的接入网。这三个方面就成为本发明所涉及的构成技术因素。在此基础上，专利代理人应当进一步与研发人员一起分析在这三个方面构成技术因素中相对于现有技术作出了哪些改进，例如：采用了新一代的引入控制平面的智能交换光网络ASON相对于现有技术的SDH和OTN在提高资源利用率和抗灾能力上作了很大的改进；城域网中涉及的分组传送网络技术（PTN）虽然作了相应的修改，但相对于现有技术变化不大；接入网采用的WDM-PON虽然成本较高，但提高了传输容量和业务承载能力等。也可以进一步细分各个技术因素，例如接入网中所采用的复用技术、接收检测技术等。在这种情况下，就可以与申请人一起确定是否除了申请一项有关光通信网络的专利申请外，还可以将相对于现有技术有改进的ASON等改进点作为一项要求专利保护的申请主题。在与申请人确定了各项要求专利保护的技术主题后，就可以从发明构思和发明改进点这两个方面再分别对这几项技术主题进行挖掘。

## 3 技术方案的概括

与申请人一起对技术交底书中提供的很具体的技术方案（即一个很具体的实施方式或实施例）进行挖掘后，可以得到较多的具体实施方式或实施例，或者申请人在技术交底书中就给出了多个具体的实施方式和实施例。在这两种情况下，专利代理人应当根据发明要解决的技术问题，也即根据发明对现有技术作出的贡献，对这些具体实施方式中的技术手段采用合理的概括，找出其发明的本质所在，使发明能得到充分的保护。

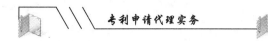

按照《专利审查指南2010》第二部分第二章第3.2.1节的规定，在电学领域，对于多个具体实施方式中的技术手段进行概括的方式主要有三种：上位概念概括、并列选择方式概括、产品发明中采用功能性或效果性限定技术特征。下面针对这三种情况作进一步说明。

（1）上位概念概括

当一项发明中的某一技术手段在多个实施方式中分别为下位概念，而该项发明正是利用这些下位概念的共性来解决技术问题，则对这一技术手段就可以采用这些下位概念的上位概念进行概括，因为该发明不仅对具有这些下位概念的具体实施方式适用，而且对于具有该上位概念的其他下位概念的实施方式也同样适用。例如，就前面给出的案例2-13中的硅胶按压盖这一技术手段而言，申请人说明还可采用聚氨酯、乳胶材料，而本发明正是利用了这些材料所具有的恢复原形状自弹力性质来解决本发明的技术问题，因而对按压盖这一技术手段来说，可以将硅胶、聚氨酯、乳胶材料概括为橡胶材料。因为恢复原形状自弹力性质是橡胶材料的共性，由此可知本发明不仅适用于由硅胶、聚氨酯或乳胶材料制成的按压盖，还同样适用于除硅胶、聚氨酯和乳胶材料以外的其他橡胶材料制成的按压盖，即可将这一技术手段概括为“橡胶按压盖”。

【案例2-15】

申请人提出了一种用常温常压下的等离子体处理黄瓜种子以提高其发芽率及活力指数的方法。

对于这种情况，通过沟通得知，该方法仅适用于黄瓜、小白菜、生菜的种子，但不适用于小麦、水稻、花卉的种子，则可以考虑概括成处理蔬菜种子；相反，如还适用于小麦、水稻，则可考虑采用并列选择方式概括，即概括成蔬菜和粮食种子。

由于上位概念概括是电学领域中采用较多的技术手段，下面再举一例加以说明。

【案例2-16】

申请人提出了一种在蜂窝小区通信中加密数据的方法。

对于这种情况，通过沟通得知，该方法可适用于Wi-Fi、蓝牙等其他无线通信方式，可以考虑概括成在无线通信中加密数据的方法；另外，如还进一步适用于有线通信，则可考虑进一步概括为加密通信数据的方法。

（2）并列选择方式概括

在电学领域，对技术特征采用并列选择方式概括的情形不如化学领域那样普遍，但在某些情况下也可以采用并列选择方式的概括。如果技术交底书中给出了多个实施方式或者通过挖掘得到多个实施方式，其中的某一技术手段不属于同一上位概念的下位概念，例如分属于两个或三个不同的上位概念，而且又无法对这两个不同的上位概念作进一步概括，在这种情况下就可以采用并列选择方式概括。除上面给出的案例2－15外，下面再结合一个案例加以说明。

【案例2－17】

申请人提供的技术交底书中对其技术方案所采用的激光源可以是氦氖激光器、氩离子激光器、二氧化碳激光器等气体激光器，也可以是红宝石激光器、钇铝石榴石激光器、钕玻璃激光器等固体激光器。在这种情况下，无法对气体激光器和固体激光器采用更上位的概括方式来表述，因此对该激光源可采用并列选择的概括方式：气体激光器或固体激光器。

（3）产品发明中采用功能性或效果性限定技术特征

产品发明中通常应当用形状和结构特征来描述其技术方案，也就是说其技术方案通常采用形状特征和结构特征进行限定。但是，在专利实践中，经常遇到一些具有多个实施方式的产品，对这多个实施方式中的一些相应的技术手段，无法用结构特征进行概括，或者用功能性或效果性限定技术特征进行概括比采用结构特征进行概括更为恰当，在这种情况下就允许采用功能性或效果性限定的技术特征来概括该产品多个不同实施方式中的某些技术手段。在前面提到的案例2－12“能识别安危的试电笔”中，对于三个实施方式中的“增加一个分流电阻6和一个识别电极7支路”“用微动开关12代替识别电极7”和“用一个双位双接点手触电极11′来代替手触电极和识别电极7”这些相应的技术手段，无法用上位概念或并列选择概括方式这样的结构特征进行概括，因此可以采用功能性限定的技术特征进行概括：“在普通试电笔的基础上增加一条在测试时可与由测试触头、限流电阻、氖管和手触电极构成的限流电阻测试电路处于并联或断开两种状态的分流电阻支路。”

需要注意的是，在对技术方案进行概括时，并不是将其保护范围概括得越宽越好，关键在于使其保护范围与其通过挖掘得到的实施方式相适应。采用上位概念进行概括时，不合适的过宽的概括不仅不会被授权，而且在审批阶段进行的权利要求的修改会使专利侵权诉讼受到禁止反悔原则的影响。例如，在前面所给出的案例2－15中，申请人想将该发明的主题确定成用常温常压等离子体处理植物种子的方法，这种对技术方案的概括方式明显不合适，因为该方法仅适用于黄瓜、小白菜、生菜、小麦、水稻的种子，至少难以认定该常温常压等离子处理方法也适用于果树的种子，因此这样的技术方案不会被授权，即使被授权该技术方案也会在无效程序中被宣告专利权无效。此外，对于采用功能性限定技术特征来概括产品发明中多个实施方式的结构的情况，一定注意不要将本发明要解决的技术问题作为功能来限定，即将本发明与最接近的现有技术的改进写成为“要解决的技术问题”加“结构”或“部件”。例如发明要求保护的主题是一种热饮料容器，其相对于最接近的现有技术来说是手握持时不会感到烫手，即要解决的技术问题是提供一种隔热的热饮料容器，若在技术交底书中给出了多种不同结构的热饮料容器，则不应当将权利要求技术方案相对于最接近现有技术的区别仅仅写成“该饮料容器具有隔热结构”，这种以要解决的技术问题作为功能性限定的概括是不合适的，因为未清楚地写明该技术方案采用什么样的产品结构来达到隔热，这样写成的权利要求即使被授权也将会因其未清楚地限定要求专利保护的范围而被宣告无效。

在对技术方案进行概括时，还应当注意使技术方案形成多层次的概括，从而为审批期间对申请文件的修改创造条件；最好在权利要求书中通过从属权利要求的技术方案反映出多层次的概括，以便为无效程序建立能争取较宽保护范围的防线。

## 4 补充、完善技术交底书中的技术内容



通过对技术方案的分解、挖掘、概括，对技术交底书中所提供的发明内容有了更充分的了解，此时还应当再审读一下技术交底书，考虑是否还需要对本发明的内容给予补充和完善。

在此时，往往需要申请人补充如下几方面的内容：使发明充分公开的内容；用于支持拟要求专利保护范围的内容；有助于更清楚理解发明的内容。

对于技术交底书未充分公开发明的情况，应当明确地指出目前的技术交底书中缺少哪些技术内容，从而导致本领域的技术人员根据目前提供的发明内容无法实现本发明，如果不补充这方面的内容，所提出的专利申请将会被驳回。造成这种情况可能有两种原因，其一是申请人想将本发明的一些关键内容作为技术秘密保留起来，其二是发明人的水平高于本领域的技术人员，认为其中一部分内容属于本领域的公知常识，因而不再作出具体说明。

对于前一种情况，应当告知申请人，解决本发明技术问题的必要技术手段不能作为技术秘密保留，否则该专利申请将会因其未充分公开发明而不能被授权，在审查阶段也不能采用将这些技术内容补充到申请文件中的修改方式来消除这一缺陷，因为将这些技术内容补充到说明书中将会导致专利申请文件的修改超出原说明书和权利要求书记载的范围，致使本专利申请处于无法消除实质性缺陷的尴尬处境，最后该专利申请将被驳回或者在无效程序中被宣告专利权无效。在告知上述内容的基础上要求申请人补充有关内容，以便将那些会影响发明充分公开的内容写入专利申请文件中。而对于后一种情况，应当告知申请人，按照《专利审查指南 2010》的规定，仅仅记载在教科书、技术字典、技术手册或类似资料中的内容才属于本领域的公知常识，对于那些不属于本领域公知常识而又与本发明充分公开有关的技术内容必须记载在原始的说明书中，请其发明人核实一下原先认为属于公知常识的内容是否在教科书、技术字典、技术手册或类似资料中有记载。若未能发现记载上述具体内容的公知常识性证据，则应当在技术交底书中对有关内容作出详细说明，以便在撰写专利申请文件时将有关内容记载在说明书中。

此外，还存在部分发明内容未充分公开的情况，此时就应当要求申请人将所缺少的这部分内容补充到说明书中。例如，在技术交底书中列出了多个要解决的技术问题，但所介绍的发明内容并不能解决所列出的全部技术问题，在这种情况下，对于目前的技术交底书介绍的内容尚不能解决的技术问题，按照技术交底书所撰写的说明书就不能对本发明作出清楚完整的说明，本领域的技术人员按照所记载的内容就无法实现该发明，因此应当要求其发明人针对目前提供的发明内容尚不能解决的技术问题补充相应的技术手段。

对于所提供的实施方式或实施例不足以支持申请人所想要保护的技术方案的情况，应当要求其发明人补充足够的实施方式或实施例，例如案例2－11“油炸食品及其制作方法和制作设备”中原技术交底书中仅给出油炸马铃薯薄片的实施例，而申请人要求保护油炸食品的制作方法和制作设备，就应当向其发明人了解该制作方法的所有步骤是否对所有的油炸食品都适用，此外，为使所撰写的权利要求请求保护的范围与说明书中公开的内容相适应，应当要求其发明人补充除油炸马铃薯片以外的其他油炸食品的实施例。前面案例2－15所提到的借助常温常压等离子体处理蔬菜和粮食作物种子的发明中，在最初的技术交底书中仅给出处理黄瓜种子的实施例，而却要求保护常温常压等离子体处理蔬菜和粮食作物种子的方法，显然原技术交底书中所给出的实施例不支持其所想要求保护的范围，因此应当要求其发明人补充其他蔬菜种子和一部分粮食作物种子的实施例。在该案例中，申请人在补充的技术交底书中又补充了小白菜、生菜、小麦和水稻种子的实施例。

如果技术交底书中所提供的发明内容对要求保护的产品仅给出一种能实现某种功能的具体结构，而通过对技术交底书的分析得知，本发明最主要的改进并不是借助该特定结构来实现该功能，而是借助具有该功能的部件或结构与其他部件或结构结合起来解决技术问题，在这种情况下可考虑对该部件或结构采用功能性限定的技术特征，这时就应当要求其发明人提供尽可能多的、能实现同样功能的其他结构，只有这样才会在该专利申请的审批过程以及授权后侵权诉讼过程中让己方均处于主动地位。当然，对于发明的技术方案将涉及数值范围的情况，应当要求其发明人针对该数值范围补充必要的实施例，即至少给出两个与该数值范围两端值相应的实施例，最好再给出一个中间值的实施例。

对于技术交底书中给出的发明内容中存在不清楚的情况，应当要求其发明人就其中的不清楚之处作出具体说明。例如在本书第五章第一节的撰写案例一“油炸食品及其制作方法和制作设备”中，专利代理人不清楚对食品原料进行油炸时所处的真空条件和油炸温度之间是否存在对应关系，则应当通过沟通让其发明人对此作出补充说明。

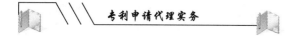

## 5 确定本发明要解决的技术问题与技术方案

通过上述与申请人、尤其是与发明人的充分沟通，专利代理人对申请人想要提出专利申请的发明内容已有了全面理解：本发明涉及哪些可给予专利保护的主题，每一项要求保护的主题的发明构思、各个改进点（尤其是其中最主要发明改进点），以及每一项要求保护主题的技术方案的具体内容。

在此基础上，专利代理人就应当针对每一项要求保护的主题确定本发明是针对哪一个现有技术及其存在的缺陷作出的改进，并针对每一项主题确定其相对于该项现有技术（即最接近的现有技术）要解决的技术问题是什么。但是，为体现这几项要求保护的主题符合专利申请单一性的要求，这些主题所要解决的问题应当属于一个总的发明构思。否则，应当告知申请人这几项要求保护的主题不符合专利申请单一性的规定，然后与申请人一起就这几项不符合专利申请单一性规定的主题商定专利申请的策略：申请时就分案申请还是先合案申请待审查员发出审查意见通知书中指出本专利申请不具有单一性时再确定是否提出分案申请。

对于每一项要求保护的主题，其各个改进点有可能分别解决不同的技术问题，也就是说其解决的技术问题可能不止一个。此时应当根据其最主要的改进所带来的有益技术效果来确定其首选要解决的技术问题，而将其他改进所带来的技术效果作为进一步解决的技术问题。

通常可以从下述四个方面来确定最主要的改进：其一，这些改进之间是否存在依从关系；其二，从市场需求确定最接近现有技术所存在的哪一缺陷更亟待解决；其三，从提供的技术交底书中对发明内容的介绍判断申请人对该主题更侧重于何者为最重要的改进；其四，对于涉及多项要求保护的主题时，将何者作为最主要的改进时能使这几项要求保护的主题满足专利申请单一性的要求。

在针对每一项主题确定各个要解决的技术问题的同时，需要针对这些技术问题来确定与其相应的技术方案。为此，最好将“要解决的技术问题”与相应的“发明改进点”或相应的“技术手段”一一对应清楚地列出，在此基础上得到与各个要解决的技术问题相应的技术方案。

针对每一项主题确定其最接近的现有技术、理清本发明所要解决的技术问题（尤其是首选的要解决的技术问题）及其相应技术方案的过程是非常重要的，尤其是在具有多个要解决的技术问题和相应的技术方案（即具有多个不同的发明改进点）时，这一过程更为关键。因为这一分析过程将有助于在后续撰写权利要求书的过程中对其各项权利要求作出合理的布局。

# 第三节 权利要求的布局

权利要求的布局与申请人在该专利申请中可能获得的专利保护范围的大小、专利权的稳定性、维权的可行性等多个重要方面相关，是体现一个专利代理人案件处理能力的重要方面。通常，专利代理人在动手撰写专利申请文件前应当先完成权利要求的布局，包括“确定专利申请保护主题类型”“安排权利要求的次序和层次”和“平衡权利要求的保护范围与专利权的稳定性”三方面的工作。

## 1 确定专利申请保护主题类型



发明专利的主题类型包括产品发明和方法发明（含用途发明）两类。对于一件专利申请，往往需要专利代理人与申请人一起来确定保护主题类型。在专利代理实践中，需要确定保护主题类型的，主要有两种情况：其一，对于要求保护的一项发明，是采用产品发明加以保护还是采用方法发明加以保护；其二，对于涉及不同类型的两项以上的发明，应当以产品发明为主还是以方法发明为主。

前一种是指这样的情况：对于一项发明，如果所要求保护的主题既可以写成产品发明，也可以写成方法发明，此时应当选择产品发明给予保护还是选择方法发明给予保护，还是对产品发明和方法发明同时要求保护。对于这种选择要根据具体案情的情况加以确定，通常应当考虑四方面的因素：①本发明的改进实质上是对产品作出改进还是对方法作出改进；②产品发明或方法发明何者能够取得更宽的保护范围；③产品发明或方法发明何者无法与现有技术明显地区别开来或者相对于现有技术明显不具有创造性；④选择何种发明在出现侵权诉讼时便于维权。

就上述第四方面便于维权而言，通常能用产品类型权利要求进行保护的，尽可能写成产品类型权利要求。原因在于：其一，对产品发明更容易搜集侵权行为的直接证据，而对方法类发明，由于涉及与制造产品或者执行处理有关的方法步骤、工艺条件等特征，取证相对困难；其二，对产品发明的侵权行为，既可以选择直接生产侵权产品的厂家作为被告，也可以选择使用、销售、许诺销售、进口该侵权产品的单位作为被告，而对于产品使用方法类型的发明，则仅能以使用者为直接被告，该产品的生产单位只能作为共同被告。此外，针对一项发明，如果既可要求保护产品发明，又可要求保护方法发明，且两者实质上保护了不同的保护范围，且相对于现有技术都具备新颖性和创造性，则从便于维权和争取更充分的保护两方面考虑，应当对产品发明和方法发明同时要求保护。

【案例 2－18】

发明人从传统的暖气片安装不方便出发对暖气片的结构作出了改进，从而其安装方法也与传统的安装方法不同。如果该暖气片的结构相对于现有技术有很大的改进，在这种情况下应当选择该暖气片的产品，还是选择该暖气片的安装方法，还是将两者都作为要求保护的主题？

就本案例来说，尽管发明人本意想简化暖气片的安装，但实际上是通过改变暖气片的结构来实现安装方便，因此本发明实质上是对暖气片产品作出的改进，而其安装方法的变化是由暖气片的结构决定的。而从维权角度看，真正的侵权者是暖气片的制造商，而不是安装暖气片的施工单位，因此应当以制造商为被告，加上产品发明更容易取证，在这种情况下以暖气片作为专利要求保护的主题更便于维权；即使为选择专利侵权诉讼的法院，需要以安装施工单位和用户为被告，则可以他们使用该专利产品为由提起专利侵权诉讼。



相反，如果以暖气片安装方法作为专利保护的主题，从专利侵权诉讼的法院选择来看，就只能以安装施工单位作为直接被告，制造商只能作为共同被告，而不能只针对制造商提出专利侵权诉讼。那么，对于本案情况，是否有必要同时要求保护暖气片产品和暖气片的安装方法呢？由于两者相对于现有技术均具备创造性，当然可以对两者均要求保护，但是必要性不大，因为这两项主题从表面上看保护范围不一样，但实质上没有区别，该暖气片得到了保护，该暖气片的安装方法也必然得到了保护。而由前面对专利权维权的分析可知，多增加一项暖气片安装方法的主题并不会为专利侵权诉讼带来有利之处。鉴于这种情况，对本专利申请来说，只需要将暖气片产品作为本专利申请要求保护的主题。

在前面提到的第二种需要确定保护主题类型的情况中，当该专利申请既涉及产品发明，又涉及方法发明，且两者同时要求保护更便于维权或更能得到充分保护时，专利申请应当以哪一项发明为主呢，即以哪一项作为第一个要求保护的主题呢？这往往与要求保护的方法主题是什么方法有关。对于产品和制造方法而言，如果该产品还可以用其他方法制得，而该制造方法是一种优选的制造方法，通常应当采用产品及其制造方法两项主题加以保护，即以产品发明作为第一项要求保护的主题，而将产品的制造方法作为另一项要求保护的主题。在这种情况下对该产品而言，用其他方法制得的该产品也落在保护范围之中。如果制造该产品的方法还可以生产其他结构的类似产品，则应当将制造方法作为第一项要求保护的主题，然后再将该产品作为另一项要求保护的主题。如果该产品的制造方法所得到的必然是该产品，则只需要将制造方法作为要求保护的主题，而不必再将产品作为另一项要求保护的主题，因为按照《专利法》第 11 条的规定，对制造方法的保护将延伸到由该制造方法直接获得的产品。

对于设备（或仪器）和反映其工作原理的方法两项发明，则需要看反映该设备（或仪器）的工作原理的方法是什么性质的方法：如果以该设备（或仪器）的操作方法和运行方法作为要求保护的主题，则其往往与该设备（或仪器）的具体结构有关，该操作方法或运行方法通常由其结构决定，因而最后写成的权利要求中必然会出现涉及该设备（或仪器）具体结构的特征，在这种情况下再将该设备（或仪器）的运行方法或操作方法作为要求保护的主题的必要性不大；如果针对该设备（或仪器）的工作原理要求保护的是一种检测方法、处理方法或者制备其他产品的方法，则可以将该方法作为要求保护的主题，但在该方法权利要求中尽量避免写入与该设备（或仪器）具体结构有关的技术特征，然后再将实现该方法的设备作为另一项要求保护的主题。

【案例2－19】

某申请人购买了一件国外的专利产品，对于其中的烟气现场监测分析系统作出了改进。该监测分析系统的管道因为积灰而需要清洗，但原产品中的清洗效果不太理想。申请人对其清洗机构作出了改进，通过在其管路上增加一个阀门而使清洗由常压冲刷成为高压气释放冲刷，取得了良好的清洗效果。

对于这样一个案例，其涉及两个主题：清洗方法和清洗机构。首先，该技术改进的实质是清洗方法，而不是运行方法，为实现该清洗方法对该清洗机构作出相适应的结构改进。在这两个主题中，清洗方法从其工作原理上有着本质的改进，由常压冲刷成为高压气释放冲刷，而清洗机构相对于现有技术仅仅增加了一个阀门，因而该清洗方法和清洗机构两者相比，前者相对于现有技术的创造性高度更高，因此应当将清洗方法作为第一项要求保护的主题。鉴于清洗方法不是制造方法，并不能延伸到保护清洗机构，而从维权方便考虑，产品更容易取证，因此还应当要求保护清洗机构。通过上述分析可知，对本案来说，应当既要求保护产品，又要求保护方法，且应当将清洗方法作为第一项要求保护的主题，而另一项要求保护的主题为实现前一主题清洗方法的清洗机构。

【案例2－20】

由申请人提供的技术交底书得知，其发明人针对飞行器的需要研发出一种真空玻璃以及这种真空玻璃的制造方法。

就本案例来说，本发明主要针对真空玻璃作出了改进，因此应当以“真空玻璃”作为最主要的申请主题要求保护。此外，当该真空玻璃的制造方法相对于现有技术具备新颖性和创造性时，还应当将该真空玻璃的制造方法作为另一项要求保护的主题，对本发明进行比较全面的保护。

## 2 安排权利要求的次序和层次

在确定了要求保护的主题类型以及各个要求保护主题的顺序之后，就需要针对各个要求保护的主题安排权利要求的次序和层次：通常将针对各个要求保护的主题作出的最主要的改进作为第一层次，即针对该最主要的改进撰写独立权利要求，而将其他次要的改进方面作为较低层次撰写从属权利要求；而对于这些次要的改进，还需要根据它们之间是并列关系还是存在依从关系来确定这些从属权利要求的层次。对于彼此为并列关系的改进，可针对这些改进写成同级的从属权利要求；而具有依从关系的，即其中一个改进是针对另一改进作出的进一步改进，则应当针对进一步的改进撰写更低层次的从属权利要求，即作为针对另一改进写成的从属权利要求的下一级从属权利要求。

### 2.1 确定独立权利要求的保护范围

在针对最主要的改进撰写独立权利要求时，应当写入尽可能少的技术特征，除必要技术特征之外，其他技术特征尽可能不要写入独立权利要求中，以使所撰写的独立权利要求具有尽可能宽的保护范围。

必要技术特征是与要解决的技术问题密切相关的、为解决技术问题不可缺少的技术特征。确定必要技术特征时，可先将涉及某个技术主题的所有技术特征一一列出并进行分析，确定哪些是必要技术特征，哪些可作为附加技术特征。也可以采用反向检查的方法，当写完独立权利要求后，可以将独立权利要求中的每个技术特征分别抽出来，针对每个特征的作用和功能进行分析，看看去掉该特征是否仍可构成完整技术方案并解决本发明的技术问题。如果去掉该特征后，技术方案仍然完整，仍能解决本发明的技术问题，则该技术特征属于非必要技术特征。



【案例2－21】

一件关于“钢笔”的专利申请，技术交底书中有关的发明内容写明：该钢笔包括笔尖、开有墨水流动通道的笔舌、安装笔尖和笔舌的笔杆连接部分、存放墨水的橡皮贮囊、挤压橡皮贮囊的弹性挤压部件、笔帽、笔帽上的笔夹，并写明了上述这些部件之间的结构关系。

发明的必要技术特征需要根据本发明相对于最接近的现有技术所解决的技术问题来确定。对本案例，现针对两种不同的最接近现有技术情况进行分析。

在第一种情况中，最接近的现有技术为蘸水笔，即现有技术中还未出现过钢笔。则本发明要解决的技术问题是提供一种能够贮存墨水且墨水不会漏出来的钢笔，在使用时，不需要蘸墨水。

相对于上述本发明要解决的技术问题，独立权利要求应当包括的必要技术特征有：笔尖、开有墨水流动通道的笔舌、安装笔尖和笔舌的笔杆连接部分、存放墨水的贮囊以及上述这些部件之间的结构关系。而说明书中提到的“挤压橡皮贮囊的弹性挤压部件”以及“笔帽和笔帽上的笔夹”为非必要技术特征，因为上述这些技术特征与本发明要解决的技术问题无关。

在第二种情况，现有技术中已经公开了钢笔，即本发明最接近的现有技术钢笔包括第一种情况的所有必要技术特征以及笔帽，其缺点在于：不便携带，容易丢失。因此本发明要解决的技术问题提供一种便于携带且不易丢失的钢笔。

为了解决上述技术问题，独立权利要求除了包括前一种情况的所有必要技术特征外，还应当包括“笔帽”和“笔帽上的笔夹”这两个必要技术特征。也就是说，“笔帽上的笔夹”是解决该技术问题的必要技术特征，必须记载到独立权利要求中；“笔帽”是与解决上述技术问题密切相关的技术特征，是本发明与最接近的现有技术共有的必要技术特征，也应写入独立权利要求中。

【案例2－22】

一件“用直流电压产生高压脉冲的电路”专利申请，在其说明书中记载了该电路的组成部分技术特征，还记载了反映各部分之间联系的技术特征——“电阻器连接在晶体管放大器的输入和控制电路的输出之间，晶体管放大器的输出连接到开关晶体管的基级，电容器连接到变压器的初级绕组，……”对于这样的专利申请，独立权利要求1中不仅应当记载该电路的各组成部件：变压器、分压器、晶体管放大器、开关晶体管、电阻器和电容器，而且应当将各部件之间的连接关系也写入独立权利要求，因为各部件的连接关系也是本发明的必要技术特征。



为了尽可能减少独立权利要求中的特征，撰写时可将个别不能确定是否为必要技术特征的作为附加技术特征写入直接从属于该独立权利要求的从属权利要求。如果在实质审查过程中审查员给出独立权利要求缺少必要技术特征的审查意见，还可以很方便地进行修改，直接将该技术特征加入到独立权利要求中。同样，在发明或实用新型的无效宣告程序中，若请求人以此独立权利要求缺少必要技术特征为无效理由，那么由于该技术特征已写入直接从属于该独立权利要求的从属权利要求中，该从属权利要求就不再存在这一缺陷，专利复审委员将会维持该从属权利要求有效。

另外，在得到说明书支持的前提下，在撰写独立权利要求时，应当尽可能采用上位概括的技术特征或者使用合适的功能性限定技术特征等，以扩大保护范围。与此同时，应当将更为具体的技术特征，尤其是优选的技术特征作为附加技术特征，写入其从属权利要求中，以便在后续审查以及无效宣告程序中有足够的修改余地。

### 2.2 同一组权利要求中从属权利要求之间的层次和顺序

从属权利要求的撰写层次和顺序同样重要。有些专利代理人不太注意从属权利要求的撰写，往往在确定了独立权利要求的内容后，对其他的技术特征，随意地写入从属权利要求中，甚至出现独立权利要求1的保护范围很宽，而从属权利要求2立即落到一个很窄的保护范围的情况，原因在于没有认真分析反映其他次要改进的各个附加技术特征彼此之间的关系，从而没有对从属权利要求的层次和顺序进行合理安排。

合理安排从属权利要求限定的保护范围，需要从两个方面考虑：一是技术特征的概括，应该从上位到具体，逐步进行；二是从属权利要求的引用关系，从上一个层级到下一个层级，逐级引用。

具体来说，考虑到专利申请实质审查程序以及可能的后续专利权无效宣告程序，为了增加修改的余地，各层级的从属权利要求的保护范围应该逐级缩小，技术特征应该由上位到下位、由一般到特殊，逐步、依次展开。同时，将权利要求设置多个层级，下级权利要求引用上级权利要求，同级权利要求还可以设置多个并列的权利要求。最后，在最低层级的从属权利要求中，才涉及最具体的附加技术特征。

对于同一组的从属权利要求，引用同一权利要求的从属权利要求尽可能放在一起。在此前提下，尽可能将描述相同或者相关技术特征的从属权利要求集中放置在一起，便于阅读，同时也可以使条理更清晰，避免权利要求项数较多造成逻辑错乱。

除此之外，对于从属权利要求的引用关系，还需要注意，有意设置作为必要技术特征退路的从属权利要求中，一定要有直接引用独立权利要求的技术方案，不能仅仅设为在某个从属权利要求中间接引用独立权利要求，否则在专利无效宣告程序中作删除或合并权利要求修改时会不得不带上不必要的技术特征，影响修改后权利要求专利权的有效保护范围。



对于可能申请 PCT 或者到国外申请专利的情况，从属权利要求可以考虑采用多项从属权利要求引用多项从属权利要求的撰写方式。但是对于仅仅申请国内专利的情况，由于我国《专利法》及《专利法实施细则》的限制，不能采用多项从属权利要求引用在前多项从属权利要求的撰写方式，这时就需要适当增加从属权利要求的数量，例如，需要针对同一附加技术特征撰写引用多项在前的权利要求、且其中一项在前的权利要求本身是多项从属权利要求时，为了避免出现多项从属权利要求引用另一项在前多项从属权利要求，就需要将该项从属权利要求分成几项限定部分相同而引用的权利要求不同的从属权利要求。

至于需要向国外申请的专利，由于欧洲、美国、日本等关于多项从属权利要求之间可否引用的规定有明显差异，建议专利代理人在实践中采用撰写一份说明书和几份不同权利要求书的有效做法。

在欧洲和日本，允许多项从属权利要求引用多项从属权利要求，而且对这种多项从属权利要求只收取一项权利要求的费用，值得好好利用，不需要修改多项从属权利要求相互引用的关系。

在美国，不建议采用多项从属权利要求引用多项从属权利要求的撰写方式（独立权利要求间的简单多项引用也一样有会问题），因为针对这种权利要求，美国专利商标局（USPTO）会按照多项并且重复累计计费，并且还有一份针对该情形出现的基本收费，增加了申请成本。所以美国专利律师都会针对该情形做“Preliminary Amendment”（预先修正），但是这样节省下的官费又被美国昂贵的律师费抵消，因此建议专利代理人另写一套权利要求书主动消除这一引用情形，为申请人节省费用。

此外，另写几套权利要求书可以同时考虑不同国家的其他规定，例如美国专利商标局要求将用途权利要求（其他国家可以接受）必须改为有主动步骤的方法权利要求才能接受等，这样操作能向申请人充分展示专利代理人的专业水平。

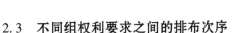

### 2.3　不同组权利要求之间的排布次序

对于不同组的权利要求的次序，即不同独立权利要求之间的次序，也应当做统一的布局和安排。通常，在同时具有产品、制备方法及用途的独立权利要求的情况下，先写产品权利要求，再写制备方法权利要求，然后是用途权利要求。

在有多个具备单一性的产品权利要求时，先写仅包括重要发明点的核心权利要求（通常包括的发明点应当最少），再逐步放大，增加发明点。例如，对于电学领域，可以先写核心构件，再写使用与该核心构建关联的机构，再写整体设备或系统。对于方法权利要求也可以采用类似的方法撰写。

### 3　平衡权利要求的保护范围与专利权的稳定性

在进行权利要求的布局时，不但要考虑撰写出保护范围尽可能宽的权利要求，还需要注意平衡权利要求的保护范围与专利权的稳定性两者之间的关系，以提高获权和维权的可行性。对于保护范围越宽的权利要求，在专利申请审查阶段获得授权的难度越大，无效宣告请求程序中专利权被宣告无效的可能性也越大。反之，虽然撰写的权利要求保护范围越窄，其越容易被授权，但在用该项权利要求进行维权时可能无法覆盖涉嫌侵权产品。因此，在权利要求布局中需要综合考量获得专利权与专利维权的可行性，充分利用独立权利要求和从属权利的布局关系，在权利要求的保护范围和专利权的稳定性两者之间取得平衡。

权利要求的保护范围并非越大越好，而是要概括一个合理的范围。此范围要能够得到说明书的充分支持，否则即使授权也会造成权利稳定性差，使得申请人不敢维权、维权时会被轻易宣告无效或增加维权的成本。另外，概括一个合理的保护范围也是专利申请能够顺利获得授权的前提以及提高专利申请审查效率的前提，这就需要在撰写时平衡好权利要求的保护范围和专利权的稳定性的关系。要做好两者的平衡并不容易，需要通过多年的专利代理实践经验、尤其是通过无效宣告案件和专利侵权案件中所体会到的专利申请文件撰写不当的教训来加深这方面的体会，从而在撰写专利申请文件时提高这方面的驾驭能力。

例如，对于一项产品加工工艺的改进发明，温度参数为一重要技术特征。如果专利代理人一味追求该参数的最大范围，未合理安排好权利要求的层次和合理的参数设定范围，最后可能会因该工艺的实用性或者说明书不能充分支持权利要求而导致专利申请无法授权，或者即使获得授权但其权利稳定性差。

## 第四节　专利申请文件的撰写

专利申请文件撰写的好坏将直接影响该专利申请授权后能否得到充分的保护，甚至会影响该申请能否授权。在实践中，有些具有商业价值的发明创造，由于申请文件撰写存在缺陷，失去了取得专利保护的机会；或者虽然获得了专利授权，但由于撰写上的失误，不能有效地保护发明创造。在上述情况下，申请人不但丧失了商业上的竞争优势，还为此花费了为数不少的申请、审查、诉讼、专利权无效宣告费用以及代理费用。一份质量好的专利申请文件，应该是保护范围适度（独立权利要求有尽量大的保护范围和从属权利要求较小的保护范围），能够经受得住专利权无效宣告程序的考验，并且在判断涉嫌侵权行为是否构成专利侵权时，易于作出客观的判断，从而减少影响判断侵权的人为因素。也即申请文件质量的高低将影响专利申请的成败，影响保护范围的大小及专利侵权纠纷、诉讼的结果。

专利申请文件主要包括请求书、权利要求书、说明书（发明专利申请必要时包括说明书附图，实用新型专利申请必须包括说明书附图）及其摘要（说明书有附图的应当包括摘要附图）。说明书用来对发明或者实用新型作出清楚、完整的说明，充分公开发明或者实用新型的技术方案。而权利要求书是用来确定专利权保护范围的法律文件，权利要求书应当以说明书为依据，也即权利要求书中每一项权利要求所限定的技术方案都需要得到说明书的支持。说明书附图是说明书的一个组成部分，以图的形式补充说明发明或实用新型的每个技术特征（具体零部件、机构、装置、流程等）和整个技术方案。而说明书摘要与摘要附图一起提供专利技术信息，主要用作对公开的专利文献进行检索的工具。



由专利申请文件上述各部分之间的作用可得知这些申请文件之间的逻辑关系：说明书（尤其是其具体实施方式部分）是充分公开发明或者实用新型的基础法律文件，而权利要求书是在说明书、尤其是在其具体实施方式所记载内容的基础上概括而成、用于确定其专利保护范围的法律文件，而说明书摘要是说明书记载内容的概述。

## 1 申请文件的撰写顺序

在专利申请文件中，权利要求书与说明书的各部分之间有很强的法律关系及逻辑上的关联性，说明书中各部分之间也有着严格的逻辑顺序关系。因此，安排好撰写顺序有利于更好地、更高效地工作。

下面先对专利申请文件的撰写顺序（即说明书和权利要求书两者之间的撰写顺序）作出说明，然后再对说明书各部分之间的常见撰写顺序作一简单介绍。

### 1.1 说明书与权利要求书之间的撰写顺序

对于说明书和权利要求书这两个专利申请文件来说，其撰写顺序有以下两种：最常见的方式是在充分理解发明或者实用新型内容的基础上先撰写权利要求书；如果专利代理人不很熟悉该申请的技术领域，且通过阅读技术交底书并与申请人进行必要沟通后，还未能充分理解发明或者实用新型，在这种情况下，可以先撰写说明书，尤其是通过撰写说明书具体实施方式部分来更好地理解发明或者实用新型，在此基础上再撰写权利要求书。

（1）先撰写权利要求书

由于权利要求书是专利申请文件中的核心部分，是确定专利保护范围的重要法律文件，因此在专利代理人已经充分了解发明或者实用新型内容时，应当先撰写权利要求书。如果申请人提供的技术交底书中说明了该专利申请欲保护的关键技术改进点以及大致的技术方案，但技术细节或者实施方式明显不足时，专利代理人也可以根据其发明意图理出权利要求书的大致框架，然后再与其发明人作进一步沟通，一起补充具体的技术细节和实施方式、附图等。然后再对权利要求书中的各项权利要求作出合理的布局和安排，在此基础上着手撰写权利要求书。完成权利要求书后，再着手撰写说明书。

对于这种情况，经过与其发明人的沟通并通过技术交底书充分了解发明技术内容后，可以先准备说明书附图，尤其是涉及电学类产品的发明，将所有附图制作准备齐全更为重要；在准备好附图后，按照所考虑的权利要求布局，先撰写独立权利要求；在完成各项独立权利要求的撰写后，再对发明各项要求保护的主题中的次要改进（相当于从属权利要求的附加特征）确定彼此之间的层次，并按照此层次对从属权利要求作出布局安排，依次撰写出各项从属权利要求；最后再撰写说明书，说明书的撰写可按技术领域、背景技术、发明内容、附图说明、具体实施方式的顺序来写。其中需注意发明内容部分与权利要求之间的对应关系。



先撰写权利要求书的方式有利于从整体上搭建保护架构，做到纲举目张，更清晰地确定好权利要求的保护层次，但是对专利代理人的综合、概括能力有较高的要求。

（2）先撰写说明书

当申请人提供了最接近的现有技术、本专利申请欲保护的具体关键技术改进点以及相当数量的具体实施方式和实施例，但是专利代理人由于不很熟悉该技术领域而未能很好地理解发明时，也可以考虑先撰写说明书的背景技术部分和说明书的具体实施方式部分，在初步完成说明书这两部分的撰写后再着手安排权利要求书的布局和撰写各项权利要求。

在先撰写说明书时，由于说明书的发明内容部分与最后完成的权利要求书有着对应的关系，这一部分应当在完成权利要求书后再撰写。基于技术交底书中的材料较为详细，因此通常可以先着手撰写说明书的背景技术、附图说明和具体实施方式部分，其中说明书的背景技术部分多半可以一次性完成，而对于说明书的具体实施方式部分只能是初步完成。在这几个部分的撰写过程中，专利代理人有可能通过对说明书具体实施方式部分的描述对本发明所要求保护主题的各个改进点形成更准确、更清楚的了解，这样就可以对权利要求书的布局作出更合理的安排，从而可以更容易地完成各项主题独立权利要求和从属权利要求的撰写。其中，在撰写独立权利要求时，可根据确定的最接近的现有技术及其所存在的缺陷，将各要求保护主题有关的所有必要技术手段（即相当于其独立权利要求中的必要技术特征）与最接近的现有技术的技术内容进行比较，将两者共有的必要技术特征写入独立权利要求的前序部分，将区别于现有技术的其他必要技术特征写入特征部分，构成独立权利要求所要求保护的技术方案。在完成独立权利要求之后，再针对其他改进点撰写从属权利要求。

在完成权利要求书的撰写后，再依据所撰写的权利要求书确定说明书的发明名称，撰写说明书的技术领域和发明内容部分。此外，还应当根据所撰写的权利要求书对具体实施方式部分进行修改和完善，必要时还需要申请人进一步补充相应的具体实施方式或实施例以及其他有关内容。



需要说明的是，无论是先撰写权利要求书，还是先撰写说明书，其撰写顺序都不是绝对的。首先，专利代理人在实际撰写过程中会出现交叉撰写的情况，例如前面所给出的两种撰写方式中就出现了交叉撰写：在先撰写权利要求书的方式中，首先完成的是说明书附图；而在先撰写说明书的方式中，说明书发明内容部分的撰写可以放在完成权利要求书的撰写之后。其次，在完成后一部分的撰写内容后，往往需要对前一部分完成的撰写内容进行必要的修改与完善，例如：在先撰写权利要求书时，在完成说明书的撰写、尤其是完成说明书具体实施方式的撰写后，会对在先完成的权利要求书进行必要的修改；而对于先撰写说明书的具体实施方式的情况，在完成权利要求书的撰写后还需要对说明书具体实施方式部分进行必要的补充和完善。

### 1.2 说明书各部分常见撰写顺序

根据《专利法实施细则》第17条的相关规定，说明书除发明名称外，还应当包括技术领域、背景技术、发明内容、附图说明和具体实施方式五个部分，各部分应当按顺序撰写，并在每一部分前面写明标题。虽然《专利法实施细则》第17条中规定了说明书中各部分的先后排列顺序，但专利代理人在实际撰写工作中，可根据个人习惯以及申请人所提供的技术交底书的完善程度，确定合适的撰写顺序。

例如，如果技术交底书中提供的技术细节、附图等非常全面，可考虑先撰写具体实施方式部分，根据具体实施方式撰写的情况概括总结发明内容部分，在确定了一个适当外延的保护范围之后，再回过头来审视具体实施方式是否足以支持已进行适当外延的保护范围，如果不足，则需继续补充实施方式和/或实施例。最后再次对发明内容部分的布局和层次进行二次加工。

另外需要注意，说明书中发明内容部分包括三方面的内容，其一是本发明要解决的技术问题，其二是本发明的技术方案，其三是有益技术效果。在描述有益效果方面，建议在撰写具体实施方式部分时，每引出一个技术手段，都可以相应对其作用与达到的有益效果进行说明，这样的撰写方式对后续答复专利申请审查意见通知书、尤其是针对涉及创造性的审查意见陈述意见会有一定的帮助。

### 1.3　说明书附图的布置顺序与附图标记编号

值得注意的是，当专利申请有较多的附图时，对这些附图也应当作出合理的布置。

在附图的布置顺序上，通常先是反映发明整体技术方案的图，该图与独立权利要求的技术方案相对应，然后是反映某一局部或部件的图，这些图根据所涉及技术特征的重要程度依序布置，并与各从属权利要求的附加技术特征相对应。

另外，当附图较多时，说明书附图需要标注零部件的附图标记，具体实施方式部分需要记载这些附图标记，权利要求书中可能也出现附图标记，附图标记在申请文件各部分中必须保持一致性。而附图标记的编号方式应体现出规律性与逻辑性，通常可以按如下方法来编号附图标记：

首先，将本发明的产品或装置划分成几个大的部分或部件，各部分作为第一层级编为 10、30、50……；

然后，将各第一层级部分或部件上的小部件或其上的技术特征作为第二层级进行相对应的编号，例如将部件 10 上的各个特征编号为 11、13、15……，部件 30 上的各个特征编号为 31、33、35……，以此类推。

按这种编号方式，全部编号体系整体逻辑性与从属关系上比较清晰，从任一编号即可知其结构关系。例如将“帧计数器”部件编为 60，看到编号 61（计数值设置电路）、62（匹配电路）、63（计数器）即知是与“帧计数器”相关的技术特征。

需要说明的是，在各层级进行编号时可以采用隔号编号，以便于撰写过程中发现有某一部件或技术特征漏编附图标记时可方便地插入一个编号。



## 2　几类特殊专利申请的撰写

下面对三类特殊专利申请撰写时需要注意的问题作出说明。这三类特殊专利申请分别为：该专利申请可能包含有不符合单一性规定的主题而有可能需要分案；该专利申请涉及优先权；该专利申请包含有本申请人在先申请已记载的主题。

### 2.1　可能需要分案的专利申请的撰写

当申请人委托的专利申请中有多个要求保护的主题时，一旦国家知识产权局针对该专利申请发出的审查意见通知书中认定本专利申请不符合《专利法》第 31 条第 1 款有关单一性的规定，该专利申请就很有可能要涉及分案的问题。

作为专利代理人，在撰写时就应当对于这几项要求保护的主题分析其是否符合专利申请单一性的规定。如果通过分析，初步认定其存在不符合单一性规定的问题，则应当向申请人说明有可能涉及分案的情况，即一般情况下应当将不符合专利申请单一性规定的几项主题分别提交专利申请。但有些情况下，出于策略上的考虑，也可以在征得申请人的同意后，先将包含多个发明主题的申请写在一件专利申请文件中，等收到专利局发出的分案通知后再进行分案。

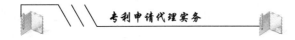

这种将不符合专利申请单一性规定的主题先合案提出申请的情况下，在撰写权利要求书时尤其要注意安排各个要求保护主题的几组权利要求的顺序，应当将比较重要的一组放在前面。这是因为目前专利局审查员对不符合专利申请单一性要求的多组权利要求，通常首先在第一次审查意见通知书中指出其存在着不符合单一性规定的缺陷，并直接仅仅审查权利要求书中的第一组权利要求。

此外，国家知识产权局对分案申请是否超出原申请的说明书和权利要求书的记载范围的标准掌握更趋严格，因此在该专利申请的说明书中，对于有可能需要分案的主题进行描述时，凡是在分案中需要加以概括的技术特征，在本专利申请的说明书中也尽量要出现这些概括的技术特征的文字。此外，具体实施方式部分涉及这些主题的文字描述应当分出层次，以将该主题的必要技术特征和附加技术特征很方便地区分出来，必要时这些附加技术特征也应当反映出处于不同的层次。



## 2.2 涉及优先权的专利申请的撰写

下面分别就本专利申请是作为优先权基础的在先申请和本专利申请是要求优先权的在后申请两种情况作出说明。

### 2.2.1 作为优先权基础的专利申请

有些情况下，申请人委托的专利申请是一件基础申请，后续将以此为在先申请，要求其优先权而再提交 PCT 申请或普通国外申请。由于专利申请文件的修改不能超出原始提交申请文件中记载的范围，故对于要求优先权的专利申请的撰写要格外注意尽可能详细地披露发明技术方案和各种不同的具体实施方式和/或实施例，以避免在后续申请要求优先权时出现不能享受优先权的问题。

需要特别提醒的是，对于有些在中国不能被授权的主题，例如以存储的有关计算机程序的内容为特征的存储介质、纯粹商业方法、疾病诊断或治疗的方法以及动植物品种，如果申请人有向国外申请专利的计划，则需要在首次提交国内申请时包含这些内容。否则这些主题不能再享受优先权。

### 2.2.2 要求优先权的在后专利申请

在以下几种情况，专利代理人可能需要为申请人撰写要求在先申请优先权的在后专利申请：

① 申请人自发明或者实用新型在外国第一次提出专利申请之日起 12 个月内，又依照该外国同中国签订的协议或者共同参加的国际条约在中国就相同主题提出专利申请。

② 在先申请仅阐述具体的技术方案，但缺乏相应技术效果的数据。

③ 在先申请的技术方案粗略，需进行细节补充。

④ 在先申请权利要求中仅限定了很具体的技术方案，专利保护范围太窄。

因此在专利申请文件的撰写过程中，需要注意以下几种情况的在后申请不能享受在先申请的优先权。

（1）在后申请与在先申请中的某个（些）特征属于上、下位的关系

在后申请要求保护的主题中所采用的某个（些）特征与在先申请的说明书和权利要求书中记载的特征为上、下位关系，则在后申请所要求保护的主题不能享有优先权。

【案例2－23】

在先申请记载了一种包含元素Fe的磁性材料。在后申请请求保护一种包含过渡金属元素的磁性材料。

在后申请包含过渡金属元素的技术方案在在先申请中并没有记载，尽管在先申请中记载了包含元素Fe的技术方案，并且元素Fe是过渡金属元素的下位概念，但也不能由在先申请直接和毫无疑义地确定包含过渡金属元素的技术方案，所以在后申请不能享受在先申请的优先权。

如果在先申请记载的是包含过渡金属元素的磁性材料，没有记载包含元素Fe的磁性材料，在后申请请求保护包含元素Fe的磁性材料，则在后申请同样不能享受在先申请的优先权。

（2）惯用手段的直接置换

如果在后申请要求享受在先申请的优先权，但在后申请中的某个（些）技术特征是在先申请中某个（些）技术特征的惯用手段的直接置换，则在后申请不能享受在先申请的优先权。

【案例2－24】

在先申请记载了一种采用钉子进行固定的装置。在后申请要求享受在先申请的优先权，但其请求保护一种采用螺栓进行固定的装置。

尽管用螺栓固定与用钉子固定属于惯用手段的直接置换，但由在先申请采用钉子进行固定的装置并不能直接和毫无疑义地确定在后申请的采用螺栓进行固定的装置，因此，在后申请中采用螺栓进行固定的装置不能享受在先申请的优先权。

（3）数值范围部分重叠

如果在后申请请求保护的技术方案中包含数值范围，而该数值范围与在先申请记载的数值范围不完全相同，而是部分重叠，则该在后申请不能享受在先申请的优先权。

【案例2－25】

在先申请为一种金属热处理方法，为获得钢件的特定机械性能，其钢件在淬火后的回火温度为180～250℃，在后申请金属热处理方法中，其钢件在淬火后的回火温度为220～300℃。

由于在后申请的回火温度与在先申请部分重叠，因此在后申请中回火温度为220～300℃的金属热处理方法不能享受在先申请的优先权。

（4）在后申请的技术方案增加了技术特征

在后申请要求保护的主题中有一个或者部分技术特征未记载于在先申请记载的方

案中，即在后申请要求保护的主题相对于在先申请记载的技术方案增加了技术特征，则该在后申请不能享受在先申请的优先权。

【案例2-26】

在先申请记载了技术方案A和实施例a1、a2，在后申请记载了技术方案A和实施例a1、a3，其中在后申请实施例a3相对于在先申请的实施例a2增加了技术特征，且该增加的技术特征并不是该技术方案必定包括的技术特征。

在后申请记载的技术方案A和实施例a1可以享有在先申请的优先权；但是在后申请中相应于实施例a3的技术方案由于包含有在先申请没有记载的技术特征，且该技术特征并不是该技术方案必定包括的技术特征，因此由在先申请的实施例a2不能直接和毫无疑义地确定在后申请的实施例a3，因此在后申请中相应于实施例a3的技术方案不能享有在先申请的优先权。



需要提请专利代理人注意的是，在某些特殊情况下，在后申请与在先申请相比增加了技术特征，但其仍然可以享有在先申请的优先权，现举一例加以说明。

【案例2-27】

在先申请记载了一种手机，但未记载手机包括天线这一技术特征；在后申请请求保护一种手机，其中增加了包括天线这一技术特征，其他未变，并且也未涉及天线与手机其他技术特征之间的关系。

尽管在先申请文件中没有记载手机包括天线，但是本领域技术人员可以直接地、毫无疑义地确定手机必定包括天线，并且在后申请也未涉及天线与手机其他技术特征之间的关系。因此，在后申请中要求保护的手机可以享受在先申请的优先权。

### 2.3 可能涉及抵触申请的撰写

经常有这样的情况，申请人先前针对某一发明项目已提交过专利申请，该申请尚处于未公开状态。其后发明人对该发明作出了一些改进，还想再提出一件专利申请，但是距先前提交的专利申请已超过12个月，因而不能再要求先前提交的专利申请的优先权。在这种情况下，在撰写后一项专利申请的申请文件时，需要注意使其权利要求的技术方案在前一申请的整个专利申请文件中均未披露过，也即前一申请的权利要求书、说明书及附图中均没有披露过后一申请权利要求书中任何一项权利要求的技术方案，以免使前一申请构成后一申请中某些权利要求的抵触申请。

【案例2-28】

一种集成电路器件，包括新开发的导电结构和晶体振荡器，其中，导电结构和晶体振荡器均有独立的用途。申请人将该集成电路器件、导电结构和晶体振荡器均单独申请专利。

这三件申请的技术关联性比较强，在任一件专利申请的撰写中，可能涉及另一件专利申请的技术内容，此三件专利申请不同时提交时有造成抵触申请的隐患。

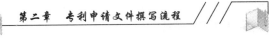

当提出国内发明或实用新型专利申请时，如果相同或基本相同的主题的技术方案已申请了 PCT 申请，且两者没有要求相同的优先权或彼此不存在优先权要求的，同样需注意抵触申请的问题。

如果相同或基本相同的主题的技术方案同时提交了国内发明专利申请和 PCT 申请，通常为防止重复授权，建议的做法是在 PCT 申请进入中国国家阶段时再作一次选择：保留该国内发明专利申请还是在 PCT 申请进入中国国家阶段的同时放弃国内发明专利申请。由于 PCT 申请有国际检索和修改的几次机会，除了为早日取得授权而选择保留国内发明专利申请外，一般会选择在 PCT 申请进入中国国家阶段时放弃国内发明专利申请，因为那件经过国际检索和作过修改的 PCT 申请的质量较高，当然此时国内发明专利申请应当还未授权，因为若国内发明专利申请已经授权，则按照现行《专利审查指南 2010》第二部分第三章的规定，进入国家阶段的 PCT 申请不会再被授予专利权，因而就不能再作选择了。



## 3 专利申请文件的定稿和专利申请信息的核实

在撰写出保护范围适当的专利申请文件后，就需要为申请人提出专利申请做好最后的准备工作：核实专利申请信息，请申请人对最后完成的专利申请文件进行确认。

下面先简单介绍一下此阶段要做的几项工作。

（1）申请信息的核实

专利代理人在接受申请人委托后，一方面要尽快撰写出相应的权利要求书、说明书、摘要，并准备好说明书附图与摘要附图。另一方面还需要申请人提供并核实相应的专利申请信息。这些信息包括申请人名称、地址，发明人姓名、地址，发明专利是否要求提前公开、是否同时提交实质审查请求等，从而为提出专利申请做好准备。

（2）请申请人确认专利申请文件

一般情况下，专利代理人在为申请人准备专利申请文件的过程中需要与申请人方的发明人和知识产权经理进行多次沟通，尤其是在最终完成专利申请文件后将双方确认的定稿提供给申请人进行书面确认。最后向国家知识产权局专利局提交的专利申请文件应当是由申请人确认过的专利申请文件文本，且需将申请人确认函归档备查。请申请人书面确认专利申请文件时可采用下述简单的格式信函：

尊敬的×××：

您好！

附件为我公司最终确定的专利申请文件定稿，请认真核对相关的申请文件，如无异议，请将附件回传并请注明“同意提交国家知识产权局”字样。

××××事务所×××

××××年×月×日

（3）涉及专利代理风险案件的处理

当遇有专利代理人与申请人方知识产权经理或发明人意见不一致，并且对方坚持不采用专利代理人合理建议会造成案件风险时，对于这些争议点的往来信函一定要入卷备查并作出醒目标示，以便事后专利代理人进行合理处理和责任分辨。尤其是对于处于磨合期的新客户，特殊情况下可以考虑请他们签字确认知晓风险和愿意承担相应后果。这主要是基于这样的理念：专利代理人有尽到告知申请人的义务，但是没有违背申请人意愿的权利。采用上述处理方式后，一旦若干年后此项专利申请或专利案件风险显现申请人来追究责任时，可以作为己方已尽告知义务而对方坚持才造成此后果的证据，尤其是在申请人方的原先联系人已更换，而新接手人不了解情况的情形，出示这样的往来信函十分必要。



（4）其他需要核对的工作

提交专利申请时应当再次核对申请人给予的各项具体指示。例如对发明专利申请是否要求了提前公开、是否表示在申请同时提出实质审查请求、是否要求办理费用减缓等。对于申请人提供的委托书，应核对其委托书中加盖的公章是否与指示函中指示的申请人名称一致，是否与请求书中申请人栏中名称一致。不一致的，应当要求给予统一。例如，申请人是单位的，指示函或请求书中申请人为“中国农科院×××所”，而公章是“中国农业科学院×××所”；或者请求书中申请人为“北京××环保技术有限公司”，而其提供的委托书中公章显示为“北京××环保技术有限责任公司”。此时应更改请求书中申请人的名称，使其与公章上名称相一致。对于同一发明创造既申请发明专利又申请实用新型专利的，应当注意必须在同一天提交并在请求书中作出声明。

此外，对于有可能后期要将该专利申请向外国申请专利的，应当提醒申请人注意及时办理保密审查手续。

## 第五节　专利申请文件撰写与专利战略的结合

当今世界，现代企业之间的竞争体现为自主创新与核心技术的竞争，并且相应地体现为专利的竞争。众多跨国企业纷纷利用专利制度建立起层层技术壁垒和贸易壁垒，并在全球发起一轮又一轮的专利战。中国企业申请人必须面对这种全球知识经济一体化的新特点，只有充分熟悉并运用好专利制度这一市场竞争中的游戏规则，才能在残酷的市场竞争中立于不败之地。

另外，2008年6月5日国务院《国家知识产权战略纲要》正式发布，纲要明确提出了本国申请人发明专利年授权量进入世界前列，对外专利申请大幅度增加，到2020年实现我国自主知识产权的水平和拥有量能够有效支撑创新型国家建设的目标。专利申请量和授权量日益被各级政府重视，其中一些地方政府已将该地方的专利申请量和授权量纳入当地创新型社会建设的考核指标中。全国各省区市地方政府也纷纷出台了各种类型的专利资助政策。这些都极大地激发了我国众多的企业申请专利并运用专利制度这一市场竞争武器的热情。

从专利的产生角度出发，专利战略大致可分为专利申请策略以及涉及许可、维权、交易等的专利运用策略。专利申请策略与专利运用策略相互关联，专利申请策略的设计有赖于专利运用策略的目标指向。专利运用策略往往基于专利的状态、种类、有效期、地域布局和权利要求保护主题的构架不同而不同，即专利运用策略有赖于专利申请策略的匹配。而专利申请策略在一定程度上与撰写技巧相关，即某些专利申请策略或者战略的体现有赖于专利申请文件的撰写策略。

因此，专利代理人在接受申请人的委托撰写专利申请文件时，需要准确理解申请人的专利策略、专利申请的真实目的和实际需求，才能提供高质量、切合申请人需要的专业服务，从而协助申请人提升知识产权创造、运用、保护和管理能力，增强我国自主创新能力，建设创新型国家。



本节总结了在专利申请文件撰写中需要考虑的几种专利申请策略，分别一一进行介绍。

### 1 占领技术制高点、保护核心技术的专利申请策略

随着我国大力鼓励科技创新活动，越来越多的企业在不同的技术领域拥有了在国内外具有领先地位的创新成果。

在我国和大多数国家的专利制度均采用先申请原则的前提下，配合研发进程，应该尽早地对科技创新成果提出专利申请。特别是在竞争者众多、竞争者与本企业研发实力相当、产品市场需求强或者产品容易被模仿的情况下，对于特定的技术问题一旦有了可达到相应效果的完整技术解决方案，就应当及早提出专利申请。对于企业在科技研发中的各项成果，即使是阶段性的成果，也应该及时申请专利进行保护。

对于这种目的的专利申请，专利代理人在撰写申请文件时，应注意按照前面几节中介绍的内容，仔细斟酌权利要求的布局、维权的可行性、后续程序中权利要求的稳定性等，以期获得尽可能宽的保护范围，并具有更多的针对性，从而为企业争取更大的权益。

对于这种企业研发中抢占时机的专利申请特点，最重要的是及时提出申请，专利代理人应高效率地抢时间完成专利申请文件的撰写，尽早将技术研发中产生的创新成果转化为专利申请。

考虑到企业产品研发的特点，也可以采取对阶段性成果陆续提交发明专利申请的做法，即在后续随着研发进程使产品项目更加完善时，在要求这些在先申请的多项优先权的基础上再次提交能全方位保护创新成果的发明专利申请。

另外，必要时还应考虑企业产业链形态或者技术发展周边延伸的可能形态，扩展其创新成果体现形式：通过一件专利申请中布局多项独立权利要求、匹配多种实施方式进行保护；或者通过多件专利申请进行保护；或者采取后续程序中主动分案等方式进行保护，即基于说明书记载的内容并根据专利审查或者市场变化的情形调整权利要求书的内容。

### 2 系列申请逐步推进的专利申请策略

对于在某领域内处于技术领先地位的企业，可能会考虑其在该领域内提交专利申请的节奏，以期在该领域长期保持技术领先优势。由于专利申请文件中必须公布其技术方案，企业在技术秘密管理机制健全的情况下，对于所完成的发明创造，可以考虑逐步分时提出专利申请，以延长自身在该领域技术的领先地位，同时在该领域持续拥有具备竞争力的专利技术。



对于这种申请策略，专利代理人在撰写中，应重点考虑系列专利内容的前后衔接、技术方案公开的程度等，即在保证本申请技术方案完整以及具备专利新颖性、创造性和实用性的同时，还要给后来继续申请留有空间。另外，要注意出于此目的的专利申请提交后，应尽可能放缓步伐，例如不要求提前公开等，以便有足够的时间考虑此后进一步研发和申请专利的策略。

### 3 增加专利数量、构建基本专利池的申请策略

在当代，衡量一个企业的经济实力、竞争能力已不是仅依据一些经济指标，更主要的是看该企业在技术上拥有的实力。大量事实证明，专利申请拥有量的多少是衡量一个企业经济实力的重要标志。众多跨国企业之所以对其技术成果大规模申请专利，就在于当前企业之间的竞争从表面上看表现为市场的竞争，从实质上看则表现为技术的竞争，而技术的竞争实际上是争夺专利权的竞争。谁拥有的专利多，谁的技术力量就强，谁就掌握了生存的主动权，谁就能在市场竞争中处于优势。

【案例 2 - 29】

2011 年 4 月，爱立信在中兴通讯的欧洲手机销售重镇——德国、英国和意大利分别起诉中兴通讯侵犯其数项专利权。而 2012 年 2 月双方宣布握手言和，同意相互撤销针对对方的所有专利侵权诉讼，并签署了全球范围内的专利交叉许可。

此案实际上也是国内电子通信企业反诉老牌跨国企业专利侵权并且最终双方握手言和的第一案。由于中兴通讯在近些年来，高度重视专利工作，经过多年的积累，已构建起强大的以大量专利权为基础的知识产权保护网络。据统计，截至 2011 年年底，包括中国移动、大唐在内的中国通讯行业国内外专利申请达 12 万件，中兴通讯以超过 4 万件国内外专利申请占中国通信业的 1/3，已经授权的国内外专利超过 1.1 万件，

成为全球通信产业主要专利持有者之一。2012 年 3 月世界知识产权组织（WIPO）公布的 2011 年全球专利申请榜单上，中兴通讯凭借 2826 件 PCT 国际专利申请一举超越拥有 2463 件专利申请的日本松下，跃居全球企业国际专利申请量第一位。

正是基于这样一个背景，在获悉成为专利侵权被告的第一时间，中兴通讯当即就决定在中国向爱立信提出反诉。由于专利较量上的势均力敌，双方最终握手言和。

从争夺市场份额，到专利诉讼，再到和解以及专利的交叉许可，专利拥有量都是无可争辩的筹码。对于大量的中国企业申请人而言，尚处于专利制度运用的初始阶段，应以发展专利申请数量为主，将发明改进点进行拆分，申请多件专利，增加专利申请量；然后才是成本控制期，以有限的经济资源获得数量更多、质量更高的专利权；之后才可能进入创造利润期，通过专利授权和许可，实现专利权的商业价值。

这种通过拆分技术改进点和技术方案来增加专利数量的专利申请策略，除了快速增加专利申请的数量外，也使得说明书和权利要求书的内容具有很好的针对性，容易清楚地界定所保护的技术内容，以便在专利许可贸易中准确地定位专利许可贸易的对象。另外，按照惯例，在专利价值评估中也是按每件专利进行单独价值评估的，这也有利于提升企业申请人的整体知识产权资产价值。

对于这种申请策略，专利代理人在撰写专利申请文件时，应当对创新成果的发明改进点进行单项拆分，即使多个发明改进点构成的技术方案符合专利申请单一性的条件，也尽可能将各个发明改进点单独申请专利，以增加专利申请数量，扩大申请人专利权的持有量。另外，在撰写时还应注意多件专利申请的说明书、权利要求书相互之间的匹配，以及申请时间的掌控，避免出现各件专利申请相互成为抵触申请的情况。



### 4　外围式专利申请策略

在现代市场竞争中，经常会遇到这样的情况，某一企业发现竞争对手形成了以基本技术为核心的专利网，导致自己难以开发新产品。此时该企业可以绕过对方的基本专利网，发掘出针对对方的“空隙”技术，积极开发外围技术，构建自己的专利网，与竞争对手的基本专利网分庭抗礼。这种情形即属于外围式专利申请策略。

例如国内打印机、复印机等打印设备市场基本被国外几家大企业所占有，包括佳能、惠普等在内的打印设备生产商，不仅掌握着打印技术的制高点，同时还拥有大量的专利，形成了一个专利保护壁垒，其中惠普公司在全球的专利总数即达数万项。技术和专利的优势，形成了这些企业特殊的销售策略：低价销售打印设备，以扩充市场；高价销售打印耗材，以获得高额利润。要想突破这种专利保护壁垒，就可以从申请外围专利做起，开发出各种喷墨墨盒、激光粉盒等通用打印耗材。

作为外围式专利申请的申请文件撰写，专利代理人需要与申请人方的发明人一同分析，能够从哪些产品外围挖掘出专利申请的主题，或拓展出相应的专利申请技术方案。例如竞争对手推出一种折叠式自行车，并申请了专利保护，则可以从各种轻便金属材料上进行研究考虑，将这些材料运用于这种折叠式自行车的技术方案申请外围专利。

## 5 公开技术、排除自身风险的专利申请策略

随着专利制度的发展与不断演进，专利申请已成为一种可多方位运用的有效工具。通过申请专利阻击他人先于自己完成同类技术的研发并获得专利，已经成为企业在市场竞争中利用专利制度的一种有效策略。因此，在有些情况下，企业申请某些专利并不是为了开发，而是为了通过公开技术来阻止他人开发同类产品、相同产品的不同方法、相同功能的不同产品等，以免给本企业造成不利的风险。具体来说，有以下几种情况：



① 企业自身在申请专利时并未完成技术研发，但是已经明确了该技术研发的方向和一些关键点、重要参数等，此时尽快提交专利申请，以期在技术发展方向上获得先机，避免因竞争对手获得该技术的专利而陷自身于被动，在这种情况下，申请专利的目的并非一定要获得该专利权。

② 企业出于排除竞争对手可能的潜在周边技术专利造成对于其主业的影响，需要就其非核心技术采取公开的方式贡献社会，申请专利是最佳方式之一。

③ 企业主动通过专利申请公开信息，迷惑或者误导竞争对手，让竞争对手不清楚本企业的技术发展方向从而无法跟踪自己的发展，而不是考虑如何获得这些专利权或者在将来会使用这些专利权。

对于以上几种情况的专利申请策略，专利代理人在撰写申请文件时，可不必过多考虑权利要求的布局、层次以及保护范围的宽窄等。撰写出的专利申请文件也不需要完全符合《专利法》及《专利法实施细则》的要求。例如需要多个具体实施方式和/或实施例来支持权利要求中的技术方案等，由于这类申请的最终目的不是为了获得授权，只要达到公开了某一技术构思即可，因此可以将更多的内容放置在说明书中而实现公开。即专利代理人应该把撰写工作的重点放在内容公开是否充分上，应当尽可能多地公开涉及该技术的发展方向、横向或者纵向的一些关联技术等，至少要达到公开了某一技术构思全部信息的目的。

## 6 与标准关联的专利申请策略

技术专利化、专利标准化的战略越来越被国内企业所接受和运用。

将专利纳入到行业、国家或国际标准中，在一定程度上有助于专利技术的推广，有助于确立申请人在行业的技术地位，有助于抵御或减少申请人的知识产权风险，当然也有助于申请人通过许可等方式获得更大的知识产权利益。许多发达国家、跨国公

司和产业联盟都力求将自己的专利技术提升为标准，以掌握市场的主动权和拥有行业竞争的话语权，从而获取最大的经济利益。

【案例2-30】

2006年11月27日，海尔的“防电墙”热水器成功击败洋标准，成为我国电热水器的国家新标准，并于2007年7月1日实施。在制定该新的国家标准时，国内企业与国外企业就“是否要将防电墙列入标准”问题上发生了激烈的争论。以海尔、帅康为代表的国内企业认为，防电墙是根据中国国情提出的，而且关系到千万消费者的生命安全，必须列入。而一些国外企业认为，目前电热水器伤人事故都是由于用电环境造成的，电热水器本身无质量问题，反对列入。最终通过提交专家委员会投票表决的方式，“防电墙”热水器国家标准获得通过。

对于这样的涉及标准化的专利申请，专利代理人应该与申请人一起，全方位地挖掘可申请专利的创新点。例如，本案中海尔“防电墙”热水器，累计申请12项发明专利，涵盖了防电墙技术的所有领域。



但是，由于标准的功效与专利不同，且标准制定的程序和表述规则与专利不同，因此，如何将专利与标准相关联是问题的关键。这有时在一定程度上与专利申请文件的撰写相关。

在专利申请与标准相结合方面，一些专利管理体制完善的企业，在专利申请委托阶段，即将拟提交的申请分为标准专利申请和普通专利申请。而对于涉及标准专利申请文件的撰写，专利代理人需要注意以下三个撰写特点。

① 专利申请文件中技术用词、技术内容的表述尽可能与技术标准相一致。

② 在撰写权利要求书时，技术手段、技术特征的上位概括或功能性限定应当适度，不能一味追求保护范围的宽泛，而应当在布局和安排时通过逐步限定建立保护范围逐渐缩小的多项权利要求，以提高授权和确权的可能性，进而提高被认定为涉及标准的必要专利的概率。由于作为标准专利的申请一般都是企业的核心基础项目，必须以确保能获得授权为前提，如果盲目追求保护范围最宽来撰写权利要求书，会造成该项专利申请无法获得专利授权的风险。

③ 专利代理人应尽可能对拟纳入国家标准或国际标准的专利申请多作布局与拓展。由于涉及标准的技术项目的后续走向与发展结局往往存在很多不确定因素，因此，专利代理人应当在权利要求书中通过布局多给出一些拓展性技术方案，尤其是对于拟纳入国际标准的专利申请，更需要在说明书中多给出各种可能的实施方式，以便后续以此中国专利申请为优先权提交PCT申请或向外国提交专利申请时，可以增加这些实施方式的权利要求。

另外需注意的是，对于纳入国家标准的专利技术，如何界定侵权行为，以及确定侵权赔偿标准、许可费标准等，也存在权利行使方面的风险。最高人民法院认为，专利权人参与了标准的制定或者经其同意，将专利纳入国家、行业或者地方标准的，视为专利权人许可他人在实施标准的同时实施该专利，他人的有关实施行为不属于《专利法》第 11 条所规定的侵犯专利权的行为。专利权人可以要求实施人支付一定的使用费，但支付的数额应明显低于正常的许可使用费（见《最高人民法院关于朝阳兴诺公司按照建设部颁发的行业标准〈复合载体夯扩桩设计规程〉设计、施工而实施标准中专利的行为是否构成侵犯专利权问题的函》，颁布时间：2008 年 7 月 8 日，文号：［2008］民三他字第 4 号）。因此，对于涉及与标准相关联的专利申请较保险的做法是，围绕该标准专利大量申请外围专利和衍生专利，使得在实施该行业标准的过程中，在该标准的上下游产品或技术上获取较大的专利收益。

## 7 “走出去”战略的专利申请策略



随着我国国家知识产权战略的实施推进，亦随着我国企业更多地进入国际市场，越来越多的企业申请人的专利申请项目在后续会申请国外专利。这种情况下，专利代理人在撰写阶段即应考虑好与国外专利申请的衔接问题，主要涉及如何确保优先权成立以及这类申请在撰写方面的特点。

### 7.1 确保优先权成立

在涉及后续需要申请国外专利的专利申请时，首先需要考虑如何确保后续向国外提出的专利申请能享受本专利申请的优先权，具体需要注意以下两方面的要求。

（1）提前考虑要保护的主题

对于有些在中国不能被授予专利权的主题，例如以存储的有关计算机程序的内容为特征的存储介质、纯粹商业方法、疾病的诊断或治疗方法等，在其他国家是有可能通过专利权的形式给予保护的。如果申请人针对这些主题有向国外申请专利的计划，则需要在首次提交中国专利申请时包含这些内容，以免造成优先权的损失。例如，在撰写专利申请文件时，可在说明书中充分写入相关主题保护的技术方案、实施方式和/或实施例。在基于该申请作为优先权提出国际专利申请或者向目标国提出专利申请时，这些内容应该包含在权利要求中。对于在中国直接提交国际专利申请的情况，在所撰写的权利要求书中仍可包含这些在中国不能被授予专利权的主题，说明书的撰写也可包括相应的实施方式和/或实施例等，直到在该国际专利申请进入中国国家阶段时，再删除这些在中国不能被授予专利权的主题。

（2）尽可能详细地披露发明技术方案以及各种不同的具体实施方式和/或实施例

尽可能详细地披露发明技术方案以及各种不同的具体实施方式和/或实施例是为了避免在后续国外申请中要求中国专利申请优先权时出现不能享受优先权的问题。在知识产权保护领域，无论是一些国际公约，还是各个国家的专利法规，都对要求优先权的专利申请提出了前后两份申请需保护主题相同的要求，因此在撰写的前后两份专利申请文件中，如果出现保护主题的变化，即要求保护的技术内容及具体实施方式和/或实施例不相同，势必会影响优先权的成立。

### 7.2　作为优先权基础的申请在撰写上的特点

如何在提交中国专利申请时考虑后续的在国外的专利保护问题，虽然可从申请时机、选择进入的国家、申请策略等多方面进行综合考虑，但撰写好一份作为优先权基础的中国专利申请文件无疑是最重要的方面之一。

出于申请人费用成本方面的考虑，应尽可能使专利代理人写出的中国专利申请文件直接用在欧美等主要国家申请专利，也即中国专利申请文件仅需翻译和外国专利律师极少改动就达到外国申请要求，而这些极少改动又不至于影响优先权的成立。

（1）满足申请文件清楚并充分公开发明的总体要求

清楚和充分公开发明是对专利申请文件撰写的最基本要求，也是确保优先权成立的必备条件。所谓清楚即要求避免在申请文件中有不明确的陈述。

【案例2－31】

在一份专利代理人撰写的专利申请文件中，出现了“至少两个放射器和接收器”的文字表述，就会导致申请文件存在未清楚描述发明的问题，因为无法确定这是表示一个放射器和一个接收器还是表示两个放射器和两个接收器，中文专利申请文件的不当撰写有可能对后面的英文翻译形成限制，进而对申请人日后的国外专利申请造成不利影响，甚至有可能会影响到后续的专利侵权诉讼中专利权是否能有效发挥作用的问题。

（2）权利要求的撰写

在撰写权利要求时，首先应当将那些虽然在中国被明确排除但在国外有可能被授予专利权保护的主题作为独立权利要求写入权利要求书中。此外，在撰写从属权利要求时，要使其能成为本申请具有创造性前景的后盾。

具体来说，由于申请人选择向国外申请的项目多半是考虑到该项目的商业价值和市场竞争的需要，因此，所撰写的权利要求书应尽可能满足以下各方面的要求：

① 至少有一项从属权利要求体现商业上最重要的实施方式。

② 增大竞争者直接侵犯权利要求技术方案的可能性。

③ 避免撰写成只可能被消费者侵犯的权利要求。

④ 考虑保护总体发明的某个部分。

⑤ 避免仅以现有技术中已有的特征作为某项从属权利要求的限定部分而导致权利要求项数过多。

⑥ 保护范围较窄和最窄的权利要求应当比较具体，以便使其中至少一部分权利要求能够被授权。

（3）说明书的撰写

就专利申请说明书的组成部分来说，各个国家与地区的规定基本上相同。在具体撰写中国专利申请说明书时，需要考虑以下一些与国外专利申请相关联的注意点。

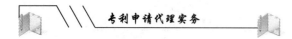

发明名称尽可能采用技术方面的术语。例如：对于一种商品分类的方法和装置，建议写成“一种数据分类的方法和装置”。

在技术领域方面，同样尽可能采用技术层面的术语。例如：申请人提供的技术领域为“本申请涉及电子商务领域，特别涉及一种商品分类的方法及装置”，建议换成另一种写法：“本申请涉及数据处理领域，特别涉及一种数据分类的方法及装置。”

在说明书中列举本专利申请的优点时须注意用词，避免引起各权利要求、尤其是独立权利要求必须达到所有优点的误解。

例如：将“本发明具有以下优点”改为：“本申请包括以下优点……当然，实施本发明的任一产品并不一定需要同时达到以上所述的所有优点。”



撰写后续会涉及欧洲专利申请的中国国家申请时，撰写实施方式时尽可能使其包括所有技术特征，但说明这些技术特征都是可选择的，从而为这些技术特征的组合与分开提供依据。

## 8 与技术秘密保护相结合的专利申请策略

专利代理人在接受申请人的专利申请委托后，会出现申请人对专利申请项目本身或其中的部分技术内容要求保密而不公开的情形。关于采用专利保护与采用技术秘密保护的利与弊，本章第一节与第二节均有说明，此处不再赘述。为了满足申请人的实际需求，也为了更好地保护申请人的经济利益，专利代理人可以对专利申请项目进行具体的分析，采用申请专利保护与技术秘密保护相结合的策略。常见的形式有以下两种：

① 申请人将其发明创造中符合专利授权条件的大部分内容申请专利，但将其中的关键、核心部分作为技术秘密来保护。

② 对申请人发明创造中的某个相对独立的部分或某个配件申请专利，发明创造的整体作为技术秘密保护。

在前一种情况下，竞争对手虽然能够依据专利说明书等资料实施该专利技术，但要达到较为理想的实施效果，仍然需要获取该技术秘密。这样就能够提高专利权人在签订专利许可或转让合同中的地位，实现更大的经济效益。在后一种情况下，即使技术秘密被竞争对手获悉，由于专利仍控制着产品部分细节，他人要生产完整的产品，仍然需要和专利权人签订专利许可合同。

采用专利申请与技术秘密相结合的保护策略，即保留发明创造的部分技术内容作为技术秘密给予保护，部分内容通过公开申请专利的形式独占市场，在一定程度上发挥了申请专利和给予技术秘密保护两方面的优势，避免了各自的不足，不失为一种较好的模式。原则上，专利代理人可以与申请人一同确定，对发明创造中容易为竞争对手仿造且不容易保密的部分申请专利保护，而对发明创造中技术难度较大且不容易仿造的部分作为技术秘密保护。

【案例2－32】

本章案例2－13涉及一种“高速涡轮牙钻手机”，其主要发明改进点在于用硅胶按压盖替代现有技术中的金属按压盖和按压盖复位弹簧、用碟簧代替进口弹簧、用塑胶材料制造涡轮轴与夹爪。申请人提出不想公开涡轮轴与夹爪的材料以及碟簧的弹力数值范围。

专利代理人与申请人方发明人进行了沟通，了解到碟簧的弹力是能够用弹簧测试仪进行测定的，而涡轮轴的材料和夹爪的材料如果是自制的改性塑料而不是外购塑料，同时通过反向工程不能获取该技术，可用技术秘密保护。由此确定：对碟簧弹力的数值范围通过专利申请进行保护，而对涡轮轴的材料和夹爪的材料采用技术秘密的方式进行保护。这种处理即属于运用申请专利保护与技术秘密保护相结合策略的实例。



## 9　同时申请发明和实用新型的策略

对于既有长期市场效益又会在近期很快上市的产品，申请人会希望将该发明创造申请发明专利以获得较长时间的保护，但同时又希望该发明创造能尽快获得授权。这种情况下专利代理人可以向申请人建议，在撰写发明专利申请的同时再撰写一份实用新型专利申请文件，在同一天向国家知识产权局提交发明与实用新型专利申请。

在我国，实用新型专利申请不需要进行实质审查，申请后经过初步审查即公布并授予专利权。虽然我国不允许发明和实用新型重复授权，但是根据我国现行《专利法》《专利法实施细则》和《专利审查指南2010》的规定，在申请时申请人可对同一发明创造同时申请发明专利和实用新型专利，并在专利申请的请求书中作出相关声明。在实用新型专利权被授予后，对发明专利申请授权之前，允许申请人通过放弃之前授予的实用新型专利权的方式来获得对发明专利权的保护。

由此可以实现就同一发明创造分两个阶段进行较长时间分别保护的目的。也即在第一阶段先获得实用新型专利授权，使用实用新型专利权进行保护。目前国家知识产权局采用了电子申请与电子审查系统，对于实用新型专利申请，一般一年左右即可授权，有些甚至在几个月内即可获得授权，从而实现申请人所期望的发明创造尽快被保护的目的。然后在第二阶段即发明专利申请的实质审查阶段，放弃在先的实用新型专利权，获得发明专利授权，在此后的发明专利保护期限中使用发明专利权进行保护。

在这种情况下，专利代理人在撰写时需要同时写出发明和实用新型两份专利申请文件，使得发明专利申请与实用新型专利申请均有获得授权的可能。当然，利用同时申请发明与实用新型的策略时，专利代理人也可以为申请人撰写出不同权利要求保护范围的发明专利申请文件与实用新型专利申请文件，使得发明专利申请与实用新型专利申请均可获得授权。这种情况下，专利代理人需要加强与申请人的沟通，以确定将哪些技术方案写进发明专利申请中进行保护，哪些技术方案写进实用新型专利申请中进行保护。利用同时申请发明和实用新型专利策略的限制在于当发明创造仅涉及方法、新物质类型时无法运用。

需要说明的是，由于技术领域不同、技术创新程度不同、市场环境不同、企业发展阶段不同，导致各企业包括专利申请策略和专利运用策略在内的专利战略不尽相同，这就要求专利代理人能够根据申请人不同的专利申请策略，撰写出相应的专利申请文件。

上述介绍的专利申请策略并未穷尽当前或未来的所有与撰写有关的个性化专利申请策略，但任何申请策略在专利申请过程中需要考虑的事项无外乎就是如何发挥申请时间、程序、说明书、权利要求书各自的功效以及如何相互配合实现其申请目的。另外，上述几种策略本身可能需要同时在专利申请上体现，因此上述各种策略所对应的撰写特点或者注意事项可相互交叉、综合使用。希望本节内容能够起到对专利申请策略与专利申请文件撰写的启示作用。

# 第三章　审查意见通知书的答复

答复审查意见通知书是专利代理实务中的重要业务之一。对于审查意见通知书的答复，专利代理人应当根据申请人的委托处理相关业务：及时转达审查意见通知书，根据审查意见通知书的具体内容确定答复的方式并协助或负责审查意见的答复，必要时依法、客观地修改专利申请文件，即采用陈述意见和/或修改申请文件的方式克服通知书中指出的问题，帮助申请人获得恰当的专利权。本章第一节和第二节分别讲述如何向申请人转达审查意见通知书、如何理解审查意见通知书的内容和向申请人提出答复建议，以及如何完成审查意见通知书的答复等工作；此外，为帮助读者更好地掌握答复审查意见通知书的具体实务工作，在第三节中给出两个答复审查意见通知书的案例。



## 第一节　审查意见通知书的理解与转达

正确理解审查意见通知书的内容，及时向申请人转达审查意见通知书，并根据具体情况向申请人提供适当的答复建议，是专利代理人在完成审查意见通知书答复工作中的第一个环节。

### 1　阅读和理解审查意见通知书

根据审查进程的不同，可以将审查意见通知书分为第一次审查意见通知书和中间审查意见通知书。每次审查意见通知书均由通知书表格和通知书正文组成。通知书表格中会指出本审查所依据的文本，如果通知书正文引用了对比文件，通知书表格中就会列明对比文件的基本信息。通知书正文中给出具体的审查意见。下面讨论如何阅读和理解审查意见通知书。

#### 1.1　核实审查所针对的文本

审查所依据的文本通常在审查意见通知书表格中体现。如果文本组成比较复杂，有时在审查意见通知书正文中还会进一步述及。

依据请求原则，申请人递交的最后一个文本通常会被作为审查所依据的文本。但是，如果申请人所期望作为审查基础的文本的提交时机和方式不符合《专利法实施细则》第51条第1款或第3款的相关规定，则国家知识产权局审查部门将依据之前提交的符合上述规定的最后文本进行审查，并会在审查意见通知书正文中说明理由。如果专利代理人发现审查意见通知书未针对申请人所期望的审查文本进行审查，在通知书中又未对此作出说明，则需要核实审查员对审查文本的认定是否有误。

如果确实存在审查文本认定错误，则进一步分析该审查文本认定的错误是否会对答复审查意见通知书造成实质上的困难，并根据具体情况采取不同的处理方式。

（1）审查文本认定错误未对答复造成实质上的困难

在有些情况下，虽然审查意见通知书中所认定的审查文本有误，但是该认定错误并未对答复造成实质上的困难，则专利代理人可以继续做转达和答复工作；必要时，与审查员进行电话沟通。下面列举三种这样的情况：

① 申请人应专利局初步审查部门的要求提交了说明书附图的修改替换页，初步审查部门接受了该修改，但在实质审查过程中，审查依据的文本仍然是原始提交的说明书附图。

② 对一件 PCT 申请，申请人依据 PCT 条约第 28 条或第 41 条的规定对说明书第 ××页进行了修改，并在进入中国国家阶段时要求在该文本的基础上进行审查，但审查意见通知书依据的审查文本仍为进入中国国家阶段时提交的原始国际申请文件的中文译文。



③ 申请人在收到申请进入实质审查阶段通知书之日起的 3 个月内先后提交了两个修改文本，后一文本仅删除了前一文本中修改超范围的某权利要求，而第一次审查意见通知书中仍然依据前一文本进行审查，并对该权利要求进行了评述。

（2）审查文本认定错误对答复造成实质上的困难

审查意见通知书所认定的审查文本有误并对答复造成了实质困难时，专利代理人可与审查员通过电话沟通，说明情况，根据沟通情况决定如何处理；在沟通有困难时，可以在意见陈述书中向审查员说明审查意见通知书所针对的审查文本有误，指出应当以哪一文本作为审查文本，并说明理由。在这种情况下，在转达审查意见通知书时，应该向申请人作出清楚解释。

### 1.2 审查意见通知书中对申请的倾向性意见

审查意见通知书表格中的一项重要内容是给出对该申请的倾向性意见，其体现了审查员经过实质审查后，对该申请的总体评价，在某种程度上反映了该申请可能的前景，但并不代表申请通过审查的最终结果。倾向性意见在通知书表格的第 2 页中间部分，该倾向性意见与审查意见通知书正文部分的内容相对应。

倾向性意见可以分为三大类。

第一类是具有授权前景的倾向性意见。这是指审查意见通知书通篇没有引用《专利法实施细则》第 53 条规定的任何一个驳回条款，也没有任何假设性评述涉及可驳回的理由。其对应着表格中倾向性意见中的第一栏“申请人应当按照通知书正文部分

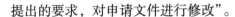

提出的要求，对申请文件进行修改”。

第二类是无授权前景的倾向性意见。这是指审查意见通知书针对全部权利要求都用《专利法实施细则》第53条规定的驳回条款进行了评述；审查意见结尾部分往往会出现“说明书也没有任何可以授权的实质内容”“不具备授权前景”等语句。其对应着表格中倾向性意见中的第三栏“专利申请中没有可被授予专利权的实质性内容，如果申请人没有陈述理由或陈述的理由不充分，本申请将被驳回”。

第三类是授权前景不确定的意见，即除上述两种情形之外的其他情形。其对应表格中倾向性意见中的第二栏“申请人应当在意见陈述书中论述其专利申请可被授予专利权的理由，并对通知书正文部分中指出不符合规定之处进行修改，否则不能被授予专利权”。

实务中，专利代理人可以根据审查意见通知书中的表格结论栏和正文结尾语段的内容，对收到的审查意见通知书按照上述三类进行粗分，然后安排相应的工作计划和进度。

对不同的倾向性意见，答复方式有所不同。对于第一类情形以及第三类中偏重于具有授权前景情形的意见答复，均可定位为“修改即可被授权”的情形，除非另有合理考虑，对审查意见通知书中所指出的申请文件所存在的缺陷逐一修改加以克服即可。对于第二类情形以及第三类中偏重于无授权前景情形的意见答复，事关该专利申请“能不能被授权”，此时需要视情形来确定是采用意见陈述、修改申请文件还是结合采用其他方式来完成。以下将对上面三种情形分别进行详细论述。



（1）对于具有授权前景的倾向性意见

通常专利申请文本仅存在形式缺陷，明显有授权前景，此时只要按照通知书指出的审查意见对申请文本进行修改，克服所存在的缺陷，即有望被授予专利权。例如，申请文件存在《专利法实施细则》第17条至第23条等涉及的说明书、权利要求书等的形式缺陷。

（2）对于无授权前景的倾向性意见

当审查意见通知书指出申请文件中公开的所有技术方案均存在《专利法实施细则》第53条所规定的可导致申请被驳回的缺陷时，倾向性意见通常是无授权前景。无授权前景的倾向性意见是审查意见通知书作出的对一份专利申请的最严厉的否定性评价。如果申请人对申请文件不作任何修改或陈述的理由不充分，该申请将面临被驳回的风险。下面列举几种具体的情形加以说明：

① 全部权利要求存在着不具备新颖性和/或创造性缺陷：专利申请的全部权利要求都不具备新颖性和/或创造性，同时说明书中也没有记载其他任何可以授予专利权的实质性内容，因而即使申请人对权利要求进行重新组合或者根据说明书记载的内容作进一步的限定，该申请也不具备被授予专利权的前景。

② 说明书对要求保护的全部主题公开不充分缺陷：专利申请因为说明书未对发明

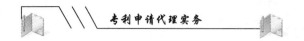

或者实用新型作出清楚、完整的说明而不能被授予专利权。

③ 全部主题都属于不授予专利权的客体：专利申请要求保护的内容所涉及的主题全部属于《专利法》第 5 条或第 25 条所规定的不授予专利权的客体。

④ 全部主题都不构成《专利法》第 2 条第 2 款所规定的技术方案：专利申请要求保护的主题都不属于《专利法》第 2 条第 2 款所规定的技术方案，而且说明书中也没有记载其他任何可获得专利权的实质性内容。

⑤ 全部主题都不具备实用性：专利申请要求保护的所有主题都不能够在产业上制造或使用，不能够产生积极效果，如永动机等。

（3）对于授权前景不确定的意见

如果申请人对申请文本进行的修改克服了通知书中所指出的实质性缺陷和/或给出了理由充分的陈述，有望获得授权；如果申请人不对申请文本进行任何修改或者所作修改未能克服通知书中所指出的实质性缺陷，且陈述的理由又不充分，该申请将面临被驳回的风险。现列举几种具体的情形：

① 某项或某几项权利要求未清楚限定要求专利保护的范围，但这些权利要求的从属权利要求或说明书中已清楚地记载了相应的技术方案。

② 某项或某几项权利要求未以说明书为依据，即这些权利要求的技术方案得不到说明书支持。

③ 独立权利要求缺少必要技术特征，但所缺少的必要技术特征已记载在其他权利要求和/或说明书中。

④ 部分权利要求不具备新颖性和/或创造性，且有可能通过修改申请文件克服这一实质性缺陷。

⑤ 虽然全部权利要求不具备新颖性和/或创造性，但是本申请说明书中记载的技术方案中还包含有与现有技术或抵触申请文件相区别的技术特征，通过将上述区别的技术特征补入到独立权利要求中，缩小独立权利要求的保护范围，就可能克服专利申请不具备新颖性和/或创造性的缺陷；或者通过将不同权利要求的技术方案进行组合可克服通知书中所指出的专利申请不具备新颖性和/或创造性的缺陷。

⑥ 申请文件的修改超出原说明书和权利要求书的记载范围，但该实质性缺陷有可能通过再次修改申请文件加以克服。

⑦ 部分发明主题涉及不授予专利权的客体和/或不构成《专利法》第 2 条所规定的技术方案，且该实质性缺陷可通过删除这部分发明主题来克服。

⑧ 专利申请权利要求书中所要求保护的多项主题之间不具有单一性，该缺陷可以通过删除或者修改部分独立权利要求加以克服，对删除的发明可另行提交分案申请。

### 1.3 对通知书中引用的对比文件的分析

当审查意见通知书中引用了对比文件时，在通知书表格的第 1 页的相关栏中可以看到该对比文件的基本信息。对比文件通常是判断发明是否具备新颖性或创造性引用的文献。有时对比文件也会被用来作为说明权利要求之间不具有单一性的依据。引用的对比文件可以是一份，也可以是数份。对比文件的类型可以是专利文献，也可以是非专利文献。对于通知书中所引用的这些对比文件，通常需要先对这些对比文件在形式上是否合格以及它们与本专利申请的相关度作出初步判断。

### 1.3.1　是否满足构成本申请现有技术或抵触申请的形式要件

如果审查意见通知书中引用了对比文件，首先要确定这些对比文件是否在形式上满足构成现有技术或抵触申请的条件。如果其中某一对比文件不满足上述形式条件，则无需对该对比文件的内容作进一步分析。

对于用作现有技术的对比文件，其形式要件是该对比文件的公开日在本申请的申请日（如果本申请能享有优先权的，为优先权日）之前。

对于用作抵触申请的对比文件，其形式要件包括：该对比文件是否为中国专利文献，该对比文件的申请日是否在本申请的申请日（如果本申请能享有优先权的，为优先权日）之前，公开日是否在本申请的申请日（如果本申请能享有优先权的，为优先权日）之后。应该注意，抵触申请还包括满足以下条件的进入了中国国家阶段的国际专利申请，即本专利申请的申请日（如果本申请能享有优先权的，为优先权日）前由任何单位或者个人提出且在该申请日（如果本申请能享有优先权的，为优先权日）前尚未作出国际公布，但在申请日（如果本申请能享有优先权的，为优先权日）当天或之后由国家知识产权局专利局作出公布或公告的涉及同样的发明或者实用新型的 PCT 申请。需要提请注意的是，对于国家知识产权局专利局作为受理局受理并以中文公布的 PCT 申请文件，其公开文本不属于中国专利文献，其公开号的国别标记是“WO”，只有在该国际申请进入中国后并由国家知识产权局专利局作出公布或公告，才满足构成抵触申请的形式要件。

### 1.3.2　对引用的对比文件中技术内容的分析

对于审查意见通知书中引用对比文件指出权利要求不具备新颖性和/或创造性的情况，如果专利代理人初步判断这些对比文件满足构成本申请现有技术或抵触申请的形式要件，就需要对这些对比文件所披露的技术内容作进一步分析，判断通知书中关于新颖性/创造性的评述是否合理，并在此基础上考虑有无争辩的余地，以便在下一步转达审查意见时告知申请人。

专利代理人对引用的对比文件的内容进行分析可遵循以下步骤。

① 如果通知书中引用了多篇对比文件，通常可以先选择用于评述本申请新颖性的对比文件或者在独立权利要求创造性评述中用作最接近的现有技术的对比文件，分析该对比文件公开的内容与本申请权利要求所要求保护的技术方案相关的程度。

② 如果评述创造性时作为最接近的现有技术的对比文件确实与本发明相关度很高，确定本申请要求保护的技术方案与该最接近的现有技术相比的区别特征，与此同

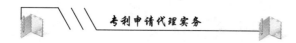

时阅读、理解用于评述创造性的其他对比文件，确定现有技术中是否给出将上述区别特征应用到该最接近的现有技术以得到本发明要求保护的技术方案的结合启示。

③ 在专利代理人对上述对比文件和本申请技术内容的理解没有困难的情况下，不仅要将权利要求书中的各技术方案与对比文件进行对比分析，必要时还要将说明书具体实施方式部分记载的技术方案与对比文件进行对比分析。

## 2 审查意见通知书的转达及对答复的建议

专利代理人在收到审查意见通知书后，在认真解读、全面理解审查意见通知书的基础上，需尽快地或在与申请人商定的时限内向申请人转达审查意见通知书，并向申请人提供答复审查意见的建议，除非申请人明确指示无需提供建议。下面分别对审查意见通知书转达时间的掌控和如何提供答复建议作出说明。

### 2.1 审查意见通知书转达的时间掌控

在正确理解审查意见后，专利代理人应当尽快向申请人转达审查意见通知书。特别是当审查意见通知书的内容涉及例如说明书未充分公开发明、权利要求的技术方案不具备创造性等问题时，专利代理人更应在收到审查意见通知书后尽早向申请人转达审查意见通知书，以便给申请人留有充裕的时间收集相关文献资料和/或准备对比实验数据，从而更好地克服审查意见通知书中指出的问题。



对于具体的转达时限，不同的专利代理机构以及不同的申请人通常会有不同的具体规定和要求。一般而言，对于第一次审查意见通知书，专利代理人向申请人转达的时限应控制在2~3周以内。对于中间审查意见通知书，由于指定的答复期限短，专利代理人向申请人转达的时限应控制在1~2周以内。

专利代理人在转达审查意见通知书时，通常应在转达函中向申请人提供答复审查意见的建议，除非申请人事先声明不必提供建议。下面针对审查意见通知书中的三种倾向性意见，即具有授权前景的倾向性意见、无授权前景的倾向性意见和授权前景不确定的意见，分别说明专利代理人应当如何提供具体的答复建议。

（1）针对具有授权前景的倾向性意见的答复建议

对于具有授权前景的倾向性意见，在转达时可告知申请人，通知书中所指出的缺陷基本上都属于形式缺陷，不会影响到专利保护范围，建议按照通知书的要求作出修改，以便早日获得授权。

（2）针对无授权前景的倾向性意见的答复建议

对于无授权前景的倾向性意见，通过对审查意见通知书的仔细分析（包括将申请文件的内容与通知书所引用的对比文件进行对比分析）后可能会出现三种情况：同意审查意见、部分同意审查意见以及不同意审查意见。

① 第一种情况是同意审查意见，认为通知书的意见正确，该专利申请的确不符合

《专利法》或《专利法实施细则》的有关规定，而且也无法通过修改申请文件克服有关缺陷，无授权前景。在此情况下，在向申请人转达审查意见通知书时，可向申请人讲明通知书的审查意见符合《专利法》和《专利法实施细则》的相关规定，由申请人自行决定如何处理。为帮助申请人理解，可以对审查意见作些具体补充说明，但不要向申请人提出不妥当的建议，至多告知申请人若不同意上述审查意见时需要提出足够的、有说服力的理由。

② 第二种情况是部分同意审查意见。对其中同意的部分，即认为通知书中所指出的实质性缺陷的确存在、但通过修改申请文件能加以克服的审查意见，除了向申请人转达审查意见通知书并给出对审查意见理解的说明外，还应当向申请人指出申请文件修改方向的建议，供申请人修改时参考；必要时还应当要求申请人从技术角度提供相关分析，以便在答复审查意见通知书时，对修改后的申请文件为何消除了通知书指出的实质性缺陷进行说明。对其中不同意的部分，即认为通知书所指出的部分实质性缺陷并不存在或有可商榷之处，可以向申请人说明专利代理人的观点，提供相关部分的陈述意见，并请申请人从技术角度对陈述意见加以补充。

③ 第三种情况是不同意审查意见，即认为通知书中指出的实质性缺陷实际上并不存在。对于这种情况，在转达审查意见时应向申请人详细说明自己的观点和具体分析意见，以供申请人在确定本申请后续处理方案时作为参考，从而作出合理的决断。需要说明的是，在这种情况下应当慎重，应在客观依据充分的前提下确认审查意见确属有误时，再提出此建议。例如，对于有优先权要求的申请案，审查意见通知书中用于评述本专利申请不具备创造性的对比文件的公开日虽早于本申请的申请日，但晚于本申请的优先权日，且审查意见通知书未说明相关的权利要求不能享受优先权，而相关权利要求明显可以享受优先权。

(3) 针对授权前景不确定的意见的答复建议

对于授权前景不确定的意见，通过对审查意见通知书的仔细分析（包括将申请文件的内容与通知书所引用的对比文件进行对比分析），同样可能出现与无授权前景的倾向性意见相类似的三种情况，即同意、部分同意以及不同意审查意见，但在转达审查意见通知书时采取的做法与转达无授权前景的倾向性意见时基本相同，但也存在一些不同之处。

例如，有时需在转达审查意见通知书时告知申请人，若完全按照审查意见修改权利要求书会导致保护范围过窄，而不完全按照审查意见修改则会导致延长审批程序甚至在某些情况下有被驳回的风险，请申请人作出抉择。

又例如，对于权利要求书中存在多项从属权利要求引用多项从属权利要求这类形式缺陷的处理方法，必要时应当征求申请人的意见，了解这些权利要求各个技术方案中哪些比较重要，以便通过将这些权利要求分拆成几项权利要求以保留其全部技术方案或者通过删除其中一些不重要的技术方案来消除这一形式缺陷。

## 第二节　答复审查意见通知书的原则与策略

本节涉及专利代理人在答复审查意见通知书时所应遵循的一些答复原则，并结合具体案例针对十种最常见的审查意见所涉及的情形论述了在答复这些审查意见时可以采取的一些答复策略。

### 1　审查意见通知书的答复原则

在答复审查意见通知书时，专利代理人不仅要从《专利法》《专利法实施细则》和《专利审查指南2010》的相关规定出发协助申请人克服审查意见中指出的各种缺陷，使申请尽快获得授权，而且还要考虑如何为申请人争取稳定并且尽可能宽的保护范围，使申请人的发明得到更好的专利保护。具体说来，专利代理人在答复审查意见通知书时应当遵循下述四个答复原则。

（1）以《专利法》《专利法实施细则》和《专利审查指南2010》为依据的原则

专利申请的审查和批准以及专利权的保护均以《专利法》和《专利法实施细则》为依据，因此在答复审查意见通知书时，应当以《专利法》和《专利法实施细则》规定的内容为依据进行争辩，指出专利申请符合《专利法》和《专利法实施细则》有关规定的理由。此外，《专利审查指南2010》是国家知识产权局的部门规章，对《专利法》和《专利法实施细则》各条款的内容作出进一步具体的规定，是专利局和专利复审委员会依法行政的依据和标准，也是有关当事人在上述各个阶段应当遵循的规章。因此，在撰写意见陈述书时，专利代理人也可以借助《专利审查指南2010》规定的内容作为争辩的依据。

（2）全面答复原则

对于那些不属于无授权前景的申请案，审查员将依据程序节约原则，在发出的审查意见通知书中同时指出申请文件中所存在的各种缺陷。例如，在同一份审查意见通知书中，同时指出同一权利要求或不同权利要求不具备新颖性/创造性的问题、权利要求得不到说明书支持的问题以及权利要求不清楚的问题等，甚至还指出申请文件所存在的形式缺陷。在针对这样的审查意见通知书进行答复时，专利代理人应当遵循全面答复原则，即针对审查意见通知书中所指出的所有缺陷，特别是针对驳回条款所对应的缺陷逐一进行答复。这样，既有助于专利审查程序向前推进，使专利申请尽可能早日获得专利权，又可以避免该专利申请在作出答复后因仍然存在审查意见通知书中所指出的实质性缺陷而被驳回。

在对审查意见通知书中所指出的申请文件的缺陷进行答复时，对于同意的意见，应当对申请文件进行修改，并在意见陈述书中写明为克服该缺陷对申请文件作出哪些修改，对其中的实质性缺陷还应当说明修改后的权利要求如何克服了审查意见通知书中所指出的这些缺陷；对于不同意的意见，则应当在意见陈述书中充分论述理由，必要时提供对比实验数据、相关的现有技术或者其他证明文件作为支持所论述理由的证据，绝对不要只给出主观断言或者简单地指出审查意见的观点不成立。

（3）维护申请人利益原则

在答复审查意见通知书时，专利代理人要充分考虑申请人的利益，在修改申请文件和陈述意见时必须要慎重，既要为申请人争取早日授权，又要为申请人争取稳定并且尽可能宽的保护范围，使申请人的发明能够得到更好的专利保护。

有时审查意见通知书中虽然初步指出了一些实质性缺陷，如说明书未充分公开发明、权利要求书未以说明书为依据、权利要求未清楚限定要求专利保护的范围等，但这并不代表对该申请最终的审查结论，申请人应当通过提交意见陈述书或修改申请文件的方式，来澄清相关技术内容或者克服上述缺陷，以便于后续审查。因此，专利代理人在答复审查意见通知书时，不要盲目地完全按照通知书的内容对申请文件进行修改，而应当认真研究审查意见通知书以及专利申请文件的内容，对审查意见的正确性进行判断，必要时寻求申请人在技术上的支持。若经过仔细分析，确实认为申请的权利要求可以取得比审查意见通知书中明示或暗示的修改结果更宽一些的保护范围的话，则应当为申请人作积极争取并在意见陈述书中充分论述理由，不必单纯地追求加快审查进程而导致发明得不到更恰当的保护范围。

此外，对于审查意见通知书中指出的权利要求的单一性缺陷，专利代理人也要根据申请说明书的内容进行充分的分析，将尽可能多的发明在同一件专利申请中获得保护，而不要完全按照审查意见通知书中认定的事实盲目地对权利要求进行修改和分案，造成申请人经济上或者时间上的损失。

（4）适度原则

专利代理人在答复实质审查意见通知书的过程中，不仅要立足于实质审查程序，完成答复通知书的任务，使得专利申请获得授权，还要综合考虑授权的权利要求的保护范围大小以及稳定性，例如要考虑答复通知书过程中的各种行为对将来在维权阶段司法机关对最终权利要求范围解释的影响，确保自身的答复和修改行为适度，既要维护当前利益，又要兼顾长远的考虑。

例如，根据禁止反悔原则，申请人、专利权人在专利授权或者无效宣告程序中，通过对权利要求、说明书的修改或者意见陈述而放弃的技术方案，专利权人在侵犯专利权纠纷案件中又将其纳入专利权保护范围的，人民法院不予支持。根据该原则，在专利申请审查过程中对权利要求书所进行的限制其保护范围的修改以及在意见陈述书中所作的限制性解释均会成为专利侵权诉讼中确定其专利权保护范围的依据，在专利侵权诉讼中不能再对其作出与此相反的扩大性解释。因此，在专利申请的审查过程中，专利代理人在答复审查意见通知书时一定要把握适度的原则，不要为了急于获得授权而过度地限制权利要求的保护范围，并且注意在陈述意见时不要作出不必要的限制性解释。

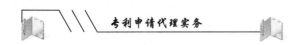

## 2 对各类审查意见的答复策略

专利代理人应当认真阅读国家知识产权局发出的审查意见通知书，全面、准确地理解审查意见通知书的内容及其所引用的对比文件的技术内容，理解专利申请的内容及其要求保护的主题，针对具体情形作出正确的前景判断，在此基础上确定答复审查意见通知书的策略。

为了正确确定答复审查意见通知书的策略，需要注意下述两点：理解审查意见并分析其是否正确时按“两步法”进行判断；针对不同分析结果灵活运用答复手段。

（1）按照“两步法”来理解和分析审查意见

在理解审查意见并分析其是否正确时，应当采用符合逻辑分析的判断过程和思路。推荐的判断过程和思路可以归纳为“两步法”：第一步，先核实“事实认定”；第二步，在事实认定基础上判断其“法律适用”是否正确。这也是本节 2.1 到 2.10 中针对各种情形确定答复策略普遍适用的一个“通则”。

推荐采用这样的两步判断方法是因为审查意见的作出通常采用这两个步骤。前文中提到“理解审查意见”，实质上理解的就是审查意见的论据、论点和论证过程。审查意见的内容都涉及本申请的某项或某些事实不符合《专利法》和《专利法实施细则》的相关规定，所以其判断过程必然包括对事实的查明和认定以及在查明和认定的事实基础上适用《专利法》和《专利法实施细则》的相关规定这两个步骤，并在此基础上得出审查结论。因此，采用上述“事实认定”和“法律适用”的“两步法”判断审查意见是否正确，将有助于专利代理人在对该审查意见陈述意见时有理有据地针对争议焦点说明己方的观点，以提高工作效率和陈述意见的说服力。具体说来，在上述“两步法”判断中，如果分析后认为审查意见通知书中的“事实认定”有误，则可以在意见陈述书重点说明审查意见通知书中所认定的事实与客观事实不符；如果分析后认为审查意见通知书中的“法律适用”不当，则在意见陈述书中重点论述本申请符合法律有关规定的理由。

（2）针对不同分析结果灵活运用答复手段

在答复审查意见通知书时，可供采用的答复手段通常有三种：意见陈述书、修改申请文件和提供证据。在答复时，可以根据分析结果仅采用意见陈述书的答复方式，也可以采用修改申请文件并提交意见陈述书的答复方式；必要时，还可以在采用上述两种答复方式的同时提供证据或证明材料来支持意见陈述书中的主张。

专利代理人可以在意见陈述书中进行充分的解释、说明或论证，但在意见陈述时需要注意前面提到的“适度原则”，不要对发明内容作出一些不必要的限制性说明和解释。

修改申请文件也是答复审查意见时通常采用的手段，尤其在分析结果认为该审查意见正确或基本正确时，只能通过修改申请文件来克服通知书中所指出的缺陷。对申请文件的修改同样需要注意以上提到的“适度原则”，不要为了急于获得授权而过度地限制权利要求的保护范围。

提供证据包括提供现有技术证据、公知常识证据、对比实验数据、商业销售数据等。

在实践中，专利代理人可以根据不同的案情和时机确定单独采用或者综合采用上述答复手段。

以下列举十种最常见的审查意见所涉及的情形，并针对每种具体情形讲述如何在“两步法”判断过程和思路的指导下，根据各案情形选择适用的答复手段。本节的示例和讨论重点在于如何答复审查意见通知书，因此对于各案例中所作出的修改为什么符合《专利法》第33条的规定不作重点阐述。

### 2.1 涉及新颖性的审查意见

针对涉及申请新颖性的审查意见，首先进行“事实认定”，分析审查意见通知书中引用的对比文件的形式要件是否满足用于评述新颖性的要求，即判断对比文件是否满足构成现有技术或抵触申请的形式要件；如果形式要件满足，则进一步按照单独对比原则将权利要求中要求保护的一个技术方案作为整体与对比文件中公开的一个方案进行比较。比较时，通常要对构成权利要求的技术特征进行分解，逐一比较权利要求中的每一个技术特征是否确实在对比文件的同一个方案中被公开，以确定该权利要求保护的技术方案是否被对比文件公开。然后进行“法律适用”，如果确定该权利要求保护的技术方案被对比文件公开，再判断对比文件公开的方案能否适用于与权利要求的技术方案相同的技术领域，能否解决相同的技术问题，获得相同的技术效果。如果能够适用于与权利要求的技术方案相同的技术领域，能解决相同的技术问题，获得相同的技术效果，则权利要求的技术方案不具有新颖性。

如果确定该权利要求保护的技术方案未被对比文件公开，则说明权利要求的技术方案具备新颖性。

确定答复手段：对于本申请不具备新颖性的审查意见，通常可根据上述分析结果采用意见陈述或者修改权利要求并结合意见陈述的答复方式，必要时提供相关的证据。也就是说，如果通过分析不同意审查意见，可通过意见陈述的方式进行答复；如果同意审查意见，则需要修改权利要求，同时还需要在修改的权利要求的基础上进行意见陈述。在这种情况下，即使审查意见中未涉及相应权利要求的创造性问题，在意见陈述中还应该对该权利要求相对该对比文件具备创造性的理由进行论述。

《专利审查指南2010》中规定了新颖性判断的五种常见的情形，即：相同内容的发明或者实用新型，具体（下位）概念与一般（上位）概念，惯用手段的直接置换，数值和数值范围，包含性能、参数、用途或制备方法等特征的产品权利要求。以下通过具体案例来说明答复缺乏新颖性的审查意见时的常见情形。

【案例3－1】

本案例涉及相同主题的发明，经核实部分同意审查意见，通过修改权利要求克服其缺乏新颖性的缺陷。

**发明内容**

一件名称为“便携终端的充电托架”的发明专利申请，其独立权利要求1和权利要求2的内容如下参见图3－1，图3－2和图3－3：

1. 一种便携终端的充电托架（120），包括：本体（121），为放置便携终端而形成有放置部（121a）；电路板（127），设置有容纳于所述本体（121）的内部的充电端子（122），使其电气连接于所述便携终端（110）并进行充电；电路板移动装置（130），根据所述便携终端（110）的放置与否移动所述电路板（127），使所述充电端子（122）向所述本体（121）的外部凸出并连接于所述便携终端（110）或者容纳于所述本体（121）的内部。

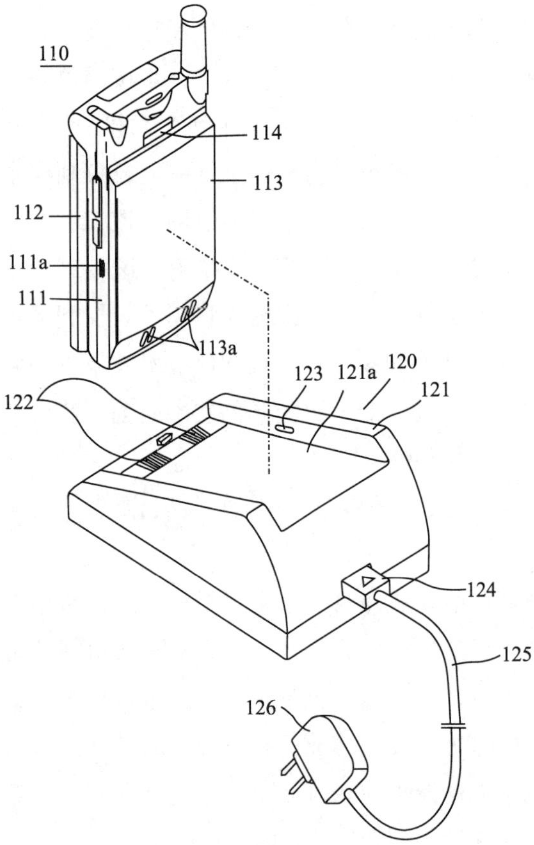


图3－1　本申请立体图

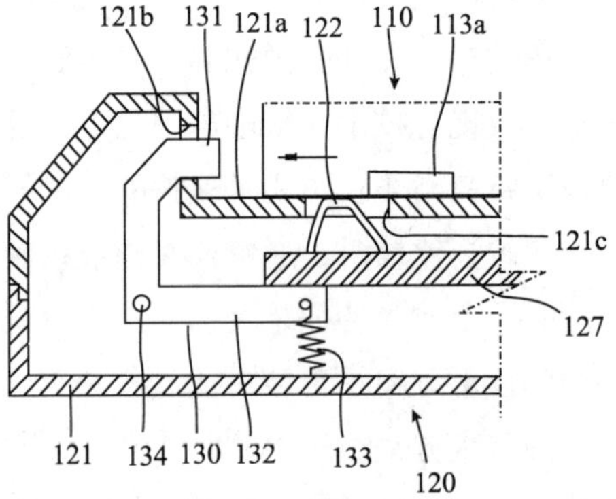


图3－2　本申请充电端子安装结构图

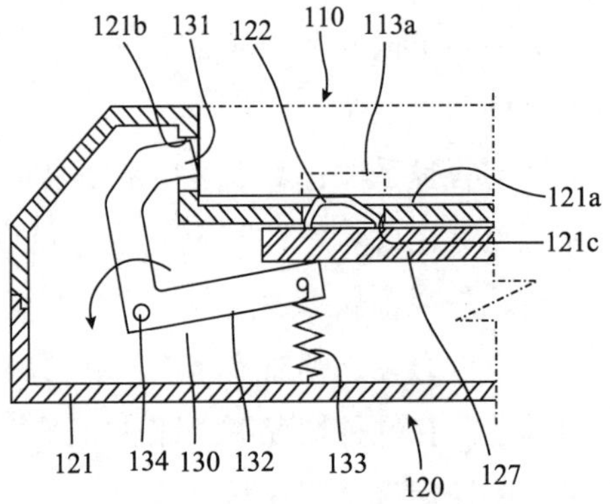


图3－3　本申请充电端子动作结构图

2. 根据权利要求1所述的充电托架（120），其特征在于，所述电路板移动装置（130）包括：操作杠杆部（131），在所述本体（121）的内部以一端为中心可旋动结合，另一端则凸出设置于所述放置部（121a），使在所述便携终端（110）放置时加压并进行旋动；动作杠杆部（132），一体连接于所述操作杠杆部（131）并设置在所述电路板（127）的底部，使在所述操作杠杆部（131）旋动时一同进行旋动，同时可用于移动所述电路板（127），使所述充电端子（122）向所述本体（121）的外部凸出或者容纳于所述本体（121）的内部。

根据说明书记载，本申请的便携终端的充电托架可防止充电端子的破损，提高产品的可靠性。

**审查意见内容**

审查意见中指出，对比文件1公开了一种充电器的电池槽，该电池槽包括：用于充电电池的槽体（3）；设置有端头（6）的电路板，端头（6）容纳于槽体（3）内部，使端头（6）电气连接电池进行充电；移动装置簧勾（1），当充电电池放入槽体时，顶柱（5）在电池的侧压下向左移动，端头（6）向外突出，与电池底部的电极点接触。由此可见，对比文件1公开了该权利要求的全部技术特征，并且属于同一技术领域，解决相同的问题，并能产生相同的技术效果，因此，该独立权利要求1不具备新颖性。

权利要求2被对比文件1公开：簧勾（1）通过弹性圆柱销（2）于槽体形成支点连接，安装于簧勾（1）上部横端头的顶柱弹簧（4）和与之连接的顶柱（5）构成侧接触点，簧勾（1）下部位于槽体（3）底部的端头（6）构成底部接触点；当充电电池放入槽体（3）时，顶柱（5）在电池的侧压下向左移动，同时下部的端头（6）向外突出，与电池底部的电极点接触，因此，当其引用的权利要求1不具备新颖性时，该权利要求2要求保护的技术方案也不具备新颖性。

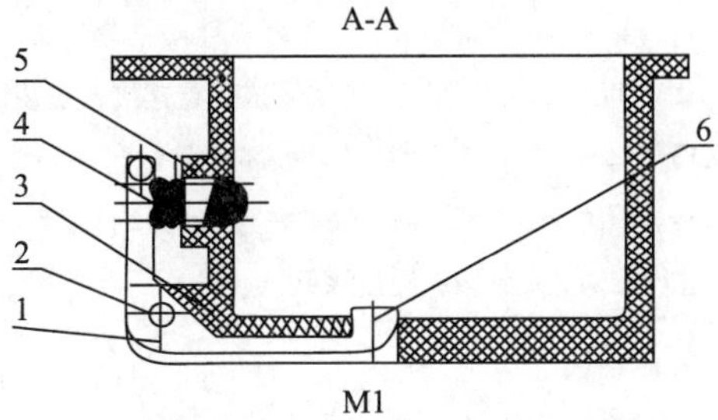


**图3－4　对比文件1的充电器电池槽**

**事实认定和法律适用**

首先，通过核实对比文件1的公开日和申请日，确定对比文件1确实构成本发明的现有技术。其次，将权利要求1保护的技术方案作为整体与对比文件1进行比较，为了更加直观，将权利要求1的技术方案与对比文件1的方案以列表方式对比，如表

3－1 所示。

**表 3－1　本申请权利要求 1 与对比文件 1 技术方案对比情况**

| | 本申请权利要求 1 | 对比文件 1 | 对比分析 |
|---|---|---|---|
| 主题名称 | 便携终端的充电托架 | 充电器的电池槽 | 正确 |
| 特征 1 | 本体（121） | 电池槽 | 对比文件 1 的电池槽是本申请充电托架的下位概念，同意审查意见 |
| 特征 2 | 放置便携终端的放置部（121a） | 充电电池的槽体（3） | 对比文件 1 的特征 2 相当于本申请权利要求 1 的特征 2 |
| 特征 3 | 电路板（127），设置容纳于本体内部的充电端子（122） | 设置端头（6）的电路板 | 对比文件 1 的特征 3 相当于本申请权利要求 1 的特征 3 |
| 特征 4 | 电路板移动装置（130），根据便携终端的放置与否移动电路板（127），使充电端子（122）向外部凸出并连接于便携终端或容纳于本体（121）内 | 移动装置簧勾（1），当充电电池放入槽体时，顶柱（5）在电池的侧压下向左移动，端头（6）向外突出，与电池底部的电极点接触 | 对比文件 1 的特征 4 相当于本申请权利要求 1 的特征 4 |



通过对本申请权利要求 1 的便携终端的充电托架（120）与对比文件中的充电器的电池槽的对比分析可以看出，通知书中认为权利要求 1 不具备新颖性的审查意见是正确的。

再将权利要求 2 的技术方案与对比文件 1 的方案以列表方式对比，如表 3－2 所示：

**表 3－2　本申请权利要求 2 与对比文件 1 技术方案对比情况**

| | 本申请权利要求 2 | 对比文件 1 | 对比分析 |
|---|---|---|---|
| 特征 1 | 操作杠杆部（131），在本体（121）内部以一端为中心可旋动结合，另一端则凸出设置于放置部（121a），使在便携终端（110）放置时加压并进行旋动 | 簧勾（1）通过弹性圆柱销（2）于槽体（3）形成支点连接，安装于簧勾（1）上部横端头的顶柱弹簧（4）和与之连接的顶柱（5）构成侧接触点 | 本申请权利要求 2 的特征 1 与对比文件 1 的特征 1 不同 |
| 特征 2 | 动作杠杆部（132），一体连接于操作杠杆部（131）并设置在电路板（127）的底部，使在操作杠杆部（131）旋动时一同进行旋动，同时可用于移动电路板（127），使充电端子（122）向本体（121）的外部凸出或容纳于本体（121）的内部 | 簧勾（1）下部位于槽体（3）底部的端头（6）构成底部接触点；当充电电池放入槽体（3）时，顶柱（5）在电池的侧压下向左移动，同时下部的端头（6）向外突出，与电池底部的电极点接触 | 本申请权利要求 2 的特征 2 与对比文件 1 的特征 2 不同 |

本申请权利要求 2 的电路板移动装置（130）的具体结构未被对比文件 1 公开，因此，审查意见中对权利要求 2 的新颖性的评述不正确，权利要求 2 具备新颖性。

**答复手段：修改权利要求书并结合意见陈述**

针对通知书所指出的权利要求 1 缺乏新颖性的审查意见，需要对权利要求 1 的内容进行修改。仔细研究本申请和对比文件 1 可知，本申请中电路板移动装置（130）的具体结构未全部被对比文件 1 揭示，该电路板移动装置（130）中未被对比文件 1 揭示的具体结构在原从属权利要求 2 中体现，但审查意见指出权利要求 2 的上述技术特征已被对比文件 1 公开，因而该审查意见是可以商榷的。基于这一分析结果，可通过将从属权利要求 2 的技术特征补入权利要求 1 中来克服本申请不具备新颖性的实质性缺陷，同时在意见陈述书中具体说明修改后的权利要求 1 的技术方案未被对比文件 1 公开从而具备新颖性的理由。

此外，意见陈述书中，在论述修改后的权利要求 1 具备新颖性的基础上，还需要进一步简单论述修改后的权利要求 1 具备创造性的理由：修改后的权利要求 1 的技术方案相对于对比文件 1 和本领域的公知常识具有突出的实质性特点，并结合本申请说明书的内容指出该技术方案可防止充电端子的破损以提高产品的可靠性，因而具有显著的进步。

需要注意的是，既然已经修改了权利要求书，那么在意见陈述书中就不必过于强调通知书中关于本申请原权利要求 2 不具备新颖性的审查意见不成立，对此作出反驳。另外，为了节约程序，在有把握的情况下，专利代理人可以针对修改后的技术方案相对于对比文件 1 具备创造性的理由进行简单的陈述，但陈述时需要注意前面提到的“适度原则”，避免对发明作出一些不必要的解释和限定。

此外，专利代理人修改权利要求书时也不能仅仅考虑所作修改是否克服本申请不具备新颖性的缺陷，还需要综合考虑修改后的权利要求是否符合《专利法》第 33 条的规定等内容。但对本申请而言，无需对此作出考虑，因为修改后的独立权利要求 1 为原权利要求 2 的技术方案。

【案例 3 –2】

本案例涉及相同主题的发明，经核实不同意有关权利要求缺乏新颖性的审查意见，只进行意见陈述。

**发明内容**

一项名称为“利用指点装置的应用程序执行方法”的发明专利申请，其权利要求 1 的内容如下（参见图 3 –5 和图 3 –6）：

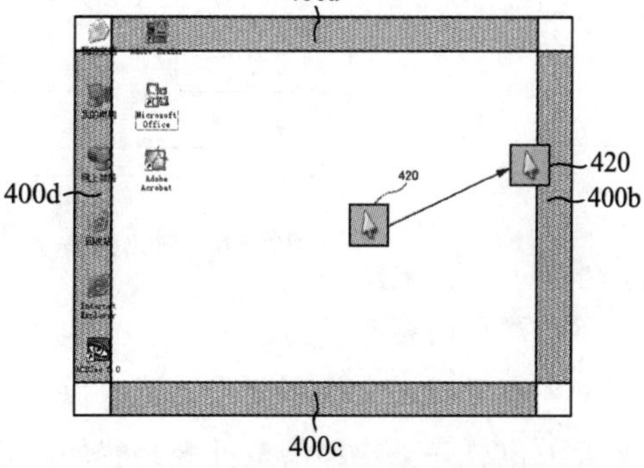


**图 3 –5　指点装置的执行示意图**

1. 一种利用指点装置的应用程序执行方法，其中，在利用指点装置（420）执行应用程序的方法中，该方法包括：识别出图像视窗画面上显示的所述指点装置（420）的指示器的二维位置的位置识别步骤（S200）；在所述位置识别步骤中输出的位置信号表示所述视窗画面中预先指定的激活区域（400a，400b，400c，400d）的情况下，将根据所述激活区域（400a，400b，400c，400d）与应用程序的匹配关系执行与所述激活区域匹配的至少一个以上的应用程序的应用程序执行步骤（S220）。

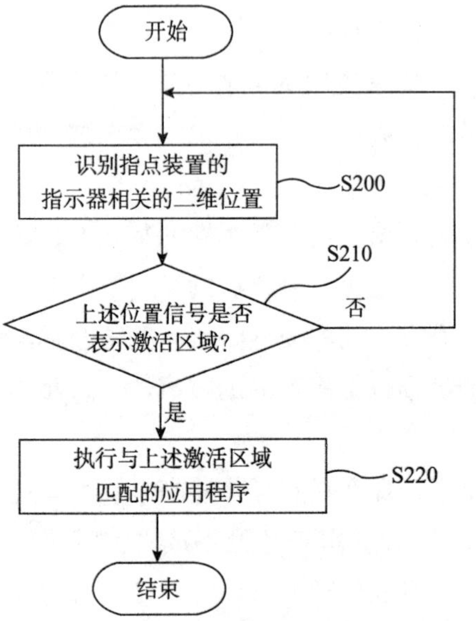


图 3－6　指点装置的执行方法流程图

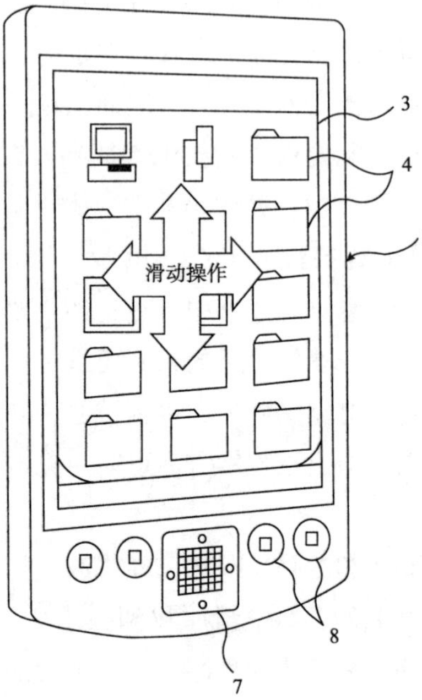


图 3－7　对比文件 1 的信息处理装置

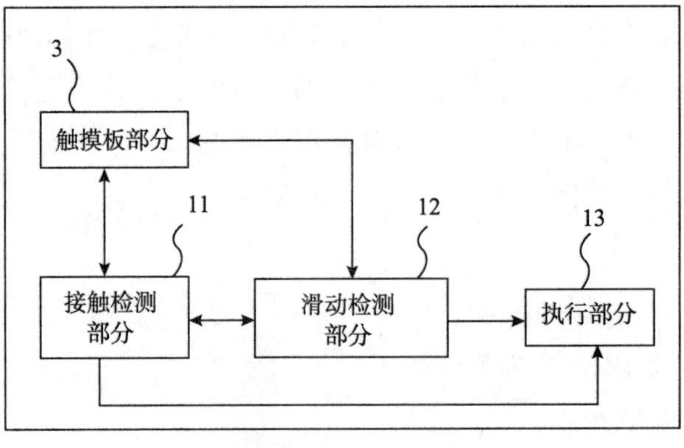


图 3－8　对比文件 1 的信息处理装置的结构图

**审查意见内容**

审查意见指出，权利要求 1 请求保护一种利用指点装置的应用程序执行方法，对比文件 1 也公开了一种信息处理装置的操作的流程，其中披露了以下技术特征（如图

3－7 和图 3－8 所示)：在图标 4 显示在显示器 1 上的状态下，如果用户触摸触摸板 2，则由于接触检测部分 11 检测到该接触位置；然后，确定是否在由接触检测部分 11 检测的位置存在图标 4，若没有则结束过程；若有，则通过改变图标 4 的显示向该用户通知该图标 4 被触摸了，然后，在用户触摸图标 4 的状态下，如果有滑动检测部分 12 检测到该触摸板部分 3 相对于信息处理装置机体 5 的滑动，则执行部分 13 启动应用程序并打开与图标 4 相应的文件。由此可知对比文件 1 披露了该独立权利要求的全部技术特征，并且所属同一技术领域，并且所解决的技术问题和预期的效果相同，因此，该独立权利要求不具备新颖性。

**事实认定**

首先，通过核实对比文件 1 的公开日和申请日，确定对比文件确实构成本发明的现有技术。其次，通过分析对比文件 1 以及本申请权利要求的利用指点装置的应用程序执行方法，可以看出，审查意见中对权利要求 1 的新颖性的评述不正确，权利要求 1 具备新颖性。

**答复手段：意见陈述**

在进行意见陈述时，需要陈述权利要求 1 的利用指点装置的应用程序执行方法与对比文件 1 的信息处理装置的操作的流程不同，在此基础上说明权利要求 1 的技术方案相对于对比文件 1 具备新颖性。即在本发明中，由权利要求 1 的整体技术方案可知，首先识别指点装置的指示器的二维位置，然后根据位置信号表示的预先指定的激活区域的情况下，直接根据预定的激活区域与应用程序的匹配关系，执行与该激活区域匹配的至少一个以上的应用程序。在对比文件 1 中，检测是否与显示器部分中显示的图标接触，然后再检测触摸板部分相对于信息处理装置机体是否滑动；只有在检测到接触、滑动的情况下，启动应用程序并打开与图标对应的文件。

此外，在意见陈述中，在陈述权利要求 1 具备新颖性的基础上，还简单陈述权利要求 1 具备创造性。通过分析说明书的内容可以看出，通过上述独立权利要求的技术方案，无需利用鼠标单击、双击操作或物理学快捷键就可方便执行应用程序。因此，权利要求 1 的技术方案具有突出的实质性特点和显著的进步，具备创造性。

### 2.2 涉及创造性的审查意见

针对涉及创造性的审查意见，在分析审查意见是否正确或者是否有可商榷之处时，也应当从“事实认定”和“法律适用”两个方面加以考虑。

对于审查意见中所作的“事实认定”，需要对两方面的内容进行核实：其一，核实审查意见通知书中引用的对比文件的形式要件是否满足评述创造性的要求，即判断对比文件是否为现有技术，尤其要注意满足构成抵触申请形式要件的申请在先、公开在后的中国专利申请文件不能用来评述创造性；其二，引用的对比文件满足构成现有技术的形式要件时，需要核实审查意见通知书中对本发明和对比文件中有关实质内容的认定是否正确，即核实通知书中认定的对比文件所披露的内容是否在这些对比文件中公开（如通知书中所认定的公开的技术特征是否被相应的对比文件披露，通知书中对某对比文件所公开的区别技术特征在该对比文件中所起作用的认定是否正确等），核实通知书中对本发明技术方案的认定是否正确（如通知书中是否正确理解权利要求中的技术特征，通知书中对区别技术特征在本发明中所起作用的认定是否正确，通知书中对本发明技术效果的认定是否正确等）。

对于涉及创造性的审查意见，在分析审查意见所作出的“事实认定”是否正确之后，就需要在此基础上进一步考虑其“法律适用”是否合适。就法律适用错误来说，主要包括两方面的情况：其一，审查意见中存在着由事实认定错误导致的法律适用错误；其二，审查意见中的事实认定虽然正确，但由于其对《专利法》第22条第3款的法律条文理解不正确而导致法律适用错误。

按照《专利法》第22条第3款的规定，创造性是指该发明与现有技术相比具有突出的实质性特点和显著的进步。《专利审查指南2010》第二部分第四章第3.1节中明确了创造性的判断原则与新颖性的单独对比原则不同，可采用组合对比的方式，即将一份或者多份现有技术中的不同的技术内容组合在一起与要求保护的权利要求的技术方案进行比较。《专利审查指南2010》第二部分第四章第3.2.1节又给出了创造性中“具有突出的实质性特点”的判断方法，明确了通常采用三步法进行判断：第一步，确定与本发明最接近的现有技术（通常是对比文件1）；第二步，找出权利要求的技术方案中与最接近的现有技术之间的区别特征，以确定该权利要求保护的技术方案实际要解决的技术问题；第三步，判断现有技术中是否存在结合启示，即判断要求保护的发明对本领域技术人员来说是否显而易见，以确定权利要求的技术方案是否具有突出的实质性特点。

对于由事实认定错误导致的法律适用错误，通常在给出正确的事实认定的基础上说明审查意见不符合相关法律法规规定或者本申请符合相关法律法规规定，由此得出法律适用错误的结论。例如，经核实认定通知书中用于否定本申请创造性的对比文件相对于本申请是申请在先、公开在后的中国专利文件，就可认定该对比文件不属于《专利法》第22条第3款中规定的可用于评价本申请创造性的现有技术，由此得知以该对比文件来否定本申请创造性的审查意见的法律适用错误；又如，通知书中认定本申请的区别技术特征所起的作用不正确，从而错误地认定该区别特征在另一篇对比文件中所起的作用与其在本申请中的作用相同，则可在正确认定本申请中的这一区别特征在本发明中所起作用的基础上，依据《专利审查指南2010》第二部分第四章第3.2.1节的规定，说明现有技术未给出将此区别特征应用到最接近的现有技术中而得到本申请要求保护的技术方案的结合启示，以此证明本申请具有突出的实质性特点，符合《专利法》第22条第3款的规定，在此基础上说明审查意见的法律适用错误。

通知书中因法律理解错误而得出的法律适用错误，多半是未正确理解《专利审查指南2010》的规定造成的。例如，对于一件能产生有益技术效果的申请，审查意见通知书中仅从本发明未能产生预料不到的技术效果得出本申请不具有突出的实质性特点和显著的进步，从而认定本申请不具备创造性，就属于法律适用错误的情况。因为按照《专利法》第22条第3款的规定，对于一项发明，只要具有突出的实质性特点和显著的进步就具备创造性；按照《专利审查指南2010》第二部分第四章第3.2.2节和第6.3节中的规定，如果一项发明具有突出的实质性特点，则当其相对于现有技术具有有益技术效果就可以认定其具有显著的进步，并不要求其具有预料不到的技术效果。由此可知，该通知书未能正确理解《专利审查指南2010》相关章节对《专利法》第22条第3款作出的进一步规定，导致其得出的有关本申请不具备创造性的审查意见存在法律适用错误。

需要说明的是，在实务中，对通知书中有关申请不具备创造性的审查意见进行分析时，对事实认定和法律适用的分析往往会结合起来进行，不必明显地将两者加以区分。

确定答复手段：对于本申请不具备创造性的审查意见，通常可根据上述分析结果采用意见陈述或者修改权利要求并结合意见陈述的答复方式，必要时提供相关的证据。答复方式选择的基本原则与前面有关申请不具备新颖性的审查意见的答复方式选择的原则相似。

有关创造性的审查意见中，通常会按照《专利审查指南2010》第二部分第四章第3.2.1节中之（3）所规定的几种不具备创造性的典型情形进行分析。

①“区别特征为公知常识”（一篇对比文件结合公知常识），例如，对于区别特征所实际解决的技术问题来说，该区别特征是本领域为解决该技术问题的惯用手段，或者教科书或工具书等中披露的解决该技术问题的技术手段。

②“区别特征为与最接近的现有技术相关的技术手段”（一篇对比文件中两个技术方案的结合），例如，区别特征为同一份对比文件其他部分披露的技术手段，该技术手段在该其他部分所起的作用与该区别特征在要求保护的发明中为解决其实际解决的技术问题所起的作用相同。

③“区别特征为另一份对比文件中披露的相关技术手段，该技术手段在该对比文件中所起的作用与该区别特征在要求保护的发明中为解决其实际解决的技术问题所起的作用相同。”（两篇或多篇对比文件的结合）

在答复审查意见通知书时，在有关构成现有技术的形式要件不存在事实认定错误的情况下，针对上述三种情形分别作如下处理。

① 对于区别特征为公知常识的情形，即对比文件结合公知常识的情形，需要判断审查意见中认定的公知常识或惯用技术手段是否确实是本领域解决该技术问题的公知常识或惯用技术手段。如果审查意见中认定的事实正确，只能修改权利要求，甚至删除权利要求，在修改权利要求时还应当在意见陈述书中论述修改后的权利要求具备创

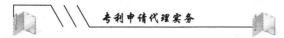

造性的理由；如果审查意见中对公知常识或惯用技术手段的认定不正确（包括未充分举证），则在答复时可以不修改权利要求，此时最好充分说明该区别特征不是公知常识的理由（包括必要的举证），甚至可以要求审查员对区别特征是公知常识进行举证。

② 区别特征为与最接近的现有技术相关的技术手段的情形，需要确认该对比文件的另一个技术方案是否披露了该区别特征以及该区别特征在该技术方案中所起的作用是否与其在本发明中为解决该技术问题所起的作用相同。如果审查意见中认定的事实正确，只能修改权利要求，甚至删除权利要求，在修改权利要求时还应当在意见陈述书中论述修改后的权利要求具备创造性的理由；如果审查意见中对上述事实的认定错误，则在答复时可以不修改权利要求而在意见陈述书中充分论述原权利要求具备创造性的理由。

③ 区别特征为另一份对比文件中披露的相关技术手段的情形，需要确认在另一份对比文件中是否披露了该区别特征以及该区别特征在另一份对比文件中所起的作用是否与其在本发明中为解决该技术问题所起的作用相同。如果审查意见中认定的事实正确，只能修改权利要求，甚至删除权利要求，在修改权利要求时还应当在意见陈述书中论述修改后的权利要求具备创造性的理由；如果审查意见中对上述事实的认定错误，则在答复时可以不修改权利要求而在意见陈述书中充分论述原权利要求具备创造性的理由。



以下结合几个具体案例来说明如何针对缺乏创造性的审查意见进行答复。

【案例3－3】

本案例涉及通知书中引用一篇对比文件并结合公知常识评述创造性的情形，经核实认为可以通过修改权利要求来克服审查意见通知书所指出的问题。

**发明内容**

一项名称为“通信设备用电源模块”的发明专利申请，其独立权利要求1的内容如下（参见图3－9）：

1. 一种通信设备用电源模块，包括：一个电源电路，所述电源电路带有输入端与输出端，其特征在于，在所述电源电路的输入端与输出端，至少再并联上一个备份电源电路，以增强系统的安全性。

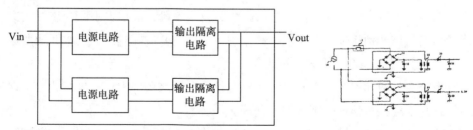

**图3－9　本申请电源模块构成图**

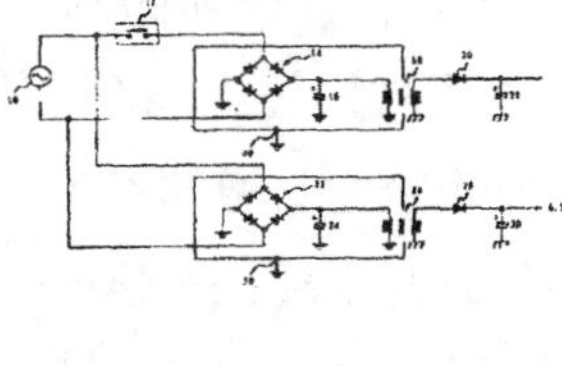

**图3－10　对比文件1的电路图**

**审查意见内容**

第一次审查意见通知书指出，对比文件1（参见图3－10）公开了一种具有备用电源的电子产品，并具体公开了技术特征：包括主电源电路（相当于本申请的电源电路），所述主电源电路带有输入端和输出端，在所述主电源电路的输入端与输出端，并联一个备用电源电路（相当于本申请的备用电源电路），作为主电源电路的备份，以增强系统的安全性。独立权利要求1保护的技术方案与对比文件1的区别技术特征在于该独立权利要求1的电源模块用于通信设备。基于该区别技术特征，该技术方案实际要解决的技术问题在于提供一种可靠性高的带备用电源的电源模块，而将用于电子产品的电源模块用于通信设备是本领域技术人员的惯用技术手段，属于公知常识，因此，在对比文件1的基础上结合公知常识，得到权利要求1的技术方案对本领域技术人员来说是显而易见的，不具有突出的实质性特点和显著的进步，因此不具备创造性。

**事实认定**

首先，通过核实对比文件1的申请日，确定对比文件1确实构成本发明的现有技术。其次，在审查意见中所认定的最接近的对比文件（对比文件1）的基础上来确定权利要求1的技术方案与对比文件1的区别。为了更加直观，以列表方式进行对比，如表3-3所示。

**表3-3 本申请权利要求1的技术方案与对比文件的对比情况**

| | 本申请权利要求1 | 对比文件1 | 对比分析 |
|---|---|---|---|
| 主题名称 | 通信设备用电源模块 | 具有备用电源的电子产品 | 应用的装置不同 |
| 特征1 | 带有输入输出端的电源电路 | 带有输入端和输出端主电源电路 | 对比文件1的特征1相当于本申请权利要求1的特征1 |
| 特征2 | 在该电源电路的输入端与输出端，至少再并联上一个备份电源电路 | 在该主电源电路的输入端与输出端，并联一个备用电源电路 | 对比文件1的特征2相当于本申请权利要求1的特征2 |

通过仔细阅读分析对比文件1可知，对比文件1公开了本申请权利要求1的特征1，即带有输入输出端的电源电路；在对比文件1中，虽然主电源电路和备用电源电路共用一个输入端，各有一个输出端，但输出端等电位，即相当于主电源电路和备用电源电路并联，因此，对比文件1也公开了本申请权利要求1的特征2。

本申请权利要求1相对于对比文件1的区别技术特征在于：本申请权利要求1的电源模块用于通信设备，而对比文件1中是用于电子产品。

其次，判断上述区别对本领域技术人员是否显而易见，以确定权利要求的技术方案是否具有突出的实质性特点和显著的进步。因为通信设备属于电子产品，这样审查意见中所指出的将用于电子产品的电源模块用于通信设备是本领域技术人员的惯用技术手段，对于本领域技术人员来讲为公知常识，应该是正确的。因此，审查意见中对权利要求1的创造性的评述正确，权利要求1不具备创造性。

**答复手段：修改权利要求并结合意见陈述**

针对审查意见所指出的权利要求1缺乏创造性的问题，需要通过对权利要求1的内容进行修改并在修改的基础上进行意见陈述。

具体修改意见如下：通过仔细阅读本申请说明书可知，本申请说明书中记载的技术特征“所述电源电路的输入端与输出端作为所述通信设备用电源模块的输入端和输出端，即备用电源电路和主电源电路共用一个输入端和输出端”和“输出隔离电路”均未被对比文件1公开，但考虑到在保证理由充分的条件下使保护范围尽量大，因此，在修改权利要求时，暂时先不将“输出隔离电路”这一特征并入权利要求1中，将该技术特征“所述电源电路的输入端与输出端作为所述通信设备用电源模块的输入端和输出端，即备用电源电路和主电源电路共用一个输入端和输出端”补入权利要求1中。在意见陈述中，应当指出修改后的权利要求1相对于对比文件的区别技术特征，以确定修改后的权利要求1实际所解决的技术问题，并有理有据地陈述修改后的权利要求1与对比文件1相比具备创造性。

如果后续审查意见认为“备用电源电路和主电源电路共用一个输入端和输出端”这一特征仍然不能使权利要求具备创造性，则可以再考虑将有关“输出隔离电路”的特征加入权利要求1。



意见陈述如下：

与对比文件1相比，本申请修改后的权利要求1的区别技术特征在于“电源电路的输入端与输出端作为所述通信设备用电源模块的输入端和输出端”，该修改后的权利要求1实际解决的问题在于主电源电路和备用电源电路共用同一输入端和输出端。通过该技术特征可使得主电源电路、备份电源电路同时给负载供电（负荷均分），保证设备使用的安全性。

而在对比文件1中，主电源电路和备用电源电路各有一个输出端。其目的在于：将主电源电路的地线图形与备用电源的电路的地线图形隔离，从而切断在备用状态下形成主电源的电流通路，这样就能防止不必要的功率消耗。

因此，修改后的权利要求1所要求保护的发明与对比文件1相比对本领域技术人员来说是非显而易见的，具有突出的实质性特点；此外，通过上述技术特征可使得主电源电路、备份电源电路同时给负载供电（负荷均分），保证设备使用的安全性。因此，修改后的权利要求1具有显著的进步。因此修改后的权利要求1具备创造性。

【案例3-4】

本案例涉及通知书中引用两篇对比文件和本领域惯用技术手段相结合评述本申请不具备创造性的情形。经核实，两篇对比文件并未披露该权利要求的全部技术特征，其中未被这两篇对比文件披露的技术特征不属于本领域解决技术技术问题的公知手段。在此基础上，代理人认为本领域技术人员根据这两篇对比文件公开的内容加上公知常识得到本发明权利要求的技术方案是非显而易见的，因此未修改权利要求，只进行意见陈述。

**发明内容**

一件名称为“可悬挂及桌放两用的计算机装置”的发明专利申请，其权利要求1的内容如下（参见图3－11，图3－12和图3－13）：

1. 一种可悬挂及桌放两用的计算机装置，该装置包括：一输入装置（30）；一主机（10），其一侧具有一显示屏幕（11），且该主机（10）的一端设有一凹槽（12），该凹槽（12）可供容纳输入装置（30）于主机（10）内；二枢设部（40），分别设于主机（10）对应的两侧，各枢设部（40）内设有可支撑主机（10）的一弹性组件（41）；一提把（20），其两端与所述二枢设部（40）相枢设，该提把（20）可活动地于主机（10）的两端上转动，该提把（20）朝该主机（10）的显示屏幕（11）的另一面方向转动并支撑该主机（10）于一平面上。

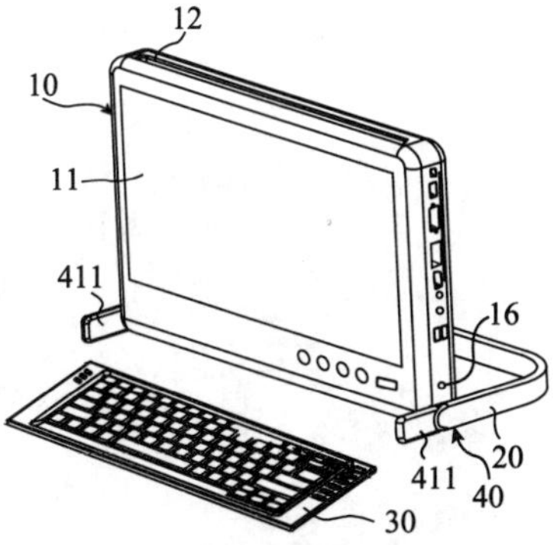


图3－11　本申请结构示意图

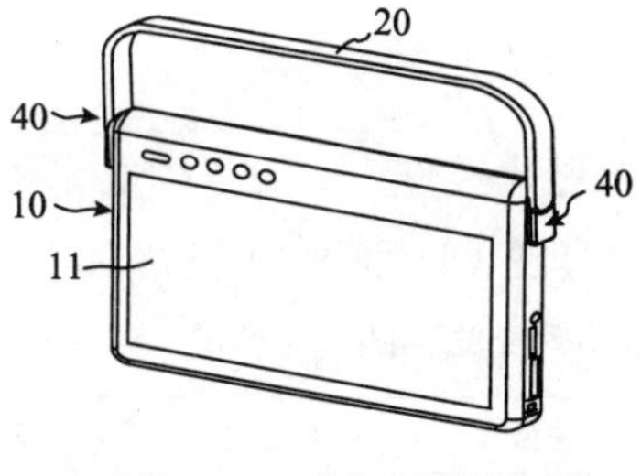


图3－12　本申请使用示意图

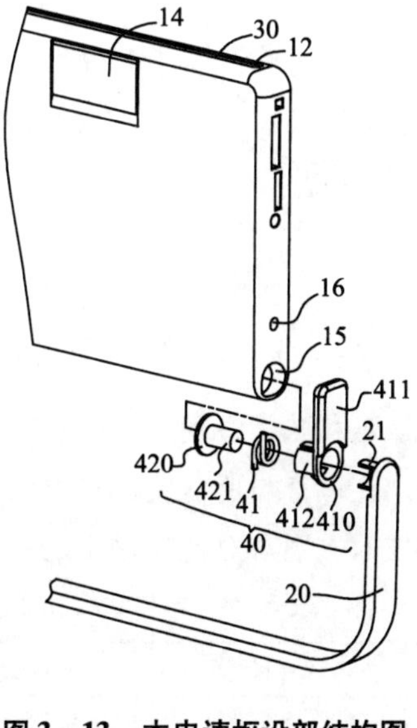


图3－13　本申请枢设部结构图

**审查意见内容**

审查意见中指出，权利要求1保护一种可悬挂及桌放两用的计算机装置，对比文件1公开了一种具有提把的笔记本电脑（参见图3－14），与对比文件1相比，区别在于：①权利要求1中的主机（10）的一端设有凹槽（12），该凹槽（12）可供容纳输入装置（30）于主机（10）内；而对比文件1中的笔记本电脑机体（10）一面设有显示屏，另一面设有键盘，属于一体成形；② 权利要求1中的各枢设部（40）内设有可支撑主机（10）的一弹性组件（41），而对比文件1中的椭圆形枢转孔（35）是通过一螺钉将提把安装到该笔记本电脑机体（10）上，以实现支撑和提携作用。

基于上述区别技术特征①，权利要求1实际解决的技术问题是将台式电脑的输入装置容纳到主机凹槽中。

对比文件2公开了一种便携台式计算机，其键盘（30）以可脱离方式与该主机（10）结合在一起，从图3－15中可看出，结合时键盘（30）容纳到主机（10）的凹槽（组装空间11）中，这些特征相当于上述区别技术特征①，其在对比文件2中所起的作用与其在本申请权利要求1中为解决上述技术问题所起的作用相同，都是用于将台式计算机的键盘容纳到主机中。

对于区别技术特征②，采用弹性组件还是螺钉支撑定位都属于所属领域技术人员的惯用技术手段。因此，在对比文件1的基础上结合对比文件2和惯用技术手段得到权利要求1的技术方案，对本领域技术人员来讲是显而易见的，因此，权利要求1不具有突出的实质性特点和显著的进步，不具备创造性。



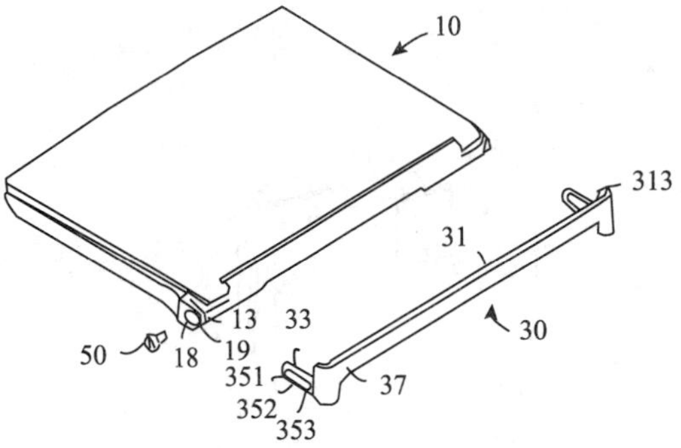


图3－14　对比文件1示意图

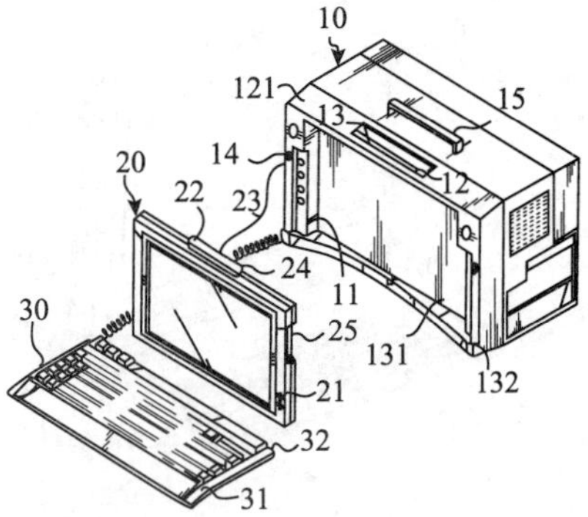


图3－15　对比文件2示意图

**事实认定和法律适用**

首先，在审查员所认定的最接近的对比文件（对比文件1）的基础上来确定权利要求1的技术方案与对比文件1的区别。为了更加直观，以表3－4进行对比：

表3－4　本申请权利要求1的技术方案与对比文件的对比情况

| | 本申请权利要求1 | 对比文件1 | 对比分析 | 对比文件2 | 对比分析 |
|---|---|---|---|---|---|
| 主题名称 | 可悬挂及桌放两用的计算机装置 | 具有提把的笔记本电脑 | 正确 | 便携台式计算机 | 正确 |
| 特征1 | 一输入装置（30） | 笔记本电脑机体（10）一面设有显示屏另一面设有键盘，属于一体成形 | 对比文件1未公开本申请权利要求1的特征2后半部分的内容 | 键盘（30） | 对比文件2公开了本申请权利要求1的特征1和特征2 |
| 特征2 | 一主机（10），一侧具有一显示屏幕（11），一端设有一凹槽（12），该凹槽（12）可容纳输入装置（30）于主机（10）内 | | | 一主机（10），键盘（30）可容纳于主机的组装空间（11） | |

续表

| | 本申请权利要求 1 | 对比文件 1 | 对比分析 | 对比文件 2 | 对比分析 |
|---|---|---|---|---|---|
| 特征 3 | 一提把（20），其两端与二枢设部（40）相枢设，该提把（20）可活动地于主机（10）的两端上转动，该提把（20）朝该主机（10）的显示屏幕（11）的另一面方向转动并支撑该主机（10）于一平面上 | 一提把（30），具有手提部（31）和枢转设置于笔记本电脑两侧的两枢接部（33），以实现提把的支撑和提携作用。 | 对比文件 1 未公开本申请权利要求 1 的特征 2 后半部分的内容 | | |
| 特征 4 | 二枢设部（40），分别设于主机（10）对应的两侧，各枢设部（40）内设有可支撑主机（10）的一弹性组件（41） | 椭圆形枢转孔（35）是通过一枢转螺钉（50）枢转装置提把于笔记本电脑机体（10）以实现支撑和提携作用 | 对比文件 1 未公开本申请权利要求 1 的特征 3 后半部分的内容 | | |

通过表 3-4 对本申请权利要求 1 的技术方案与对比文件公开的内容分析对比可知，权利要求 1 中未被对比文件 1 公开的区别技术特征应当包括三个部分：①主机（10）的一端设有凹槽（12），该凹槽（12）可容纳输入装置（30）于主机（10）内；②提把朝主机的显示屏幕的另一面方向转动并支撑该主机于一平面上；③各枢设部（40）内设有可支撑主机（10）的一弹性组件（41）。

由上述区别特征可知，本发明相对于对比文件 1 带提把的笔记本电脑所解决的技术问题是提供一种可悬挂和桌放两用的计算机装置。为解决这一技术问题，从可悬挂角度考虑，其输入装置与主机可拆分，从而在此主机一端设有可容纳该输入装置的凹槽；而从可桌放角度考虑，将提把以枢设方式设置在显示屏下侧并使其可绕显示屏下端转动后对主机起支撑作用。

在上述三个区别特征中，对比文件 2 仅披露了其中第①个技术特征，设置在主机一侧的组装空间（相当于权利要求 1 中的凹槽），其用于容纳与主机分开的键盘（即本发明中的输入装置），从而其键盘能以可拆分的方式组装到主机上，就此而言，其所起的作用与本申请权利要求 1 中的区别特征①为解决上述技术问题所起的作用相同，即对比文件 2 给出了将上述区别特征应用到对比文件 1 中来解决其部分技术问题（实现悬挂使用）的结合启示。但对比文件 2 并未披露另外两个区别技术特征，其中的区别特征②所涉及的提把在手提式笔记本电脑中是为了方便提携，并不能起到支撑其显示屏的作用；本发明将该提把设计成以枢设（其中装有弹性组件）方式设置在显示屏下侧并使其可绕显示屏下端转动后对主机起支撑作用，从而解决了其处于桌放使用时主机的支撑问题。显然，这种利用提把来支撑计算机装置的技术手段（相当于上述区别特征②和③）在计算机领域中并未出现过，不能将其认定为本领域解决上述技术问题的公知手段。因此由这两篇对比文件所公开的内容加上本领域的公知常识得到权利要求 1 的技术方案对本领域的技术人员来说是非显而易见的，也就是说权利要求 1 具有突出的实质性特点。此外，由于这种结构的计算机能够实现悬挂和桌放两用，因而具有有益的技术效果，即具有显著的进步。

通过上述分析，认为审查意见中有关权利要求 1 不具备创造性的评述不正确，权利要求 1 具备创造性。

**答复手段：意见陈述**

由于认定审查意见通知书中关于权利要求 1 不具备创造性的审查意见不正确，因此不修改权利要求，而在意见陈述书中充分论述原权利要求 1 相对于通知书中引用的两篇对比文件和本领域的公知常识具备创造性的理由。

具体陈述意见如下：

本申请权利要求 1 与通知书中引用的最接近的现有技术对比文件 1 中的手提笔记本电脑相比具有三个区别技术特征：① 主机（10）的一端设有凹槽（12），该凹槽（12）可容纳输入装置（30）于主机（10）内；② 提把朝主机的显示屏幕的另一面方向转动并支撑该主机于一平面上；③各枢设部（40）内设有可支撑主机（10）的一弹性组件（41）。虽然对比文件 2 披露了上述技术特征①，但并未披露上述技术特征②和技术特征③，这样当将对比文件 2 中的上述技术特征①应用于手提笔记本电脑时，仅仅通过输入装置与主机可拆分方式连接的方式实现以悬挂方式使用电脑，而在此同时又会出现在采用桌放使用方式时如何支撑该计算机装置的问题。本发明正是借助权利要求 1 的另两个区别特征来解决这部分技术问题，也就是将手提笔记本电脑的提把的两端通过带弹性组件的枢设部枢轴连接在主机显示屏的下侧，从而该提把能朝着该主机的显示屏的另一面方向转动而成为主机的支撑件。显然，上述区别技术特征②和区别技术特征③（即利用提把来支撑计算机装置的技术手段）在计算机领域中并未出现过，并不是本领域解决上述技术问题的公知手段，因此在对比文件 1 和对比文件 2 的基础上并利用本领域的公知常识得到权利要求 1 的技术方案对本领域的技术人员来说是非显而易见的，由此可知权利要求 1 相对于上述两篇对比文件和本领域的公知常识具有突出的实质性特点。此外，由于这种结构的计算机能够实现悬挂和桌放两用，因而具有有益的技术效果，即具有显著的进步。综上所述，权利要求 1 保护的技术方案相对于通知书中引用的两篇对比文件 1 和对比文件 2 以及本领域的公知常识具备创造性。

## 2.3 涉及专利保护客体的审查意见

相对于其他领域，电学领域专利申请有关专利保护客体的审查意见主要涉及不属于《专利法》第2条第2款规定的技术方案和属于《专利法》第25条第1款第（2）项规定的“智力活动的规则和方法”而不授予专利权的情形。

### 2.3.1 涉及不属于技术方案的审查意见

《专利法》第2条对可授权的客体作了规定。《专利法》第2条第2款规定，发明是指对产品、方法或其改进所提出的新的技术方案。《专利审查指南2010》对技术方案作了进一步说明，即技术方案是对要解决的技术问题所采取的利用了自然规律的技术手段的集合。技术手段通常是由技术特征来体现。未采用技术手段解决技术问题以获得符合自然规律的技术效果的方案，不属于《专利法》第2条第2款规定的客体。

当审查意见指出权利要求不属于《专利法》第2条第2款规定的技术方案时，首先仍是进行“事实认定”。通常可以从问题、手段和效果三个方面是否满足“技术性要求”来判断审查意见所认定的事实是否正确，即权利要求的方案是否解决了技术问题、利用了符合自然规律的技术手段、产生了技术效果，三者同时满足，则权利要求保护的技术方案属于《专利法》第2条第2款规定的技术方案，否则不属于技术方案。

如果权利要求所要保护的技术方案确实不属于《专利法》第2条第2款规定的技术方案，则审查意见正确。在这种情况下，需要进一步分析申请文件当中是否存在技术内容，可否通过修改权利要求克服审查意见所指出的缺陷。如果因为权利要求撰写不当，并且说明书中确实公开了技术内容，则可以修改权利要求并进行意见陈述；否则只能删除不属于《专利法》第2条第2款规定的技术方案的权利要求。当然，如果认为权利要求所要保护的技术方案属于《专利法》第2条第2款规定的技术方案，不同意审查意见，则可以通过意见陈述的方式据理力争。

进行争辩时，通常也要从问题、手段和效果三方面是否满足“技术性要求”的思路进行分析，即权利要求解决了什么技术问题、利用了什么符合自然规律的技术手段、产生了什么技术效果。

【案例3－5】

本案例涉及不属于《专利法》第2条第2款规定的技术方案。

**发明内容**

一件名称为“自动化记账系统”的发明专利申请，其权利要求1的内容如下：

1. 一种自动化记账系统，用以接受、储存及修正账务资料，并依据账务资料产生所需的账务、会计或财务报表。其特征在于，包括：一个使用者接口，包括多个账务资料编辑接口，以供使用者输入、修改及删除各种所需的账务资料；一个账务数据库，包括多个账务资料文件，用以储存各种所需的账务资料；一个表报产生模块，包括多个账务表报的格式定义，用以依据特定表报格式，在该账务数据库中取得所需的资料，自动形成账务表报；及一个数据文件连结模块，以在使用者输入一笔账务资料后，自动依据该账务资料的特性，连结相关的账务资料文件，产生一笔或以上的账务资料。

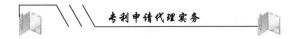

**审查意见内容**

审查意见中指出，权利要求1请求保护一种自动化记账系统。该申请所要解决的问题是：如何记账、产生报表。该问题属于非技术问题，因此权利要求的解决方案不构成《专利法》第2条第2款所说的技术方案，不属于《专利法》保护的客体。

**事实认定和法律适用**

审查意见中的事实认定正确，该权利要求不属于《专利法》第2条第2款规定的技术方案，不能被授予专利权。

**答复手段：放弃该申请**

自动化记账系统本身不属于技术方案，此时可进一步看说明书的内容是否还存在其他一些技术内容，比如所述自动化记账系统是否依附一定的硬件设施，且该硬件设施在现有技术基础上存在一定改进。如果存在，可考虑将硬件系统纳入权利要求的保护范围之内，使得权利要求具有技术特征，并陈述修改后权利要求属于技术方案的理由，即这些硬件系统相对于现有技术的改进是什么，其解决了什么样的技术问题，取得了什么样的技术效果。相反，如果说明书中没有公开其他技术内容，就可以考虑放弃该专利申请。



对于本申请而言，由于全部主题都不属于《专利法》第2条第2款规定的技术方案，且说明书中没有公开技术内容，因此，建议申请人放弃该申请以节省答复费用。

【案例3－6】

本案例根据一件实际案例改编而成，其审查意见涉及不属于《专利法》第2条第2款规定的技术方案，但代理人经过分析不同意该审查意见，以意见陈述书的方式作出答复。

**发明内容**

一件名称为“浅色绘图方格纸”的发明专利申请，其权利要求1的内容如下：

1. 一种绘图方格纸，其特征在于，其上方格线条的颜色为浅色。

**审查意见内容**

审查意见中指出，权利要求1请求保护一种绘图方格纸，所采用的手段是对色彩进行选择，并不是一种技术手段。因此，权利要求的解决方案不构成《专利法》第2条第2款所说的技术方案，不属于《专利法》保护的客体。

**事实认定和法律适用**

审查意见中对事实的认定是正确的，所采用的手段是对色彩进行选择，即采用米黄、淡绿、浅蓝色来代替原有的橙黄色和深蓝色。但是，将这种色彩的选择认定为不是技术手段是不正确的，因为作出这种色彩的选择是利用了复印机对米黄、淡绿或浅蓝色不敏感的特性，在这样的绘图方格纸上绘图就可以直接用复印机复印而得到供工厂车间使用的加工图纸，而不再需要用描图纸描图后再晒制成蓝图，应当将这种色彩的选择认定为一种技术手段，因此该权利要求属于《专利法》第2条第2款规定的技术方案，属于可授予专利权的保护客体。

**答复手段：陈述意见**

根据上述分析结果，则不需要修改权利要求，而在意见陈述书中充分论述权利要求1要求符合《专利法》第2条第2款规定的理由："现有技术中的方格纸为橙黄包或深蓝色，为得到车间生产用的加工图纸，可以在这种绘图方格纸上方便地绘制，然后用描图纸覆盖在其上描绘，再用晒制方式得到车间使用的蓝图。本发明将绘图方格纸的颜色改为米黄、淡绿或浅蓝色，这种颜色的变化或选择利用了复印机对米黄、淡绿和浅蓝色不敏感的特征，从而可将在这种绘图方格纸上绘制而成的加工用图直接用复印机复印而得到车间所需要的图纸，而不再需要用描图纸描图，更不必进行会对人体嗅觉产生强烈刺激的晒图工艺。由此可知，这种绘图方格纸颜色的变化和选择是利用复印机的感光部件对米黄、淡绿和浅蓝色不敏感这一自然规律来解决原有晒制蓝图工艺复杂且会影响人体健康这一技术问题，产生了节省人力、物力和保护环境的技术效果，因此是一项技术方案。综上所述，这种浅色绘图方格纸属于《专利法》第2条第2款规定的可授予发明专利权的保护客体。"

### 2.3.2 涉及智力活动规则的审查意见

《专利审查指南2010》明确规定了如果一项权利要求仅仅涉及智力活动的规则和方法，则不应当被授予专利权。如果一项权利要求，除其主题名称以外，对其进行限定的全部内容均为智力活动的规则和方法，则该权利要求实质上仅仅涉及智力活动的规则和方法，也不应当被授予专利权。

除了上述所描述的情形之外，如果一项权利要求在对其进行限定的全部内容中既包含智力活动的规则和方法的内容，又包含技术特征，则该权利要求就整体而言并不是一种智力活动的规则和方法，不应当依据《专利法》第25条排除其获得专利权的可能性。

因此，在审查意见涉及属于《专利法》第25条第1款第（2）项规定的智力活动的规则和方法时，首先进行"事实认定"，即从解决的技术问题、利用的符合自然规律的技术手段、产生的技术效果三个方面来判断专利申请保护的技术方案是否确实属于《专利法》第25条第1款第（2）项规定的智力活动的规则和方法。然后在"事实认定"的基础上，进行"法律适用"。如果所要求保护的技术方案确实属于智力活动的规则和方法，则同意审查意见。在这种情况下，如果因为权利要求撰写不当，并且说明书中确实公开了技术内容，则可通过修改权利要求消除缺陷并陈述意见的方式进行答复，否则只能删除属于《专利法》第25条第1款第（2）项规定的智力活动的规则和方法的权利要求。如果专利申请所要保护的技术方案不属于《专利法》第25条第1款第（2）项规定的智力活动的规则和方法，则不同意审查意见，在这种情况下，可通过意见陈述的方式进行答复。

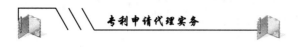

【案例3－7】

本案例涉及属于《专利法》第25条第1款第（2）项规定的智力活动的规则和方法而不能被授予专利权的情形。

**发明内容**

一件名称为“用于安全地转换档案的计算机程序对象”的发明专利申请，其包含多项权利要求，其权利要求1的内容如下：

1. 一种用于安全地转换档案的计算机程序对象，其用于网络中，将一档案由一发送者安全地转换到至少一个接收者，该计算机程序对象包括一计算机可读取媒体，其特征在于，该计算机可读取媒体包括：

A）至少一用于呈送该档案至一接收位置的指令，该档案为该发送者所持有；

B）至少一用于压缩该档案的指令；

C）至少一用于储存该档案的一辨识码的指令，该辨识码为该档案的唯一辨识码；

D）至少一用于产生一加密钥匙的指令，该加密钥匙用于加密该档案；

E）至少一加密档案的指令；

F）至少一用于注册该加密钥匙的指令；

G）至少一将一策略应用在该受加密档案的指令；

H）至少一用于发送该受保护档案到至少一接收者的指令；

I）至少一用于认证该至少一接收者的指令；

J）至少一用于检视该受保护档案的指令，该受保护档案由一受认证的接收者的存取权所检视，该存取权被指派至该受认证的接收者；

K）至少一用于追踪该受保护档案存取动作的指令，该受保护档案通过该至少一接收者所存取；以及

L）至少一用于记录事件的指令，该事件为该受保护档案的存取，该受保护档案被至少一接收者所存取。

自动方法包含下列步骤：呈送该档案至一接收位置，其中该档案为该发送者所持有；保护该档案；以及将该受保护的档案发送到至少一接收者。

**审查意见内容**

审查意见指出，独立权利要求1请求保护一种用于安全地转换档案的计算机程序对象，其要求保护的是计算机程序本身，因此，权利要求1保护的技术方案属于《专利法》第25条第1款第（2）项规定的智力活动的规则和方法，不属于专利法保护的客体。

**事实认定和法律适用**

审查意见中认定的事实正确，该权利要求明显属于智力活动的规则和方法，属于《专利法》第25条第1款第（2）项所规定的智力活动的规则和方法，不能被授予专利权。

第三章

**答复手段：删除与该主题相应的权利要求**

由于权利要求1属于《专利法》第25条第1款第（2）项规定的智力活动的规则和方法，不能被授予专利权，因此，应删除权利要求1。

### 2.4 涉及说明书未充分公开发明的审查意见

《专利法》第26条第3款规定，说明书应当对发明或者实用新型作出清楚、完整的说明，以所属领域的技术人员能够实现为准。《专利审查指南2010》进一步规定了发明由于缺乏解决技术问题的技术手段、所提出的技术问题未能解决或者声称的技术效果未得到证实而被认为无法实现的几种情形。

① 说明书中只给出任务和/或设想，或者只表明一种愿望和/或结果，而未给出任何使所属领域的技术人员能够实施的技术手段。

② 说明书中给出了技术手段，但对所属技术领域的技术人员来讲，该手段是含糊不清的，根据说明书记载的内容无法具体实施。

③ 说明书中给出了技术手段，但所属技术领域的技术人员采用该手段不能解决所要解决的技术问题。

④ 申请的主题为由多个技术手段构成的技术方案，对于其中一个技术手段，所属技术领域的技术人员按照说明书记载的内容不能实现。

⑤ 说明书中仅给出了具体的技术方案，但未给出实验数据，而该方案又必须依赖实验结果加以证实才能成立。



在收到涉及说明书未充分公开发明的审查意见后，首先要确定说明书是否确实存在未充分公开发明的问题。如果说明书全部主题或部分主题公开不充分，审查意见成立，则考虑放弃申请或者删除公开不充分的部分主题；如果认为审查意见不成立，审查意见体现出对技术背景理解不够或者未正确理解发明创造，则应充分陈述说明书公开充分的理由，必要的时候对背景技术进行举证。

在提供现有技术证据时，需要注意以下几点：

① 对于用于证明未公开的内容属于本领域公知常识的证据，使用时应当慎重，避免其成为证明本发明不具备创造性的公知常识性证据。

② 以现有技术公开的内容作为证据来证明本申请已充分公开发明时，这些证据最好是本申请说明书中已记载的引证文件。其中，引证文件是外国专利和非专利文献时，其公开日应当早于本申请的申请日；而引证文件是中国专利文献时，其公开日不晚于本申请的公开日。只有满足这一条件，才可认为本申请说明书中记载了这些引证文件中的内容。

③ 一个或多个证据记载的内容不应相互矛盾，否则依然无法确认请求保护的技术方案的内容。

④ 若一个或多个证据表明某一技术特征具有多种含义，而这些含义并非都能实现

本发明，则依然无法确认请求保护的技术方案的内容。

⑤ 即使提交的证据证明某一技术手段属于现有技术，但该技术手段不能直接与申请说明书中记载的内容相结合，则依然无法确认请求保护的技术方案的内容。

以下结合具体案例说明，审查意见为说明书未充分公开发明时应当采取的答复策略。

【案例3－8】

本案例用于说明审查意见未充分了解现有技术的现状而指出公开不充分的情形，可以通过意见陈述作出澄清性说明。

**发明内容**

一项名称为“三维位置信息输入装置”的发明专利申请，其权利要求1如下（参见图3－16和图3－17）：

1. 一种三维位置信息输入装置，包括：

机身部（101），具备上侧、下侧、左侧、右侧及后侧面板（200、400、500、300、600）的四角桶形状，其中上侧、下侧、左侧及右侧面板（200、400、500、300）通过第一合页结合装置（700）相互合页结合，使其相互旋动并折叠，后侧面板（600）通过第二合页结合装置（710）合页结合在所述上侧、下侧、左侧及右侧面板（200、400、500、300）中的任意一个面板一侧，有选择性地开闭；位置传感器部（210、211、310、311、410、411、510、511、610、611），检测位于所述机身部内侧的物体的一维位置数据信号并具备在所述上侧、下侧、左侧及右侧面板（200、400、500、300）一侧以一定间隔排列的多个传感器；位置信号处理部（220、320、420、520、620），组合所述一维位置数据信号并将其变换成二维位置数据信号；位置信息处理部（110），组合所述二维位置数据信号变换成三维位置数据信息；数据通信部（120），具备把所述三维位置数据信息传送到移动通信终端的数据变换协议。

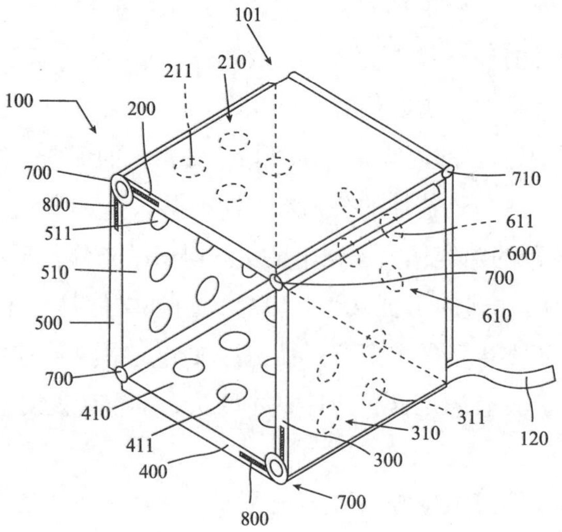


**图3－16 输入装置结构图**

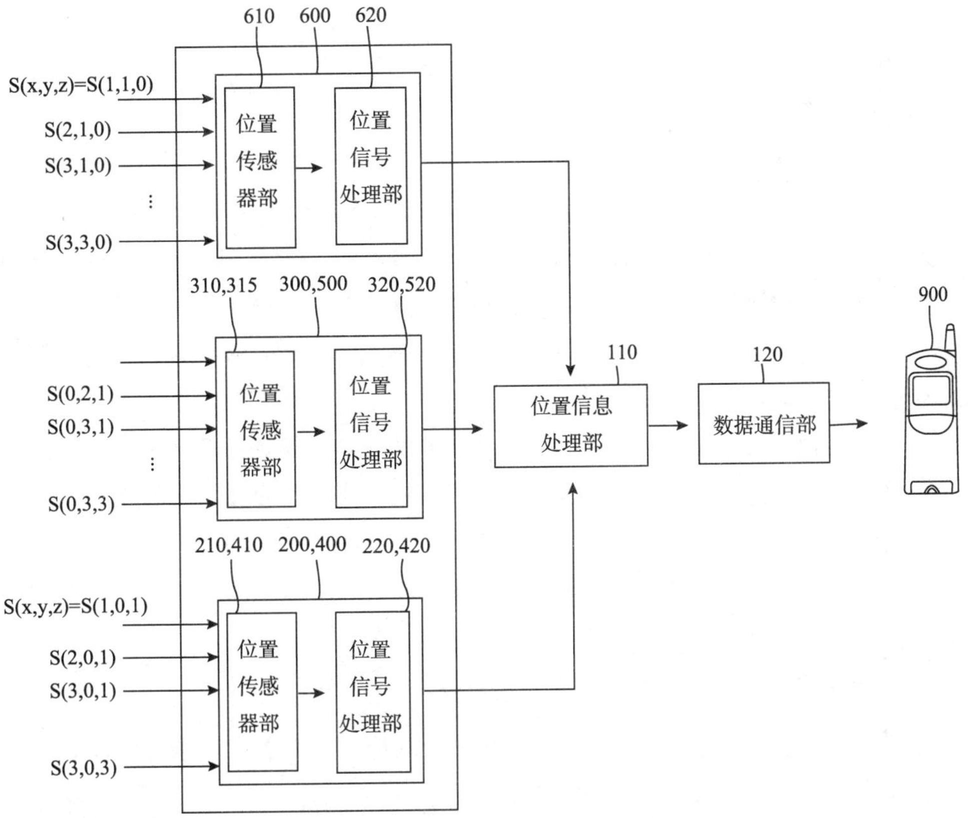


图 3-17 输入装置线路构成图



**审查意见内容**

审查意见中指出公开不充分的关键在于：对一维位置数据信号的检测和处理。即认为说明书中没有记载位置传感器部如何检测一维位置数据信号、位置信号处理部和位置信息处理部如何将一维位置信号变换成二维位置信号以及如何将二维信号变换成三维信息。

**事实认定**

从本申请的说明书可以看出，本发明的目的在于提供一种“三维位置信息输入装置”，以解决现有技术中操作移动通信终端中附加的三维游戏时不能直接输入三维位置信号的问题，即在二维控制方式的基础上，再分配控制上述三维游戏的多个输入按钮，存在两只手都得用上的繁琐操作和仅根据所述键输入按钮的操作而不能自由地控制动作的问题。现有技术的状态是，可对一维位置信号进行检测，并可将一维位置信号变换成二维位置信号，将二维位置信号变换成三维位置信号。因此，审查意见中对本申请说明书公开不充分的理由不能成立，说明书已对本发明作出清楚、完整的说明，符合《专利法》第 26 条第 3 款的规定。

**答复手段：意见陈述并提供证据**

从说明书记载的内容和现有技术的现状出发，陈述公开充分的理由，澄清通知书中提出的问题。

意见陈述中指出：

本申请提供一种三维位置信息输入装置，其解决了现有技术中操作移动通信终端中附加的三维游戏时不能直接输入三维位置信号的问题，即在二维控制方式的基础上，再分配控制上述三维游戏的多个输入按钮，存在两只手都得用上的繁琐操作和仅根据所述键输入按钮的操作而不能自由地控制动作的问题。并且，一维位置数据信号由位于各个面板上的位置传感器来检测，对于本领域的技术人员来讲，采用位置传感器来检测一维位置信息是本领域公知常识；并且对于本领域的技术人员来讲，采用位置信号处理部和位置信息处理部将一维位置信号转为二维位置信号、将二维位置信号转为三维位置信号，可采用现有技术中的任何一种来实现。申请人还提供了相应的证据说明如何将一维位置信号转为二维位置信号、将二维位置信号转为三维位置信号。因此，本申请说明书已对本发明作出清楚、完整的说明，符合《专利法》第26条第3款的规定。

### 2.5 涉及权利要求或说明书不清楚的审查意见



权利要求书应当清楚，一是指每一项权利要求应当清楚，二是指构成权利要求书的所有权利要求作为一个整体也应当清楚。

“每一项权利要求应当清楚”包含两方面的含义：权利要求的类型清楚；权利要求的用语清楚地限定了保护范围。

就权利要求的类型清楚来说，首先，权利要求的主题名称能够清楚地表明该权利要求的类型是产品权利要求还是方法权利要求。不允许采用模糊不清的主题名称，例如，“一种……技术”，或者“一种……机制”，这会导致本领域技术人员无法确定以上权利要求要求保护的是产品还是方法。当审查意见中指出上述缺陷时，可以通过例如将权利要求的主题修改为“一种……装置”“一种……方法”等来克服。其次，权利要求的主题名称还应当与权利要求的技术内容相适应。例如，产品权利要求通常由产品的结构特征组成，除非产品权利要求中的一个或多个技术特征无法用结构特征并且也不能用参数特征予以清楚地表征时，才允许借助于方法特征表征。

就权利要求的用语应当清楚地限定权利要求的保护范围来说，首先，要求权利要求中的用词采用相关技术领域通常具有的含义。即使在特定情况下，如果说明书中指明了某词具有特定的含义，此时也应当尽可能在该权利要求中将该特定含义限定清楚，使得根据权利要求的表述即可明确其含义。其次，还要求每个权利要求的所有技术特征清楚地界定了该权利要求的保护范围，例如独立权利要求应当反映出其为解决技术问题所采取的技术措施，不能在其特征部分仅仅写明还包括一个解决此技术问题的结构或部件，从属权利要求中应当将两个密不可分的技术措施写入同一项从属权利要求，而不要将其分拆成两项从属权利要求。

最后，构成权利要求书的所有权利要求作为一个整体也应当清楚。这是指权利要求之间的引用关系应当清楚（参见《专利审查指南2010》第二部分第二章第3.1.2节和第3.3.2节）。

如果说明书仅仅是形式上不清楚，即说明书的撰写方式和顺序不符合《专利法实施细则》第17条和第18条的规定，则很容易通过修改克服缺陷。例如，当发明名称为“一种改良的感测放大器”时，应当删除“改良的”宣传用语。

针对涉及权利要求或说明书不清楚的审查意见，同样先进行“事实认定”，确定权利要求和说明书是否存在不清楚的缺陷，在事实认定的基础上进行“法律适用”。

确定答复方式：对于审查意见中指出的确实存在的不清楚的问题，通常需要以修改的方式来克服缺陷。例如，当权利要求中使用了自定义的技术特征时，尽管说明书中已经对该技术特征的含义进行了说明，有时仍需要根据说明书中对该技术特征给出的含义在该权利要求中补入适当的内容，以使权利要求本身就已清楚地限定其保护范围。如果审查意见是由于不理解技术术语而指出权利要求的保护范围不清楚的问题，专利代理人则应当进行解释说明，必要时可以提供证据加以证明。

【案例3－9】

本案例用来说明由于撰写的问题导致权利要求中技术特征表述不清楚，技术术语不规范，语句不通顺，语句表达不规范，权利要求中包含英文、用词不规范。

**发明内容**

一件名称为“随路信令监视装置”的专利申请，其权利要求1、权利要求3、权利要求10和权利要求12分别为：

1. 一种随路信令监视装置，包括监视卡，以及通过网口与该监视卡通讯的显示终端，其特征在于监视卡包括：

E1中继接口，通过该接口从被测链路获取随路信令信号；

物理线路信令接收处理模块，接收E1中继接口输出的信号，并从中提取出物理信令并处理该信令；

频率信令接收处理模块，接收E1中继接口输出的信号，并从中提取出频率信令和频率信号，并对提取出的信号进行处理；

消息队列模块，接收物理线路信令接收处理模块和频率信令接收处理模块输出的数据并通过网口上报到显示终端，并通过网口接收显示终端下发的命令传递到频率信令接收处理模块。

3. 如权利要求1所述的装置，其特征在于：所述的显示终端包括通信模块，控制模块和信令基本监视功能处理模块，所述控制模块控制通信模块与监视卡的消息队列模块通讯，并将接收的数据送信令基本监视功能处理模块。

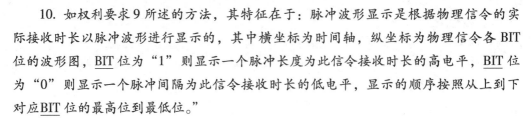

10. 如权利要求9所述的方法，其特征在于：脉冲波形显示是根据物理信令的实际接收时长以脉冲波形进行显示的，其中横坐标为时间轴，纵坐标为物理信令各BIT位的波形图，BIT位为“1”则显示一个脉冲长度为此信令接收时长的高电平，BIT位为“0”则显示一个脉冲间隔为此信令接收时长的低电平，显示的顺序按照从上到下对应BIT位的最高位到最低位。”

12. 如权利要求11所述的方法，其特征在于：根据被监视的中继线路的传输制式，预先将数据信号处理模块配置成A率或霾率解码。

**审查意见内容**

审查意见指出，权利要求1不清楚的问题在于：1）“接收E1中继接口输出的信号”不清楚；2）“网口”用词不规范；3）“并通过网口接收显示终端下发的命令传递到频率信令接收处理模块”语句不通顺。

权利要求3不清楚的问题在于，“并将接收的数据送信令基本监视功能处理模块”语句表达不规范。

权利要求10不清楚的问题在于：1）“BIT”用词不规范；2）“BIT位为‘1’则显示一个脉冲长度为此信令接收时长的高电平，BIT位为‘0’则显示……”表达含义不清楚。

权利要求12不清楚的问题在于，“霾率解码”用词不规范。

**事实认定**

审查意见中事实认定正确，上述权利要求不清楚，不符合《专利法》第26条第4款的规定。

**答复手段：修改权利要求**

在答复审查意见时，根据说明书的内容对权利要求进行修改。

1）将“网口”改为本领域常用语“网络接口”。

2）关于权利要求1中“并通过网口接收……”不通顺的问题，在该句中适当的位置加了逗号，即“并通过网络接口接收显示终端下发的命令，并传递到频率信令接收处理模块”。

3）权利要求3中“并将接收的数据送信令基本监视……”不规范，将“送”改为“送至”。

4）权利要求10“BIT”用词不规范，对其进行修改和意见陈述：在本领域中，“BIT”是计算机中使用的最基本的、最小单位，其中文释义为“比特”，将权利要求10中的“BIT”改为“比特”。

5）权利要求10中“BIT位为‘1’则显示一个脉冲长度为此信令……”含义不清楚，修改为：“比特位的值为‘1’则显示一个高电平，此时脉冲长度为该物理信令接收时长”。

6）权利要求10中“BIT位为‘0’则显示……”表达含义不清楚，修改为：“比特位的值为‘0’则显示一个低电平，此时脉冲间隔为该物理信令接收时长，显示的顺序按照从上到下对应比特位的最高位到最低位”。

7）将权利要求 12 中的“霍率”改为“$\mu$ 率”，为本领域技术规范用语。

需要注意的是，在意见陈述中，应指明以上修改在说明书中的出处并陈述以上修改没有超出原说明书记载的范围的理由。

【案例 3－10】

本案例属于因不理解技术术语而误认为权利要求未清楚限定要求专利保护范围的情形。

**发明内容**

一件名称为“一种移动通信系统中的无线接口方法”的发明专利申请，其权利要求 1 中步骤 b 为“将无线帧在复帧范围内进行分类”。

**审查意见内容**

审查意见指出：权利要求 1 未采用本领域技术规范用词，其中的“复帧”一词含义不清楚，是表示多个帧还是一个超级帧，因此，权利要求 1 能未清楚地限定其要求专利保护的范围。

**事实认定和法律适用**

复帧是本领域的技术规范用词，是指在数字调制系统中一组相继的帧。因此审查意见中认定的事实不正确，权利要求 1 能清楚地限定要求专利保护的范围，符合《专利法》第 26 条第 4 款的规定。

**答复方式：意见陈述**

在意见陈述中指出“复帧”是 GSM 系统中最基本的概念，一般 GSM 的时帧结构有 5 个层次，分别是高帧、超帧、复帧、TDMA 时帧和时隙。其中，时隙是构成物理信道的基本单元，8 个时隙构成一个 TDMA 时帧；TDMA 时帧构成复帧，复帧是业务信道和控制信道进行组合；复帧构成超帧，超帧构成高帧。由上述基本概念可知，本发明中，由多个无线帧构成复帧。也就是说，对于本领域的技术人员来说，复帧的含义是清楚的，是本领域的技术规范用词。由此可知，对于这样的审查意见，可以不修改申请文件，而仅采用陈述意见的方式进行答复。

### 2.6 涉及独立权利要求缺少必要技术特征的审查意见

必要技术特征是指，发明或者实用新型为解决其技术问题所不可缺少的技术特征，其总和足以构成发明或者实用新型的技术方案，使之区别于背景技术中所述的其他技术方案。判断某一技术特征是否为必要技术特征，应当从所解决的技术问题出发并考虑说明书描述的内容。

针对涉及独立权利要求缺少必要技术特征的审查意见，也是先进行事实认定，从说明书中记载的本发明的目的或者要解决的技术问题出发，分析独立权利要求是否能

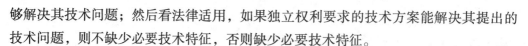

够解决其技术问题；然后看法律适用，如果独立权利要求的技术方案能解决其提出的技术问题，则不缺少必要技术特征，否则缺少必要技术特征。

至于答复方式，根据上述分析结果加以确定：如果认为独立权利要求缺少必要技术特征的审查意见不正确，则可以不修改独立权利要求而仅陈述原权利要求的技术方案为什么能解决说明书中所写明的技术问题；相反，如果认为审查意见正确，则应当将必要技术特征补入独立权利要求，并在意见陈述书中论述修改后的独立权利要求已消除通知书中所指出的缺少必要技术特征这一缺陷的理由。需要说明的是，若说明书中记载的要解决的技术问题有多个，而该独立权利要求能解决其中一个问题，则也可以不修改独立权利要求，而将说明书中所写明的多个要解决的技术问题有层次地分开，将独立权利要求能解决的技术问题作为本发明要解决的技术问题，将其他几个技术问题作为本发明进一步解决的技术问题。

【案例3－11】

本案例为审查意见通知书对独立权利要求缺少必要技术特征的认定有误的情形。

**发明内容**

一件名称为“印刷电路板”的发明专利申请，其权利要求1的内容如下（参见图3－18）：

1. 一种印刷电路板，包括主印刷电路板和辅助印刷电路板；所述辅助印刷电路板设置在所述主印刷电路板的辅助边或缺角处，所述辅助印刷电路板与所述主印刷电路板之间设置有邮票孔；所述邮票孔之间设置有连接主印刷电路板和辅助印刷电路板的连线。

**审查意见内容**

第一次审查意见通知书中指出，上述技术方案不能解决使印刷电路板节约成本、充分利用空间、缓解高密度布局紧张的问题。因此，权利要求1缺少必要技术特征，还需要增加“在所述主印刷电路板加载、调试或研究后，去除所述辅助印刷电路板”的技术特征。

**事实认定和法律适用**

通过阅读本申请的说明书可以看出，本发明所要解决的技术问题是减少板材浪费：通常，产品成形后不规则部分被直接剪去，印刷电路板PCB的外形与方形相比相差越大意味着板材浪费越大，若对被剪掉的板材不再加以利用，就造成板材浪费。在本发明中，解决上述技术问题的方法在于：通过利用这些被剪掉的板材作为辅助印刷电路板，例如，将一些程序加载电路、调试电路、冗余设计电路或者布线和过孔特性研究电路设置于被废弃的板材上作为辅助印刷电路板，并置于主印刷电路板的缺角处。这样可充分利用被剪掉的板材，避免板材的浪费，从而解决了现有技术中板材浪费的问题。因此，审查意见中事实认定不正确，本发明权利要求1不缺少必要技术特征，符合《专利法实施细则》第20条第2款的规定。

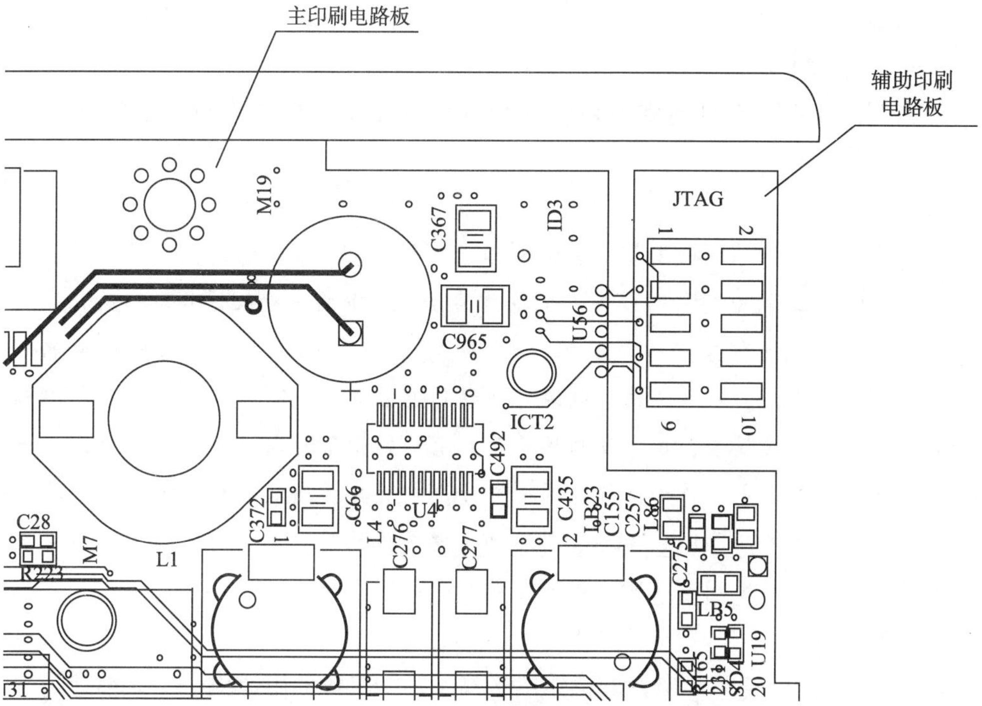


图 3-18 印刷电路板结构图

**答复手段：意见陈述**

专利代理人经分析后，认定审查意见不正确，因此未对独立权利要求 1 进行修改，仅在意见陈述书中依据说明书中记载的内容具体说明不需要采取通知书中所认为的必要技术特征“在所述主印刷电路板加载、调试或研究后，去除所述辅助印刷电路板”就能解决本发明技术问题的理由。具体陈述意见如下：

由本申请说明书第×页第×行至第×行可知，本发明要解决的技术问题是充分利用被剪掉的印刷电路板板材以减少板材的浪费。本发明权利要求 1 的技术方案是将一部分电路设置在被剪裁下来的印刷电路板的余料上而成为辅助印刷电路板，从而可以节省主印刷电路板的板材。本申请说明书第×页第×行至第×行记载的内容：“通常在印刷电路板内均存在一些冗余设计电路或研发调试阶段的一些电路，这些电路在产品批量生产后通常都不再使用，但这些电路却在印刷电路板 PCB 上占用了宝贵的器件布局空间”，指的是本发明特别适用的一种情况，在这种情况下可以将那些仅仅在研发调试阶段所需要的电路设置在辅助电路板上，从而在调试或研究后再将该辅助电路板去除。由此可知，技术特征“在所述主印刷电路板加载、调试或研究后，去除所述辅助印刷电路板”仅仅为本发明的优选方案，并不是解决本发明技术问题减少板材浪费的必要技术特征。也就是说，本发明不包含这些技术特征的技术方案（即本发明独立权利要求 1 的技术方案）就能解决本发明的技术问题，因此独立权利要求 1 的技术方案已记载了解决本发明技术问题的必要技术特征，符合《专利法实施细则》第 20

条第2款的规定。

【案例3－12】

本案例涉及审查意见通知书对独立权利要求缺少必要技术特征的认定正确的情形。

**发明内容**

一件名称为“电压转换电路”的专利申请，其权利要求1内容为：

1. 一种电压转换电路，将以第一电源作为动作电源的一输入信号与一反相输入信号转换为以第二电源作为动作电源的一输出信号；其特征在于，该电压转换电路包括：一电压转换单元，以所述第二电源作为动作电源并接收所述输入信号与反相输入信号后产生所述输出信号，该电压转换单元具有一输出节点与一互补输出节点；一闩锁单元，以所述第二电源作为动作电源，并分别电连接至所述输出节点、互补输出节点与一接地端；其中所述闩锁单元在所述第一电源关掉时，用于将所述输出节点与互补输出节点的电压位准闩锁在所述第一电源关掉前的状态。

**审查意见内容**

审查意见指出，“第二电源的电压电平高于第一电源的电压电平”是电压转换电路实现将输出节点的电压电平锁存在低电压电源关掉前的状态的基础，上述技术特征为必要技术特征，因此权利要求1缺少必要技术特征。



**事实认定**

专利代理人通过分析，确定审查意见中事实认定正确，本发明权利要求1缺少必要技术特征，不符合《专利法实施细则》第20条第2款的规定。

**答复手段：修改权利要求**

根据说明书记载的内容将技术特征“第二电源的电压电平高于第一电源的电压电平”补入权利要求1中。

修改后的权利要求1如下：

1. 一种电压转换电路，将以第一电源作为动作电源的一输入信号与一反相输入信号转换为以第二电源作为动作电源的一输出信号；其特征在于，该电压转换电路包括：一电压转换单元，以所述第二电源作为动作电源并接收所述输入信号与反相输入信号后产生所述输出信号，该电压转换单元具有一输出节点与一互补输出节点；一闩锁单元，以所述第二电源作为动作电源，并分别电连接至所述输出节点、互补输出节点与一接地端；其中所述闩锁单元在所述第一电源关掉时，用于将所述输出节点与互补输出节点的电压位准闩锁在所述第一电源关掉前的状态，以及所述第二电源的电压电平高于第一电源的电压电平。

## 2.7 涉及权利要求未以说明书为依据的审查意见

权利要求书应当以说明书为依据，是指权利要求应当得到说明书的支持。权利要求书中的每一项权利要求所要求保护的技术方案应当是所属技术领域的技术人员能够从说明书充分公开的内容中得到或概括得出的技术方案，并且不得超出说明书公开的范围。

权利要求通常由说明书记载的一个或者多个实施方式或实施例概括而成。权利要求的概括不应超出说明书公开的范围。如果所属技术领域的技术人员可以合理预测说明书给出的实施方式的所有等同替代方式或明显变型方式都具备相同的性能或用途，则应当允许申请人将权利要求的保护范围概括至覆盖其所有的等同替代或明显变型的方式。

《专利审查指南2010》对包含有上位概念概括或并列选择方式概括技术特征的权利要求和包含有功能性或效果限定技术特征的产品权利要求分别规定了权利要求得不到支持的几种情形：

① 对于用上位概念概括或用并列选择方式概括的权利要求，如果权利要求的概括包含了申请人推测的内容，而其效果又难于预先确定和评价，应当认为这种概括超出了说明书公开的范围。如果权利要求的概括使所属技术领域的技术人员有理由怀疑该上位概括或并列概括所包含的一种或多种下位概念或选择方式不能解决发明或者实用新型所要解决的技术问题，并达到相同的技术效果，则应当认为该权利要求没有得到说明书的支持。

② 对于产品权利要求中所包含的功能性限定的技术特征，应当理解为覆盖了所有能够实现所述功能的实施方式。如果权利要求中限定的功能是以说明书实施例中记载的特定方式完成的，并且所属技术领域的技术人员不能明了此功能还可以采用说明书中未提到的其他替代方式来完成，或者所属技术领域的技术人员有理由怀疑该功能性限定所包含的一种或几种方式不能解决发明或者实用新型所要解决的技术问题，并达到相同的技术效果，则权利要求中不得采用覆盖了上述其他替代方式或者不能解决发明或实用新型技术问题的方式的功能性限定；如果说明书中仅以含糊的方式描述了其他替代方式也可能适用，但对所属技术领域的技术人员来说，并不清楚这些替代方式是什么或者怎样应用这些替代方式，则权利要求中的功能性限定也是不允许的；另外，纯功能性的权利要求得不到说明书的支持，因而也是不允许的。

针对涉及权利要求未以说明书为依据的审查意见，在阅读和理解审查意见通知书的基础上明确该审查意见是针对哪一种情况（上位概念概括、并列选择概括、功能或效果限定的技术特征，甚至指涉及数值范围的技术特征）指出这一缺陷，在此基础上首先核实该审查意见作出上述结论所依据的事实认定（如一种或几种下位概念或选择方式不能解决本发明要解决的技术问题等）是否正确，然后在事实认定的基础上判断其法律适用是否正确。

在分析这类审查意见是否正确时，对于通知书中所针对的不同情况应当采用不同的分析方式。对于采用上位概念概括的权利要求，主要分析本发明是利用该上位概念的各个下位概念的共性还是仅利用某下位概念的个性来解决技术问题：如果利用共性解决技术问题则可以重点考虑审查意见的事实认定或法律适用在什么方面存在不合适之处，以便作出意见陈述；反之，应当认定审查意见正确。对于采用并列选择方式概括的权利要求，应当将这些并列选择方式按照其性质相近的分成几组：若各组中都至少给出一个实施例，则重点考虑审查意见的事实认定或法律适用在什么方面存在不合适之处，以便作出意见陈述，反之，应当认定审查意见正确。对于采用功能或效果限定的产品权利要求，应当分析解决该技术问题的关键是采取具体的结构来实现该功能或达到该效果，还是借助能实现该功能的部件与其他技术手段的结合：若是通过实现该功能的部件与其他手段的结合解决本发明的技术问题，就可重点考虑审查意见的事实认定或法律适用在什么方面存在不合适之处，以便作出意见陈述；反之，如果解决该技术问题的关键是由具体的结构来实现该功能或达到该效果，就应当认为审查意见正确。

在分析审查意见是否正确时，需要注意的是，当要求保护的技术方案的部分或全部内容在原始申请的权利要求书中已经记载而在说明书中没有记载时，允许将其补入说明书。但是权利要求的技术方案在说明书中存在一致性的表述，并不意味着权利要求必然得到说明书的支持。只有当所属技术领域的技术人员能够从说明书充分公开的内容中得到或概括得出该项权利要求所要求保护的技术方案时，记载该技术方案的权利要求才被认为得到了说明书的支持。



答复方式同样依据对审查意见的分析结果来确定：认为审查意见正确，则应当在修改相应权利要求的基础上陈述意见，具体说明修改后的权利要求已消除通知书中所指出上述缺陷的理由；认为审查意见不正确，则可以仅作出意见陈述。

【案例 3－13】

在本案例中，对于权利要求书未以说明书为依据的审查意见，提供公知常识性证据，以此作为意见陈述书中论述权利要求得到说明书支持的基础。

**发明内容**

一件名称为“电压转换电路”的专利申请，其权利要求 1 和权利要求 2 的内容为：

1. 一种电压转换电路，将以第一电源作为动作电源的一输入信号与一反相输入信号转换为以第二电源作为动作电源的一输出信号；其特征在于，该电压转换电路包括：一电压转换单元，以所述第二电源作为动作电源并接收所述输入信号与反相输入信号后产生所述输出信号，该电压转换单元具有一输出节点与一互补输出节点；一闩锁单元，以所述第二电源作为动作电源，并分别电连接至所述输出节点、互补输出节点与一接地端；其中所述闩锁单元在所述第一电源关掉时，用于将所述输出节点与互补输出节点的电压位准闩锁在所述第一电源关掉前的状态。

2. 如权利要求 1 所述的电压转换电路，其特征在于，所述闩锁单元包括：

一第一 n 沟道晶体管，其漏极电连接至所述互补输出节点、栅极电连接至所述输出节点以及源极接地；一第二 n 沟道晶体管，其漏极电连接至所述输出节点、栅极电连接至所述互补输出节点以及源极接地。

**审查意见内容**

第一次审查意见通知书指出，闩锁单元说明书中只给出了特定的实施方式（如权利要求 2），因此，该权利要求得不到说明书支持。

**事实认定和法律适用**

说明书中确实仅给出了一个实施方式，但是不能认定为特定的实施方式。因为对于本领域技术人员来讲，闩锁单元（又可称作闩锁器、闩锁电路）是本领域熟知的技术名词，这样的闩锁电路有多种，都能实现这一功能。而对于权利要求 1 的技术方案来说，只要能实现其闩锁单元的功能即可解决本发明的技术问题，无需借助其具体电路，也就是说本发明是通过将电压转换单元与闩锁单元相结合而构成的技术方案。正由于权利要求 1 中的闩锁单元还可以采用说明书中未提到的其他替代方式来实现“将互补输出节点 111 与输出节点 112 的电压闩锁在第一电源关掉前状态（即具备相同的性能或用途）”，权利要求 2 和说明书中给出的闩锁单元只是其中的一种，因此，审查意见认定说明书中给出的一种实施方式为特定的实施方式这一事实不正确。通过上述分析可知，权利要求 1 得到说明书支持，符合《专利法》第 26 条第 4 款的规定。

**答复手段：意见陈述 + 提供证据**

根据上述分析结果，将采用陈述意见的答复手段。但是为了证明闩锁单元是本领域熟知的技术名词，应当提供相应的公知常识性证据：“韦氏网络字典”的有关内容。下面给出参考的意见陈述：

根据韦氏网络字典（*Webster's Online Dictionary*），闩锁器（latch）的定义为：a latching circuit, especially an externally - simple variety used as a one - bit temporary store. 事实上，本发明闩锁单元 54 就是这种用作储存一个位数据两个状态的闩锁电路。

所属技术领域的技术人员均知，若要实施权利要求 1 的技术方案，只要闩锁单元能起到储存一个位数据两个状态的作用即可。鉴于此，对于权利要求 1 中的闩锁单元，除了可以采用本申请权利要求 2 限定部分的 NMOS 605、607（二个非门）电路（即第 6 图或第 7 图中示出的闩锁单元的构成）之外，也可以采用本领域公知的其他闩锁电路（例如二个与非门 NAND 或二个或非门 NOR 等电路）来实现将互补输出节点 111 与输出节点 112 的电压闩锁在第一电源关掉前状态，因为从本发明要解决的技术问题来看这些闩锁电路对本发明来说具备相同的性能或用途，由此可知，尽管本申请说明书中对于闩锁单元仅记载了一种实施方式，但具有相同性质和用途的其他闩锁电路都能与独立权利要求 1 中的电压转换单元结合起来解决本发明要解决的技术问题，因此采用闩锁单元来概括该技术特征是合适的，由此可知权利要求 1 的技术方案得到了说明书的支持。

综上所述，根据《专利审查指南2010》的相关规定以及本领域技术人员公知常识，权利要求1记载的闩锁单元得到了说明书的支持，符合《专利法》第26条第4款规定。

【案例3－14】

在本案例中，对于权利要求书未以说明书为依据的审查意见，提供现有技术证据，以此作为意见陈述书中论述权利要求得到说明书支持的基础。

**发明内容**

一件名称为“具有抗静电功能的滑动式指纹感测芯片”的专利申请，其权利要求1内容如下：

1. 一种具有抗静电功能的滑动式指纹感测芯片，包括一半导体基板和一形成于所述半导体基板上的滑动式指纹感测芯片；所述滑动式指纹感测芯片包括一滑动式指纹传感器和一周边电路层；其中，所述滑动式指纹传感器具有裸露的一指纹感测区，用以感测滑动通过其上的一手指的多个片段指纹图像；所述周边电路层，形成于所述半导体基板上并位于所述滑动式指纹传感器旁，用以控制所述滑动式指纹传感器的运作；在所述周边电路层上设置一具有平坦化表面的高分子材料层；在所述高分子材料层的平坦化表面上设置一静电放电金属层，该静电放电金属层接地，用以供静电放电用。



**说明书中记载**

高分子材料层30具有一平坦化表面31。本实施例的做法是在滑动式指纹感测芯片20上旋转涂布一高分子材料，然后使该高分子材料硬化以形成所述高分子材料层30，以使所述高分子材料层30具有平坦化表面，接着移除部分的所述高分子材料层，以露出所述指纹感测区21A 。

……

静电放电金属层40的形成方式有很多种。以下仅以一例说明：首先，在所述高分子材料层30的平坦化表面31及所述指纹感测区21A上沉积金属层40。然后，移除位于所述指纹感测区21A上的部分的所述金属层40，以留下其余的所述金属层40作为所述静电放电金属层以供静电放电用 。

**审查意见内容**

审查意见指出：对于权利要求1中的技术特征“在所述周边电路层上设置一具有平坦化表面的高分子材料层”和“在所述高分子材料层的平坦化表面上设置一静电放电金属层，……用以供静电放电用”，在说明书中均只给出了特定的实施方式，因此，该权利要求1得不到说明书支持，不符合《专利法》第26条第4款规定。

**事实认定和法律适用**

鉴于“高分子材料层”和“静电放电金属层”为本领域公知的技术术语，本发明的改进点是在周边电路上设置高分子材料层，并在高分子材料层上设置静电放电金属层，并不在于采用何种方式将这两材料层设置上去，因此在说明书中只要分别给出一种制备方式就足以支持该权利要求，更何况本领域技术人员已熟知这两层材料的设置方式。因此审查意见认定的事实不正确，权利要求1能得到说明书支持，符合《专利法》第26条第4款的规定。

**答复手段：意见陈述并提供相应的证据**

现有技术中的滑动式指纹感测芯片在滑动式指纹感测芯片上铺满一接地的金属层。这种结构的滑动式指纹感测芯片会因芯片表面的不平坦及ESD干扰产生尖端放电而破坏读取及控制电路。此外，接地金属层与读取及控制电路间会有严重的寄生电容，因此要直接在读取及控制电路的保护层的上方设置金属薄膜层会出现不少问题。

本发明为解决上述问题，在静电放电金属层与滑动式指纹感测芯片的介电层之间设置一高分子材料层，这样一来，由于静电放电金属层与周边电路层的模拟电路的间距变大而降低寄生电容。此外，将高分子材料层形成相当平坦的表面，因此金属层与高分子材料层的表面间也不易产生尖端放电的问题，增加了电路抗静电的能力。由此可知，本发明相对于现有技术的改进是通过在滑动式指纹传感器的周边电路层与静电放电金属层之间设置一层具有平坦化表面的高分子材料层来解决本发明要解决的技术问题，而不在于采用何种方式来制备这种“高分子材料层”和“静电放电金属层”。

此外，“具有平坦化表面的高分子材料层”和“静电放电金属层”在本技术领域为公知的技术术语，因而无需在说明书中给出多个制备方法。至于说明书中提到的其具体制备方法，仅为本发明的优选实施例而已，本发明并不限于上述实施方式，还可采用其他方式来制备“具有平坦化表面的高分子材料层”和“静电放电金属层”。

为了证明“具有平坦化表面的高分子材料层”和“静电放电金属层”在本技术领域为公知的技术术语，现提交如下证据：

1. 关于具有平坦化表面的高分子材料层

（1）美国专利第5231751号，授权公告日为1993年8月3日

说明书第4栏，第8~10行提到“（h）补偿器之金属箔之上表面之平坦化可以使用任何一种标准之抛光技术”；第8栏，第61~65行提到“被使用的平坦化方法应是能使导电金属镶入层41与42以及高分子材料层25的上表面维持共面状态。一般而言，这种平坦化是例如化学机械抛光的抛光技术利用而达成”。

（2）美国专利第5759906号，授权公告日为1998年6月2日

说明书第4栏，第6~14行提到“利用第二实施例之方法，由至少四个低介电常数（k）的高分子材料（以下称为低k的高分子材料）层所构成的多层结构，是可被使用以取代旋涂式玻璃的多层结构。每个低k高分子材料层在旋转涂布之后烘烤。第三绝缘层是由低k硅玻璃（譬如掺氟的硅玻璃（FSG））所构成。然后，FSG被局部地化学/机械抛光，以形成广大的平坦表面”。

由上述可知，获得平坦化表面的方法，除了本发明所述的方法以外，所属技术领

域的技术人员还可以预见其他的现有技术方法。

2. 关于静电放电金属层

美国专利第5970321号，授权公告日为1999年10月19日

说明书第6栏第37~38行提到“举例而言，一金属片或金属层可以置放于一基板上，或沉积于基板上”。

由此可知，形成静电放电金属层的方法，除了本发明所述之方法以外，所属技术领域的技术人员还可以预见其他的现有技术方法。

综上所述，本发明相对于现有技术所作的改进是通过在滑动式指纹传感器的周边电路层与静电放电金属层之间设置一层具有平坦表面的高分子材料层来解决本发明要解决的技术问题，与采用何种方式来制备这种“具有平坦化表面的高分子材料层”和“静电放电金属层”无关，而权利要求1中的技术特征“具有平坦化表面的高分子材料层”和“静电放电金属层”是本领域公知的技术术语，因此在说明书中仅给出一种制备方法就足以支持权利要求1的技术方案，也就是说权利要求1能够得到说明书的支持，符合《专利法》第26条第4款的规定。

### 2.8 涉及修改超出原说明书和权利要求书记载范围的审查意见

《专利法》第33条规定，申请人可以对专利申请文件进行修改，但是，对发明和实用新型专利申请文件的修改不得超出原说明书和权利要求书记载的范围。



针对涉及修改超范围的审查意见，首先进行事实认定，将修改后的技术内容与原始说明书和权利要求书记载的技术内容进行比较，以此来判断是否修改超范围。如果申请文件修改时增加的内容或者修改后的内容能够从原说明书和权利要求书记载的内容直接地、毫无疑义地确定，则所作修改符合《专利法》第33条的规定；否则，修改就超出原说明书和权利要求书记载的范围。特别需要注意的是，权利要求是否得到说明书的支持并不是判断权利要求的修改是否超出原始公开范围的标准。

根据上述分析结果确定答复方式：通过分析认为申请文件修改的内容确实超出原说明书和权利要求书记载范围的情况，只能通过再次修改申请文件（将超出原说明书和权利要求书记载范围的内容删去或者将有关内容按照说明书和权利要求书的记载方式作出修改）来消除这一缺陷，并在意见陈述书中作出说明；对于能够确定未超出原说明书和权利要求书记载范围的修改内容，需要在意见陈述书中充分陈述上次修改后的内容可以根据原说明书和权利要求书记载的内容以及说明书附图直接地、毫无疑义地确定的理由。

关于修改是否超出原说明书和权利要求书记载范围的判断原则和典型案例参见本书第四章的内容，在此不再结合案例作进一步说明。

### 2.9 涉及属于同样的发明创造的审查意见

《专利法》第9条第1款规定了同样的发明创造只能授予一项专利权。其中“同

样的发明创造”是指两件或两件以上申请（或专利）中存在保护范围相同的权利要求。

在专利代理实务中，可能会导致重复授权的情况主要有两种：就同样的发明创造于同日提交了发明和实用新型专利申请；分案申请的权利要求书中保留了与母案申请某一或某些权利要求保护范围相同的权利要求。

在答复审查意见时，先进行事实认定，核实审查意见中指出的相同的发明创造的权利要求的保护范围是否相同，在事实认定基础上进行法律适用。

在确定答复方式时，对于涉及同样发明的审查意见，需要先确定导致两件申请具有相同保护范围的权利要求属于前述哪一种情况。

对于分案申请与母案申请出现保护范围相同权利要求的情况，答复方式比较简单：如果通过分析认为审查意见正确，两者之间的确存在保护范围相同的权利要求，则对尚未授权的那件申请的权利要求书进行修改，删去与另一件申请或专利中的某项权利要求保护范围相同的权利要求，或者将该权利要求修改成与另一件申请或专利中的权利要求书中任何一项权利要求保护范围均不相同，然后在意见陈述书中说明所作修改已消除了通知书中所指出的上述缺陷，符合《专利法》第 9 条第 1 款的规定；如果通过分析认为两者之间不存在相同保护范围的权利要求，则可以仅在意见陈述书中陈述两者不是同样的发明，即具体说明相应权利要求之间的保护范围不相同的理由。



对于同日提交发明和实用新型专利申请的情况，由于此时实用新型专利已经授权，因而还可以有另一种答复方式：声明放弃已授权的实用新型专利。也就是说，当通过分析认为审查意见正确时，除了可以采取对发明专利申请的权利要求书进行修改以使其所有权利要求在保护范围上与已授权实用新型专利的权利要求有区别并作出意见陈述的答复方式外，还可以采用声明放弃已授权实用新型专利而对发明专利申请的权利要求书不作修改的答复方式。当然，如果在发明实质审查过程中由于为消除审查意见通知书指出的缺陷而使发明专利申请权利要求书中的所有权利要求均与已授权的实用新型专利的所有权利要求的保护范围不同，此时可不必再声明放弃已授权的实用新型专利，而只需要在意见陈述书中论述目前提交的发明专利申请的权利要求书与已授权的实用新型专利不再是同样的发明创造的理由。

此外，需要注意的是，《专利法》第 9 条第 1 款规定：“同样的发明创造只能授予一项专利权。但是，同一申请人同日对同样的发明创造既申请实用新型专利又申请发明专利，先获得的实用新型专利权尚未终止，且申请人声明放弃该实用新型专利权的，可以授予发明专利权。”《专利法实施细则》第 41 条第 2 款规定：“同一申请人在同日（指申请日）对同样的发明创造既申请实用新型专利又申请发明专利的，应当在申请时分别说明对同样的发明创造已申请了另一专利；未作说明的，依照《专利法》第 9 条第 1 款关于同样的发明创造只能授予一项专利权的规定处理。”

根据上述两条款的规定，对于同日对同样的发明创造既申请了实用新型专利又申请发明专利的，如果申请人申请时提交了说明，即在请求书中对此作出说明（参见发明专利请求书第㉑项，实用新型专利请求书表格第⑱项），那么申请人在实用新型专利权尚未终止的情况下可以通过声明放弃实用新型专利权的方式，获得发明专利权。但是，如果申请人没有在申请日时进行说明，那么就不允许申请人通过放弃实用新型专利权的方式获得发明的授权，而只能修改待审的发明专利申请的权利要求书，使其与已授权的实用新型专利不构成同样的发明创造。

【案例3－15】

在本案例中，分案申请与母案申请的独立权利要求的保护范围不同，因此以陈述意见的方式作出答复。

**发明内容**

母案申请和分案申请均要求保护一种内窥镜球囊控制装置，母案申请的权利要求1如下：

1. 一种内窥镜球囊控制装置，具有：

泵，其向安装在内窥镜的插入部前端部的外周部的固定用球囊供给气体以及从所述球囊排出气体；

时间检测部，其检测对上述球囊的供气和吸气时间；

控制部，其测定……则停止上述泵；以及

倒流防止用箱，其具有上述球囊用的箱，……以防止上述液体的倒流。

分案申请的权利要求1如下：

1. 一种内窥镜球囊控制装置，具有：

泵，其向安装在使内窥镜插通的外套管的前端部外周部的固定用球囊供给气体，并且从上述球囊排出上述气体；

时间检测部，其检测对上述球囊的供气以及吸气时间；

控制部，其测定……则停止上述泵；以及

倒流防止用箱，其具有上述球囊用的箱，……以防止上述液体的倒流。

**审查意见内容**

审查意见指出：分案申请的权利要求1与母案申请的权利要求1保护范围相同，为同样的发明，不符合《专利法》第9条第1款的规定。

**事实认定**

在母案的权利要求1中，固定用球囊安装在内窥镜的插入部前端部的外周部；而在分案申请的权利要求1中，固定用球囊安装在使内窥镜插通的外套管的前端部外周部。这两个技术特征是不相同的，因此母案申请的权利要求1和分案申请的权利要求1的保护范围是不同的，因此审查意见中认定的事实不正确。

**答复手段：仅作意见陈述**

鉴于审查意见不正确，母案申请的权利要求 1 与分案申请的权利要求 1 的保护范围不同，因此不必修改申请文件，而仅在意见陈述书中说明两者保护范围不同的理由，即在指出两者权利要求 1 之间存在差异的基础上，论述这一表述差异明确体现了两者权利要求 1 的保护范围不同，因此本申请符合《专利法》第 9 条第 1 款的规定。

### 2.10　涉及申请文件不满足单一性要求的审查意见

单一性，是指一件发明或者实用新型专利申请应当限于一项发明或实用新型，属于一个总的发明构思的两项以上的发明或实用新型，可以作为一件申请提出。即如果一件申请包括几项发明或实用新型，则只有在所有这几项发明或实用新型属于一个总的发明构思的情况下才被允许。

针对涉及单一性的审查意见，也是对事实认定和法律适用进行判断。按照《专利法实施细则》第 34 条和《专利审查指南 2010》第二部分第六章的规定，在判断合案申请的几项发明是否满足单一性要求时，主要分析几项发明的独立权利要求相对于现有技术是否存在一个或多个相同或相应的特定技术特征，只要具有一个相同或者相应的特定技术特征，则满足单一性的要求；相反，若他们之间既没有一个相同的特定技术特征，又没有一个相应的特定技术特征，则这几项发明之间不具有单一性，不符合《专利法》第 31 条的规定。



答复方式根据对审查意见的分析结果来确定：若审查意见正确，则修改申请文件并陈述意见；若审查意见不正确，可以仅陈述意见而不修改申请文件。具体说来，如果通过分析，认为本申请的几项独立权利要求之间不具有单一性，可删除不具有单一性的权利要求或技术方案，也可对与其他发明之间不具有单一性的独立权利要求进行修改，使之与其他几项独立权利要求具有相同或相应的特定技术特征，在此基础上说明经过修改的权利要求书已消除审查意见通知书中所指出缺陷的理由。其中对于采取删除方式消除缺陷的，可以只作简单说明；而通过修改独立权利要求具体技术特征来消除缺陷的，则应当充分说明修改后的权利要求书中不再存在不具有单一性这一缺陷的理由。若通过分析认为本申请的所有独立权利要求之间具有单一性，则可以仅进行意见陈述而不修改权利要求书。

【案例 3－16】

在本案例中，两项发明之间满足单一性要求，因而在答复时仅陈述意见而未对权利要求书进行修改。

**发明内容**

一件名称为“侧端入光型背光模块”的专利申请，其独立权利要求 1、权利要求 2 的内容如下（参见图 3－19）：

1. 一种侧端入光型背光模块，包括：

一基板（321），具有一第一面（321a）、一第二面（321b）和一孔洞（321c），所述孔洞（321c）贯通所述第一面（321a）和所述第二面（321b）；一导光板（34），设置于所述第一面（321a），且不覆盖所述孔洞（321c），所述导光板（34）具有一入光面（341）；一发光二极管（42），通过所述孔洞（321c）组合于所述基板（321）；一金属片（45），与导光板（34）的所述入光面（341）形成一空间，以罩覆所述发光二极管（42）于其中，将二极管（42）产生的光线反射到导光板（34）。

2. 一种侧端入光型背光模块，包括：

一底座（32），具有一第一面（321a）和一第二面（321b）；一导光板（34），设置于所述底座（32）的所述第一面（321a）上，所述导光板（34）具有一入光面（341）；一金属片（45），与所述导光板（34）的所述入光面（341）形成一小于90度的夹角，并形成一空间；一发光二极管（42），位于所述导光板（34）的所述入光面（341）与所述金属片（45）之间，具有一主发光方向与所述导光板（34）的入光面（341）平行。

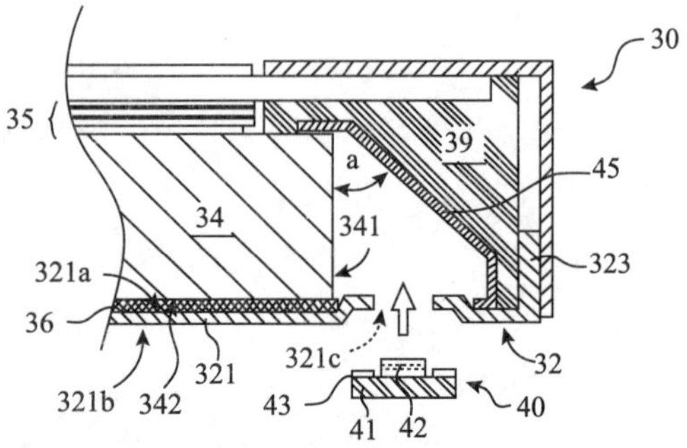

图 3－19　本发明背光模块示意图

**审查意见内容**

审查意见指出：独立权利要求 2 的特定技术特征“发光二极管具有一主发光方向与导光板的入光面平行”与独立权利要求 1 的特定技术特征“发光二极管通过导光板上的空洞组合于基板”之间没有任何相关内容，两者不是相同或相应的特定技术特征，因此两独立权利要求之间不具有单一性。

**事实认定和法律适用**

在现有技术（参见图 3－20、图 3－21）中，发光二极管 22、22′的发光面贴近导光板 14 设置，将产生热堆积并由此引起其他一些问题。因而，权利要求 1 相对于现有技术作出创造性贡献的技术特征，即权利要求 1 的特定技术特征为“金属片与导光板的入光面形成一空间，该空间罩覆发光二极管，将二极管产生的光线反射到导光板”；同理，权利要求 2 的特定技术特征为“发光二极管位于导光板的入光面与金属片之间，其中金属片与导光板的入光面形成小于 90 度的夹角，并形成一空间”。这两个权利要求的特定技术特征中的发光二极管都位于由导光板的入光面和金属片形成的空间内，可知独立权利要求 1 和独立权利要求 2 至少具有一个相同的特定技术特征。通过上述分析可知，审查意见中认定的事实（两个独立权利要求的特定技术特征之间没有任何相关内容）不正确，从而审查意见通知书由权利要求 1 和权利要求 2 之间没有相同或相应特定技术特征而认定两者之间不具有单一性的结论是错误的。

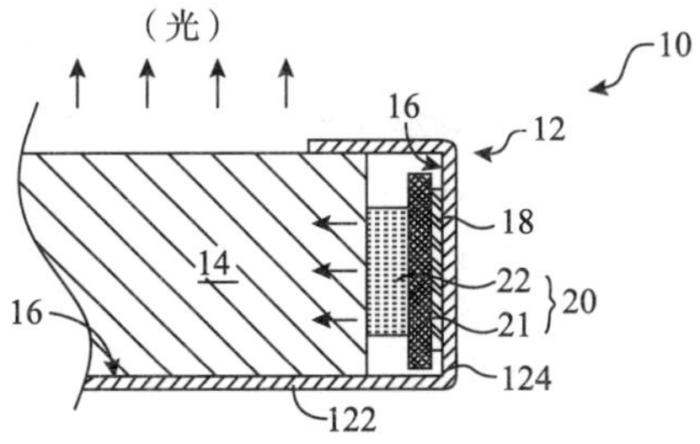


图3－20 现有技术图1

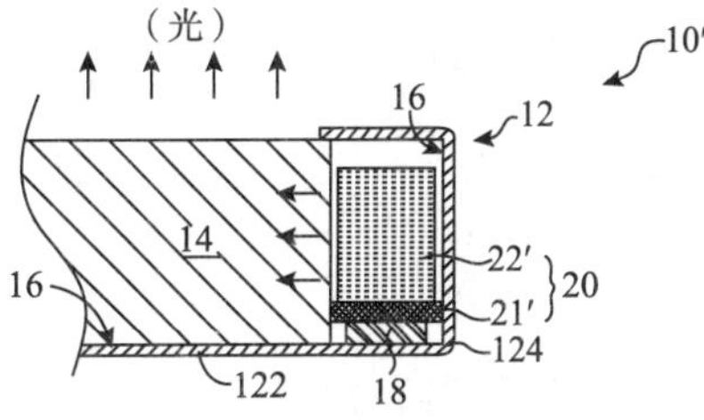


图3－21 现有技术图2

**答复手段：仅作意见陈述**

由于分析结果认为审查意见不正确，因此未对申请文件进行修改，仅在意见陈述书中说明两项独立权利要求满足单一性要求的理由。具体的陈述意见如下：

现有技术中，由于发光二极管22、22′的发光面贴近导光板14设置，将产生热堆积，并由此引起其他一些问题。在本发明中，为消除现有技术中所存在的上述技术问题，将二极管的入光面与导光板分开设置，通过金属片将二极管发出的光线反射到导光板的入光面，从而避免了热堆积。

由此可知，本发明权利要求1相对于该现有技术作出创造性贡献的技术特征为"金属片（45）与导光板（34）的入光面（341）形成一空间，该空间罩覆发光二极管（42），将二极管（42）产生的光线反射到导光板（34）"；同理，权利要求2相对于该现有技术作出创造性贡献的技术特征"发光二极管（42）位于导光板（34）的入光面（341）与金属片（45）之间，其中金属片（45）与导光板（34）的入光面（341）形成小于90度的夹角，并形成一空间"。这两个权利要求的上述技术特征就是这两项权利要求的相应的特定技术特征。显然，在这两个权利要求的上述特定技术特征中，都包含有一个相同的技术特征"发光二极管都位于由导光板的入光面和金属片形成的空间内"，由此可知权利要求1和权利要求2之间至少具有一个相同的特定技术特征，属于一个总的发明构思，符合《专利法》第31条有关单一性的规定。

## 第三节 答复审查意见通知书的案例

为帮助读者更好地理解答复审查意见通知书全过程的工作，本节通过一个具体案例"移动通讯终端的相机开闭装置"综合讲述在接到审查意见通知书后如何向申请人转达审查意见，如何根据申请人的指示对审查意见进行答复，以及在陈述意见和修改权利要求时需要注意的问题。

## 1 申请案情况简介

本申请涉及“移动通讯终端的相机开闭装置”。其主要结构如图3－22、图3－23、图3－24所示（相当于该申请原说明书中的图2、图3和图4）。

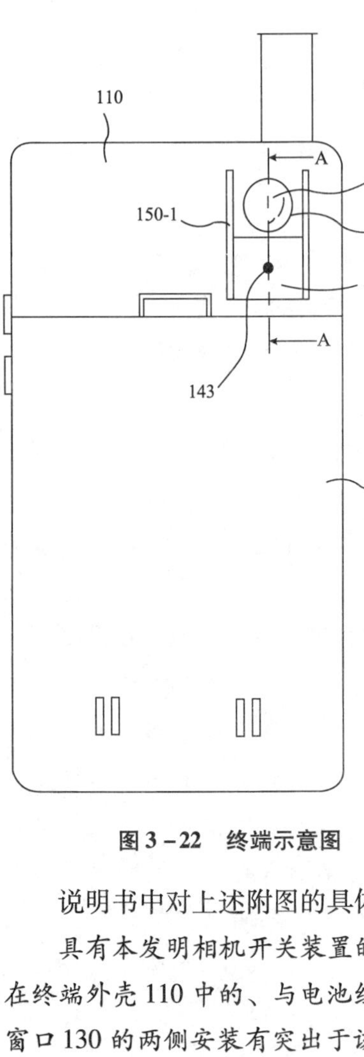


图3－22 终端示意图

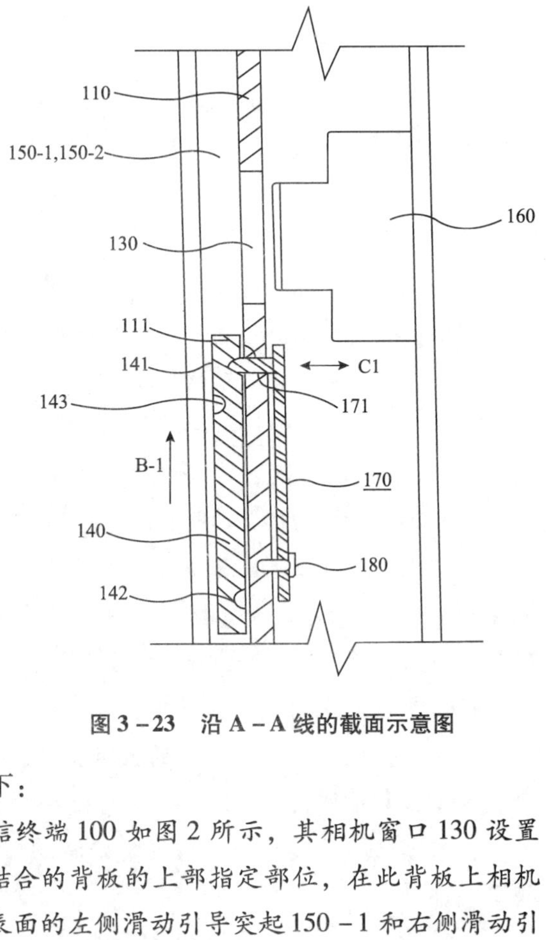


图3－23 沿A－A线的截面示意图

说明书中对上述附图的具体说明如下：

具有本发明相机开关装置的移动通信终端100如图2所示，其相机窗口130设置在终端外壳110中的、与电池组120相结合的背板的上部指定部位，在此背板上相机窗口130的两侧安装有突出于该背板外表面的左侧滑动引导突起150－1和右侧滑动引导突起150－2，一个用于开闭相机窗口的移动盖140的两侧嵌装在左侧滑动引导突起150－1和右侧滑动引导突起150－2中，从而该移动盖140可以根据需要沿着左侧滑动引导突起150－1和右侧滑动引导突起150－2滑动平移。

此外，在终端外壳110背板的内侧设置了定位弹性构件170，其位于相机窗口130的下方，用于固定沿着左侧滑动引导突起150－1和右侧滑动引导突起150－2滑移的移动盖140。

上述移动盖140在其与终端外壳110背板的外表面相对置的表面上，间隔一定的距离，至少形成两个以上的凹槽，即形成上侧的第一凹槽141和下侧的第二凹槽142。

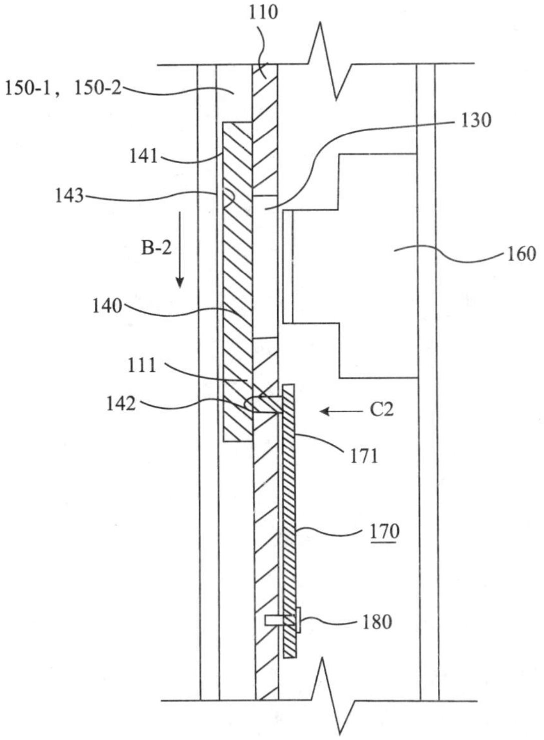


图 3－24 盖子遮住窗口的截面示意图



上述定位弹性构件 170 为弹性棒，其一端被固定在终端外壳的内侧（例如通过小型的连接螺栓 180 固定在终端外壳 110 背板内侧上的螺纹连接孔处）。在该弹性棒的自由端上具有朝着终端外壳 110 背板方向突出的固定突起 171，该固定突起 171 通过终端外壳 110 背板上形成的通孔 111，前端略高于终端外壳 110 背板的外表面，当移动盖 140 以任意方式移动到相机窗口 130 的打开或者关闭的位置时，该弹性棒自由端上朝着终端外壳 110 的固定突起 171 通过在终端外壳 110 背板上形成的通孔 111 弹性插入到上述第一凹槽 141 或第二凹槽 142 中，使移动盖 140 保持在其打开位置或保持在关闭位置。

为了便于移动盖 140 滑动平移的启动，对上述固定突起 171 和第一、第二凹槽 141、142 相接触的面进行圆形处理，以便移动盖 140 滑动时容易使上述固定突起 171 从上述第一、第二凹槽 141、142 中脱离。尤其是，在上述移动盖 140 的外表面（即可供用户操作的面）上形成一个带有弯钩的启动浅槽 143，用指甲或尖利的工具插入启动浅槽 143 中，通过启动浅槽 143 上的弯钩向移动盖 140 施加一个向外的作用力，从而更方便使上述固定突起 171 脱离第一、第二凹槽 141、142，这样可以十分方便地启动移动盖 140 作滑动平移。

图 3 是移动通信终端中相机窗口 130 处于打开的状态，此时，经通孔 111 略高出终端外壳 110 背板外表面的固定突起 171 的前端插入在第一凹槽 141 中，使移动盖

140 在此位置上被固定住。此时，如果想关闭该相机窗口 130，就可用指甲或尖利的工具插入启动浅槽 143 中，略向外抬起移动盖 140，使该移动盖 140 向上滑动起来，与此同时，松开指甲或尖利的工具，当移动盖 140 向上滑动平移到图 4 所示关闭相机窗口 130 的状态，这时，上述固定突起 171 的前端插入第二凹槽 142 中，使移动盖 140 被固定在关闭相机窗口 130 的位置。相反，当相机窗口 130 固定在图 4 所示关闭状态时，如果想打开该相机窗口 130，同样可用指甲或尖利的工具插入启动浅槽 143 中，略向外抬起移动盖 140，就可使该移动盖 140 向下滑动起来，与此同时，松开指甲或尖利的工具，当移动盖 140 向下滑动平移到图 3 所示打开相机窗口 130 的状态，上述固定突起 171 的前端插入第一凹槽 142 中，使移动盖 140 被固定在打开相机窗口 130 的位置。

采用本发明相机开闭装置 100 的上述结构，移动盖 140 插入到设置在终端外壳 110 背板外表面上的左、右侧滑动引导突起 150－1、150－2 中，板状移动盖 140 的内表面与终端外壳 110 背板外表面相平齐，从而移动盖 140 可沿着上述左、右侧滑动引导突起 150－1、150－2 作往返滑动平移，借助于定位弹性构件 170 中弹性棒的弹性使位于其前端的固定突起 171 的前端插入到移动盖 140 内表面上的第一凹槽 141 或第二凹槽 142 中，就可使移动盖 140 保持在其打开位置或保持在关闭位置。由此可知，本发明的相机开闭装置可以选择性地开闭相机窗口 130，十分方便



其权利要求书包括三项权利要求：产品独立权利要求 1 及其两项从属权利要求，内容如下：

1. 一种在其外壳上设置有内置相机的窗口的移动通讯终端的相机开闭装置，其特征在于：所述相机开闭装置包括一个位于该终端（100）外壳（110）上、用于开闭相机窗口（130）的移动盖（140），以及一个设置在该终端（100）外壳（110）上、用于使所述移动盖（140）固定于其打开位置或关闭位置上的定位弹性构件（170）。

2. 根据权利要求 1 所述的移动通讯终端的相机开闭装置，其特征在于：所述移动盖（140）由板材构成，嵌装在突设于该终端（100）外壳（110）表面上位于相机窗口（130）两侧并沿上下或左右方向设置的滑动引导突起（150－1，150－2）中，沿上下或左右方向滑动，而在该移动盖（140）与该终端（100）外壳（110）相对置的表面上，间隔一定距离按上下或左右方向至少形成两个以上凹槽（141，142），以配合定位。

3. 根据权利要求 1 或权利要求 2 所述的移动通信终端的相机开闭装置，其特征在于：所述移动盖（140）在其用户操作面上形成便于滑动启动的浅槽（143）。

## 2 第一次审查意见的转达与答复

专利代理人收到的第一次审查意见通知书中引用了一篇在本申请的申请日前公开的美国专利文件作为本申请各项权利要求不具备新颖性或创造性的对比文件，且认为本申请不具有授权前景。

该对比文件1公开了一种手机上相机的镜头盖。手机外壳上设有一对彼此间隔一定距离并在该镜头下方向下延伸的凸缘，该镜头盖可沿着这一对凸缘滑动，从而选择地打开或者关闭镜头盖，并且该镜头盖通过设置在手机外壳上的扭转弹簧实现镜头盖的定位。上述对比文件1中的图5、图7和图8分别如图3－25、图3－26和图3－27所示。

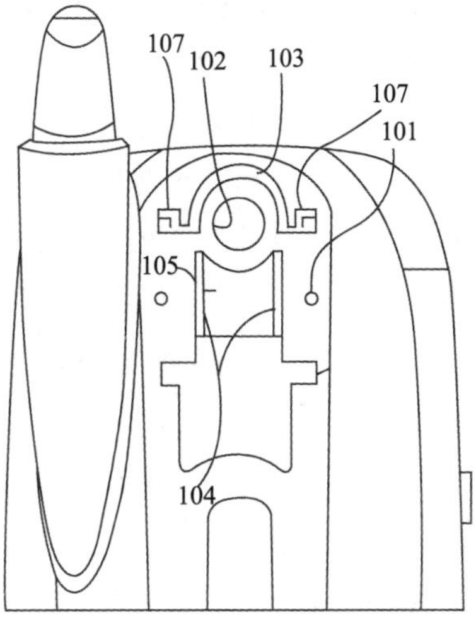


图3－25 手机背面结构部件图

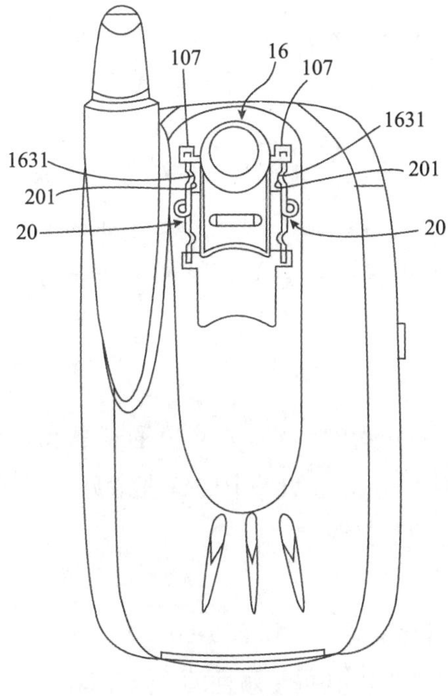


图3－26 相机盖关闭示意图

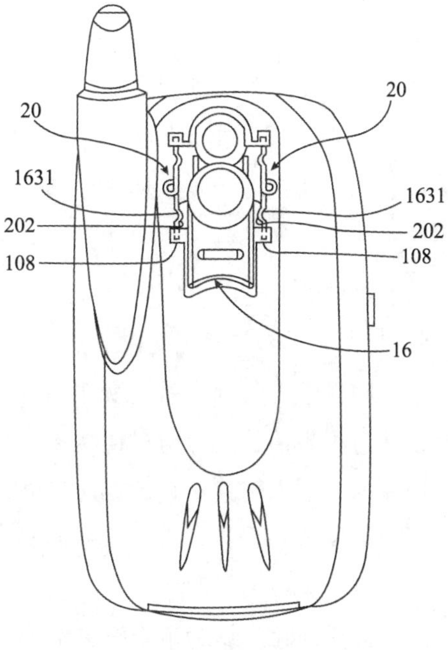


图3－27 相机盖开启示意图

### 2.1 第一次审查意见通知书

第一次审查意见通知书的正文如下：

经审查，作出如下审查意见。

1. 权利要求1要求保护一种相机开闭装置。对比文件1（US20040041935A1）公开了一种手机上相机的镜头盖，具体公开了在手机外壳设有覆盖相机面板的镜头盖16，其可选择地打开或者关闭；设置在所述手机外壳上的扭转弹簧20（相当于定位弹性构件），用于把镜头盖固定于开闭位置上（参见对比文件1［0053］段～［0100］段和图7、图8）。由此可见，对比文件1已经公开了该权利要求的全部技术特征，且对比文件1所公开的技术方案与该权利要求所要求保护的技术方案属于同一技术领域，解决了相同的技术问题，产生的技术效果都是提供一个可以遮蔽相机镜头的盖子避免其遭受污损并且可以在开闭位置上固定盖子，因此该权利要求所要求保护的技术方案不具备《专利法》第22条第2款规定的新颖性。

2. 对比文件1还公开了如下技术特征：外壳上设有一对凸缘104间隔一定距离在镜头下方向下延伸，镜头盖16在其中可上下滑动（参见对比文件1［0053］段～［0100］和图5），即从属权利要求2中的限定部分的部分附加技术特征已被对比文件1公开。权利要求2限定的技术方案与对比文件1的区别在于，所述移动盖由板材构成，其与终端外壳相对置的表面上，间隔一定距离形成两个以上凹槽。而这种区别是一种公知常识，移动盖采用板材以及采用弹性的构件与凹槽配合进行定位均为本领域常用技术手段，并且，将滑动凸缘由上下方向改为左右方向也仍然属于本领域常用的技术手段，这些公知常识的使用对本领域的技术人员来说是显而易见的，因此在其引用的权利要求1不具备新颖性的情况下，该从属权利要求2不具备《专利法》第22条第3款规定的创造性。



3. 从属权利要求3的附加技术特征为，所述移动盖在其用户操作面上形成便于滑动启动的浅槽。这一特征也是所述技术领域中的公知常识，这些公知常识的使用对本领域的技术人员来说是显而易见的。因此，该从属权利要求也不具备《专利法》第22条第3款规定的创造性。

### 2.2 审查意见的转达

专利代理人收到审查意见通知书后，应当认真地阅读审查意见通知书和对比文件，并将本申请的内容与对比文件作仔细对比，分析通知书中的审查意见是否正确，以便在向申请人转达审查意见通知书时提出合适的建议。

（1）对于权利要求1不具备新颖性的分析

通过将本申请权利要求1的技术方案与对比文件1（US20040041935A1）公开内容进行分析对比，认为审查意见中关于权利要求1不具备新颖性的观点正确。

在这种情况下，向申请人转达审查意见时，可以向申请人进一步具体说明权利要求1不具备新颖性的理由，并告知申请人有必要根据申请文件记载的内容对原权利要求1进行修改。

至于如何修改权利要求书，通过对审查意见通知书的分析，意识到本申请从属权利要求限定部分的技术特征一部分已经被对比文件1公开，另一部分又是本领域经常采用的公知手段，因此将这些从属权利要求改写成独立权利要求似乎仍无法证明其具备新颖性和创造性。经仔细阅读本申请说明书和对比文件后，认为本申请说明书有关定位弹性构件的具体结构与对比文件1不同，即由本申请说明书第4页第6~12行记载的内容可归纳出本申请中有关定位弹性构件的下述技术特征“所述定位弹性构件为弹性棒，其一端被固定在终端外壳的内侧，另一端则为自由端，当移动盖以任意方式移动到相机窗口的打开或者关闭的位置时，该弹性棒自由端上朝着终端外壳突出的固定突起通过在终端外壳上形成的通孔弹性插入到移动盖的上述凹槽中而使其固定”未被对比文件1揭示，且这些技术特征的加入能为本发明带来更好的技术效果——“使移动盖可靠地保持在打开位置或者保持在关闭位置”，因而将这些技术特征加入独立权利要求1中有可能说明其相对于对比文件1和本领域的公知常识具备创造性。由此可建议申请人将上述技术特征加入原权利要求1中成为新的独立权利要求1，并请申请人从技术角度说明这些技术特征如何为本发明带来更好的技术效果，尤其是在原说明书中已经提到的技术效果。

专利代理人在转达上述意见的同时，还需要提醒申请人注意：在根据上述内容修改权利要求书时，所作修改不能超出原说明书和权利要求书记载的范围。

### 2.3 对第一次审查意见通知书的答复

在答复第一次审查意见通知书时，专利代理人最后需要完成的工作就是按照申请人的指示对审查意见通知书作出答复。

就本申请案来说，申请人同意专利代理人提出的建议，因此专利代理人根据申请人的上述指示向国家知识产权局提交修改后的权利要求书，并以此修改的权利要求书为基础撰写意见陈述书。下面给出最后完成的意见陈述书正文。



国家知识产权局：

申请人认真阅读并仔细研究了贵局针对中国发明专利申请号×××××××××××××.×发出的第一次审查意见通知书后，对申请文件中的权利要求书进行了修改，并对说明书作出适应性修改。现陈述意见如下。

一、申请文件修改说明

针对审查意见通知书中指出的原权利要求1不具有新颖性的审查意见，对权利要求1进行了修改，在其中加入了有关定位定位弹性构件的结构特征。修改后的权利要求1为：

“1. 一种在其外壳上设置有内置相机的窗口的移动通信终端的相机开闭装置，其特征在于：所述相机开闭装置包括一个位于该终端（100）外壳（110）上、用于开闭相机窗口（130）的移动盖（140）以及一个设置在该终端（100）外壳（110）上、用于使所述移动盖（140）固定于其打开位置或关闭位置上的定位弹性构件（170）；所述定位弹性构件（170）为弹性棒，其一端被固定在终端（100）外壳（110）的内侧，另一端则为自由端，当移动盖（140）以任意方式移动到相机窗口（130）的打开或者关闭的位置时，该弹性棒自由端上朝着终端（100）外壳（110）突出的固定突起（171）通过在终端（100）外壳（110）上形成的通孔（111）弹性插入到移动盖（140）的上述凹槽（141，142）中使其固定。"

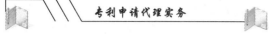

上述修改依据为说明书第4页第6~12行和图3~图4，未超出原说明书和权利要求书记载的范围，且上述修改是针对审查意见通知书中指出的缺陷进行的，因此所作修改符合《专利法》第33条的规定，也符合《专利法实施细则》第51条第3款的规定。

二、修改后的权利要求1~3具有新颖性和创造性

修改后的权利要求1的技术特征"所述定位弹性构件为弹性棒，其一端被固定在终端外壳的内侧，另一端则为自由端，当移动盖以任意方式移动到相机窗口的打开或者关闭的位置时，该弹性棒自由端朝着终端外壳突出的固定突起通过在终端外壳上形成的通孔弹性插入到移动盖的凹槽中使其固定"未被对比文件1揭示，因此与对比文件1相比，修改后的权利要求1具有《专利法》第22条第2款规定的新颖性。

通过采用本发明的技术方案，将所述的弹性构件一端通过连接螺栓固定在终端外壳内侧，另一端为弹性自由端，从而可使其自由端上突出的固定突起能够随着移动盖的移动而沿着移动盖内侧的表面滑移，一旦移动到移动盖的凹槽位置，在弹性棒的弹性力作用下，其自由端上的固定突起沿着终端外壳上的通孔向外作弹性移动，即弹性插入到移动盖的凹槽中。本发明利用上述简单的结构，就不仅能始终保持相机窗口的清洁，并能把移动盖在相机窗口的打开位置或关闭位置上固定住，本发明的结构简单，操作灵活。而对比文件1中并未公开本发明的上述结构，对比文件1中是采用一个设有第一和第二两个凸起的扭簧20来进行定位的（参见对比文件图7和图8）。由此可知，对比文件1的技术方案与本发明权利要求1限定的技术方案完全不同，不仅结构复杂，而且可靠性差。对比文件1不存在本发明所能达到的技术效果，本领域的普通专业技术人员也不能从中得到任何的启示。

此外，这些技术特征也不是本领域解决确保打开或关闭相机这一技术问题的公知手段。

由上述分析可知，现有技术未给出将上述技术特征应用于对比文件1以得到权利要求1技术方案的结合启示，因此由对比文件1和本领域的公知常识得到修改后的权利要求1的技术方案对本领域的技术人员来说是非显而易见的，也就是说权利要求1具有突出的实质性特点。

正如前面分析所指出的，本发明权利要求1的技术方案与对比文件1相比，结构简单，且能可靠地使相机开闭装置保持在打开位置或者关闭位置，相对于该对比文件1具有有益的技术效果，因此权利要求1具有显著的进步。

综上所述，权利要求1与对比文件1相比，不仅对比文件1不能覆盖本发明权利要求1的技术特征，也不能对权利要求1所限定的技术方案给出任何技术启示；而且两者在结构、工作原理、技术特征的作用和效果上完全不同，能带来有益的技术效果。因此，本申请修改后的权利要求1与对比文件1相比，具有突出的实质性特点和显著的进步，具有《专利法》第22条第3款规定的创造性。

从属权利要求2~3从结构上对修改后的权利要求1的技术方案作出进一步限定，因而当修改后的独立权利要求1相对于对比文件1和本领域的公知常识具有新颖性和创造性时，这些从属权利要求相对于对比文件1和本领域的公知常识也具有新颖性和创造性。

如上所述，申请人已经对第一次审查意见通知书中指出的所有问题进行了答复。请针对以上修改和意见陈述继续进行审查并早日授予专利权。如果认为本申请仍有不符合《专利法》有关规定之处，恳请再次来函或来电告知申请人，给予申请人再次修改和陈述的机会。

## 3 第二次审查意见的转达与答复

针对上述意见陈述书和修改后的权利要求书，国家知识产权局发出了第二次审查意见通知书。在第二次审查意见通知书中指出权利要求1未以说明书为依据，不符合《专利法》第26条第4款的规定。第二次审查意见通知书的正文如下：

申请人于××××年××月××日提交了意见陈述书和经过修改的申请文件，审查员在阅读了上述文件后，对本案继续进行审查，再次提出如下审查意见。

1. 权利要求1没有以说明书为依据，不符合专利法第26条第4款的规定。该权利要求中使用的上位概念“移动盖以任意方式移动到相机窗口的打开或者关闭的位置”概括了一个较宽的保护范围，但在说明书中仅给出了“开闭相机窗口的移动盖140的两侧嵌装在左侧滑动引导突起150-1和右侧滑动引导突起150-2中，从而该移动盖140可以根据需要沿着左侧滑动引导突起150-1和右侧滑动引导突起150-2滑动平移”这一种实施方式。依据本申请文件所记载的内容，所属技术领域的技术人员难于预见该上位概念“任意方式”所概括的除本申请说明书所述“滑动平移”方式之外的所有方式均能解决其技术问题，例如旋动、翻转等移动方式并不能适用于本申请的技术方案。因此该权利要求没有以说明书为依据，不符合《专利法》第26条第4款的规定。

在阅读和分析第二次审查意见通知书后，专利代理人认为审查意见正确，因此在向申请人转达审查意见时，可以向申请人进一步说明《专利法》第26条第4款关于权利要求书应当以说明书为依据规定的含义，并告知申请人：“尽管说明书中记载有‘任意方式’的文字，但由于所有的具体实施方式中移动盖以滑动方式平移到其开闭位置，因此权利要求1仍然存在着未以说明书为依据的缺陷。”在此基础上，建议申请人按照说明书和附图记载的内容进行修改，以克服上述缺陷。

申请人同意专利代理人提供的建议，专利代理人根据申请人提供的指示，对审查意见进行答复，答复的具体内容如下：

国家知识产权局：

申请人认真阅读并仔细研究了贵局针对中国发明专利申请号××××××××××××.×发出的第二次审查意见通知书。针对上述审查意见，对申请文件进行了修改。

申请人同意第二次审查意见通知书中的审查意见，并针对第二次审查意见通知书中有关权利要求1未以说明书为依据的审查意见对权利要求1进行了修改，将得不到说明书支持的上位概括“任意方式”按照说明书中具体实施方式修改为“滑动方式”，从而使权利要求1的技术方案得到了说明书的支持，消除了通知书中指出的上述缺陷。上述修改的依据请参见权利要求2和说明书第3~6页的说明。

修改后的权利要求书如下：

“1. 一种在其外壳上设置有内置相机的窗口的移动通讯终端的相机开闭装置，其特征在于：所述相机开闭装置包括一个位于终端（100）外壳（110）上、用于开闭相机窗口（130）的移动盖（140）以及一个设置在该终端（100）外壳（110）上、用于使所述移动盖（140）固定于其打开位置或关闭位置上的定位弹性构件（170）；所述定位弹性构件（170）为弹性棒，其一端被固定在终端（100）外壳（110）的内侧，另一端则为自由端，当移动盖（140）以滑动方式移动到相机窗口（130）的打开或者关闭的位置时，该弹性棒自由端上朝着终端（100）外壳（110）突出的固定突起（171）通过在终端（100）外壳（110）上形成的通孔（111）弹性插入到移动盖（140）的上述凹槽（141，142）中使其固定。

“2. 根据权利要求1所述的移动通讯终端的相机开闭装置，其特征在于：所述移动盖（140）由板材构成，嵌装在突设于终端（100）外壳（110）表面上位于相机窗口（130）两侧并沿上下或左右方向设置的滑动引导突起（150-1，150-2）中，沿上下或左右方向滑动，而在该移动盖（140）与该终端（100）外壳（110）相对置的表面上，间隔一定距离按上下或左右方向至少形成两个以上凹槽（141，142），以配合定位。

“3. 根据权利要求1或2所述的移动通讯终端的相机开闭装置，其特征在于：所述移动盖（140）在其用户操作面上形成便于滑动启动的浅槽（143）。”

在修改权利要求书的同时，对说明书发明内容部分进行了适应性修改。具体修改内容请参见权利要求书、说明书和说明书摘要修改替换页。上述修改未超出原说明书和权利要求书记载的范围，且是针对第二次审查意见通知书指出的缺陷进行的，因此符合《专利法》第33条的规定，也符合《专利法实施细则》第51条第3款的规定。

对本申请案，经过对两次审查意见通知书的答复和申请文件的修改后，国家知识产权局在新提交的权利要求书和说明书的基础上作出了授权决定。

综上所述，本节结合案例介绍了专利申请审批过程中专利代理人在接到审查意见通知书后如何向申请人转达审查意见、提供建议，如何根据申请人的指示对审查意见进行答复，以及在意见陈述和修改权利要求时需要注意的问题，希望对专利代理人开展相关工作有所裨益。

# 第四章　专利申请文件的修改

申请人提出发明专利申请时所撰写的申请文件难免会出现权利要求保护范围不恰当、用词不严谨、表述不准确、打印错误等缺陷，因此大多数申请文件在被授予专利权之前都需要或多或少地进行补正和修改，使其在授权之后具有明确的保护范围，准确地向公众传递专利信息，便于专利权的实施和保护。基于上述考虑，《专利法》第33条规定了申请人可以修改其专利申请文件。但是，这种修改不允许在申请文件中增加超出原说明书和权利要求书记载范围的内容，否则对于以申请日作为判断申请先后标准的专利制度而言，可能导致申请人通过修改来获取不正当的利益，同时也会损害社会公众对申请日形成的专利信息的信赖利益，破坏申请人和公众之间的利益平衡关系。

此外，专利审查是一种行政程序，在保证公正的前提下，还应当兼顾行政效率，因而《专利法实施细则》第51条第1款和第3款对修改的时机和方式作出了规定。

在上述涉及专利申请文件修改的相关法条中，《专利法》第33条赋予申请人修改申请文件的权利，同时对修改的内容与范围作出了限制；而《专利法实施细则》第51条第1款和第3款是在《专利法》第33条的基础上，进一步规定了申请文件的修改时机和方式，其中《专利法实施细则》第51条第1款规定的是主动修改的时机，第51条第3款规定的是答复审查意见通知书时的修改方式。本章围绕专利代理实务中申请文件修改的重点、难点和热点，在第一节和第二节中先进行理论介绍，再在第三节中通过具体案例说明专利申请实践中如何正确理解《专利法》第33条的规定以及如何在修改申请文件时满足《专利法》第33条规定的要求。



## 第一节　专利申请文件修改的时机和方式

申请人对专利申请文件的修改通常包括两种方式：一种是申请人主动对专利申请文件作出的修改，下称主动修改；另一种是申请人针对审查意见通知书中指出的缺陷对申请文件作出修改，下称被动修改。这两种修改方式应当分别符合《专利法实施细则》第51条第1款和第3款的规定。

### 1　主动修改

《专利法实施细则》第51条第1款规定："发明专利申请人在提出实质审查请求

时以及在收到国务院专利行政部门发出的发明专利申请进入实质审查阶段通知书之日起的3个月内，可以对发明专利申请主动提出修改。”上述条款限制了申请人主动修改发明专利申请文件的时机。符合该修改时机规定的修改将依据请求原则被接受，不符合该修改时机规定的修改原则上不被接受。因此，若申请人希望进行主动修改，应尽可能地在《专利法实施细则》第51条第1款规定的时机之内提出，否则所作的主动修改有可能不被接受。下面针对该条款的内容释义和适用分别进行介绍。

### 1.1 《专利法实施细则》第51条第1款释义

《专利法实施细则》第51条第1款之所以规定发明专利申请的主动修改时机，是考虑到发明专利申请的申请人在申请日之后经过一段时间，可能主动发现了其申请文件中存在的一些缺陷，并希望能够通过修改申请文件来消除这些缺陷。而在实质审查开始之前给予申请人这种修改机会，就可以在发明专利申请的实质审查过程中针对更能反映申请人意愿的申请文件进行审查，既更好地保护申请人的利益，又能够节省审查时间、缩短审查周期。

对上述条款的理解应注意把握三个关键点：“一个时间点和一个时间段”“可以”和“主动”。

第一个关键点是“一个时间点和一个时间段”，其中“一个时间点”是指提出实质审查请求时，“一个时间段”是指收到国家知识产权局发出的发明专利申请进入实质审查阶段通知书之日起的3个月内。《专利法实施细则》第51条第1款规定的修改时机可以形象地用图4－1表示（横轴为时间轴）。

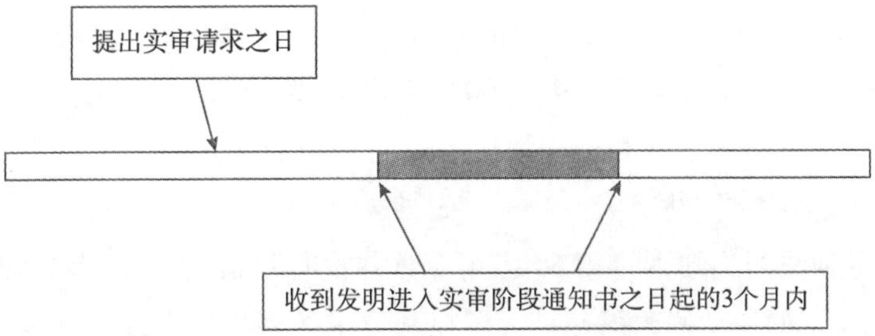


**图4－1 主动修改时机示意图**

第二个关键点是“可以”，这是对申请人主动修改权的赋予，申请人在符合上述时机规定的情况下，有作出修改或不作任何修改的选择权。

第三个关键点是“主动”，这里的“主动”是相对其他涉及专利申请文件修改的法律法规而言的。例如，《专利法实施细则》第51条第3款规定答复审查意见通知书时的修改应当针对审查意见通知书指出的缺陷进行，《专利法实施细则》第61条第1款规定在复审程序中修改应当仅限于消除驳回决定或者复审通知书指出的缺陷。相比之下，在《专利法实施细则》第51条第1款规定的主动修改时机内，申请人可以自主地决定对哪部分内容进行修改。当然，其所作的修改内容与范围只有在符合《专利

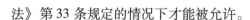

法》第33条规定的情况下才能被允许。

### 1.2 《专利法实施细则》第51条第1款适用

申请人在《专利法实施细则》第51条第1款规定的主动修改时机内修改申请文件，具有较大的自由度，只要不超出原说明书和权利要求书记载的范围即可；但缺点在于时间较短，“一个时间点和一个时间段”的机会转瞬即逝，因此申请人应当特别注意把握时机。

首先，根据《专利法实施细则》第51条第1款的规定，申请人可以在上述“一个时间点和一个时间段”的时机内多次提交主动修改文件。如果实质审查开始时，申请人所提交的最后一次修改文件是其在上述时机内提交的主动修改文件，那么无论该修改在内容和范围上是否超范围，进行实质审查时将以申请人的经过该主动修改的申请文件作为审查文本。申请人在上述时机先后多次提交主动修改文件的，将以最后一次提交的申请文件为审查文本。[1]

例如，申请人在申请日提交的申请文件包括权利要求第1～10项、说明书第0001～0045段[2]和说明书摘要。申请人于2010年2月1日提出实质审查请求，同时提交申请文件修改内容的相关替换部分，即此次修改中将权利要求书修改为权利要求第1～20项，并将原说明书第0005～0012段修改为第0005～0018段（与此相应原说明书第0013～0045段应当向后推至第0019～0051段）；于2011年8月20日收到发明进入实质审查阶段通知书，当天修改了说明书第0013～0018段，又于2011年8月30日修改了说明书摘要。此后，未再进行主动修改。那么，实质审查一开始所针对的审查文本将是申请人2010年2月1日提交的权利要求第1～20项，说明书第0005～0012段，2011年8月20日提交的说明书第0013～0018段、申请日提交的说明书第0001～0004段和第0013～0045段（相当于最后的说明书中的第0019～0051段），以及2011年8月30日提交的说明书摘要。



其次，《专利法实施细则》第51条第1款并没有限制申请人主动修改的方式，符合该修改时机规定的主动修改即使扩大了权利要求的保护范围或者增加了新的权利要求，也会被接受作为审查基础。例如，申请人认为权利要求请求保护的范围过小，希望主动扩大保护范围，如删除独立权利要求中的某个技术特征，或者把某技术特征由下位概念修改为原说明书中记载的上位概念；或者，申请人认为权利要求项数过少或请求保护的主题类型不够全面，希望根据原说明书的内容补充权利要求，如在已有方法权利要求的基础上新增产品权利要求，或者将某一实施例的内容新增为从属权利要求等。作出这些主动修改只要符合《专利法实施细则》第51条第1款规定的修改时

---

[1] 参见《专利审查指南2010》第二部分第八章第4.1节的规定。

[2] 目前国家知识产权局对于电子申请的说明书允许以“段”的方式替换提交，而对于纸件申请仍允许以“页”的方式替换提交。

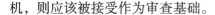

机，则应该被接受作为审查基础。

例如，原始权利要求 1 为：

1. 一种组合式钢床，其特征在于：床柱的侧面或者棱角上至少有两排榫孔，横梁和侧梁的两端与榫架连接，榫架上有榫头与床柱中的榫孔配合，床柱由中空型材制成。

申请人后来考虑到床柱由中空型材制成不是权利要求 1 的必要技术特征，故在提出实质审查请求时提交了权利要求 1 的修改替换页，删除了“床柱由中空型材制成”这一特征。由于其修改时机符合《专利法实施细则》第 51 条第 1 款的规定，该文件将被接受，作为继续审查的基础。

由此可见，主动修改可以更大程度地体现申请人的意愿，但是这种修改方式受到《专利法实施细则》第 51 条第 1 款规定的修改时机的限制。因此，如果申请人希望作出如《专利审查指南 2010》第二部分第八章第 5. 2. 1. 3 节所述的“不能被视为是针对审查意见通知书指出的缺陷进行的修改”的五种情形的修改，其最佳策略是在主动修改时机内提出。

再次，符合《专利法实施细则》第 51 条第 1 款规定的主动修改文本被接受作为审查基础之后，在修改的内容和范围方面还必须符合《专利法》第 33 条的规定，否则不被允许。这里应注意修改文本是否被接受与修改的内容和范围是否被允许之间的区别。符合《专利法实施细则》第 51 条第 1 款规定的修改只表明该修改文本的提交时间符合主动修改时机的规定，该修改文本应被接受并作为继续审查的基础，至于其中所作修改在内容和范围上是否符合《专利法》第 33 条的规定，还将在实质审查程序中进一步审查。

需要说明的是，主动修改文本被接受作为审查基础之后，如果在审查过程中发现该文本的修改不符合《专利法》第 33 条的规定，则会在第一次审查意见通知书中指出该修改超出了原说明书和权利要求书记载的范围，不被允许。这种情况下的第一次审查意见通知书可能根据不同情况采取两种不同的处理方式。一种是本着程序节约的原则，除了在第一次审查意见通知书中指出修改不符合《专利法》第 33 条规定外，还指出本申请存在的可能导致驳回的实质性缺陷或撰写形式方面缺陷，这样的处理方式往往有利于申请人在较为充分的时间内（第一次审查意见通知书的答复期限为 4 个月）更加全面地修改申请文件。例如，对该主动修改文本之前最近一次提交的、且符合《专利法实施细则》第 51 条第 1 款和《专利法》第 33 条规定的文本提出审查意见，指出其中存在的可能导致驳回的实质性缺陷或撰写形式方面的缺陷，或者对于最后一次提交的符合《专利法实施细则》第 51 条第 1 款规定的文本，针对其中修改符合《专利法》第 33 条规定的部分（如权利要求书）指出其存在的可能导致驳回的实质性缺陷或撰写形式方面的缺陷，同时对修改的其他部分（如说明书）指出其不符合《专利法》第 33 条的规定。在认为申请文件修改方向不明确的情况下，审查员也可能采用另一种处理方式，即第一次审查意见通知书中仅仅指出作为审查基础的文本中存在不符合《专利法》第33条规定的缺陷，待申请人提交修改文本之后再进一步审查。对申请人而言，这就意味着可能不得不在答复中间审查意见通知书的较短期限内对进一步审查提出的新颖性、创造性问题进行处理（中间审查意见通知书的答复期限为2个月），而在答复第一次审查意见通知书的4个月期限内，仅针对修改是否超出原权利要求书和说明书记载的范围发表意见，这样不仅延长了审查程序，也浪费了第一次审查意见通知书的答复期限。

因此，为了尽可能避免出现后一种情况，专利代理人在提交主动修改文本时，不仅要注意《专利法实施细则》第51条第1款关于时机的规定，还要核实修改的内容和范围，使其符合《专利法》第33条的规定。在提交专利申请文件修改的同时，尽可能地对所作修改进行具体说明，论述修改符合上述两个条款规定的理由。

最后，申请人在上述规定的主动修改时机之外对申请文件进行主动修改，通常都不会被审查员接受。但考虑到专利审查的效率，《专利审查指南2010》还规定了一种例外情况[1]：申请人作出的修改虽然不符合《专利法实施细则》第51条第1款的规定，但是该修改消除了原申请文件存在的应当消除的缺陷，又符合《专利法》第33条的规定，且申请具备授权前景，由于在该修改的基础上进行审查有利于节约审查程序，因此可以接受该修改文本。在本节2.1“《专利法实施细则》第51条第3款释义”和2.2“《专利法实施细则》第51条第3款适用”中，还将对此情形作进一步说明。上述例外情形的条件相对严格，在修改自由度上受到很大的限制，所以对申请人来说，主动修改应当尽可能在《专利法实施细则》第51条第1款规定的“一个时间点和一个时间段”内提交。

## 2 被动修改

《专利法实施细则》第51条第3款规定：“申请人在收到国务院专利行政部门发出的审查意见通知书后对专利申请文件进行修改的，应当针对通知书指出的缺陷进行修改。”上述条款是对申请人在答复审查意见通知书时修改申请文件方式的规定：针对通知书指出的缺陷进行修改。相对于主要受时机限制的主动修改而言，被动修改的特点是在修改的内容方面进一步受到审查意见通知书内容的限制，因此被动修改的局限性更大。下面仍然分为释义和适用两个方面对该条款内容进行介绍。

### 2.1 《专利法实施细则》第51条第3款释义

《专利法实施细则》第51条第3款规定的关键在于“应当针对通知书指出的缺陷进行修改”这一要求。将修改限制在“针对通知书指出的缺陷”上，是因为在答复审

[1] 参见《专利审查指南2010》第二部分第八章第4.1节的规定。

查意见通知书时专利审查部门已经开始对专利申请进行实质审查，审查员对申请文件进行了阅读、理解、检索和评价，相应地在审查意见通知书中指出审查过程中发现的问题。如果申请人不针对指出的问题进行修改，而是按照自己的意愿任意地修改申请文件，不仅不利于解决审查中已发现的问题，而且还有可能造成新的问题，导致审查程序的延长和行政资源的浪费。

因此，如果申请人答复审查意见通知书时所作的修改不是“针对通知书指出的缺陷”进行的，通常不会被接受。但是，也存在例外情形：申请人的修改方式虽然与审查意见通知书所指出的缺陷无关，但是其修改的内容和范围既没有超出原说明书和权利要求书记载的范围，客观上又消除了申请文件存在的缺陷，且申请具备授权前景。由于这种修改有利于提高审查效率和节约审查程序，因此申请文件的修改文本可能会被接受。需要特别提请申请人和专利代理人注意的是，《专利审查指南2010》第二部分第八章第5.2.1.3节中列出了五种不能被视为是“针对通知书指出的缺陷”进行修改的情形：

① 主动删除独立权利要求中的技术特征，扩大了该权利要求请求保护的范围。

② 主动改变独立权利要求中的技术特征，导致扩大了请求保护的范围。

③ 主动将仅在说明书中记载的与原来要求保护的主题缺乏单一性的技术内容作为修改后权利要求的主题。

④ 主动增加新的独立权利要求，该独立权利要求限定的技术方案在原权利要求书中未出现过。

⑤ 主动增加新的从属权利要求，该从属权利要求限定的技术方案在原权利要求书中未出现过。

可以看出，上述五种情形有一个共同的特点，即它们是在审查员已经审查过的权利要求书的基础上主动“另起炉灶”，或是新增了权利要求，或是“主动”扩大了独立权利要求的保护范围，这些新增加的内容是在此之前的审查过程中没有审查过的，所以不是针对审查意见通知书中所指出的缺陷作出的修改，不能被接受。

### 2.2 《专利法实施细则》第51条第3款适用

如果申请人答复审查意见通知书时的修改方式不符合《专利法实施细则》第51条第3款的规定，那么这样的修改通常不被接受，不能作为继续审查的文本。但存在前面所述的例外情形时也可能被接受，即所作修改虽然不是针对审查意见通知书所指出的缺陷进行的，但其既没有超出原说明书和权利要求书记载的范围，客观上又消除了申请文件存在的缺陷，且申请具备授权前景的情形，那么该修改仍可能被接受。需要说明的是，对这种例外情况有相当严格的限制，因此，申请人答复审查意见通知书时，如需修改申请文件，应当尽可能地使所作修改与审查意见通知书中给出的审查意见相对应。

现仍以前面的组合式钢床一案为例加以说明。原申请文件中的权利要求 1 为：

1. 一种组合式钢床，其特征在于：床柱的侧面或者棱角上有例如至少两排榫孔，横梁和侧梁的两端与榫架连接，榫架上有榫头与床柱中的榫孔配合，床柱由中空型材制成。

第一次审查意见通知书中指出该独立权利要求 1 不具备新颖性。对此，申请人对该独立权利要求 1 作了如下三方面的修改：①将榫头的形状结构进一步限定为“榫架上的榫头由榫架直角棱角或面上的开孔片构成，开孔片一边与榫架相连，并从此向外张开，开孔片呈平滑过渡的弧形或锥形”，由此克服通知书中所指出的不具备新颖性的缺陷；②删除了权利要求 1 中的“例如”，以消除原权利要求 1 所存在的权利要求未清楚限定要求专利保护范围的缺陷；③删除了权利要求 1 中的非必要技术特征“床柱由中空型材制成”。

上述三处修改中，第①项修改是针对审查意见通知书所指出的缺陷进行的，可以被接受。而第②项和第③两项修改都不是针对审查意见通知书所指出的缺陷进行的，通常不能被接受。但在上述案例中，第②项修改，即删除权利要求中“例如”一词，既没有超出原说明书和权利要求书记载的范围，又消除了原权利要求存在的未清楚限定要求专利保护范围的缺陷，同时有利于节约审查程序，故很可能会被接受，因此这种情况下的上述修改也是专利代理人可以考虑的。而对于上述第③项修改，即使该修改没有超出原说明书和权利要求书记载的范围，也不可能被接受。因为该修改方式属于“主动删除独立权利要求中的技术特征，扩大了该权利要求请求保护的范围”的情况，即《专利审查指南 2010》第二部分第八章第 5. 2. 1. 3 节列出的五种“不能被视为是针对通知书指出的缺陷进行的修改”的情形之一。

在修改文本不予接受的情况下，审查员会发出审查意见通知书，说明不接受该修改文本的理由，要求申请人在指定期限内提交符合《专利法实施细则》第 51 条第 3 款规定的文本。到指定期限届满日为止，若申请人所提交的文本仍然不符合上述规定，则审查员将针对修改前的文本继续审查，作出授权或驳回决定。[1] 例如，审查员针对申请人在 A 日提交的申请文件发出第 N 次审查意见通知书，申请人在答复该通知书时（B 日）提交了申请文件的修改替换页，审查员收到该答复文件后发出第 N + 1 次审查意见通知书，告知其 B 日所提交的修改文件不是针对第 N 次审查意见通知书指出的缺陷进行的，不符合《专利法实施细则》第 51 条第 3 款的规定。那么，如果申请人在答复第 N + 1 次通知书的期限内再次提交的文件仍然不符合《专利法实施细则》第 51 条第 3 款的规定，则审查员将针对之前 A 日提交的文本继续进行审查，例如可以直接作出授权或驳回决定。所以，尽管《专利法实施细则》第 51 条第 3 款不属于《专利法实施细则》第 53 条规定的可驳回条款，但如果申请人已经被告知过某修改文

[1] 参见《专利审查指南 2010》第二部分第八章第 5. 2. 1. 3 节。

本不符合《专利法实施细则》第51条第3款规定，且在该修改文本之前可以接受的文本存在已经告知过的可驳回缺陷，若再次修改的文本仍然不符合《专利法实施细则》第51条第3款的规定，审查员可以直接依据之前可以接受的文本作出驳回决定。

相比之下，申请人在《专利法实施细则》第51条第1款规定的主动修改时机内修改申请文件具有较大的自由度，只要不超出原说明书和权利要求书记载的范围即可，缺点在于时机比较短暂；而在《专利法实施细则》第51条第3款规定的时间内，申请人将再次获得修改机会，但此时修改受到较大的限制，不可“另起炉灶”，否则修改文件很可能不被接受，导致审查程序的延长。

## 第二节　专利申请文件修改的内容和范围

正如前面所指出的，《专利法》第33条对专利申请文件修改的内容和范围作出了具体规定，不论是申请人的主动修改，还是针对国家知识产权局发出的审查意见通知书所指出的缺陷作出的被动修改，都应当符合《专利法》第33条的规定。因此，对于申请人和专利代理人来说，正确理解《专利法》第33条的释义和适用范围是十分重要的。

### 1 《专利法》第33条释义

《专利法》第33条规定：“申请人可以对其专利申请文件进行修改，但是，对发明或者实用新型专利申请文件的修改不得超出原说明书和权利要求书记载的范围，对外观设计专利申请文件的修改不得超出原图片或者照片表示的范围。”

上述规定既赋予了申请人修改专利申请文件的权利，又对申请人修改专利申请文件的内容和范围作出了限制。在本章开篇已经提到，《专利法》第33条的立法本意一方面是赋予申请人修改的权利，以免申请文件中表述不准确、保护范围不恰当等缺陷妨碍专利信息的传播利用并影响专利权的稳定性，提高专利申请文件的质量，确保专利制度的应有价值；另一方面又要对修改的内容和范围进行限制，以防申请人在修改专利申请文件时加入新的内容获取不正当利益，违背我国专利制度所立足的先申请原则。

对《专利法》第33条规定的理解应当注意以下三个方面。

首先，《专利法》第33条规定中的“原”是指申请日提交的申请文件，不包括作为优先权基础的在先申请文件。对于国际申请来说，申请人在申请日向受理申请的国际局递交的申请文件即为原始申请文件。因此，国际申请进入中国国家阶段之后，如果发现译文错误，在办理改正译文错误手续后，可以依据原始提交的国际申请的内容进行修改。

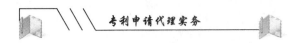

其次，《专利法》第33条规定中的“说明书和权利要求书”，包括权利要求书和说明书的文字部分以及说明书附图部分，但不包括说明书摘要。

第三，根据《专利审查指南2010》第二部分第八章第5.2.1.1节的规定，《专利法》第33条的“原说明书和权利要求书记载的范围”的含义包括两部分：原说明书和权利要求书文字记载的内容；根据上述文字记载的内容以及说明书附图（以下可简称为“原申请记载的信息”，或者简称为“原说明书和权利要求书记载的信息”）能直接地、毫无疑义地确定的内容。对于“不得超出原说明书和权利要求书记载的范围”这一要求的评价标准，《专利审查指南2010》第二部分第八章第5.2.3节进一步规定：“如果申请的内容通过增加、改变和/或删除其中的一部分，致使所属技术领域的技术人员看到的信息与原申请记载的信息不同，而且又不能从原申请记载的信息中直接地、毫无疑义地确定，那么，这种修改就是不允许的。”换言之，如果修改后的内容或者修改时增加的内容在原说明书和权利要求书中有记载，或者虽无文字记载但能从原说明书和权利要求书记载的信息中直接地、毫无疑义地确定，那么所作修改就没有超出原说明书和权利要求书记载的范围，符合《专利法》第33条的规定。

## 2 《专利法》第33条适用

《专利法》第33条的适用，重点和难点在于掌握“直接地、毫无疑义地确定”这一判断标准。下面先从判断主体、判断客体以及与“得到说明书支持”的判断标准的区别三个方面对这一判断标准进行理论层面的解读，在第三节“案例”中，再结合具体案例更加直观、形象地解读上述判断标准。

（1）判断主体

虽然《专利法》第33条的规定中没有提到判断主体，但是从立法本意来看，专利申请文件的理解应当站在所属技术领域的技术人员的角度，因此判断能否“直接地、毫无疑义地确定”的主体也应当与判断创造性、判断说明书是否充分公开发明等问题的主体一致，即其判断主体也应当是“所属技术领域的技术人员”。



（2）判断客体

一项权利要求请求保护的技术方案是由技术特征组成的，通过增加、删除和/或改变技术特征，可以形成不同的技术方案。因此判断修改是否超出原说明书和权利要求书记载的范围时，仅核实单个技术特征是否在原权利要求书和说明书中有记载是不够的，还必须以修改后的各技术特征的总和——技术方案为对象，判断该技术方案是否超出原说明书和权利要求书记载的范围。

例如，申请人在修改后的权利要求书中新增加一项从属权利要求8，其限定部分的技术特征是“所述底板为金属”，经核实申请文件，虽然在原说明书中确实存在着“底板是金属”的文字记载，但此处是针对具体实施方式A的情形说明可采用金属底板，而新增加的从属权利要求 8 的引用关系决定了它对应的是具体实施方式 B，并且根据原申请文件的记载，A 与 B 是两个相互独立的技术方案，在具体实施方式 B 中写明其底板为陶瓷材料，且此底板材料的选择与该实施方式 B 中该产品的结构密切相关，因此所属领域技术人员并不能直接地、毫无疑义地确定在具体实施方式 B 情形下仍然有可能使用金属底板。由此可知，虽然上述从属权利要求 8 限定部分的技术特征本身在原说明书中有相同的文字记载，但修改后的技术方案仍然超出了原说明书和权利要求书记载的范围。

（3）与“得到说明书支持”的判断标准的区别

实践中，一些申请人会在答复审查意见通知书的意见陈述书中强调其修改后的权利要求得到了说明书的支持。然而，应当注意的是，“得到说明书支持”说明其满足《专利法》第 26 条第 4 款所规定的“权利要求书以说明书为依据”的要求，但其与《专利法》第 33 条规定所涉及的判断标准不完全相同。得到说明书支持与否，仅针对权利要求书而言，判断标准是“权利要求书能够从说明书充分公开的内容中得到或概括得出”；而“修改超出原说明书和权利要求书记载的范围”涉及的判断标准是“所作修改能够从原说明书和权利要求书记载的信息中直接地、毫无疑义地确定”。所以对于申请人和专利代理人来说，在针对“不符合《专利法》第 33 条规定”的审查意见时，不要以“修改后的权利要求得到说明书的支持”作为争辩“所作修改未超出原说明书和权利要求书记载的范围”的依据，而应当从“所作修改能够从原说明书和权利要求书记载的信息中直接地、毫无疑义地确定”这一角度说明所作修改符合《专利法》第 33 条的规定。

## 第三节　案　　例



前面第一节和第二节从理论上对《专利法》第 33 条和《专利法实施细则》第 51 条第 1 款和第 3 款进行了阐述。在发明专利申请的实质审查过程中，审查员对于上述法律法规的适用顺序是：首先判断修改的时机和方式是否符合《专利法实施细则》第 51 条的相关规定，符合规定的修改文本予以接受，作为审查基础；然后再根据《专利法》第 33 条的规定判断该修改的内容和范围是否超出原申请说明书和权利要求书记载的范围。不符合《专利法实施细则》第 51 条第 1 款或第 3 款规定的文本将不予接受，可以不再进一步判断其修改是否符合《专利法》第 33 条的规定。

鉴于“不符合《专利法》第 33 条的规定”是《专利法实施细则》第 53 条所规定的可驳回条款之一，专利申请实践中如何掌握专利申请文件的修改是否超出原说明书和权利要求书记载范围的判断标准近来已成为专利申请人和专利代理人关注的热点问题之一。本节针对电学领域常见的几种修改情形（增加内容、删除内容、基于附图信息的修改以及其他类型）通过一些案例来解读专利代理实务中对《专利法》第 33

条的理解和适用，以帮助专利申请人和专利代理人掌握修改是否超出原说明书和权利要求书记载范围的判断标准。

需要说明的是，在下述各种情形中，不考虑修改时机和方式是否符合《专利法实施细则》第51条第1款或第3款的规定，仅涉及判断修改的内容和范围是否符合《专利法》第33条的规定。

## 1 增加内容

增加内容是专利申请实践中常见的修改情形。所增加的内容既可以出现在权利要求书中，也可以出现在说明书部分，甚至出现在说明书附图中。对于这种增加内容的修改，总的判断原则是：如果申请人补充的信息在原说明书和权利要求书中已有完全相同的记载，或者虽无完全相同的记载但所属技术领域的技术人员由原说明书和权利要求书文字记载的内容以及说明书附图可以直接地、毫无疑义地确定，那么该修改符合《专利法》第33条的规定；反之，则不符合《专利法》第33条的规定。

【案例4－1】

某专利申请，涉及一种数模转换器。

申请日提交的说明书和权利要求书只记载了“通过递减计数寄存器的微指令来控制重复次数”，申请人提出实质审查请求时将申请文件的相关内容修改为“通过递增或递减计数寄存器的微指令来控制重复次数”。

【分析】

申请日提交的申请文件仅仅记载了“递减”的方案，修改后的“递增或递减”的方案相对于申请日提交的申请文件增加了“递增”的方案。虽然对所属技术领域的技术人员来说，计数寄存器递减计数或递增计数例如从100递减到0或从0递增到100均为本领域惯用的计数方式，但是由于上述修改增加的“递增”方案既没有记载在申请日提交的说明书和权利要求书中，也不能从申请日提交的说明书和权利要求书记载的信息中直接地、毫无疑义地确定，因此，上述修改不符合《专利法》第33条的规定。

【案例4－2】

某专利申请❶涉及一种电子计算器。

原权利要求1内容如下：

1. 一种电子计算器，包括：输入装置、运算装置和显示装置，所述输入装置和显示装置与运算装置相连，运算装置接收输入装置的输入信息，对此输入信息进行处理，将相关的信息显示于显示装置上，其特征在于：所述的电子计算器上还设有能对输入数字的数位进行快速定位的一组定位键（12）。

❶ 该案例改编自专利复审委员会第24258号复审请求审查决定。

原说明书记载了如下内容：①背景技术部分记载的内容包括：通用的科学计算器包括输入装置、运算装置和显示装置，输入装置和显示装置与运算装置相连，运算装置接收输入装置的输入信息，对此输入信息进行处理，将相关的信息显示于显示装置上，其上有“0”到“9”和小数点键的数字键（11），以及标有加减乘除符号等的功能键（13）。现有的科学计算器在输入一个很大的数例如150006532时，需要细心核对输入的数字，一不小心，输入的数字就有可能出错。②发明内容部分记载的内容包括：为了克服上述问题，本发明提供了一个改进方案。③具体实施方式部分记载的内容包括：如图1所示，在科学计算器上增加多个定位键（12），定位键可以是：“十”键、“百”键、“千”键、“万”键、“十万”键、“百万”键、“千万”键、“亿”键、“十亿”键；其中，每一定位键对应一个数位值，如“千”键对应的数位值为“1000”，“万”键对应的数位值为“10000”，其余以此类推。运算装置内设有标志了是否使用定位键的定位标志，定位键、数字键、功能键或左移键、右移键按下时，运算装置可实现在数字输入之前或之后能快速定位到所需要的数位：例如，要输入1002000这个数时，可先按“百万”这个定位键，然后按数字键“1”，这样输入的“1”就代表了100万，接着再按“千”这个定位键，然后按数字键“2”，这样输入的“2”就代表了2000。又例如，要输入12340000这个数时，可先按“1”“2”“3”“4”这个数字键，然后按定位键“万”，这样输入的“1234”就代表了1234万，使用上述一组定位键（12）可在数字输入之前或之后能快速定位到所需要的数位，这样就能很快地输入一个很大的数字而不易出错。

原说明书附图1见图4-2。

审查意见通知书指出，权利要求1请求保护的技术方案不具备《专利法》第22条第2款规定的新颖性。

为了克服审查意见通知书指出的新颖性缺陷，对权利要求1进行修改。修改后的权利要求1如下：

1. 一种电子计算器，包括：输入装置、运算装置和显示装置，所述输入装置和显示装置与运算装置相连，运算装置接收输入装置的输入信息，对此输入信息进行处理，将相关的信息显示于显示装置上，所述输入装置包括：数字键（11）和功能键（13）；所述的数字键包括从“0”到“9”的十个键及小数点键；其特征在于：所述的电子计算器上还设有在数字输入之前或之后能快速定位到所需要的数位的一组定位键（12）；其中，每一定位键（12）对应一个数位值。

【分析】

修改后的权利要求1在原权利要求1的基础上增加了两个技术特征：①数字键（11）和功能键（13），所述的数字键包括从“0”到“9”的十个键及小数点键；②所述的电子计算器上还设有在数字输入之前或之后能快速定位到所需要的数位的一组定位键（12）。

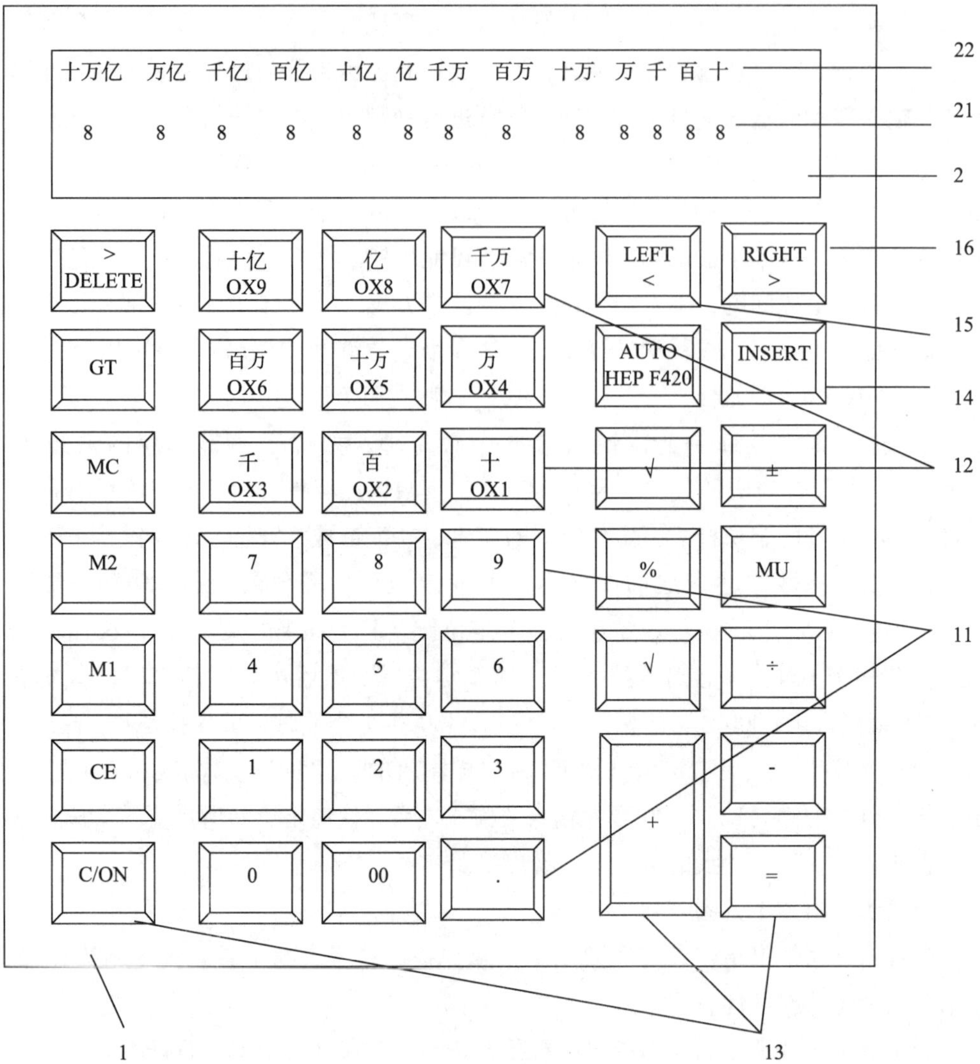


**图 4－2　电子计算器操作面板结构示意图**



由原说明书的背景技术部分记载的内容可以确定通用的科学计算器是一种电子计算器，电子计算器包括了数字键（11）和功能键（13），所述的数字键包括从“0”到“9”的十个键及小数点键，而且上述内容也明确显示在反映本发明技术内容的附图中，由此可知，修改后的权利要求 1 增加的技术特征①在原说明书中有明确记载。

原说明书的具体实施方式部分记载了“使用上述一组定位键（12）在数字输入之前或之后能快速定位到所需要的数位，这样就能很快地输入一个很大的数字而不易出错”。由此可知，修改后的权利要求 1 增加的技术特征②在原说明书中有明确记载。

上述修改所增加的技术特征①记载在说明书背景技术部分和说明书附图中，而所增加的技术特征②记载在说明书具体实施方式部分中。就本案例而言，原说明书的发明内容部分记载了“为了克服上述问题，本发明提供了一个改进方案”，从而可以确定具体实施方式部分记载的内容是对背景技术部分记载的电子计算器的改进，因此修改后的权利要求 1 的技术方案能够从原说明书和权利要求书中直接地、毫无疑义地确定，修改符合《专利法》第 33 条的规定。

在对申请文件进行修改时不仅要注意修改的技术特征在原说明书和权利要求书中是否有记载或能否从原说明书和权利要求书记载的信息中直接地、毫无疑义地确定，还要注意修改后的方案是否在原说明书和权利要求书中有记载或是否能够从原说明书和权利要求书记载的信息中直接地、毫无疑义地确定。

【案例 4 – 3】

某专利申请涉及一种杯子，原权利要求 1 和原权利要求 2 为：

1. 一种杯子，带有弹性材料制成的防滑手柄。

2. 一种杯子，带有由隔热材料制成的保温盖。

原说明书中记载“根据本发明第一个要解决的技术问题，提供了一种具有弹性防滑手柄的杯子……，根据本发明另一个要解决的技术问题，还可以使杯子具有隔热保温盖”，并分别给出两个实施方式，对应于上述两个权利要求。在具体实施方式部分，没有给出同时带有弹性材料制成的防滑手柄和由隔热材料制成的保温盖的杯子的实施方式，只是在说明书的最后提及，本发明的上述两个实施方式中解决技术问题的技术手段可以组合使用，以同时解决两个技术问题。

审查员指出两个权利要求之间不具备单一性后，申请人将权利要求 1 和权利要求 2 修改为：

1. 一种杯子，带有弹性材料制成的防滑手柄。

2. 如权利要求 1 所述的杯子，其还带有由隔热材料制成的保温盖。

【分析】

与前面两个案例不同，本案例中新增加的权利要求 2 不是单纯地补充原申请文件未记载过的信息，而是将原申请文件中记载的几个分离的特征进行组合。这也是实践中一种常见的修改形式，例如，将仅在一个实施方式中描述的某个特征增加到其他实施方式中，或者在一个独立权利要求中增加原本并不引用该独立权利要求的某一权利要求中的某个特征，从而组合形成一个新的技术方案。

对于这种情形，判断修改是否超出原说明书和权利要求书记载范围时需要注意的是，构成修改后的技术方案的各个特征本身在原申请文件中有记载，并不意味这些特征重新组合后的技术方案不超出原说明书和权利要求书记载的范围，需要根据原申请文件记载的信息判断能否直接地、毫无疑义地确定由这些分离特征组合在一起构成的修改后的技术方案。也就是说，重点在于判断这种新增加的组合关系是否能够从原说明书和权利要求中直接地、毫无疑义地确定。如果将原申请文件中的几个分离的特征，改变成一种新的组合，而原申请文件中没有明确提及这些分离特征彼此间的关联，则这种修改得到的组合技术方案是超出原说明书和权利要求书记载范围的。

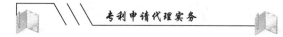

在本案例中，对杯盖和杯柄的改进分别记载在两个具体实施方式中，但在说明书最后提及的内容明示了带有弹性材料制成的防滑手柄和带有由隔热材料制成的保温盖可以组合使用，而且对于本技术领域的技术人员而言，上述两个改进措施并不矛盾，显然可以并存，因此修改后的权利要求2的技术方案可以从原说明书和权利要求书记载的内容直接地、毫无疑义地确定，符合《专利法》第33条的规定。

在理解这个案例时，应当注意原申请文件中是否明确提及分离特征之间的组合关系。如果未提及分离特征之间的组合关系，且所属技术领域的技术人员也不能直接地、毫无疑义地确定它们之间的关系，则将其改变成新的组合，是超出原说明书和权利要求书记载范围的。

这里从撰写角度给专利代理人提出一个建议，如果申请人提出的技术方案相对于现有技术作出了多个改进之处，而这些改进之处既可以单独存在，也可以组合在一起使技术方案更加完善，则在说明书中除了记载包含单个改进之处的方案之外，最好还明确说明各改进之处可以具有组合关系，并尽可能提供一些将这些改进之处组合使用的实施方式，以便为后续审查程序中的修改留有余地。

## 2 删除内容

通常而言，删除原申请文件中记载的多个并列技术方案中的一个或几个是允许的，而删除一个整体技术方案中的个别技术特征会导致相关技术方案的内涵扩大。因此，在删除一个技术方案中的个别技术特征时，应当仔细阅读原申请文件，仅仅当删除该内容后所形成的技术方案在原说明书和权利要求书中有记载或者能够从原说明书和权利要求书记载的信息中直接地、毫无疑义地确定时，才可以从该技术方案中删除该技术特征。



如果从独立权利要求中删除原申请文件中明确认定为必要技术特征的那些技术特征，即删除在原说明书中始终作为发明的必要技术特征加以描述的那些技术特征，则这种删除会导致出现不包含该必要技术特征的技术方案，而这一方案并未记载在原说明书和权利要求书中，也不能由原说明书和权利要求书记载的信息直接地、毫无疑义地确定，所以是不允许的。如果删除的内容在原申请文件中并未明确认定为必要技术特征，例如从权利要求中删除一个限定性术语，或者从权利要求中删除关于方案具体应用范围的限定性内容，则需要结合原说明书和权利要求书中对该被删除内容在相关技术方案中存在必要性等描述，判断删除后形成的方案是否能够由原说明书和权利要求书记载的信息直接地、毫无疑义地确定。

【案例4-4】

某专利申请涉及一种数模转换器。

申请日提交的说明书和权利要求书记载了“通过递减或递增计数寄存器的微指令

来控制重复次数”。

答复审查意见通知书时将权利要求书和说明书中的相关内容修改为“通过递减计数寄存器的微指令来控制重复次数”。

【分析】

申请日提交的说明书和权利要求书记载了“递减或递增”的方案，即原说明书记载了“递减”方案以及“递增”方案，这两个方案可以选择其一。而修改后的“递减”的方案相对于申请日提交的说明书和权利要求书删除了“递增”的方案，并保留了“递减”的方案。“递减”的方案明显地记载于原说明书和权利要求书中，上述修改符合《专利法》第33条的规定。

【案例4-5】

某专利申请涉及一种触摸屏定位装置。

原权利要求1内容如下：

1. 一种触摸屏定位装置，包括显示屏幕（101）、单个数字摄像头或图像感应器（103），其特征在于：单色线状光源（102）设置在显示屏幕（101）的任一侧面或任一角落，单色线状光源（102）发出的线状单色光与显示屏幕（101）平行且尽可能地贴近显示屏幕，单色线状光可以覆盖到整个屏幕显示区域；数字摄像头或图像感应器（103）安装在离开显示屏幕一定距离且可以拍摄到整个显示屏幕的位置；高亮光斑检测处理模块（104）连接在数字摄像头或图像感应器（103）与计算机（105）之间。

审查意见通知书指出，权利要求1实质上包含了两个并列的技术方案，一个是包含“数字摄像头”的方案，另一个是包含“图像感应器”的方案，而图像感应器是数字摄像头的上位概念，导致权利要求1不符合《专利法》第26条第4款规定的一项权利要求应当清楚的要求。

为了克服审查意见通知书所指出的缺陷，对权利要求书作如下修改：

1. 一种触摸屏定位装置，包括显示屏幕（101）、单个图像感应器（103），其特征在于：单色线状光源（102）设置在显示屏幕（101）的任一侧面或任一角落，单色线状光源（102）发出的线状单色光与显示屏幕（101）平行且尽可能地贴近显示屏幕，单色线状光可以覆盖到整个屏幕显示区域；图像感应器（103）安装在离开显示屏幕一定距离且可以拍摄到整个显示屏幕的位置；高亮光斑检测处理模块（104）连接在图像感应器（103）与计算机（105）之间。

2. 根据权利要求1所述的触摸屏定位装置，其特征在于：所述图像感应器采用数字摄像头。

【分析】

原权利要求1实际上包括了两个技术方案，这两个技术方案，只有一个技术特征“单个数字摄像头”与“单个图像感应器”不同，其他技术特征相同而“单个图像感应器”与“单个数字摄像头”是上下位概念，在原权利要求1中删除“单个数字摄像头或”，只是在原权利要求1中删除了包含“单个数字摄像头”的技术方案，因此修改符合专利法第33条的规定。

增加的权利要求2引用了权利要求1，其附加技术特征为“图像感应器采用数字摄像头 ”。该权利要求实际上是用数字摄像头对权利要求1中的图像感应器进行了进一步限定，权利要求2请求保护的技术方案是原权利要求1的“单个数字摄像头”的技术方案，其在原说明书中已有记载，因而修改符合《专利法》第33条的规定。

【案例4-6】

某专利申请涉及一种磁记录介质的制造。

原权利要求1和原权利要求2如下：

1. 一种用于制造磁记录介质的方法，包括：用于在非磁性基片之上形成非磁性底层的过程；用于通过溅射方法在所述非磁性底层之上形成包含至少Co、硅和氧的记录层的过程；其中，用于形成所述记录层的过程中使用的靶包含从Co和Co基合金中选择的至少一种以及粉末状二氧化硅，其中所述二氧化硅粉末是结晶体。

2. 根据权利要求1的用于制造磁记录介质的方法，其中在通过使用CuKa射线的粉末X射线衍射光谱中的26.6°±0.1°的布拉格角（2θ）处，所述靶中包含的粉末状二氧化硅具有主峰值。

原说明书仅有一个具体实施方式，其记载了在通过使用CuKa射线的二氧化硅粉末X射线衍射光谱中的26.6°±0.1°的布拉格角（2θ）处所述靶中包含的粉末状二氧化硅具有主峰值。

审查意见通知书指出，权利要求1不具备创造性。

为了克服审查意见通知书指出的创造性缺陷，对权利要求1进行修改。修改后的权利要求1如下：

1. 一种用于制造磁记录介质的方法，包括：用于在非磁性基片之上形成非磁性底层的过程；用于通过溅射方法在所述非磁性底层之上形成包含至少Co、硅和氧的记录层的过程；其中，用于形成所述记录层的过程中使用的靶包含从Co和Co基合金中选择的至少一种以及粉末状二氧化硅，其中所述二氧化硅粉末是结晶体；其中在二氧化硅粉末的X射线衍射光谱中的26.6°±0.1°的布拉格角（2θ）处，所述靶中包含的粉末状二氧化硅具有主峰值。

【分析】

修改后的权利要求1实质上是删除了原权利要求2中的限定性术语“通过使用CuKa射线”而形成的技术方案。

修改后的权利要求1未限定使用什么射线而得到二氧化硅粉末在布拉格角处具有主峰值，也即意味着可以使用任何射线得到，而依据原说明书和权利要求书记载的内容，仅是在通过使用CuKa射线的二氧化硅粉末X射线衍射光谱中的26.6°±0.1°的布

第四章

拉格角（2θ）处所述靶中包含的粉末状二氧化硅具有主峰值，所属技术领域的技术人员均知采用不同射线获得的二氧化硅粉末X射线衍射光谱中布拉格角（2θ）处所述靶中包含的粉末状二氧化硅主峰值位置不同。因而，修改后的权利要求1的技术方案不能由原说明书和权利要求书中记载的信息直接地、毫无疑义地确定，上述修改不符合《专利法》第33条的规定。

【案例4－7】

某专利申请涉及一种立体影像成像系统。

原权利要求1如下：

1. 一种立体影像成像系统，包括：

一液晶显示器面板，包括一液晶层；以及

一具方向性的背光组件，设置于该液晶显示器面板的后方，该组件包括：

一导光板，具有一导光面，该导光面系面向该液晶显示器面板；

一聚焦层，设置于该导光板与该液晶显示器面板之间，该聚焦层具有一聚焦面，该聚焦面是与该导光面相对配置；

一左侧背光源及一右侧背光源，分别设置于该导光板的左右两侧；

一第一V形微沟槽结构，配置于该导光面，用以使该左侧背光源及该右侧背光源射出的光线以大角度出射该导光面；以及

一第二V形微沟槽结构，配置于该聚焦面，用以使出射该导光板的光线于一特定角度范围内出射该聚焦层。

原说明书记载了如下内容，第一V形微沟槽结构的顶角范围的大小决定着光线射出导光面的角度，即该顶角范围越大，上述光线射出导光面的角度越大，同时出射导光板的光线分布越均匀；并描述了这种通过具有大顶角范围（100°～179°）的第一V形微沟槽结构使光线以大角度出射导光面的技术方案，而且在说明书中以具有168°顶角的第一V形微沟槽结构为例计算了光路以及实测效果。

审查意见通知书指出，权利要求1的“第一V形微沟槽结构，配置于该导光面，用以使该左侧背光源及该右侧背光源射出的光线以大角度出射该导光面”中出现了含义不确定的术语“大角度”，由于其在本领域不具有公认的确切含义，因此所属技术领域的技术人员虽然能够确定该微沟槽结构为V形，但由于光线的出射角范围不确定，导致该V形结构的顶角范围不确定，因此技术特征“用以使该左侧背光源及该右侧背光源射出的光线以大角度出射该导光面”未能清楚地限定出该V形微沟槽结构的结构特征。权利要求1的保护范围不清楚，不符合《专利法》第26条第4款的规定。

为了克服审查意见通知书所指出的不清楚的缺陷，答复时将权利要求1中术语“以大角度”删除。

【分析】

依据本申请原说明书的记载，第一V形微沟槽结构的顶角范围的大小决定着光线

射出导光面的角度，即该顶角范围越大，上述光线射出导光面的角度越大，同时出射导光板的光线分布越均匀。在本申请原说明书中申请人描述了这种通过具有大顶角范围（100°~179°）的第一V形微沟槽结构使光线以大角度出射导光面的技术方案，并在说明书的中以具有168°顶角的第一V形微沟槽结构为例计算了光路以及实测效果，从说明书充分公开的内容看，不能确定光线还可以以小角度射出导光面这种技术方案。而删除了术语“大角度”后的方案请求保护的范围包含了以小角度射出导光面，因此修改超出了原说明书和权利要求书记载的范围，不符合《专利法》第33条的规定。

因此，当收到因权利要求中包含了含义不确定的术语而导致权利要求不清楚的审查意见时，应该进行具体分析，不能仅仅将含义不清楚的术语删除，仅仅将该术语删除可能会导致修改不符合《专利法》第33条的规定。就本案而言，可以根据原说明书的内容将含义不确定的术语“大角度”修改成“100°~179°”。

《专利审查指南2010》中明确规定，删除原申请始终作为发明的必要技术特征出现的特征，是不允许的。这里的必要技术特征不仅仅是指说明书中声称的发明相对于现有技术的改进之处，以下几种情况都属于一旦删除就可能造成技术方案修改超范围的必要技术特征：①原申请中明示该技术特征是必要技术特征；②根据发明所要解决的技术问题，可以直接地、毫无疑义地确定该特征是达到发明效果所必不可少的；③该特征与技术方案当中记载的其他特征密切关联，删除该特征后还需改进其他特征进行弥补，以实现未删除该特征时发明获得的技术效果。[1] 上述三种情况都是申请人拟删除技术方案中的特征时需要考虑的。

【案例4-8】

某专利申请涉及一种紧固系统，原权利要求1为：

1. 一种用来以预定量值的夹紧载荷把结构工件固定在一起的紧固系统，包括：

……

一个紧固件，包括……支撑套管（146），其长度（L1）略小于所述凸缘（114，116）之间的内部距离（D1）。

审查意见通知书中指出权利要求1中的“略小于”一词不清楚，申请人在修改时删除了其中的“略”字。

根据说明书的记载，支撑套管146的作用是支撑在上下两个凸缘114与116之间，工作时凸缘114和116卡在被紧固对象上，通过螺丝拧紧加固。

紧固系统如图4-3所示。



---

[1] 这种情况同样适用于从属权利要求中的附加技术特征，如果从属权利要求限定部分的两个附加技术特征对于进一步解决的技术问题是密不可分的技术手段，则删去其中一个技术特征会造成该权利要求的保护范围不清楚，在这种情况下国家知识产权局也会认为修改超出了原说明书和权利要求书的记载范围。

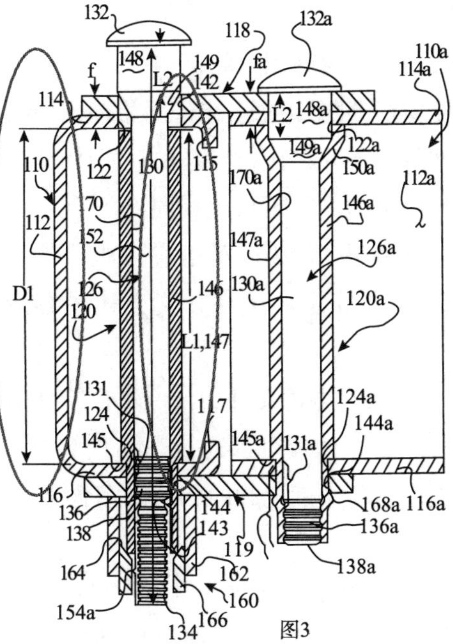


**图 4-3　紧固系统剖视图**

【分析】

从紧固系统的工作原理可知，“略”一词在本申请权利要求中的的含义是，支撑套管 146 的长度 L1 比凸缘 114、116 之间的内部距离 D1 稍微小一点，以达到支撑凸缘进行紧固的技术效果，所以“略”并没有导致权利要求的保护范围不清楚，反而是一种必要的限定。删除“略”一词后，特征变为“包括……支撑套管（146），其长度（L1）小于所述凸缘（114，116）之间的内部距离（D1）”，包含了 L1 比 D1 小很多的情形，这导致紧固系统不能够有效地实现其紧固功能，并且修改后的技术方案与修改之前明显不同，超出了原申请文件记载的范围。

提请专利代理人注意，本案例中，审查意见通知书指出的权利要求 1 不清楚的缺陷是不正确的，“略”是该技术方案所必需的限定词，专利代理人应当在意见陈述书中作出说明，对权利要求 1 不作修改。

## 3　基于附图信息的修改

附图作为一种工程语言，往往能够比文字更形象地描述事物，也是电学和机械领域专利申请文件的重要组成的部分。基于附图信息对申请文件的文字内容进行修改时，应当非常慎重，因为在很多情况下由图形给出的信息不能唯一地、确定地得到修改后文字所表达的信息，即修改后引入的文字表述不能由附图直接地、毫无疑义地确定。

鉴于附图是说明书的一个组成部分，其作用在于利用图形补充说明书文字部分的描述，因而在专利代理实践中，对于根据附图信息对申请文件的文字内容进行修改的情况，应当从以下三个方面来认定附图所给出的信息。

① 在说明书附图中，同一附图通常应当采用相同比例绘制，这是对申请文件附图的常规要求。如果申请文件中不存在让人有理由怀疑附图未采用相同比例绘制的文字描述或图示标记，就应当认定同一附图采用相同比例绘制。对于这样的附图，如果所属技术领域的技术人员结合说明书的内容可以直接地、毫无疑义地确定出附图所示部件之间的相对位置、相对大小等定性关系，则上述内容应当认为是说明书记载的信息。

② 附图中的相关部分如果在申请文件中没有作出特别的说明，则应当按照所属技术领域通常图示的含义来理解，一般可以通过作为现有技术的技术词典、技术手册、教科书、国家标准、行业标准等文献记载的相关图示含义，理解附图中相应部分在所属技术领域的通常图示含义。

③ 修改申请文件时，不允许增加通过测量附图得出的尺寸参数技术特征，即不能仅根据申请文件的附图的图示内容直接地、毫无疑义地确定出附图中相关部分的具体尺寸参数等定量关系特征。

【案例4-9】

本申请请求保护一种误动作防止开关，原申请的权利要求1（参见图4-4）为：

1. 一种误动作防止开关，包括：按照可进行反转的方式保持的波动型开关把手(2)；外罩（6），该外罩（6）具有设置于开关把手（2）的外侧的周壁（5）和与该周壁（5）的内侧卡合的筒部（7）；设置于外罩（6）的较低面上的开关把手（2）的反转防止部（8）；设置于所述筒部（7）上的孔盖板（11）。

修改后的权利要求1增加了一个技术特征：“外罩（6）的周壁（5）的外侧具有供改锥前端部插入的缺口（13）。”并在说明书附图中所示出的外罩6上增加了附图标记13。（参见图4-5）



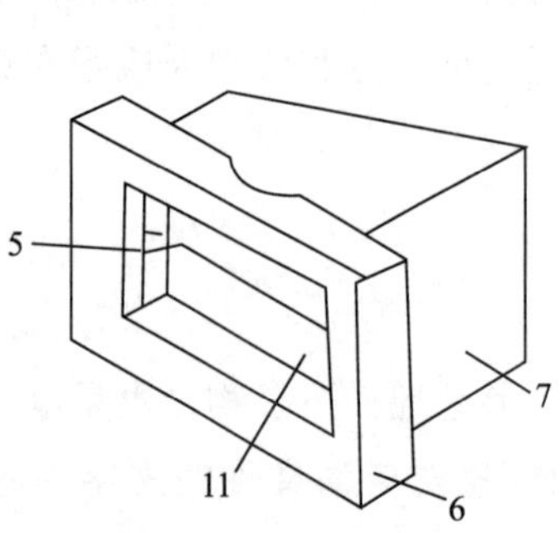


图4-4　修改前的附图

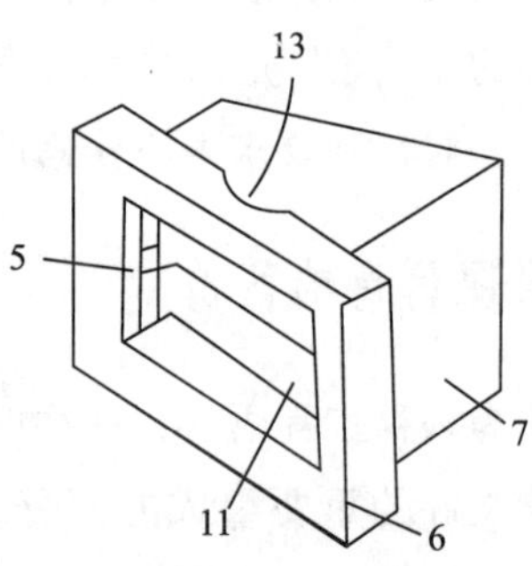


图4-5　修改后的附图

【分析】

本案例中，虽然在修改前的附图中在外罩6的周壁5的外侧上示出有缺口，但从原申请文件中记载的内容无法得知“该缺口是供改锥插入用的缺口”这一技术信息。即便通过改锥取下外罩是所属技术领域公知的惯用技术手段，但仍然不能从附图中所示内容直接地、毫无疑义地确定外罩周壁外侧上的缺口就是供改锥前端部插入用的。所作修改仍然属于将原申请文件中不明确的内容明确化，而这种明确不仅很难使得技术方案具备新颖性或创造性，更容易造成修改超出原说明书和权利要求记载范围的缺陷，因此在这种情况下，专利代理人最好建议申请人尽可能不作这样的修改。

从本案例可以看出：即使是公知的惯用技术手段，仍不能仅仅根据其技术特征本身为公知惯用技术手段的事实而将该技术特征加入到申请文件中，也就是说，不能以根据附图所示内容补入的技术特征是公知常识作为申请文件修改未超出原说明书和权利要求书记载范围的依据，只有由附图所示内容能够直接地、毫无疑义地确定的技术内容才可补入到申请文件中。

【案例4－10】❶

本申请涉及一种热交换器，原权利要求1如下：

1. 一种用于在三种或多种流体之间进行热能交换的微通道热交换器（10），该热交换器包括：

一个第一端面；

一个第二端面，该端面与第一端面基本相对，并与其相间隔；

一个用于第一流体流动的第一微通道（12a），该第一微通道（12a）位于所述第一端面与第二端面之间，其入口和出口分别位于该两端面处；

一个位于第一微通道（12a）一侧、且用于第二流体流动的第二微通道（12b），第二微通道（12b）位于所述第一端面与第二端面之间，其入口和出口分别位于该两端面处；以及

至少一个与第二微通道（12 b）在同一侧、且用于第三流体流动的第三微通道（12c），第三微通道（12c）位于所述第一端面与第二端面之间，其入口和出口分别位于该两端面处；

其中，第二流体在第二微通道（12b）中的流动方向与第一流体在第一微通道（12a）中的流动方向相反。

说明书附图1a～1d如图4－6所示。

其中图1a为热交换器的透视图，图1b为图1a沿1b－1b的剖视图，图1c为图1a热交换器的平面图，图1d为图1a热交换器的流动示意图。

申请人根据上述附图在权利要求1中增加了特征：“第一微通道（12a）的高度（15a）和宽度（15b）不同于第二微通道（12b）的高度（16a）和宽度（16b）。”

---

❶ 该案例改编自专利复审委员会第37936号复审请求审查决定。

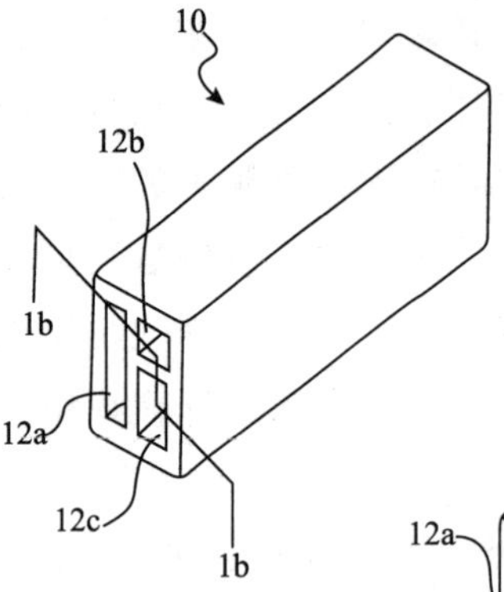


图 1a

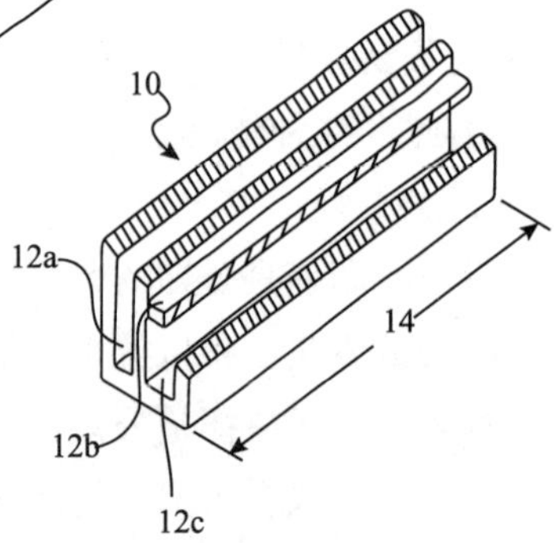


图 1b

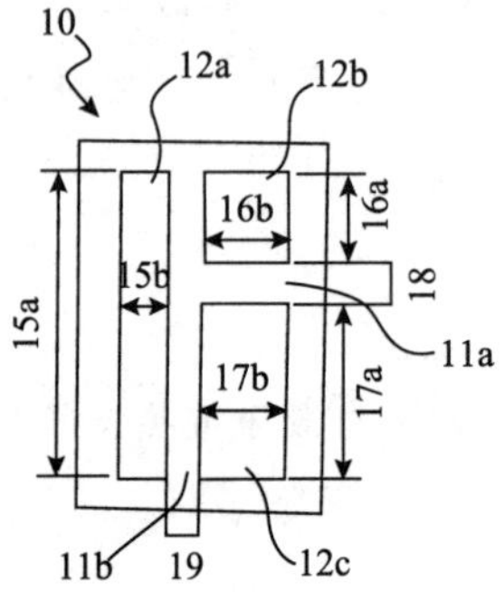


图 1c

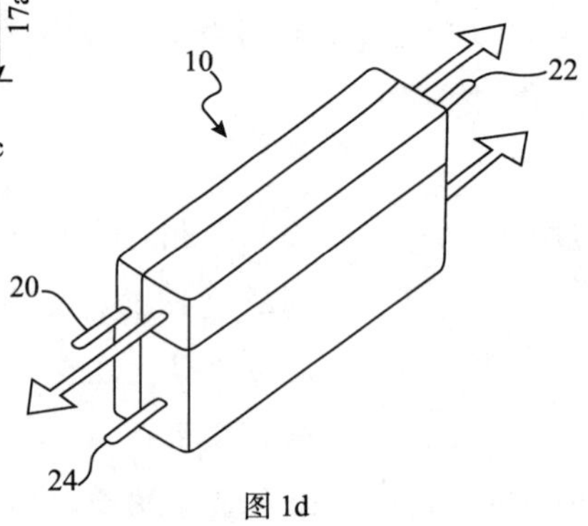


图 1d

**图 4－6　本申请热交换器的图 1a～1d**



【分析】

本案例申请文件中不存在让审查员怀疑附图未采用相同比例绘制的理由，故应当认为该说明书附图 1a～1d 是采用相同比例绘制的，并且四幅图显示的是同一技术方案。对于这样的附图，如果所属技术领域的技术人员能够确定出附图所示部件的相对位置、相对大小等定性关系，则这些定性关系属于能够从附图中直接地、毫无疑义地确定的技术特征。本案中所属技术领域技术人员从附图 1a～1d 中可以确定，第一微通道的高度和宽度不同于其他两个微通道的高度和宽度，此处的“不同于”是仅基于相对大小就能得出的结论，无需测量即可断定，属于定性关系，因此基于附图修改增加的上述技术特征没有超出原说明书和权利要求书记载的范围，上述修改符合《专利法》第 33 条的规定。

【案例 4－11】❶

本申请涉及一种背光组件，原权利要求 1 为：

1. 一种背光组件，包括：

一外框；

一光源，该光源设置于该外框上；以及

至少一光学薄膜，其边缘具有四定位凸块，其中两个定位凸块位于另外两个定位凸块的联线的两侧，该四定位凸块的边缘用以抵住该外框的边缘，借此在至少三个相互垂直的方向上将该光学薄膜固定于该外框中。

修改后的权利要求 1 为：

1. 一种背光组件，包括：

一外框，边缘具有多个定位凹部；

一光源，该光源设置于该外框上；以及

至少一光学薄膜，其边缘具有四定位凸块，其中两个定位凸块位于另外两个定位凸块的联线的两侧，该四定位凸块的边缘用以抵住该外框的边缘，并且该四定位凸块与外框边缘上的定位凹部接合，借此该光学薄膜固定于该外框中，该光学薄膜可在平行于光学表面的方向上从该外框的边缘滑进或滑出该外框。

原申请文件没有"定位凹部"的文字记载，只在某实施方式中提到、附图中示出过"定位孔""缺口"。另外，原申请文件中记载了"光学薄膜可以从外框边缘处滑进或滑出""光学薄膜沿着 y 方向从外框边缘处滑进外框 31 中"。

说明书附图如图 4－7 所示。

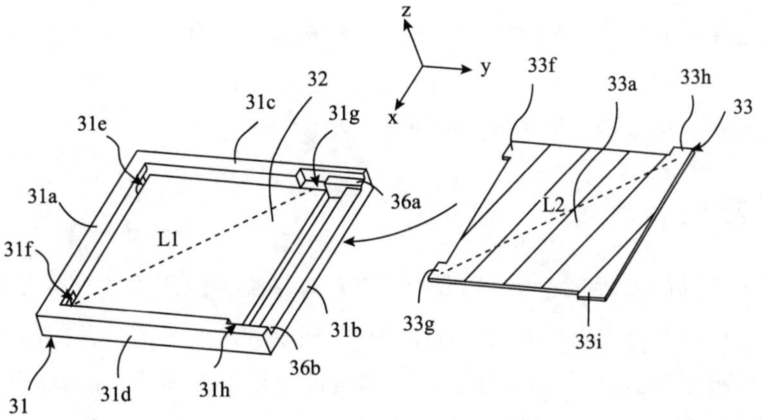


图 4－7　背光组件的外框与光学薄膜

其中 31 为外框，31a、31b、31c、31d 为外框边缘，31e、31f 为定位孔，31g、31h 为缺口，33 为光学薄膜，33f、33g、33h、33i 为定位凸块，36a、36b 为引导光学薄膜

❶ 该案例改编自专利复审委员会第 15323 号复审请求审查决定。

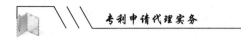

滑入外框中的轨道，光学表面是指外框31内安装好光学薄膜33后光学薄膜所在的表面。

【分析】

该案例的权利要求1中进行了两方面的修改。

第一方面的修改是对外框这一技术特征作了进一步限定："边缘具有多个定位凹部"，并进一步限定光学薄膜上的四定位凸块"与外框边缘上的定位凹部接合"。其中"定位凹部"与原申请文件中的"定位孔"和"缺口"技术内涵一致，根据原权利要求中的记载"四定位凸块的边缘用以抵住该外框的边缘"可以直接地、毫无疑义地确定，定位孔和缺口都是用于与光学薄膜上的定位凸块相接合的，故"定位凹部"及其"与定位凸块相接合"的修改应该是允许的。但是，原申请文件中没有说明定位凹部的数量为"多个"，原申请文件附图中仅仅显示了在外框边缘左侧两个角设置定位孔、右侧两个角设置缺口这样一种具体的结构，且根据原权利要求1的记载，光学薄膜上的定位凸块为四个，故将定位凹部的数量限定为"多个"不能从原申请文件中直接地、毫无疑义地确定，不符合《专利法》第33条的规定。此时，专利代理人可以建议申请人将上述进一步限定的技术特征明确修改为"边缘具有四个定位凹部"。

第二方面的修改是增加了技术特征"该光学薄膜可在平行于光学表面的方向上从该外框的边缘滑进或滑出该外框"。原申请文件中仅记载了光学薄膜是沿y方向滑进外框内，结合附图来看，引导光学薄膜33进入外框31的轨道36a、36b与光学表面并不在一个水平面上，而是略高于光学表面，因而说明书中所述的y方向只是对光学薄膜滑动方向的大体描述，由此描述并不能直接地、毫无疑义地确定滑进或滑出过程中的光学薄膜处于与光学表面相平行的方向上。因此该技术特征的修改超出了原说明书和权利要求书记载的范围，不符合《专利法》第33条的规定。在这种情况下建议申请人尽可能地援引原申请文件中使用的语言来描述附图信息。



### 4　其他类型

除了以上三种修改情形之外，实践中对专利申请文件的修改还有许多形式。下面主要介绍修改申请文件中存在的文字打印错误、概括和改变术语三种情形下对于《专利法》第33条规定的适用。希望读者从中体会并熟练掌握该规定的判断原则，举一反三，在纷繁复杂的具体实践中能够独立作出判断。

（1）修改申请文件中存在的文字打印错误

申请文件中难免会出现一些文字打印错误，对于这些文字打印错误往往需要在专利申请审批过程中加以改正。对这类文字打印错误来说，如果该错误是所属技术领域的技术人员一旦看到就能够发现其存在，并且根据原说明书和权利要求书记载的内容能够清楚知道所存在的唯一改正方式，则应当允许对该错误进行修改。反之，如果某些文字表达不能为所属技术领域技术人员确认为错误，或者虽然能够被所属技术领域的技术人员确认为错误，但根据原说明书和权利要求书记载的内容并不知道其改正方式或者改正的方式不唯一时，则不允许进行修改，因为改正后的内容不能从原申请文件直接地、毫无疑义地确定。

【案例4-12】[1]

某专利申请涉及一种装饰裂纹布制作工艺。原说明书中记载：将腻子（如原子灰及其类似的物质）加入2%~5%（重量）的固化剂，涂刮于基材上，涂层厚度最好是小于5cm，基材可以是天然纤维布、人造纤维布、尼龙布、玻纤布等。晾干后将涂层打磨平整，从不同方向将基材往背面（没有涂层的一面）折叠、扭曲、卷曲、揉折等，然后再从不同方向往正面（有涂层的一面）折叠、扭曲、卷曲、揉折等，使基材的表面产生纹路。

申请人在审查过程中将原权利要求书和说明书中的所有厚度单位“cm”均修改为“mm”，并认为原申请文件中的“cm”单位是撰写时的文字打印错误。

【分析】

在本案例中，对所属技术领域的技术人员来说，装饰裂纹布的厚度一般都是“mm”量级，而不是“cm”或其他量级，若腻子涂层的厚度为“cm”量级以上，则仅靠涂刮是无法使涂层固定在基材表面；此外，从该申请装饰裂纹布的用途而言，由于其主要用在壁画、家具表面上，腻子涂层厚度的量级显然不应当为厘米量级。同理，纤维布、裂纹布的厚度亦不可能为“μm”量级以下，结合本申请所采用的技术手段来看，将涂层直接涂刮在基材上后，需折叠、扭曲涂层以形成裂纹，采用“cm”量级以上或“μm”量级以下显然都无法达到制造裂纹的技术效果。因此，所属技术领域的技术人员通过阅读说明书并结合所属技术领域的技术常识显然能判断出，原申请中涉及到纤维布和涂层厚度时的厚度单位“cm”，都应该为“mm”，该错误属于所属技术领域的技术人员能够识别出的申请文件中存在的打印错误，且其修改后的内容根据原说明书和权利要求书记载的内容和所属技术领域技术人员的技术常识能够唯一地、毫无疑义地确定，因此专利代理人可以通过补正对该打印错误作出修改，该修改符合《专利法》第33条的规定。

【案例4-13】

某专利申请涉及一种利用基于数据库的应用程序接口系统实现远程调用的方法。

原说明书记载了如下内容：“为提高在C/S结构中接收远程调用命令和返回执行结果的安全性，需要对客户端和服务器之间的信息传输进行加密处理。本发明通过以下的步骤实现客户端与服务器之间的交互：（1）客户端登录请求：客户端（Client）同服务器（Server）建立连接后，在一定的时间内，发送登录命令，进行系统登录。

[1] 该案例改编自专利复审委员会第5870号复审请求审查决定。

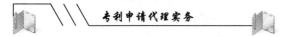

（2）服务端回应登录请求：①Server 收到该登录消息后，取出 Client ID，并利用该 Client ID 从报文中取出用户名称和口令。②使用 MD5（用户名称 + 密码）得到加密密钥，然后执行 MD5（加密密钥 + 消息体）生成媒体访问控制 MAC′，察看 MAC′是否等于接收到的报文中的 MAC，如果不是表示校验或者密码错误。Server 将立即断开与客户端的连接，不返回任何错误。此处的消息体是指命令、对应命令的参数、参数信息。③Server 使用 MD5（用户名称 + 密码）产生 128bit 摘要，作为解密密钥，对报文数据部分进行解密。”

申请人认为申请日提交的申请文件中存在错误，英文缩写“MAC”的含义应该是消息鉴权码，而不是“媒体访问控制”，提交了主动修改，将申请文件中的 MAC 的中文一律表述成“消息鉴权码”。

审查意见通知书认为上述修改不符合《专利法》第 33 条的规定，理由是英文缩写 MAC 有多种含义，“消息鉴权码”只是其中一种，因此上述修改不能直接地、毫无疑义地确定，不符合《专利法》第 33 条的规定。

【分析】

英文缩写 MAC 确实存在不同含义，如媒体访问控制、消息鉴权码。

在 OSI 协议中，媒体访问控制 MAC 定义了数据包怎样在介质上传输，其位于 OSI 七层协议中数据链路层的下半部分，主要负责控制与连接物理层的物理介质。在发送数据时，MAC 协议可以事先判断是否可以发送数据；如果可以发送将给数据加上一些控制信息，最终将数据以及控制信息以规定的格式发送到物理层。在接收数据时，MAC 协议首先判断输入的信息是否错误，如果没有则去掉控制信号发送到 LLC 层。其应用于传统的有线局域网和无线局域网中，各种传输介质的物理层对应到相应的 MAC 层。

消息鉴权码 MAC 是鉴别函数的一种，其实现原理是公开函数和密钥产生一个固定长度的值作为认证标识，用这个认证标识鉴别消息的完整性，使用一个密钥生成一个固定大小的小数据块，即 MAC，将其加入到消息中，然后传输，接受方利用与发送方共享的密钥进行鉴别认证等。

MAC 的其他含义与本申请无关，所属技术领域的技术人员根据公知常识和本申请说明书中记载的内容可以直接地、毫无疑义地确定本申请中 MAC 的含义应该为“消息鉴权码”，而不应该是“媒体访问控制”。因此上述修改符合《专利法》第 33 条的规定。

由此分析可知，审查意见通知书中指出的修改超范围的审查意见是可商榷的，专利代理人可以通过意见陈述的方式具体说明此修改符合《专利法》第 33 条的理由。

有时候专利申请文件中的文字表述错误虽小，却会造成无法授权的严重后果。基于此，专利代理人不仅有提醒申请人在提供技术交底书和申请文件时尽可能地避免出现这种错误的责任，而且还应当在撰写申请文件时主动发现这类明显的错误而请申请人加以核实改正。

（2）概括

在撰写专利申请文件时，为了获得较大的专利权保护范围，通常权利要求中会采用对原说明书公开的具体内容进行概括的技术特征，形成较为上位的技术方案。对于包含有概括方式表征的技术特征的权利要求，只要所属技术领域的技术人员可以确定权利要求所涵盖的所有具体实施方式均能够解决发明或者实用新型所要解决的技术问题，并达到相同的技术效果，就认为该权利要求符合《专利法》第26条第4款有关权利要求书以说明书为依据的规定。

但是，如果申请日提交的说明书和权利要求书中只记载了一种或几种具体实施方式，没有对这个或这些具体实施方式进行归纳概括，而是在修改过程中才将这种具体实施方式提取其共性进行概括，形成较为上位的技术方案，或者直接以某个或某些具体手段所实现的功能代替对这些具体手段的描述，或者对具体实施方式中的特征进行删减和重组，形成新的技术方案，则这种上位概括、功能性概括或重新组合的修改很有可能会引入在原说明书和权利要求书中没有记载的信息，造成不符合《专利法》第33条规定的缺陷。

对于上位概念概括和功能性概括的修改而言，根据《专利审查指南2010》的规定，权利要求中用上位概念表述的特征包括了该上位概念范畴内的所有下位概念，权利要求中所包含的功能性限定的技术特征应理解为覆盖了所有能够实现所述功能的实施方式，所以在申请日之后进行上述概括方式修改，往往就是在申请文件当中增加原申请文件中没有记载的下位概念或具体实施方式。对这种修改是否超出原说明书和权利要求书记载的范围的判断，就是判断新增加的下位概念或具体实施方式能否根据原申请文件直接地、毫无疑义地确定，而对于这种情况目前想要得到肯定的结论相当困难。

对于重新组合方式的修改而言，需要判断该重新组合的技术方案是否是原说明书中清楚记载的一个完整的技术方案，如果在采用重新组合方式进行修改后的权利要求中，仅将密不可分的多个技术特征中的一部分技术特征写入技术方案，那么该技术方案未清楚地限定发明，目前国家知识产权局认定该技术方案不能从原申请文件直接地、毫无疑义地确定，因而所作修改不符合《专利法》第33条的规定。对于专利代理人来说，这种仅将密不可分的技术特征中的一部分补入技术方案肯定不能被允许，因此在专利实践中应当注意尽可能避免出现这种不可能被授权的修改方式。

【案例4-14】[1]

本申请涉及一种垂直式扫描型显微镜用悬臂，原始申请文件说明书中关于“悬臂突出部”的形状记载为：长方体状、三棱柱状、圆柱状、圆锥台状，但独立权利要求

[1] 该案改编自专利复审委员会第22368号复审请求审查决定。

1 中未对其悬臂突出部的形状加以限定。

悬臂突出部的具体结构是本申请相对于现有技术的改进之处之一，为克服审查意见通知书指出的独立权利要求 1 不具备创造性的问题，申请人修改时将独立权利要求 1 中的悬臂突出部的形状限定为“不具有尖锐前端的柱状或台状”。

【分析】

本案例是典型地将几个下位概念提取其共性概括为上位概念的修改情形，除了所列下位概念为上位概念的穷举情况之外，大多数的情况下，这种概括式修改都会引入新的技术信息。在本案例中，“不具有尖锐的前端的柱状或台状”不仅仅包含原申请文件中列举的几种特定形状，还包含一切不具有尖锐前端的柱状或台状，修改后内涵扩大，因此不能根据原申请文件记载的范围直接地、毫无疑义地确定。在实践中，如果原申请文件没有明确记载上位概念，建议在修改时尽可能不对原申请文件中列举的下位概念进行上位概括，直接采用原申请文件中的表述方式为宜。

【案例 4－15】

某专利申请涉及一种脱粒机，原申请文件中仅记载在其脱粒离合手柄下方设置有限位开关。

申请人根据上述内容在权利要求中增加一个技术特征：“所述离合手柄下方设有终止位置检测部件”。

【分析】

根据《专利审查指南 2010》第二部分第八章第 5.2.3.2 节“不允许的改变”的规定，改变说明书中的某些特征，使得改变后反映的技术内容不同于原申请记载的内容，超出了原说明书和权利要求书记载的范围。具体地，若申请文件中只记载了具体特征，例如只记载了“螺旋弹簧支持物”，则不能由原申请文件直接地、毫无疑义地确定出对应于该具体特征的一般特征“弹性支持物”。事实上上述改变将一个具体的螺旋弹簧支持方式扩大到了一切可能的弹性支持方式，使所反映的技术内容不同于原申请记载的内容，超出了原说明书和权利要求书记载的范围。

本案例与《专利审查指南 2010》中列举的上述情况类似，原申请文件中仅记载了“限位开关”这样一种具体特征，而修改后的权利要求将其改变为“终止位置检测部件”这样的一般特征。对所属技术领域技术人员而言，“终止位置检测装置”显然包含了更宽泛的含义，上述修改将一个具体的限位开关扩大到了所有能够实现终止位置检测的部件，使得所反映的技术内容不同于原申请记载的内容，也不能从原申请记载的内容中直接地、毫无疑义地确定，超出了原说明书和权利要求书记载的范围，不符合《专利法》第 33 条的规定。为了给这类概括式修改留有余地，专利代理人在撰写申请文件时就应当注意对技术方案中采用的手段进行归纳概括，特别是对于发明改进点的内容更应如此。例如在本案例中，在说明书具体实施方式描述时若采用以下方式描述：“脱粒离合手柄下方设置终止位置检测的部件，例如限位开关”，则为之后的修改解除了超出原说明书和权利要求书记载范围的顾虑。

【案例4－16】

某专利申请涉及一种车辆监控方法。

原权利要求1内容如下：

1. 一种车辆监控方法，包含以下步骤：

（A）交通管理中心以无线通信方式向被监控车辆的车载终端发出指令，该指令强制被监控车辆的具有GPS的车载终端以收到该指令后的第一点GPS有效点作为本车的初始位置回传该点的经纬度信息，并在满足指定的条件时回传本车的经纬度信息和执行本指令后运行的里程数据；

……

（E）GPS接收卫星定位数据……

原说明书具体实施方式1记载了如下内容：被监控出租汽车的车载终端以收到该指令后的第一点GPS有效点作为本车的初始位置回传该点经纬度信息，并在每隔2小时回传一次本车的经纬度信息和2小时内运行的里程数据……，出租汽车的车载终端GPS每秒接收一次卫星定位数据。

原说明书具体实施方式2记载了如下内容：被监控货运汽车的车载终端以收到该指令后的第一点GPS有效点作为本车的初始位置回传该点经纬度信息，并在每行驶100公里之后回传一次本车的经纬度信息和这一段实际运行的里程数……。货运汽车的车载终端GPS每秒接收一次卫星定位数据。

审查意见通知书指出权利要求1不具备《专利法》第22条第3款规定的创造性。

为了克服审查意见通知书所指出的创造性缺陷，在答复审查意见时对权利要求1进行修改，修改后的权利要求1为：

1. 一种车辆监控方法，包含以下步骤：

（A）交通管理中心以无线通信方式向被监控车辆的车载终端发出指令，该指令强制被监控车辆的具有GPS的车载终端以收到该指令后的第一点GPS有效点作为本车的初始位置回传该点的经纬度信息，并在满足大于GPS采样时间时隔的一段时间时或者大于被监控车辆在GPS采样时间时隔内行驶距离的一段里程时回传本车的经纬度信息和执行本指令后运行的里程数据；

……

（E）GPS以固定的时间间隔接收卫星定位数据……

【分析】

对权利要求1的修改涉及两点，一是将步骤A中的限定性术语“在满足指定的条件时”修改为“在满足大于GPS采样时间时隔的一段时间或者大于被监控车辆在GPS采样时间时隔内行驶距离的一段里程的指定的条件时”，二是将步骤E中的“接收卫星定位数据”修改成“GPS以固定的时间间隔接收卫星定位数据”。

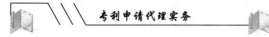

原申请文件中与上述修改内容“在满足大于 GPS 采样时间时隔的一段时间”的指定的条件有关的记载包括：原说明书具体实施方式 1 中记载的被监控出租汽车的车载终端回传本车的经纬度信息和运行的里程数据的时间间隔——“2 小时”和出租汽车的车载终端 GPS 接收一次卫星定位数据的时间间隔——“每秒”。即回传时间仅记载了“2 小时”的一个数值点，并且回传时间与采样时间间隔并无关联。

原申请文件中与上述修改内容“在满足大于被监控车辆在 GPS 采样时间时隔内行驶距离的一段里程”的指定的条件有关的记载包括：原说明书具体实施方式 2 中记载的被监控货运汽车的车载终端回传本车的经纬度信息和这一段实际运行的里程数——“100 公里”和货运汽车的车载终端 GPS 接收一次卫星定位数据的时间间隔——“每秒”。即回传里程仅为“100 公里”一个数值点，并且回传里程与采样时间间隔并无关联。

原申请文件中与上述修改内容“GPS 以固定的时间间隔接收卫星定位数据”有关的记载包括：具体实施方式 1 中的出租汽车的车载终端 GPS 接收一次卫星定位数据的时间间隔——“每秒”，具体实施方式 2 中的货运汽车的车载终端 GPS 接收一次卫星定位数据的时间间隔——“每秒”。

由此可见，对权利要求 1 的修改没有限定回传时间数值点、回传里程数值点，并且将原来并无关联的回传时间、回传里程分别与采样时间间隔进行了关联限定。明显地，该修改后的权利要求 1 包括了多个没有记载在原说明书和权利要求书中的技术方案，也不能由原说明书和权利要求书所记载的信息直接地、毫无疑义地确定，不符合《专利法》第 33 条的规定。

（3）改变术语

在发明专利申请过程中，申请人可能为了消除专利申请文件中某些表述不准确、用词不严谨的问题而主动地改变某个（些）术语的表述方式，也可能针对审查意见通知书指出的某些术语含义不清楚的缺陷，试图通过改变术语的表述方式来消除该缺陷。

改变术语时，应当首先核实修改前后的术语含义的异同，包括术语本身的含义是否相同，以及术语在技术方案中的理解是否相同。如果改变后的术语使得技术方案中引入了新的信息，而该新的信息不能从原申请文件中直接地、毫无疑义地确定，则不允许作出这种改变。

【案例 4 - 17】❶

本申请涉及一种离子传感器，原申请文件的权利要求 1 和权利要求 2 如下：

1. 一种离子传感器，它包括：试样溶液流经的流路；离子交换膜，它与上述试样流路中的试样接触；内部溶液，它设在所述离子交换膜的不与试样接触的那个面上并

❶ 该案例改编自专利复审委员会第 10048 号复审请求审查决定。

与之接触；内部电极，它与所述内部溶液接触；这些构成部分安置在密封的容器中，其特征在于，所述离子交换膜的不与试样接触的表面上涂布有反应型胶粘剂。

2. 一种离子传感器，它包括：试样溶液流经的流路；离子交换膜，它与上述试样流路中的试样接触；内部溶液，它设在所述离子交换膜的不与试样接触的那个面上并与之接触；内部电极，它与所述内部溶液接触；这些构成部分安置在密封的容器中，其特征在于，所述离子交换膜的不与试样接触的表面上涂布有两种液体混合的环氧树脂。

审查意见通知书中指出本申请说明书中对解决技术问题所采用的关键技术手段，即“两种液体混合的环氧树脂”未作出清楚、完整的说明，不符合《专利法》第26条第3款的规定。

申请人将申请文件中的“两种液体混合的环氧树脂”先修改成“双组分环氧树脂胶粘剂”，后又修改成“作为反应型胶粘剂的两种液体混合的环氧树脂”，并认为上述用语具有相同的含义，从本申请同时并列给出的“两种液体混合的环氧树脂”和“反应型胶粘剂”的技术方案也可以知道，两者具有相同的发明构思，因此都属于胶粘剂。而“双组分环氧树脂胶粘剂”是市场上可以买到的产品，申请人还提供了几篇附件用以证明“双组分环氧树脂胶粘剂”产品是现有的。

【分析】

在本案例中，说明书中同时涉及了在离子交换膜的不与试样接触的表面上涂布“反应型胶粘剂”和“两种液体混合的环氧树脂”的两个技术方案，而这两个技术方案在原说明书和权利要求书中是并列列出的，原说明书和权利要求书中并没有明确表示或者暗示这两种技术方案之间是上下位的概念，也没有明确涂布“两种液体混合的环氧树脂”是用于粘合，而一件专利申请中两个并列技术方案是否属于同一发明构思与修改后的内容能否根据原申请文件的记载直接地、毫无疑义地确定无关。

而且，所属技术领域技术人员都熟知环氧树脂的用途十分广泛，除了用作粘合剂之外，还广泛地应用于涂料、复合材料、封灌料等领域，故“环氧树脂”和“环氧树脂胶粘剂”是不同的概念。请求人提供的参考文件附件中使用的术语均为“环氧树脂胶粘剂”，不是本申请中使用的“环氧树脂”或“两种液体混合的环氧树脂”。并且本申请中从未提到或启示所述“环氧树脂”或“两种液体混合的环氧树脂”是“胶粘剂”或“反应型胶粘剂”，因此所属领域技术人员仅根据本申请原说明书和权利要求书的记载很难想到该技术方案中采用的“两种液体混合的环氧树脂”就是一种“反应型胶粘剂”，也就是市场上出售的“双组分环氧树脂胶粘剂”。

综上所述，申请人所作的上述修改不能从原始申请文件所记载的内容直接、毫无疑义地确定，进而权利要求2中的关键特征“两种液体混合的环氧树脂”没有被充分公开，这种情况下专利代理人可以建议申请人删除与权利要求2相关的技术方案。

对于本案例而言，由于说明书中完全没有公开“两种液体混合的环氧树脂”这一关键术语，导致相关技术方案没有授权前景。如果原始申请文件中采用的是所属领域通用的术语，即“双组分环氧树脂胶粘剂”，或者记载了该“两种液体混合的环氧树脂”在技术方案中的作用，即“作为反应型胶粘剂”，则在申请日之后对专利申请文件进行修改，就非常有利，上述修改方式很有可能被审查员接受。

【案例4－18】❶

在本案例中，对于电子设备中数据线（6a，参见图4－8）与该数据线上的氮化膜（401）位置关系的特征，在原申请说明书中描述的内容为“在上述数据线的表面上具备有氮化膜”。从说明书的记载可知，氮化膜起到保护数据线的作用，使数据线与空气隔绝，防水防潮。

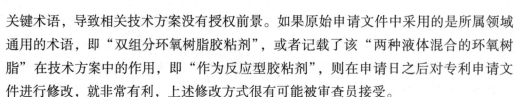

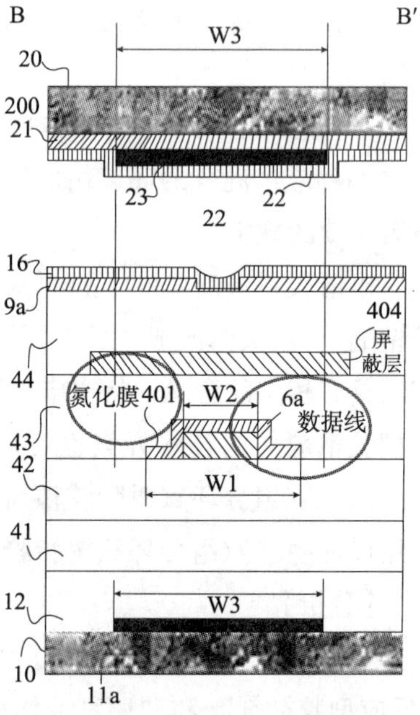


图4－8 电子设备中数据线和氮化膜位置关系示意图

在审查过程中申请人将其修改为“氮化膜，其以覆盖上述数据线的表面的方式形成”。

上述修改除了调整语序之外，主要是将描述数据线（6a）与氮化膜（401）位置关系的词语“具备”修改为“覆盖”。

审查意见通知书指出，原说明书中记载的“在上述数据线的表面上具备有氮化膜”，含有氮化膜与数据线表面接触的含义，附图中也可以看出，氮化膜与数据线表面接触；但是，“氮化膜，其以覆盖上述数据线的表面的方式形成”中使用的“覆盖”，并没有与数据线表面必须接触的含义，因此两者词义并不等同，即词语含义的变化导致了修改超出原说明书和权利要求书记载的范围。



【分析】

修改术语时，应当核实修改前后的术语含义异同，不仅是本身的含义（字面含义），还有其在技术方案中体现的技术含义。同一个词在不同语境下的内涵可能不同，对于专利申请文件中词语的理解，不能只局限于该词语的一种字面含义，而应当站在所属技术领域技术人员的角度，结合该词语所处的语境来理解该词语的含义，考虑该词语在申请文件中实际反映的内涵，同时合理排除该词语字面含义中那些在所属技术领域技术人员看来在相关技术方案中不可能具有的含义。

本案例中，“覆盖”一词仅就字面含义来说，既包括与被覆盖物体的接触式包覆又包括与被覆盖物的不接触式罩覆；但是，本申请中使用的“覆盖”一词是用于描述数据线（6a）与氮化膜（401）之间位置关系，并且从上下文可知，设置氮化膜的目

❶ 该案例改编自专利复审委员会第15733号复审请求审查决定。

的是为了保护数据线，使数据线与空气隔绝，防水防潮，因此，对于所属技术领域的技术人员而言，文中的“覆盖”一词只能理解为接触式的包覆，否则不能达到其设置目的。因此，“数据线表面上具备有氮化膜”和“氮化膜覆盖数据线的表面”所表达的技术含义在本案例中实质上是相同的，修改没有超出原说明书和权利要求书记载的范围，符合《专利法》第 33 条的规定。

实际上，在本案例中，修改前的术语含义也是清楚的，没有必要作此修改。在按原术语表述方式可以清楚理解且不产生歧义的情况下，专利代理人应当建议申请人不作修改。

# 第五章 案 例

随着科学技术的发展，尤其是电子信息技术领域创新能力的提高，电学领域的专利申请数量快速增长。为帮助读者、尤其是专利代理人更好地提高电学领域专利申请文件的撰写技能和答复审查意见通知书的实务技能，本章给出四个案例，供读者、尤其是专利代理人在代理电学领域专利申请时借鉴和参考。其中，案例一是涉及电子电路领域、体现功能性限定特征的发明专利申请撰写示例；案例二是涉及通信领域、体现满足多元化需求、多保护主题的发明专利申请撰写示例；案例三是涉及计算机领域、体现对应方法步骤的装置主题的发明专利申请的撰写示例；案例四是涉及计算机领域、体现可专利性主题的发明专利申请文件撰写示例。

## 第一节 案例一：一种音频控制电路

本节案例素材来自实际案例，但是对具体技术内容、实施例的数量、与申请人的沟通环节、对权利要求的概括和总结等方面进行了较大的改动。本案例属于传统模拟电路，涉及具体的电路元件及其连接关系，设置本案例的目的在于使专利代理人在面对具体电路的发明时，能够对具体电路进行上位概括，从而合理扩展保护范围。

### 1 申请人提供的技术交底书

申请人提供的技术交底书中对发明创造涉及的技术内容主要作了如下介绍：

【0001】当电视机刚上电或者电视机掉电时，电视机的功放由于输入信号的突变会使其输出同样产生突变，从而导致产生异常的声响，形成噪音。这给使用者带来了不好的感受。随着使用者消费水平的不断提高，使用者对于电视机声音的柔和度的要求不断提高，在电视机刚上电或者电视机掉电时，尽量减少噪音，最好能够消除噪音。



【0002】为此，设计了一种具有开关机静音功能的电视机。所述具有开关机静音功能的电视机包括直流电源，功放芯片和一开机、关机延时通断静音电路（以下简称‘开关机静音电路’），开关机静音电路的输出端连接功放芯片的静音端，该开关机静音电路中包含有两个储能电容，储能电容在电视机上电时储存电荷，在电视机关机时释放电荷，从而实现开机、关机延时通断静音的功能。具体开关机静音电路如图 J－1

所示。

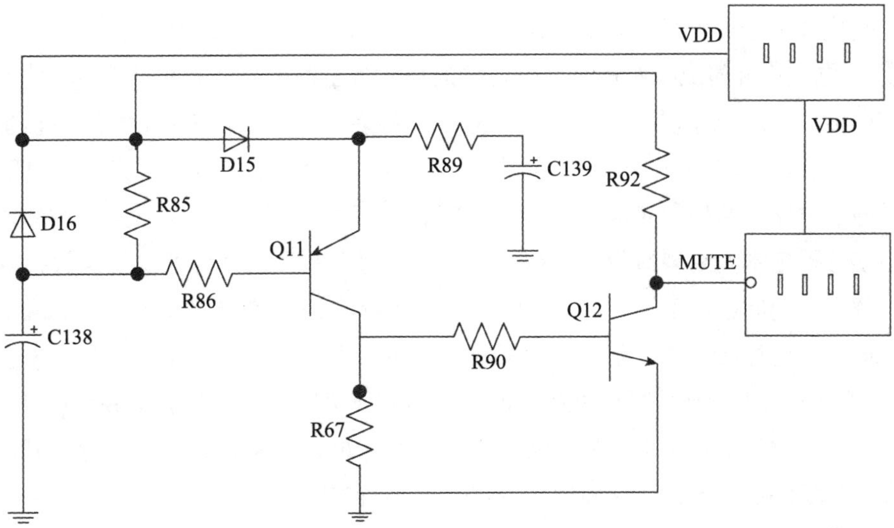


**图 J－1 开关机静音电路图**

【0003】如图 J－1 所示，开关机静音电路中的 PNP 型三极管 Q11 的基极经电阻 R86 连接储能电容 C138 以及二极管 D16 的阳极，同时经由电阻 R85、电阻 R86 和二极管 D16 的阴极连接直流电源 VDD；Q11 的发射极一方面经电阻 R89、储能电容 C139 接地，另一方面连接二极管 D15 的阴极，二极管 D15 的阳极同时连接直流电源 VDD；Q11 的集电极一方面经电阻 R67 接地，另一方面经电阻 R90 连接三极管 Q12 的基极。Q12 的发射极接地，Q12 的集电极经电阻 R92 连接直流电源 VDD。

【0004】通过上述开关电路，可以实现对功放芯片的延时启动和关闭的作用，从而达到消除电视机噪音的效果。

## 2 对技术交底书的理解

专利代理人在收到申请人提供的技术交底书后，应当详细阅读，并针对技术交底书存在的问题及时与申请人进行沟通。

### 2.1 阅读技术交底书时应当思考的问题

专利代理人在阅读技术交底书的过程，应当思考如下几个问题：

① 本发明创造与技术交底书中提到的现有技术相比改进之处体现在哪里？

② 能够从哪几个方面或者分几个层次来保护技术主题？例如，至少可以拟定几组权利要求？每组权利要求的层次如何规划？

③ 技术内容是否描述清楚、充分，能否根据目前的技术交底书撰写申请文件？哪些内容需要与申请人作进一步沟通以获得更多的技术信息？哪些地方需要提示申请人提供更多的实施方式和/或实施例？

### 2.2 理解技术交底书

专利代理人通过阅读本案例的技术交底书，可以得出如下几点意见：

① 当电视机开机或者关机时，电视机的功放由于输入信号的突变会使功放的输出同样产生突变，从而导致产生异常的声响，形成噪音。这给用户带来不好的感受，无法满足使用者所要求的用户体验。本发明创造的电视机具有一种开关机静音电路，该开关机静音电路的结构相对简单、成本相对低。根据申请人在技术交底书中的描述，基本上能够确定本发明创造的背景技术。但从撰写专利申请文件的角度来看，背景技术存在两方面的问题：第一，对产生噪音的原因描述得不够清楚，需要与申请人沟通以补充进一步的详细描述；第二，对背景技术的描述不够充分，需要申请人补充。

② 通过分析上述技术交底书描述的技术内容，可以初步确定本发明创造相对于现有技术作出的改进主要在于：为了减少电视机在开机与关机时的噪音，在电视机中增加一种开关机静音电路，从而提供一种具有开关机静音电路的电视机；该开关机静音电路是一种结构简单的电路，该电路成本相对低、容易实现。

图 F－1 示意性地表示本发明相对于现有技术的改进之处。

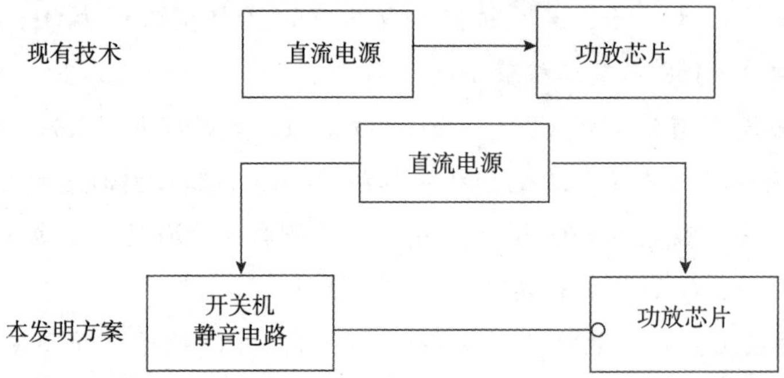


**图 F－1　本发明相对于现有技术的改进示意图**

专利代理人通过对技术交底书的分析，认为开关机静音电路的功能在于：开机时，其产生一个信号使得功放芯片在接通电源的不稳定状态期间不输出信号；关机时，其产生一个信号使得功放芯片在断开电源的瞬间立即停止工作，不输出信号。而发明人在技术交底书中给出的“开、关机延时”的表述是不准确的，应该为：开机时使功放芯片延时工作，关机时使其立即停止工作。需要申请人对此内容进行确认。

根据技术交底书中提供的电路原理图和简单描述，专利代理人分析其电路工作原理如下：当电视机开机时，直流电源 VDD 通过电阻 R85 向储能电容 C138 充电。因为储能电容 C138 两端的电压不能突变，所以，PNP 型三极管 Q11 导通，有电流从电源 VDD 经过开关二极管 D15、PNP 型三极管 Q11 的发射极、基极通过电阻 R86 向储能电容 C138 流动。由于 PNP 型三极管 Q11 导通，其集电极电位为高电平，控制 NPN 型三极管 Q12 导通，NPN 型三极管 Q12 的集电极电位被拉低，从而向功放芯片的静音端输出低电平静音信号，从而控制电视机开机静音。

在电视机开机后一段时间，储能电容 C138 上的电压逐渐升高，当其电压值与 PNP 型三极管 Q11 的发射极电压差小于 0.7V 时，PNP 型三极管 Q11 截止，进而使 NPN 型三极管 Q12 截止，NPN 型三极管 Q12 的集电极电位置高，取消静音，功放正常输出伴音信号。

而在电视机关机瞬间，NPN 型三极管 Q12 集电极电位应立即变为低电位，使得功放芯片停止工作，也就是说在这一瞬间 NPN 型三极管 Q12 应导通，那么 PNP 型三极管 Q11 集电极的输出应为高电位，而该高电位只能来自电容 C139，此时 PNP 型三极管 Q11 应为导通状态，而 PNP 型三极管 Q11 只有在其基极为低电位时才能导通，这就要求电容 C138 上的电位迅速降低。专利代理人分析认为，电容 C138 的放电通路应该是通过二极管 D16 接地进行的，但对于二极管 D16 连接到直流电源 VDD 这一通路能否形成放电回路，专利代理人存在疑惑，需要申请人解释和确认。

③ 针对所述改进之处，技术交底书中只提供了一个具体实施方式，即电路图 J-1。因为基于目前的实施方式很难撰写出保护范围比较大的权利要求，只能撰写出包括具体电路结构的范围较小的权利要求，不能最大限度地保护申请人的利益，因此应当与申请人沟通，请其提供能够实现前述功能的其他具体电路结构，以便作为其他实施方式也写入到说明书中，在此基础上撰写的功能限定或上位概括的权利要求就能够得到说明书的支持。

④ 申请人在技术交底书中提出希望获得保护的是具有开关机静音功能的电视机，但是专利代理人认为其他音频设备也存在同样的问题，可以将开关机静音电路应用于其他音频设备，这一点需要申请人确认。

### 2.3 给客户的信函

针对上述分析结果，专利代理人向申请人发出信函进行沟通。

尊敬的××先生：

很高兴贵方委托我所代为办理有关开关机静音电路的专利申请案，我所对该案件的编号为××××××××。

我所专利代理人认真地研读了贵方的技术交底文件，对本发明创造有了初步了解，但仍存在着需要与贵方作进一步沟通的内容，具体内容如下。

1. 我方对技术内容的理解

本发明创造的核心内容是：开关机静音电路的功能在于：开机时，其产生一个信号使得功放芯片在接通电源的不稳定状态期间不输出信号；关机时，其产生一个信号使得功放芯片在断开电源的瞬间立即停止工作，不输出信号。

根据技术交底书中提供的电路原理图和简单描述，认为其电路工作原理如下：当电视机开机时，直流电源 VDD 通过电阻 R85 向储能电容 C138 充电。因为储能电容 C138 两端的电压不能突变，所以，PNP 型三极管 Q11 导通，有电流从电源 VDD 经过开关二极管 D15、PNP 型三极管 Q11 的发射极、基极通过电阻 R86 向储能电容 C138 流动。由于 PNP 型三极管 Q11 导通，其集电极电位为高电平，控制 NPN 型三极管 Q12 导通，NPN 型三极管 Q12 的集电极电位被拉低，从而向功放芯片的静音端输出低电平静音信号，从而控制电视机开机静音。

在电视机开机后一段时间，储能电容 C138 上的电压逐渐升高，当其电压值与 PNP 型三极管 Q11 的发射极电压差小于 0.7V 时，PNP 型三极管 Q11 截止，进而使 NPN 型三极管 Q12 截止，NPN 型三极管 Q12 的集电极电位置高，取消静音，功放正常输出伴音信号。

而在电视机关机瞬间，NPN 型三极管 Q12 集电极电位应立即变为低电位，使得功放芯片停止工作，也就是说在这一瞬间 NPN 型三极管 Q12 应导通，那么 PNP 型三极管 Q11 集电极的输出应为高电位，而该高电位只能来自电容 C139，此时 PNP 型三极管 Q11 应为导通状态，而 PNP 型三极管 Q11 只有在其基极为低电位时才能导通，这就要求电容 C138 上的电位迅速降低。电容 C138 的放电通路应该是通过二极管 D16 接地进行的。

以上分析内容是否正确，请予确认。

2. 需要请贵方补充的具体内容

(1) 根据技术交底书中的描述，基本上能够确定本发明创造的背景技术，但从撰写专利申请文件的角度来看，所提供的背景技术内容未清楚地说明噪音产生的原因，请贵方进一步予以说明。

(2) 如果以上对电路工作原理的分析正确，那么请说明关机时电容 C138 的放电通路是什么，是否 VDD 电源能够在关机后成为地电位，从而能够通过二极管 D16 接地形成电容 C138 的放电回路。

(3) 基于本发明提出的开关机静音电路的思路，可以作出多种具体的电路实现方式，因此为了有效地使本发明的思路获得保护，需要合理扩大保护范围以便涵盖可能的各种电路实现方式，如果仅仅基于目前技术交底书中所提供的一个实施方式，这种保护范围的扩大可能不会得到专利局的认可，因此如果可能，希望贵方至少再提供一种具体的电路实现方式，以便能概括出尽可能大的保护范围。

(4) 我方认为，除电视机外，其他音频设备也存在类似的开关机静音的需求，请贵方确认本发明的开关机静音电路是否可应用于其他音频设备。



3. 专利申请类型

本案的主题为产品，既可以申请实用新型专利，也可以申请发明专利。实用新型只进行初步审查，因此授权较快，授权后需要维权时，可请求专利局做专利权评价报告。发明专利需要进行实质性审查，审批周期较长，存在因创造性不足而被驳回的风险。

如果贵方希望获得较长的保护期限，同时又希望早日获权以行使专利权，可同时申请实用新型与发明专利。

××专利事务所×××
××年××月××日

## 3 申请人的回复

申请人针对上述信函作出回答，其主要意见如下。

1. 来函中对发明改进点以及电路原理图的理解正确，其中开关机静音电路的功能在于，开机时，其产生一个信号使得功放芯片在接通电源的不稳定状态期间不输出信号；关机时，其产生一个信号使得功放芯片在断开电源的瞬间立即停止工作，不输出信号。并且在关机时VDD电源成为地电位，使电容C138通过D16接地形成的放电回路进行放电。

2. 对本发明的背景技术作如下补充说明：当电视机刚打开或者电视机关闭时，电视机的功放由于输入信号的突变会使功放的输出（通常由0V上升到5V或者从5V下降到0V）产生突变，从而导致产生异常声响，形成噪音。

3. 对开关机静音电路补充另一种具体电路结构，该另一种开关机静音电路如图J-2所示。

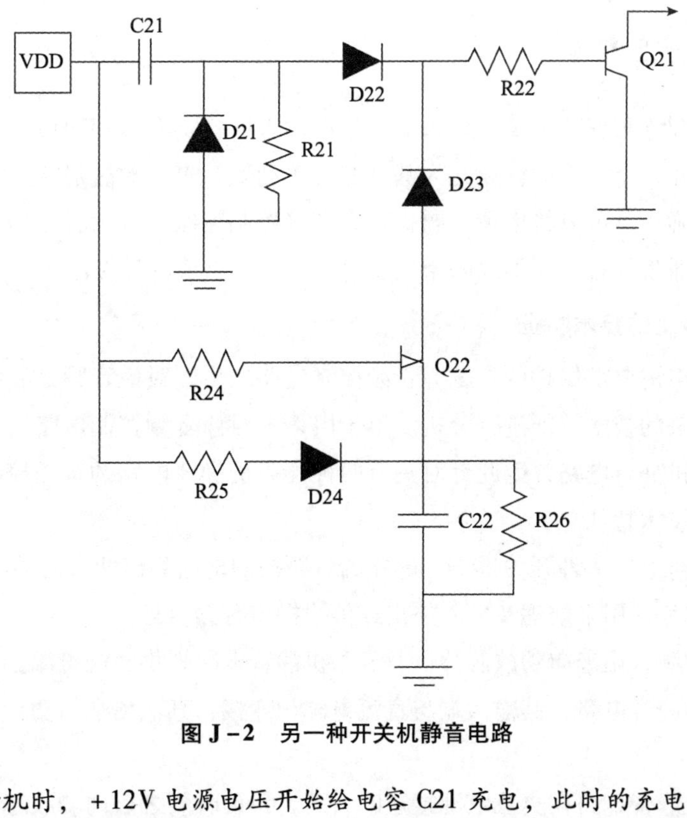


图J-2 另一种开关机静音电路

当电视开机时，+12V电源电压开始给电容C21充电，此时的充电电流很大，电阻R21可以把电压保持在很高的状态。充电电流经过二极管D22和电阻R22使三极管

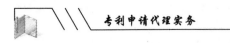

Q21 导通，从而把音频功率放大器的输出控制端电位强制拉低，使音频功率放大器无输出，达到了静音的效果。

随着电容 C21 的充电，电流逐渐减小，当小到不能使三极管 Q21 导通时，音频功率放大器的输出控制端电位升高，此时开机静噪电路失去作用，音频功率放大器正常工作，输出音频信号。

当电视机工作时，三极管 Q22 的基极电压为 12V，此时，其发射极外接电容 C22 上的电压低于 12V，所以，三极管 Q22 不会导通，集电极电压为低电平，使三极管 Q21 截止，从而使静噪电路不起作用，保证音频功率放大器正常工作。

当电视关机时，+12V 电源端相当于接地，此时，三极管 Q22 的基极电压为 0，而发射极由于电容 C22 的作用，电容电压不能突变，仍为 12V。由于三极管 Q22 为 PNP 型，所以，此时电容 C22 的放电使三极管 Q22 导通，电流还经过二极管 D23 和电阻 R22 使三极管 Q21 导通，同理把音频功率放大器的输出控制端也强制拉低，使输出截止，从而实现关机静噪的目的。

4. 其他音频设备，例如 CD、VCD 等，也存在类似的开关机静音的需求，本发明的开关机静音电路能够应用于其他音频设备。

5. 拟对本发明创造同时申请实用新型专利和发明专利。

## 4　权利要求书的撰写

由于前面阅读和理解了技术交底书、与申请人进行了充分沟通使申请人对相关问题进行了确认和补充，下面就以此为基础撰写权利要求书。通过对技术交底书的分析以及申请人的确认，可以将申请主题扩展为音频控制电路，因为音频控制电路可以应用于任何音频播放设备，而不局限于电视机，这样可以获得最大范围的保护。

### 4.1　列出所涉及的技术特征

确定了本申请要求保护的主题为音频控制电路之后，对该音频控制电路中与开关机静音电路有关的技术特征进行分析。鉴于申请人对该音频控制电路给出两种具体电路结构的开关机静音电路，因此针对具有两种开关机静音电路的音频控制电路列出本申请所涉及的技术特征。

首先，针对上述两种开关机静音电路的音频控制电路列出两者的共同技术特征：

① 功放芯片，用来处理音频、播出或停止播出音频信号。

② 直流电源，用来向功放芯片以及开关机静音电路提供直流电源。

③ 开关机静音电路，其输入端与直流电源相连接，其输出端与功放芯片的静音端相连接。

④ 开关机静音电路在直流电源接通时，延迟预设时间之后向功放芯片的静音端发出控制信号，所述控制信号使得所述功放芯片工作。

⑤ 开关机静音电路在直流电源断电时，立即向功放芯片的静音端发出控制信号，所述控制信号使得所述功放芯片立即停止输出。

其次，列出这两种开关机静音电路的音频控制电路的不同技术特征分别为：

① 第一种开关机静音电路具体包括二极管 D11、D12，电容 C11、C12，电阻 R11、R12、R13、R14、R15、R16，三极管 Q11、Q12，以及各元件之间的相互连接关系。

② 第二种开关机静音电路具体包括二极管 D21、D22、D23、D24，电容 C21、C22，电阻 R21、R22、R24、R25、R26，三极管 Q21、Q22，以及各元件之间的相互连接关系。

### 4.2 相对于最接近现有技术确定该发明要解决的技术问题

一般情况下，在确定要解决的技术问题之前，首先需要进行现有技术检索，然后对检索到的现有技术进行分析，以确定与本发明的技术方案最接近的现有技术，以便重新确定该发明要解决的技术问题。然而，在本申请中，客户并未委托专利代理人进行现有技术检索。在技术交底书中，客户已经对其所认为的最接近的现有技术作了描述。

基于技术交底书中对最接近现有技术的描述可知，现有技术中并不存在在接通电源和断电过程中对噪音进行处理的技术方案。因此，本发明相对于最接近的现有技术所要解决的技术问题是能够在接通电源时消除噪音以及在断开电源时消除噪音。

基于上述分析，专利代理人在撰写权利要求的过程中，可以将上述技术问题作为一个整体，在此基础上撰写一组权利要求；也可以将接通电源时消除噪音作为一个技术问题，将断开电源时消除噪音作为另一个技术问题，在此基础上撰写两组权利要求。[1]

### 4.3 确定解决本发明技术问题的必要技术特征

本案例中为了使申请人能够争取到更大的保护范围，将接通电源时消除噪音作为一个技术问题，在此基础上撰写一组权利要求；将断开电源时消除噪音作为另一个技术问题，在此基础上撰写另一组权利要求。

首先，将接通电源时消除噪音作为相对于最接近现有技术所要解决的一个技术问题，来确定解决该技术问题的必要技术特征（将断开电源时消除噪音作为技术问题，在此基础上撰写另一组权利要求的内容与此类似，在此不再赘述）。本发明为了减少

[1] 通常情况下，如果可解决多个技术问题的技术方案能够拆分成几个分别解决其中一个技术问题的独立技术方案，那么应当分别撰写相应的独立权利要求和从属权利要求，以覆盖可能出现的仅解决拆分成单个技术问题的产品。对于本案而言，虽然发明本身是提供了接通电源、断开电源时都消除噪音的技术方案，但是考虑到有可能出现仅在接通电源时消除噪音和仅在断开电源时消除噪音的产品，为了使本申请的保护范围覆盖上述产品，针对接通电源时消除噪音的电路和断开电源时消除噪音的技术方案分别撰写独立权利要求和从属权利要求。

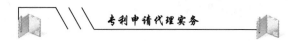

在接通电源与断开电源时产生的噪音，在电路中增加一个开机静音电路，使得开机过程中功放芯片可以延时工作，从而实现开机时的静音功能。

由此可知，上述新增的开机静音电路的功能，及其与电源和功放芯片的连接关系，即本节4.1中的技术特征①至技术特征④是解决上述技术问题采取的必要技术特征。

在上述分析的基础上确定必要技术特征时，应当注意下述几点。

（1）对于具有多个不同结构和原理的电路应当尽可能采用上位概括或功能性限定以争取较宽的保护范围

对于新增的开机静音电路，申请人在答复函中还给出了另一个电路结构图并对其原理进行了详细说明，作为替代实施方式。为获取较宽的保护范围，可以进行上位概括，以得到既能够得到说明书支持又尽可能宽的保护范围。

（2）应包括各个组成部分和各部分的功能及连接关系

对于电路领域而言，为撰写出清楚完整的权利要求，应当清楚描述出该电路包括哪些组成部分，各组成部分的功能以及相互间如何连接。对于各个组成部分，如果有不同的实施方式，则可以采用功能性限定，否则需要描述具体结构。对于本案例而言，各个组成部分均采用了不同的实施方式，因此可以采用功能性限定，而未在独立权利要求中描述具体结构。[1]

（3）对具体电路结构的描述不是必要技术特征

对于权利要求所要解决的技术问题而言，申请人所提供的对两个具体电路结构和原理的详细描述，是对能够实现开机静音功能的具体电路的进一步限定，并不是解决本发明技术问题的必不可少的特征，如果将其写入独立权利要求中会导致独立权利要求保护范围过小。因此，不必将其作为必要技术特征写入独立权利要求中。

（4）尽量采用常用技术术语和上位概括的技术术语

在撰写权利要求时，应当尽量采用本领域具有公知含义的常用技术术语，并在能够合理概括的情况下尽量采用上位概括的技术术语，以争取较宽的保护范围。本案例中，将“功放芯片”上位概括为“音频处理单元”，直流电源上位概括为“电源单元”，开关机静音电路上位概括为“静音控制单元”，“静音端”改为“使能端”；为清楚描述，将开关机静音电路在直流电源接通时延迟预设时间之后向功放芯片的静音端发出的控制信号称为第一控制信号，将开关机静音电路在直流电源断电时，立即向



[1] 需要说明的是，以上述必要技术特征构成独立权利要求后，其相对于最接近现有技术的改进几乎是一种相当于解决技术问题的纯功能性的改进，这样的权利要求往往在实质审查中会被认定为不符合《专利法》第26条第4款的规定（权利要求书应当以说明书为依据，清楚、简要地限定要求专利保护的范围）。因此，如果对这两种开关机静音电路（即技术特征⑥和⑦）能分拆成几个共有的电路单元，最好将两个电路的共同电路结构作为对这两种开关机静音电路的概括表述，写入独立权利要求中。对于本案例来说，由于无法针对两种开关机静音电路找到其共有的电路结构，因此在本案例中仅将上述4个技术特征确定为必要技术特征。

功放芯片的静音端发出的控制信号称为第二控制信号。

### 4.4 完成独立权利要求的撰写

撰写独立权利要求时主要涉及《专利法实施细则》第20条第2款和第21条。

如前面所述，已经确定了独立权利要求的主题名称，并且已经确定了构成该独立权利要求的必要技术特征。因此，将前述主题名称和必要技术特征组合在一起，完成一项独立权利要求的撰写。

在撰写权利要求时，虽然发明本身是提供了接通电源、断开电源时都消除噪音的技术方案，但是考虑到有可能出现仅在接通电源时消除噪音和仅在断开电源时消除噪音的产品，为了使本申请的保护范围覆盖上述产品，针对接通电源时消除噪音的电路和断开电源时消除噪音的技术方案分别撰写独立权利要求1和独立权利要求5如下：

1. 一种音频控制电路，包括音频处理单元、电源单元，其特征在于，还包括静音控制单元；

所述静音控制单元的输入端与所述电源单元连接，所述静音控制单元的输出端与所述音频处理单元的使能端相连接，所述电源单元还与所述音频处理单元相连接；

所述静音控制单元在所述电源单元接通时，延迟第一预设时间之后向所述使能端发出第一控制信号，所述第一控制信号使得所述音频处理单元工作。

5. 一种音频控制电路，包括音频处理单元、电源单元，其特征在于，还包括静音控制单元；

所述静音控制单元的输入端与所述电源单元连接，所述静音控制单元的输出端与所述音频处理单元的使能端相连接，所述电源单元还与所述音频处理单元相连接；

所述静音控制单元在所述电源单元断电时，立即向所述使能端发出第二控制信号，所述第二控制信号控制所述音频处理单元立即停止输出。

在撰写完毕这两个独立权利要求之后，专利代理人应当考虑各独立权利要求之间的单一性。为满足单一性的要求，权利要求之间应该具备相同或相应的特定技术特征。

需要说明的是，针对本案例，在考虑对现有技术作出贡献的特定技术特征时，不能仅考虑独立权利要求1和独立权利要求5中相同的特征——静音控制电路与电路其他部分的连接关系，而需从整体上考虑静音控制单元这一技术特征，包括其连接关系以及功能。因此目前撰写出的两个独立权利要求之间可能存在缺乏单一性的问题。

但由于这两个独立权利要求均未经过检索，若撰写为两个申请文件来分别申请专利保护，则存在一定的风险，若这两个专利申请均不具备新颖性或创造性，则会为申请人带来经济上的损失。因此从申请策略上考虑，在此将这两组权利要求合案申请，在后续审查程序中根据具体审查意见再决定是否分案。

另外需要注意的是，不少申请人由于缺乏撰写经验，总认为应当将其最优选的技术方案写入独立权利要求，以体现其发明创造的高度；也有的申请人急于获得发明专利授权，或者实用新型专利需要维权使用，不希望专利权评价报告出现影响新颖性或创造性的文件的情况，因而希望将最优选的、拟上市产品的具体结构写入独立权利要求。在这种思想指导下所撰写的独立权利要求虽然容易获得授权，但会使本发明不能得到有效的保护，因为竞争对手可以很容易地采取既利用了本发明构思、但又规避侵权的其他结构以绕开该专利权的保护范围。作为专利代理人，面对这种情况时，应当耐心地向申请人作出说明，明确告知若这样撰写独立权利要求，即使申请被授予专利权，本发明也得不到有效的保护。优选的做法是，在完成独立权利要求的撰写之后，将那些体现最优选的、拟上市产品的具体结构的附加技术特征，作为从属权利要求来撰写，以此构建多层次全方位的专利权利的保护范围。

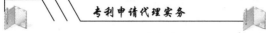

下面对本案例从属权利要求的撰写进行说明。

### 4.5 撰写从属权利要求

在上述分析基础上，撰写完独立权利要求之后，从保护的层次以及限定的具体程度等方面考虑哪些技术特征需要写入从属权利要求以及这些从属权利要求的先后排布顺序，在独立权利要求的基础上层层深入，从而形成有层次的保护架构。

就本申请案来说，首先应当针对独立权利要求 1 进一步限定在断开电源时消除噪音的功能来撰写从属权利要求 2，在此基础上进一步深入，再针对两个具体电路结构撰写从属权利要求 3 和从属权利要求 4。

但是需要特别注意的是，不需要再针对独立权利要求 5 进一步限定在接通电源时消除噪音的功能来撰写从属权利要求，因为该从属权利要求的技术方案与权利要求 2 的技术方案完全一样。也不需要再针对两个具体电路结构撰写权利要求 5 的从属权利要求，由于本申请的特殊性，每个具体电路都能同时实现开机静音和关机静音的功能，因此上述针对两个具体电路结构撰写的权利要求 5 的从属权利要求与针对两个具体电路结构撰写的权利要求 2 的从属权利要求 3 和从属权利要求 4 的保护范围实质上是相同的。

首先，针对在断开电源时消除噪音的功能，即上述 4.1 节中的技术特征⑤撰写从属权利要求 2：

2. 根据权利要求 1 所述的音频控制电路，其特征在于，所述静音控制单元在所述电源单元断电时，立即向所述使能端发出第二控制信号，所述第二控制信号控制所述音频处理单元立即停止输出。



其次，针对两个具体电路结构撰写从属权利要求 3 和从属权利要求 4。

上述技术交底书中提供了两个实现所述功能的具体电路结构，因此针对这两个电路结构撰写从属权利要求。需要说明的是，在针对实现独立权利要求所述功能的具体电路撰写从属权利要求时，应当采用逐渐缩小保护范围的多层次保护方式来撰写。也就是说，在采用概括方式撰写的独立权利要求这一尽可能宽的保护范围以及涉及具体电路连接的较小保护范围之间，在可能的情况下优选按照电路元件实现的功能的划分而概括出中间层次的保护范围，以谋求多层次的保护。然而，对于本案例来说，由于无法按照电路元件实现的功能进行划分从而概括出中间层次的保护范围，因此只能获得尽可能宽的保护范围（相当于独立权利要求的技术方案）和涉及具体电路连接的较小保护范围两个保护层次，也就是说以上述两个实现所述功能的具体电路结构作为附加技术特征，即本节 4. 1 中的技术特征⑥和技术特征⑦，撰写从属权利要求 3 和从属权利要求 4，并且权利要求 3 和 4 都分别引用在前的权利要求 2。

对于具体电路结构的描述，应当按照电路图中电流的走向逐一描述电流所流经的各个元件，其中包括所述各个元件的名称和连接关系。具体地，以某一元件为起点，描述其名称及相应各端的连接，并引出所连接元件，继而描述所连接元件的名称及相应各端的连接，如此反复直至最后一个元件。撰写的权利要求 3 和权利要求 4 如下：

3. 根据权利要求 2 所述的音频控制电路，其特征在于，所述静音控制单元中，一个电阻 R11 的一端连接至所述电源单元，该端同时连接二极管 D12 的阳极、二极管 D11 的阴极以及电阻 R15 的一端，所述电阻 R11 的另一端与电阻 R12 的一端、第一电容 C11 和所述二极管 D11 的阳极相连，所述第一电容 C11 的另一端接地，所述电阻 R12 的另一端连接至 PNP 型三极管 Q11 的基极，所述 PNP 型三极管 Q11 的发射极连接所述二极管 D12 的阴极及电阻 R13 的一端，电阻 R13 的另一端连接至第二电容 C12，所述第二电容 C12 另一端接地，所述 PNP 型三极管 Q11 的集电极经电阻 R14 接地，同时 PNP 型三极管 Q11 的集电极经电阻 R16 连接 NPN 型三极管 Q12 的基极，所述 NPN 型三极管 Q12 的发射极接地，所述 NPN 型三极管 Q12 的集电极连接至所述电阻 R15 的另一端，并连接所述音频处理单元使能端。

4. 根据权利要求 2 所述的音频控制电路，其特征在于，所述静音控制单元中，一个电容 C21 的一端连接电源单元，另一端连接二极管 D21 的阴极和电阻 R21 的一端以及二极管 D22 的阳极，所述二极管 D21 的阳极和所述电阻 R21 的另一端接地，所述二极管 D22 的阴极连接电阻 R22 的一端和二极管 D23 的阴极，所述电阻 R22 的另一端连接 NPN 三极管 Q21 的基极，所述 NPN 三极管 Q21 的发射极接地，集电极连接所述音频处理单元的使能端，所述二极管 D23 的阳极连接至 PNP 三极管 Q22 的集电极，所述 PNP 三极管 Q22 的基极连接至电阻 R24 的一端，发射极连接至电容 C22 的一端、二极管 D24 的阴极和电阻 R26 的一端，所述电容 C22 的另一端和所述电阻 R26 的另一端接地，所述二极管 D24 的阳极连接至电阻 R25 的一端，所述电阻 R24 和 R25 的另一端连接至所述电源单元。

应当注意的是，在电学领域，权利要求中使用电子元件符号时有两种表达方式：一种方式是将元件名称和元件符号作为整体来表示，例如电阻 R1；另一种表达方式是将元件符号作为附图标记放在括号当中，例如电阻（R1）。但是如果同时出现多个同类电子元件时，必须将元件名称清楚表达，例如“第一电阻（R1）”“第二电阻（R2）”“第一二极管（D1）”“第二二极管（D2）”等，以示区别。本案例权利要求3和权利要求4中，将元件名称和元件符号作为整体进行清楚的表达。

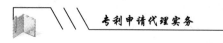

还应当注意的是，由于电路结构连接复杂，容易出现连接的描述错误，因此应当仔细描述并核对以保证电路结构描述的准确性，避免漏掉或者错误描述元件以及元件连接。

## 5 说明书的撰写

在完成权利要求书的撰写之后，就可着手撰写说明书的各个组成部分和说明书摘要。以下重点对撰写说明书各个组成部分和说明书摘要时应当注意的问题作出说明，读者可结合附在此后的推荐的说明书的具体内容来加深理解。

（1）发明名称

由于本专利申请的权利要求书的主题为“音频控制电路”，因此发明名称应写成：“音频控制电路”。

（2）技术领域

技术领域部分应当反映其主题名称，也可以包括其直接应用的技术领域，但不要写入区别技术特征。建议写成：

本发明涉及音频播放器领域，具体涉及一种音频控制电路。

（3）背景技术

由于在技术交底书和补充信函中申请人只用较少的文字进行描述（即在上电、断电时会发生瞬间变化，会有噪音输出），因此在这种情况下专利代理人应以申请人提供的背景技术为基础，结合现有技术将背景技术阐述完整、清楚、准确。例如，在本案件中对背景技术确定如下：

① 技术交底书所提供的本发明技术方案仅针对电视机产品，通过上文分析，专利代理人将其扩展为音频控制电路。因此，将音频控制电路领域目前存在的问题和缺陷作为背景技术的缺陷来描述。

② 结合上述问题和缺陷，提出目前用户的期望体验。

（4）发明内容

在这一部分包括三部分的内容，其一是本发明要解决的技术问题，其二是本发明的技术方案，其三是有益技术效果。对本发明专利申请的情况，倾向于采用如下的撰写方式：首先针对上述主题写明本发明要解决的技术问题是提供一种音频控制电路来消除噪音；然后针对能够在接通电源时消除噪音的音频控制电路的独立权利要求给出其技术方案，以及针对能够在关断电源时消除噪音的音频控制电路的独立权利要求给出其技术方案，在此基础上说明所述技术方案所带来的有益技术效果。当然，还可以在此之后另起段写明从属权利要求的技术方案及进一步带来的有益技术效果。

（5）附图说明

根据上文的分析，可确定本申请说明书附图1至附图3。其中，图1示出本发明总体原理图（根据对技术交底书的分析绘制），主要体现发明的整体构思；图2在技术交底书中的图J-1基础上略作修改，示出本发明静音控制单元第一种实施方式的具体电路图（技术交底书中的图J-1）；图3采用申请人在回复中补充的图J-2，示出本发明静音控制单元第二种实施方式的具体电路图。

（6）具体实施方式

具体实施方式部分所描述的内容一定要将本发明充分公开，并且应当支持所撰写的权利要求书中所限定的每一项权利要求技术方案的保护范围。

对于本案例来说，除了根据技术交底书提供的本发明具体技术内容进行描述外，还应当包括在与申请人沟通后所补充的必要技术内容，例如：对电路原理进行详细描述的技术内容，补充的另一具体实施方式的技术内容。补充了上述内容和实施方式后，具体实施方式部分已清楚地公开了本发明专利申请要求保护的主题，并且在一定程度上起到了支持权利要求保护范围的作用。

此外，在撰写具体实施方式时，还应当为审批阶段对权利要求书进行修改做好准备，即对审批阶段修改权利要求时可能出现的权利要求的技术方案，也应当在具体实施方式部分给出明确说明。

具体针对电路领域的说明书撰写而言，对于电路结构和原理的描述容易出现问题，因此专利代理人在撰写时需要注意：描述电路元器件时，推荐以某一电路元器件为起点，按照电流流经的顺序向周围辐射地描述与该电路元器件连接的其他电路元器件，对于一个电路元器件的多个引脚或连接端，推荐按照这些连接关系的重要性或者连接关系的分布来逐一地描述各连接关系，从而保证电路结构和原理描述的准确性和逻辑性。

（7）说明书摘要

说明书摘要部分首先写明本发明专利申请的名称，然后重点对独立权利要求的技术方案的要点作出说明，在此基础上进一步说明其解决的技术问题和有益效果。此外，还应当将说明书中的图2作为说明书摘要附图。

## 6 最后完成的权利要求书和说明书的参考文本

按照上述分析，完成权利要求书和说明书的撰写。下面给出最后完成的权利要求书和说明书参考文本。

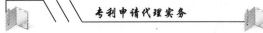

# 权 利 要 求 书

1. 一种音频控制电路，包括音频处理单元、电源单元，其特征在于，还包括静音控制单元；

所述静音控制单元的输入端与所述电源单元连接，所述静音控制单元的输出端与所述音频处理单元的使能端相连接，所述电源单元还与所述音频处理单元相连接；

所述静音控制单元在所述电源单元接通时，延迟第一预设时间之后向所述使能端发出第一控制信号，所述第一控制信号使得所述音频处理单元工作。

2. 根据权利要求1所述的音频控制电路，其特征在于，所述静音控制单元在所述电源单元断电时，立即向所述使能端发出第二控制信号，所述第二控制信号控制所述音频处理单元立即停止输出。

3. 根据权利要求2所述的音频控制电路，其特征在于，所述静音控制单元中，电阻R11的一端连接至所述电源单元，该端同时连接二极管D12的阳极、二极管D11的阴极以及电阻R15的一端，所述电阻R11的另一端与电阻R12的一端、第一电容C11和所述二极管D11的阳极相连，所述第一电容C11的另一端接地，所述电阻R12的另一端连接至PNP型三极管Q11的基极，所述PNP型三极管Q11的发射极连接所述二极管D12的阴极及电阻R13的一端，电阻R13的另一端连接至第二电容C12，所述第二电容C12另一端接地，所述PNP型三极管Q11的集电极经电阻R14接地，同时所述PNP型三极管Q11的集电极经电阻R16连接NPN型三极管Q12的基极，所述NPN型三极管Q12的发射极接地，所述NPN型三极管Q12的集电极连接至所述电阻R15的另一端，并连接所述音频处理单元使能端。

4. 根据权利要求2所述的音频控制电路，其特征在于，所述静音控制单元中，电容C21的一端连接电源单元，另一端连接二极管D21的阴极和电阻R21的一端以及二极管D22的阳极，所述二极管D21的阳极和所述电阻R21的另一端接地，所述二极管D22的阴极连接电阻R22的一端和二极管D23的阴极，所述电阻R22的另一端连接NPN三极管Q21的基极，所述NPN三极管Q21的发射极接地，集电极连接所述音频处理单元的使能端，所述二极管D23的阳极连接至PNP三极管Q22的集电极，所述PNP三极管Q22的基极连接至电阻R24的一端，发射极连接至电容C22的一端、二极管D24的阴极和电阻R26的一端，所述电容C22的另一端和所述电阻R26的另一端接地，所述二极管D24的阳极连接至电阻R25的一端，所述电阻R24和R25的另一端连接至所述电源单元。

5. 一种音频控制电路，包括音频处理单元、电源单元，其特征在于，还包括静音控制单元；

所述静音控制单元的输入端与所述电源单元连接，所述静音控制单元的输出端与所述音频处理单元的使能端相连接，所述电源单元还与所述音频处理单元相连接；

所述静音控制单元在所述电源单元断电时，立即向所述使能端发出第二控制信号，所述第二控制信号控制所述音频处理单元立即停止输出。

# 说 明 书

## 音频控制电路

### 技术领域

本发明涉及音频播放器领域，具体涉及一种音频控制电路。

### 背景技术

对于某些电子装置，需要在特定时段内使得其暂时不工作或者尽快地停止工作，这种情况通常发生在开机或者关机的时候，即开机时先在某一时间段使得所述电子装置不工作，而在关机时则尽快地使得所述电子装置停止工作。例如，在关机时，尽管已经切断电源，但由于电子装置的各电子元器件中还存在电荷，所以电子装置还会维持工作一段时间，通常该段时间比较短，但这段时间可能会影响电子装置的性能。

例如，当上述电子装置是一台电视机时，当电视机刚开机接通电源或者电视机关机关断电源时，电视机的音频处理单元由于输入信号的突变会对音频处理单元的输出同样产生突变，例如由0V上升到5V或者从5V下降到0V，从而导致音频处理单元产生异常的声响，形成噪音。这样的噪音存在的时间可能很短，但已经给使用者带来了不好的感受，影响了使用者的用户体验。随着消费水平的不断提高，使用者对于电视机声音的柔和度的要求不断提高，希望获得更好的用户体验。类似地，对于其他音频控制电路，例如音响设备，也存在类似的技术问题。

因此，有必要在电视机和音响设备中的音频控制电路刚接通电源或者关断电源时，尽量减少噪音，最好能够消除噪音，而这样的技术问题目前并没有好的解决方案。

### 发明内容

为了克服现有技术中具有音频控制电路的音频播放器或者电子设备在接通电源或断开电源时会产生噪音的技术问题，本发明提供一种能在开机或者关机时消除噪音的音频控制电路。

为解决开机时产生噪音这一技术问题，本发明的音频控制电路包括音频处理单元、电源单元以及静音控制单元；所述静音控制单元的输入端与所述电源单元连接，所述静音控制单元的输出端与所述音频处理单元的使能端相连接，所述电源单元还与所述音频处理单元相连接；所述静音控制单元在所述电源单元接通时，延迟第一预设时间之后向所述使能端发出第一控制信号，所述第一控制信号使得所述音频处理单元工作。

作为上述音频控制电路的改进，在所述静音控制单元还可以在所述电源单元断电时，立即向所述使能端发出第二控制信号，所述第二控制信号控制所述音频处理单元立即停止输出。

为解决关机时产生噪音这一技术问题，本发明的音频控制电路包括音频处理单元、电源单元以及静音控制单元；所述静音控制单元的输入端与所述电源单元连接，所述静音控制单元的输出端与所述音频处理单元的使能端相连接，所述电源单元还与所述音频处理单元相连接；所述静音控制单元在所述电源单元断电时，立即向所述使能端发出第二控制信号，所述第二控制信号控制所述音频处理单元立即停止输出。

因此，与现有技术相比，本发明提供的音频控制电路除了应用于音频播放器之外，还可以广泛应用到所有类似电子装置中，通过采用简单的电路结构实现了音频播放器和类似电子装置的准确静音，有效地解决了其开机或者关机时出现瞬间噪音的问题，在增加极少成本的前提下完善了音频播放器及类似装置的功能，有效提高了电视机产品、音响设备等音频播放器的可靠性，达到了真正意义上的完美声音重现。此外，采用本发明的音频控制电路，还可防止开关机瞬间由于电流过大而导致电视机产品、音响设备受损。

总之，本发明的音频控制电路结构简单，能够消除开关机时产生的噪音，具有良好的静音效果，提高用户体验性，还可防止开关机瞬间由于电流过大而导致机器受损。

本发明音频控制电路所能解决的其他技术问题、技术方案中包含的其他技术特征以及这些技术特征带来的优点，将结合附图作出进一步详细的说明。

**附图说明**

图 1 是本发明音频控制电路的总体原理图。

图 2 是本发明静音控制单元第一种实施方式的电路图。

图 3 是本发明静音控制单元第二种实施方式的电路图。

**具体实施方式**

以下将参照附图，通过实施方式详细地描述本发明提供的音频控制电路。在此需要说明的是，对于这些实施方式的说明用于帮助理解本发明，但并不构成对本发明的限定。

本发明通过在电源单元与音频处理单元之间设置一个静音控制单元，可以在电源单元提供电能之后的一段时间（第一预设时间）内禁止所述音频处理单元工作，即禁止所述音频处理单元输出音频，从而保证在该段时间内没有噪音；此外，在电源单元停止供电后的另一段时间（第二预设时间）届满时使得所述音频处理单元停止工作，同样禁止所述音频处理单元输出音频，从而保证在该时间段之后就不再有噪音输出。通过上述静音控制单元在音频播放器开机、关机的处理过程，可以降低音频播放器所输出的噪音。

进一步地，上述静音控制单元与所述音频处理单元的使能端相连接，通过对该使能端输出高电平信号、低电平信号控制所述音频处理单元的工作与否。优选地，当向所述使能端输出高电平信号时，所述音频处理单元能够工作；反之，当向所述使能端输出低电平信号时，则所述音频处理单元停止工作。换句话说，当所述静音控制单元的输出端对外输出高电平信号时，所述音频播放器对外输出音频；当所述静音控制单元的输出端对外输出低电平信号时，所述音频播放器停止对外输出音频。

而在其他实施方式中，也可以使得所述静音控制单元的输出端对外输出低电平信号时，所述音频播放器对外输出音频；当所述静音控制单元的输出端对外输出高电平信号时，所述音频播放器停止对外输出音频。

具体地，图 1 示出了根据本发明的音频控制电路的原理图。在本发明中，所述音频控制电路包括电源单元 1、音频处理单元 2 和静音控制单元 3。其中，电源单元 1 与音频处理单元 2 相连接，且所述电源单元 1 向所述音频处理单元 2 提供电能；静音控制单元 3 的输入端与电源单元 1 相连接，所述静音控制单元 3 的输出端与音频处理单元 2 的使能端相连接，所述静音控制单元 3 在所述电源单元 1 接通时，延迟第一预设时间之后向音频处理单元 2 的使能端发出第一控制信号，此第一控制信号使得所述音频处理单元 2 工作。所述静音控制单元 3 在所述电源单元 1 断电时，立即向音频处理单元 2 的使能端发出第二控制信号，此第二控制信号控制所述音频处理单元 2 立即停止输出。所述音频处理单元 2 对音频信号进行处理，并在满足本发明工作条件的情况下对外输出音频信号。

图 2 为静音控制单元 3 的第一种实施方式的具体电路图。根据图 2 所示，在静音控制单元中包含有一个 PNP 型三极管 Q11，所述 PNP 型三极管 Q11 的基极经串联电阻 R12 一方面连接接地的储能电容 C11，另一方面经由电阻 R11 和二极管 D11 组成的并联电路连接直流电源 VDD。所述二极管 D11 的阴极连接所述的直流电源 VDD，阳极连接储能电容 C11。所述 PNP 型三极管 Q11 的发射极一方面经电阻 R13 和储能电容 C12 接地，另一方面连接一开关二极管 D12 的阴极，所述开关二极管 D12 的阳极连接直流电源 VDD。所述 PNP 型三极管 Q11 的集电极一方面经电阻 R14 接地，另一方面根据不同音频处理单元对静音信号的具体要求，要么直接连接高电平静音音频处理单元的使能端，要么经反向电路连接低电平静音音频处理单元的使能端。本发明采用音频处理单元的静音信号为低电平有效，所以在 PNP 型三极管 Q11 的集电极上连接有一通过 NPN 型三极管 Q12 及其外围电路组成的反向电路。其中，所述 NPN 型三极管 Q12 的基极经串联电路 R16 连接所述 PNP 型三极管 Q11 的集电极，NPN 型三极管 Q12 的发射极接地，集电极一方面经电阻 R15 连接所述的直流电源 VDD，另一方面连接低电平静音音频处理单元的使能端。

所述静音控制单元的工作原理是：当接通电源时，直流电源 VDD 通过电阻 R11

向储能电容 C11 充电。因为储能电容 C11 两端的电压不能突变，所以 PNP 型三极管 Q11 的基极电位为低，而发射极电位为高，PNP 型三极管 Q11 导通，有电流从电源 VDD 经过开关二极管 D12、PNP 型三极管 Q11 的发射极、基极通过电阻 R12 向储能电容 C11 流动。由于 PNP 型三极管 Q11 导通，其集电极电位为高电平，控制 NPN 型三极管 Q12 导通，NPN 型三极管 Q12 的集电极电位被拉低，从而向音频控制单元的使能端输出低电平静音信号，控制音频播放器静音。静音时间的长短可以通过调节储能电容 C11 和电阻 R11 的参数值来实现。

在接通电源一段时间后，储能电容 C11 上的电压逐渐升高，当其电压值与 PNP 型三极管 Q11 的发射极电压差小于 0.7V 时，PNP 型三极管 Q11 截止，进而使 NPN 型三极管 Q12 截止，NPN 型三极管 Q12 的集电极电位高，取消静音，音频处理单元正常输出音频信号。一般在接通电源后 10 秒钟以上，储能电容 C11 上的电压达到 VDD，电容 C12 上的电压达到 VDD－0.7V（开关二极管 D12 的导通压降为 0.7V）。

在电源断开瞬间，储能电容 C11 上的电荷通过二极管 D11 迅速泻放，使 PNP 型三极管 Q11 的基极电位迅速降低，而发射极电位由于储能电容 C12 和开关二极管 D12 的存在而持续为高，PNP 型三极管 Q11 导通，进而控制 NPN 型三极管 Q12 导通，输出低电平静音信号，控制音频播放器音频处理单元静音。

图 3 为静音控制单元 3 的另一种实施方式的具体电路图。根据图 3 所示，所述电源静音控制单元主要包括 NPN 型三极管 Q21、PNP 型三极管 Q22，二极管 D21、D22、D23、D24，电容 C21、C22，和电阻 R21、R22、R24、R25、R26。其中所述电容 C21 的一端连接电源单元 1，另一端连接二极管 D21 阴极、电阻 R21 的一端和二极管 D22 的阳极，所述二极管 D21 的阳极和所述电阻 R21 的另一端接地，所述二极管 D22 的阴极连接电阻 R22 的一端和二极管 D23 的阴极，所述电阻 R22 的另一端连接 NPN 三极管 Q21 的基极，所述 NPN 三极管 Q21 的发射极接地，集电极连接所述音频处理单元的使能端，所述二极管 D23 的阳极连接至 PNP 三极管 Q22 的集电极，所述 PNP 三极管 Q22 的基极连接至电阻 R24 的一端，发射极连接至电容 C22 的一端、二极管 D24 的阴极和电阻 R26 的一端，所述电容 C22 的另一端和所述电阻 R26 的另一端接地，所述二极管 D24 的阳极连接至电阻 R25 的一端，所述电阻 R24 和 R25 的另一端连接至所述电源单元 1。

当电源接通时，+12V 电源电压开始给电容 C21 充电，此时的充电电流很大，电阻 R21 可以把电压保持在很高的状态。充电电流经过二极管 D22 和电阻 R22 使三极管 Q21 导通，从而把音频处理单元的静音使能端强制拉低，使音频处理单元无输出，达到了静音的效果。随着电容 C21 的充电，电流逐渐减小，当小到不能使三极管 Q21 导通时，音频处理单元的静音使能端电位升高，此时，静音控制单元失去作用，音频处理单元正常工作，输出音频信号。

当音频播放器正常工作时，三极管 Q22 的基极电压为 12V，此时，其发射极外接电容 C22 上的电压低于 12V，所以三极管 Q22 不会导通，集电极电压为低电平，使三极管 Q21 截止，从而使静音控制电路不起作用，保证音频处理单元正常工作。

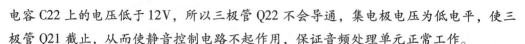

当电源断开时，+12V 电源端相当于接地，此时三极管 Q22 的基极电压为 0V，而发射极由于电容 C22 的作用，电容电压不能突变，仍为 12V。由于三极管 Q22 为 PNP 型，所以此时电容 C22 的放电使三极管 Q22 导通，电流还经过二极管 D23 和 R22 使三极管 Q21 导通，同理把音频处理单元的使能端强制拉低，使输出截止，从而实现了静噪的目的。

采用以上结合附图描述的本发明优选实施例的音频控制电路的结构，实现了音频播放器的接通电源和断开电源时的静噪功能，但本发明不局限于所描述的实施方式。本发明的基本思路在于提供一种外部控制电路，在音频设备接通电源时，使得音频设备的功放电路延迟工作，而在音频设备断开电源时，使得音频设备的功放电路瞬时停止工作，从而消除了在接通电源或断开电源时的噪音输出。这种控制电路的实现方式有很多，比如根据需要，可以设计该电路仅用于消除接通电源时的噪音，或者仅用于消除断开电源时的噪音。❶ 对于本领域的普通技术人员而言，根据本发明的教导，设计出不同形式的控制电路并不需要创造性的劳动。在不脱离本发明的原理和精神的情况下这些对实施方式进行的变化、修改、替换和变型仍落入本发明的保护范围内。



❶ 对于本案而言，还应当请申请人提供仅在接通电源时消除噪音的音频控制电路和仅在断电时消除噪音的音频控制电路的实施例，从而不仅可以使说明书支持独立权利要求 1 和独立权利要求 5，而且还可以写出更多的、包括有层次的从属权利要求，否则有可能会在实质审查时受到权利要求 1 和权利要求 5 得不到说明书支持的质疑。本案例因为原申请案中并未提供这样的电路，所以未在说明书中补入，但为了帮助专利代理人扩展撰写思路，现仍写成两组独立权利要求。

# 说 明 书 附 图

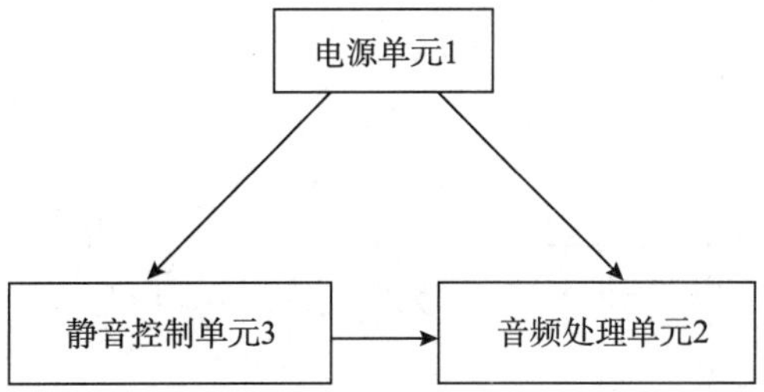
电源单元1
静音控制单元3
音频处理单元2

图 1

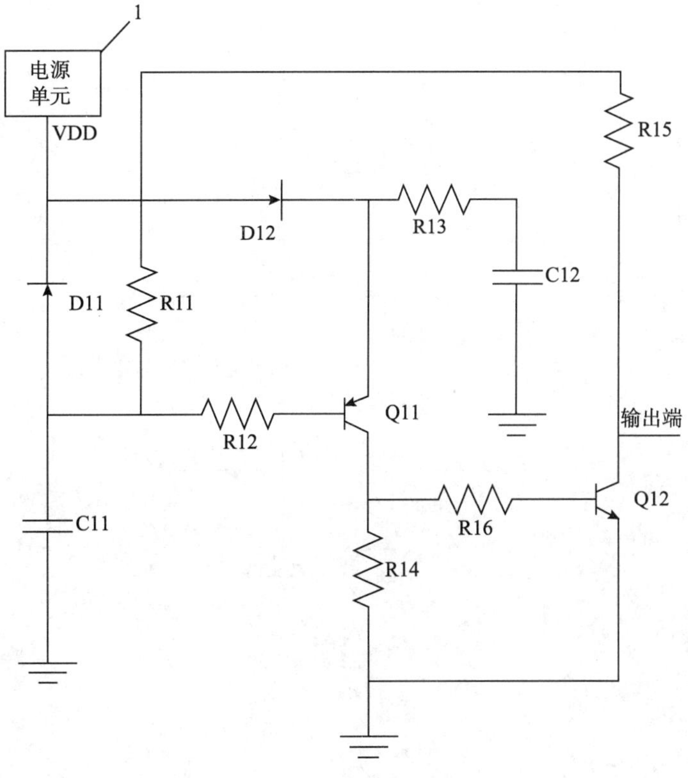
1
电源
单元
VDD
D12
R13
R15
C12
D11
R11
Q11
R12
输出端
Q12
R16
C11
R14

图 2

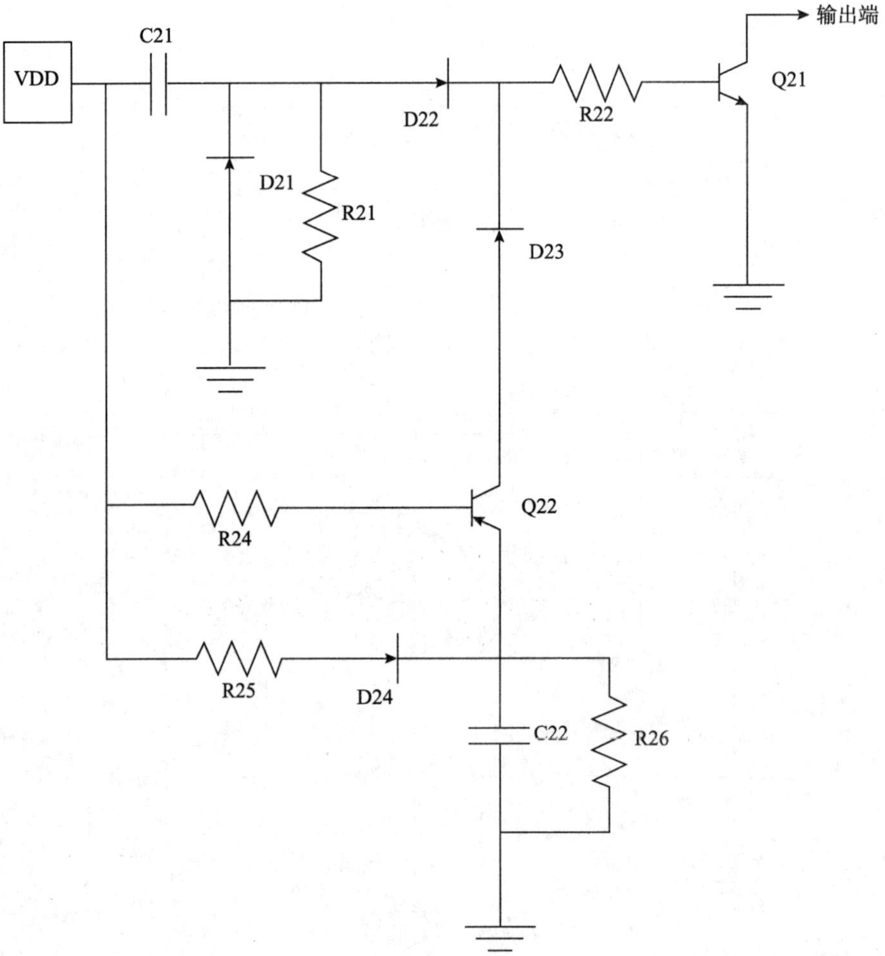


图 3

## 说 明 书 摘 要

本发明提供一种音频控制电路，包括：电源单元、音频处理单元以及静音控制单元；电源单元与音频处理单元相连接；静音控制单元的输入端与电源单元连接，静音控制单元的输出端与音频处理单元的使能端相连接，所述静音控制单元至少在所述电源单元接通时，延迟第一预设时间之后向所述使能端发出使所述音频处理单元工作的第一控制信号；和/或所述静音控制单元在所述电源单元断电时，立即向所述使能端发出控制所述音频处理单元立即停止输出的第二控制信号。本发明的音频控制电路结构简单，能够消除开机和/或关机时产生的噪音，具有良好的静音效果，提高用户体验性，还可防止开关机瞬间由于电流过大而导致的机器受损。

# 摘 要 附 图

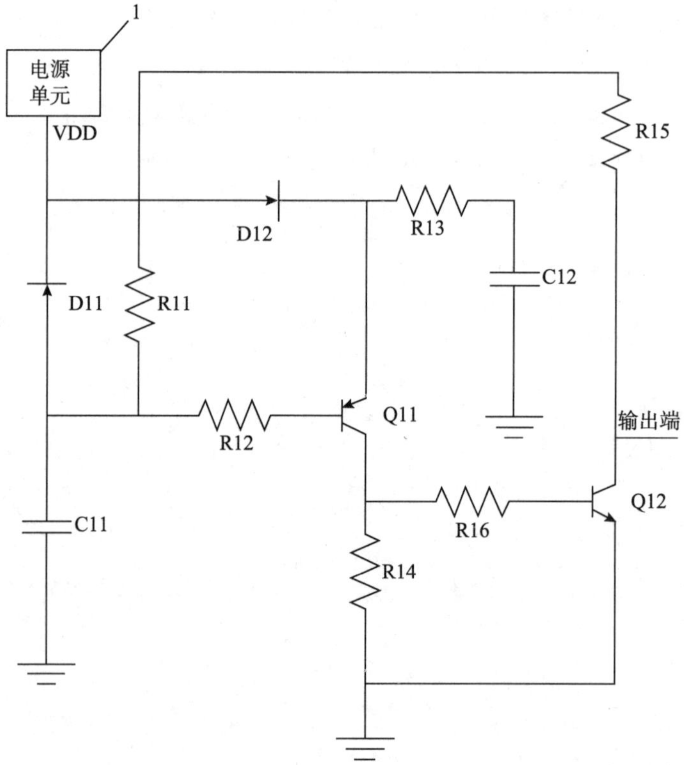

# 第二节 案例二：一种在无线网络控制器中产生内部时钟的方法及装置

不同客户提供的技术交底书格式不尽相同。在发明内容比较简单，或者发明点较为突出时，有些客户不提供技术交底书，这多发生于申请人是个人或者小公司的情况下。

本案例的素材来自一份真实的技术交底书，为了便于学员更快地理解相关的技术内容，本案例为缩写词加注了原文，为一些技术术语加了脚注。所以，这里提供的技术交底书已不同于原始技术交底书，其仅用于专利代理人实务技能培训的目的。

## 1 申请人提供的技术交底书

申请人提供的技术交底书内容如下。

本发明❶的名称是多标准无线网络控制器❷内部时钟❸产生与分配方案。

本发明所属的技术领域是移动通信。

本发明的背景技术：

一般在系统中定义专门的时钟板❹，实现由 STM－1/E1/T1❺ 中提取传输时钟，而后将传输时钟送至各层机箱的背板；各处理板根据自身需要由传输时钟独立产生无线时钟❻。

现有技术的缺点：(1) 需要专用的时钟板，客观上增加了系统的板卡种类，降低了系统可靠性；(2) 在此类系统中，一般需要将外接 STM－1/E1/T1 线路通过电缆与时钟板连接，增加了系统外连线的复杂度；(3) 各处理板根据传输时钟产生无线时钟的前提是：处理板必须单独设计，无法采用现成的商用板卡，降低了系统开发灵活性，增加了开发成本。

---

❶ 《专利法》第 2 条规定：本法所称的发明创造是指发明、实用新型和外观设计。本案例中的发明创造更适合作为发明予以保护；因此，在后文中，将“本发明创造”简称为“本发明”。

❷ 移动通信系统可以分为三部分：(1) 核心网、(2) 无线接入网和 (3) 用户设备。核心网好比是整个通信网络的“大脑”，一般指以交换、软交换为主的网络，可以划分为长途网和中继网。无线接入网介于本地交换机和用户设备之间，主要完成将用户设备接入到核心网的任务；无线接入网包括若干个节点 B（又称基站）和若干个无线网络控制器（又基站控制器）。用户设备指用户用以进行移动通信的设备，例如移动电话（俗称“手机”）。

❸ 在数字通信系统中，同步是至关重要的；为此，需要有精确的时钟信号。以 SDH（同步数字体系）网络为例，所有网元都应该与通用时钟信号同步。

❹ 用于从与核心网连接的线路（如 STM－1/E1/T1 线路）中提取时钟信号，然后将提取的时钟信号传送给无线网络控制器中的其他板卡，作为传输时钟使用。

❺ STM－1 是 SDH 网络中采用的最基本的同步传输模块，传输速率为 155.520 Mbps。SDH 已经成为构建高速宽带数字传输网的基础。E1 是欧洲的 30 路脉码调制 PCM 的简称，速率是 2.048 Mbps。T1 是北美的 24 路脉码调制 PCM 的简称，速率是 1.544 Mbps。

❻ 用于在一个周期内唯一地标识相应的无线帧。

本发明所要解决的技术问题：无线网络控制器内部时钟的产生与分配。

本发明的基本思想包括以下两方面内容。

传输时钟的产生与分配

该部分功能由传输协议处理板[1]（简称“TP板”）实现。假定多标准无线网络控制器（MxRANC）内有多块与核心网[2]（CN）相连的TP板，其中一块TP板被指定为主TP板，所有其他的TP板则作为从TP板。主TP板提取来自核心网STM－1中的时钟作为基准时钟信号，然后利用ATCA标准工业机箱的特点，将基准时钟信号分配至所有的从TP板。

无线时钟的产生与分配

在某TP板上利用基准传输时钟信号产生无线时钟，而后通过网络时间协议/简单网络时间协议（NTP/SNTP）周期性地将无线时钟广播至所有的无线协议处理板[3]（简称“RP板”），各RP板接收无线时钟并加以维护。

本发明与现有技术方案的不同点：（1）将时钟单元集成在TP板或STM－1/E1/T1接口板上，减少了板卡种类，并减轻了系统外连线的复杂度；（2）无线时钟在TP板上产生，并通过NTP/SNTP协议周期性广播至RP板。

现结合图J－1介绍本发明的技术方案。

图J－1示出了MxRANC的硬件结构示意图，其中的外文缩写词的含义如下：

RSW（Rack Ethernet Switch），机架交换单元，负责不同机架（Rack）以及不同子架（Sub－rack）间的数据交换；

SSW（Sub－rack Ethernet Switch），子架交换单元，负责子架（Sub－rack）内不同处理板之间的数据交换；

CP（Call Processing），呼叫处理单元[4]；

RP（Radio Processing），无线协议处理单元；

TP（Transmission Processing），传输协议处理单元；

OMCP（O&M Control Processing），网管控制单元。

下面先对本发明的传输时钟的产生与分配作出说明。

MxRANC采用商用ATCA（PICMG 3.1）机箱作为系统子架。ATCA机箱背板有关时钟总线的特点如下：

6条差分时钟总线，分为3组CLK1A/CLK1B、CLK2A/CLK2B、CLK3A/CLK3B，



---

[1] 用于实现数据传输功能。它是内部以太网与外部链路（如STM－1线路）之间的桥梁；E1物理线路终结是通过外部分插复用箱（ADM box）完成的，然后，分插复用箱通过SDH（同步数字体系）（VC12、ATM－1）连接到TP板。一个无线网络控制器中可以包括多块TP板，例如，多块STM（同步传输模块）TP板、多块E1（欧洲的30路脉码调制）TP板，等等。

[2] 核心网好比是整个通信网络的“大脑”，一般指以交换、软交换为主的网络，可划分为长途网和中继网。

[3] 用于实现无线协议，包括较低层的信令和数据流处理等。

[4] 用于实现业务控制和处理以及较高层的信令处理等。

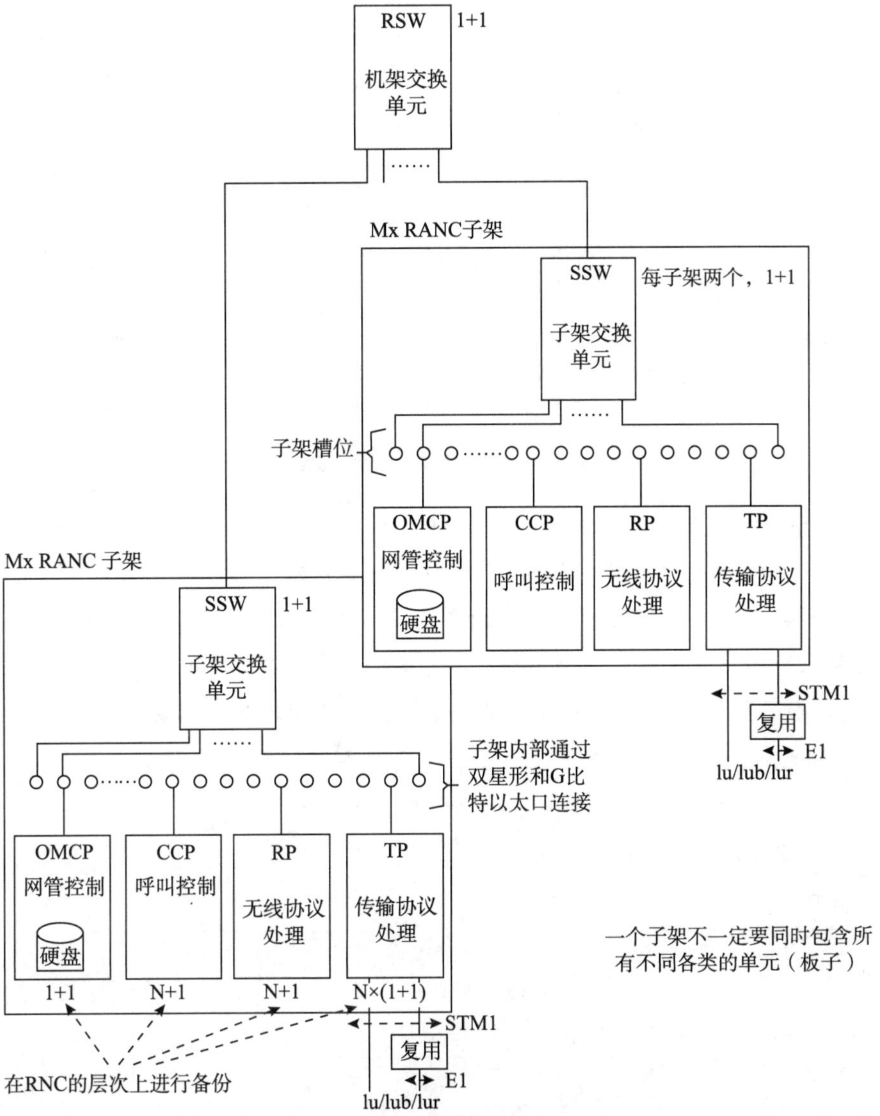


**图 J-1　MxRANC 的硬件结构示意图**

A 和 B 互为备份；每条时钟总线与背板所有板卡槽位相连，机箱管理器（Shelf Manager）通过电子键控（E-keying）决定哪块板卡获得时钟总线的控制权。其中，CLK1A/CLK1B 为 8kHz 时钟信号专用；CLK2A/CLK2B 为 19.44MHz 时钟信号专用（用于 SDH/SONET 设备的三级时钟）；CLK3A/CLK3B 由用户自定义，两者可互为备份，也可单独使用。

下面结合图 J-2 和图 J-3 对一个子架内的传输时钟产生与分配作出说明。

每块 TP 板上有一个满足三级时钟精度的本地晶振；利用 CLK2A/CLK2B 作为 MxRANC 的时钟总线；机箱管理器（Shelf Manager）通过电子键控（E-keying）机制决定 TP 板的角色。如果为主 TP 板，则从与核心网 CN 相连的 STM-1 上提取时钟信

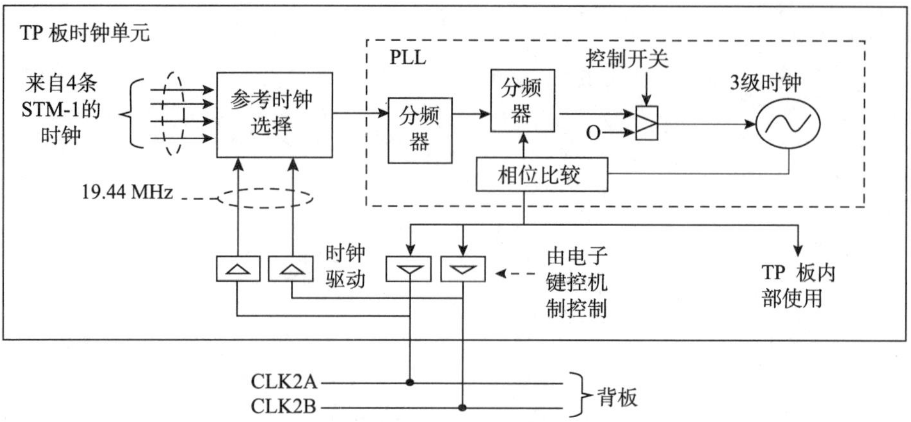


**图 J－2　本发明 TP 板时钟单元电路构成**

号输入锁相环 PLL，生成基准时钟信号，驱动至背板时钟总线 CLK2A/CLK2B；若为从 TP 板，则从背板时钟总线 CLK2A/CLK2B 中获取基准时钟信号。若主 TP 板无法从 STM－1 中提取有效的时钟信号，则暂由本地晶振维系工作，然后发送消息通知位于 OMCP 板[1]上的操作维护单元；操作维护单元选择另一块与 CN 相连的 TP 板作为主 TP 板，并发请求通知机箱管理器（Shelf Manager），机箱管理器激活相应的 TP 板担任主 TP 板。传输时钟在整个机架内（跨子架）的分配方案如图 J－3 所示。

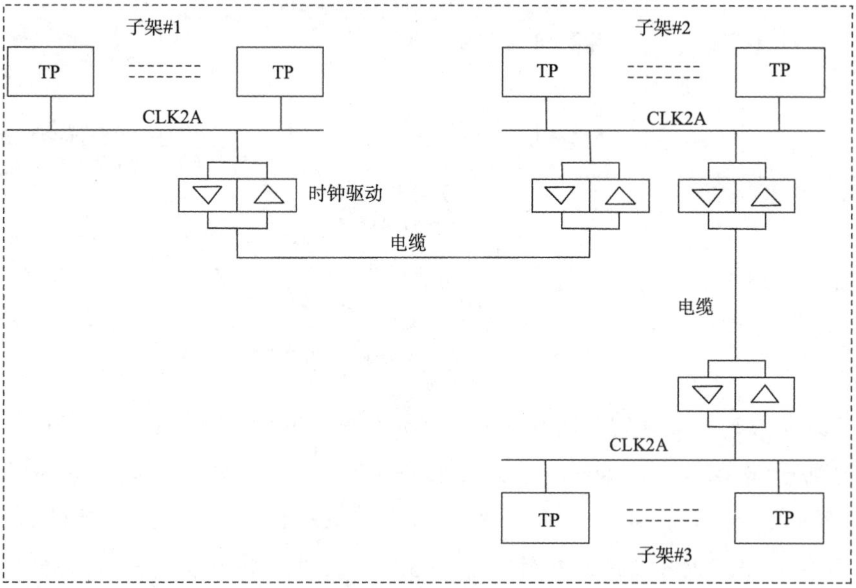


**图 J－3　在子架之间利用背板时钟总线 CLK2A 分配传输时钟**

图 J－3 中的时钟驱动位于相应的 TP 板上，其信号传送方向由机箱管理器（Shelf Manager）和操作维护单元控制。

[1] 用于实现系统的运行和维护功能。

图 J－4 示出了分配传输时钟的机架外观图。基准时钟信号在子架之间通过电缆传输，为方便在整个机架前面维护，可在 TP 板的前面板放置两个连接器以保证电缆在前面连接。为保证传输时钟的冗余性，考虑到 SDH 的自动保护倒换 APS 1 +1 特性，在子架内的 TP 板的数目最好是偶数（0，2，4，…），以兼顾 CLK2A 和 CLK2B 的子架间分配。

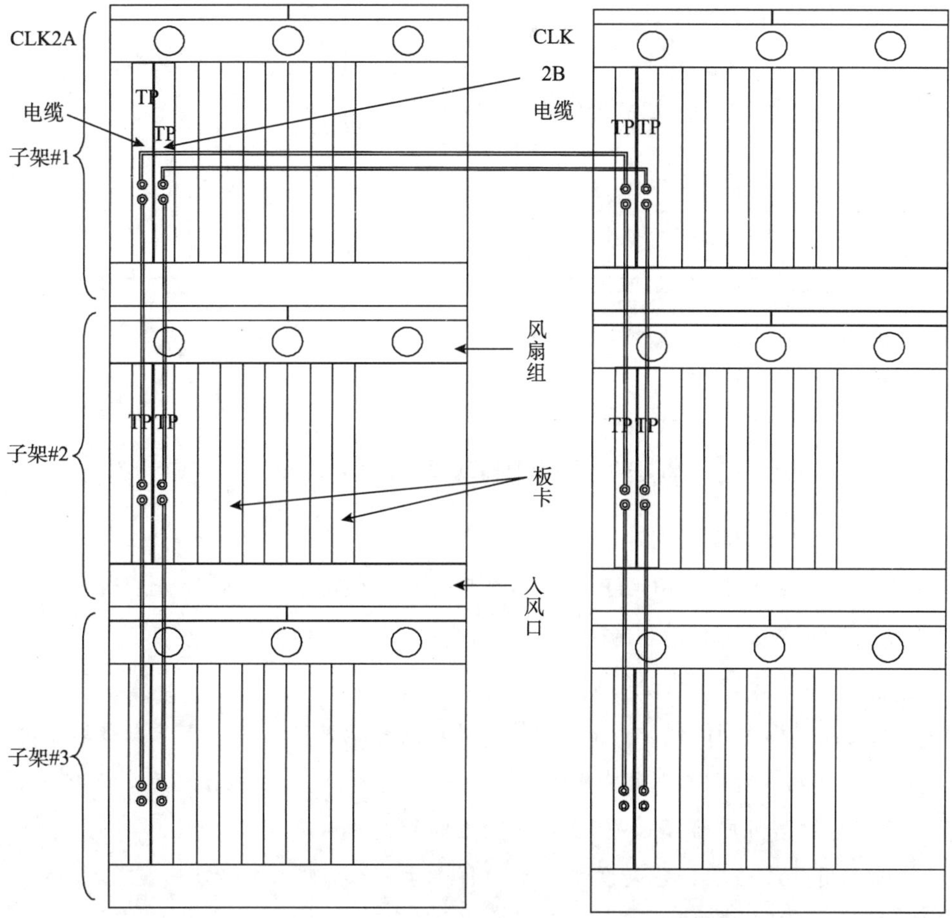


**图 J－4 分配传输时钟的机架外观图**

下面结合图 J－5 对无线时钟的产生与分配作出说明。

无线时钟产生器通过对基准传输时钟信号计数生成无线时钟；NTP/SNTP 服务器用 NTP/SNTP 协议周期性地将无线时钟广播至 RP 板上的 NTP/SNTP 客户端；RP 板在每个周期内独立维护自己的无线时钟。原则上，无线时钟产生器和 NTP/SNTP 服务器可以放在任意的 TP 板上，具体位于哪一块 TP 板由操作维护单元决定。

NTP/SNTP 服务器和无线时钟产生器必须位于同一块 TP 板。

若无线时钟产生器和 NTP/SNTP 服务器发生故障，由 NTP/SNTP 服务器发消息通知 OMCP 板上的操作维护单元，操作维护单元选择另外一块 TP 板负责无线时钟的产

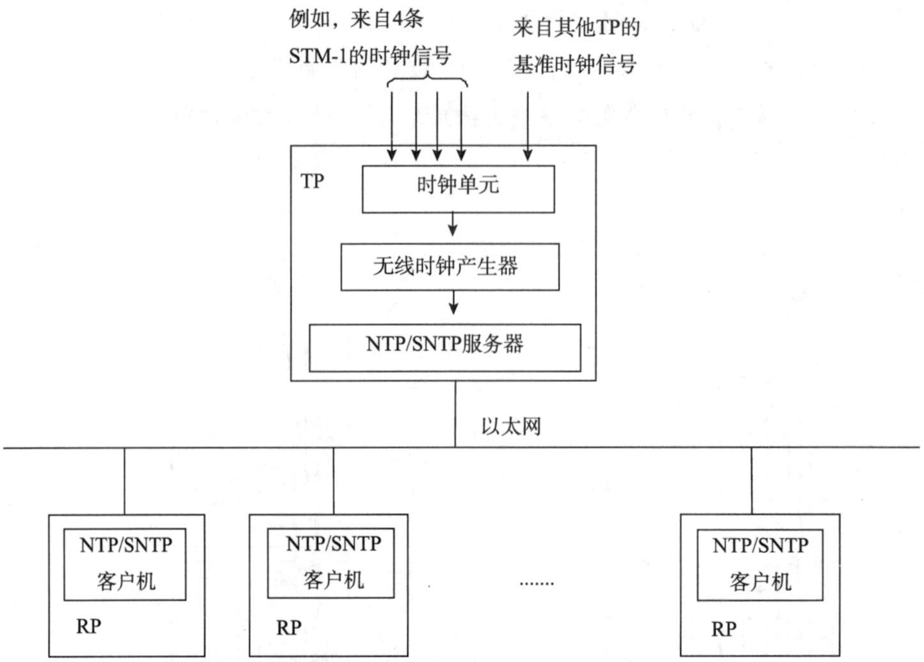


**图 J－5　无线时钟的产生与分配示意图**

生与分配。

本发明的不足之处：每块 TP 板上都需要放置一个满足三级时钟精度的本地晶振，一定程度上增加了成本。

对上述技术内容进一步说明如下。

TP 板定期（如每 10 分钟）向所有 RP 板广播无线时钟（具有 125 微秒的精度）。

RP 板接收无线时钟并在其内部管理各自的无线时钟。RP 板上的时钟足够好以避免每次无线时钟同步广播（如每 10 分钟）之间的大的偏离。

TP 板利用 NTP/SNTP 协议广播无线时钟。主 TP 板只需向所有其他 TP 板传送传输时钟，例如，通过使用链。

## 2　对申请人提供的技术交底书中的发明创造的初步理解

作为专利代理人在阅读技术交底书时通常应当考虑如下四方面的问题。

① 本发明涉及哪几项主题，其中申请人明确要保护哪几项主题，这几项主题分别可以采用哪一种专利类别给予保护？

② 对这几项主题进行初步分析，其相对于申请人所提供的现有技术作了哪几方面的改进，初步判断其是否具备新颖性和创造性。

③ 通过阅读技术交底书后认为有哪些内容需要与申请人作进一步沟通：例如哪些内容需要请申请人作出进一步清楚的说明？为提出专利申请，还需要申请人补充哪些

技术内容?

④ 对该发明专利申请的初步设想。

在阅读和研究了技术交底书之后，专利代理人对技术交底书中的发明有以下初步理解。

（1）技术领域

本发明实质上涉及无线网络控制器中的时钟产生与分配。但是，发明的技术领域应当是要求保护的发明直接应用的具体技术领域，而不应是发明本身。因此，本发明的技术领域可以理解为：本发明涉及移动通信技术领域，并且更具体地涉及无线网络控制器中时钟的产生和分配。

（2）背景技术和存在的问题

专利代理人对本发明的背景技术以及其中存在的问题有了大致了解。例如，无线网络控制器中一般设置有大量板卡。这些板卡例如包括：

一块时钟板；

若干块传输协议处理板（简称“TP 板”）；

若干块无线协议处理板（简称“RP 板”）；

若干块呼叫控制处理板；和

至少一块网络管理控制板。

上述时钟板用于从与核心网连接的 STM－1/E1/T1 线路中提取时钟信号，然后将提取的时钟信号传送给无线网络控制器中的其他板卡，作为传输时钟使用。所以，本发明的背景技术中存在着以下问题：无线网络控制器中的板卡种类繁多（例如，需要设置专门的时钟板），并且需要附加的线路（例如，用于将时钟板与 STM－1/E1/T1 线路连接起来的外接电缆）。

另外，上述每块 RP 板[1]根据自身需要由传输时钟（从上述时钟板处获得）独立产生无线时钟。因此，本发明的背景技术中还存在着以下问题：必须单独地设计 RP 板，而无法采用现成的商用板卡，降低了系统开发灵活性，增加了开发成本。

（3）本发明的技术方案与背景技术的对比

为解决上述问题，本发明中省略了专门的时钟板，而是在一块主 TP 板上生成传输时钟信号，然后将传输时钟信号发送到无线网络控制器中的其他处理板。另外，在本发明中，在一块指定的 TP 板（既可以是主 TP 板，也可以是从 TP 板）上生成无线时钟信号，然后将无线时钟信号广播到无线网络控制器中的 RP 板。本发明与背景技术的对比如图 F－1 所示。

（4）发明内容和有益效果

以下是专利代理人对发明内容和有益效果的初步理解。

[1] 例如实现 UMTS Uu 接口（PDCP、RLC、MAC）上的低层协议以及陆地 lub/lur FP 和 lu UP 协议。

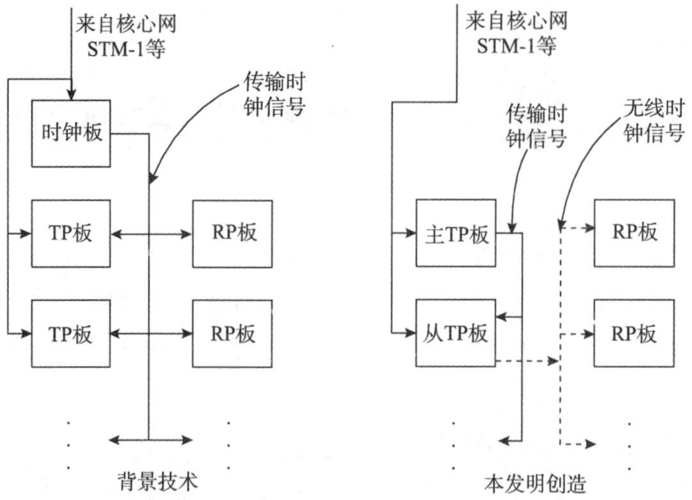


**图 F-1　本发明与背景技术的对比示意图**

① 技术交底书中的第一方面改进

本发明第一方面的改进是针对现有技术的无线网络控制器中存在的第一个问题——板卡种类繁杂作出的，即本发明省略了以往需要专门设置的时钟板（用于为无线网络控制器中的多块板卡产生传输时钟）；为此，在无线网络控制器的多块 TP 板中的任何一块 TP 板（该 TP 板是主 TP 板，相应地，其他 TP 板则是从 TP 板）上产生传输时钟。

为达到可在任何一块 TP 板上产生传输时钟以减少板卡种类这一技术效果（以下简称“效果 1”），主 TP 板和从 TP 板具有相同的结构。在 TP 板中，设置有一个时钟单元，按如下方式工作：当 TP 板是主 TP 板时，时钟单元从 STM－1/E1/T1 线路上提取时钟信号，然后生成传输时钟信号，并且将传输时钟信号传送到位于机箱子架背板中的时钟总线上；当 TP 板是从 TP 板时，时钟单元从时钟总线上获得时钟信号（该时钟信号是作为传输时钟信号由主 TP 板传送到时钟总线上的），然后，根据从时钟总线上获得的时钟信号，生成该从 TP 板内部使用的传输时钟信号。这样一来，在无线网络控制器中，不必再设置专门的时钟板，也避免了将时钟板与 STM－1/E1/T1 线路连接的附加电缆。这不仅减少了用于构建无线网络控制器的板卡种类（效果 1），也减轻了系统外连线的复杂度（以下简称“效果 2”）。

② 技术交底书中的第二方面改进

本发明第二个方面的改进是针对现有技术中存在的第二个问题——必须单独设计 RP 板而无法采用现有商用板卡由此增加了开发成本作出的，所以在本发明的无线网络控制器中，各 RP 板不必接收传输时钟而自身产生无线时钟，即在无线网络控制器的某些指定的 TP 板上，可以基于传输时钟（其可以通过前面所述的主 TP 板产生）产生无线时钟，然后，将无线时钟广播到各块 RP 板。

为此，对无线网络处理器中的板卡作以下修改或设置：在一块指定的 TP 板上，设置一个无线时钟产生器（用于基于传输时钟，产生无线时钟）；在上述指定的 TP 板上，设置一个网络时间协议/简单网络时间协议（NTP/SNTP）服务器，用于广播上述无线时钟；以及在各 RP 板上，分别设置一个网络时间协议/简单网络时间协议（NTP/SNTP）客户端，用于接收经广播的无线时钟。

因此，在无线网络控制器中，不必为了基于传输时钟产生无线时钟而对 RP 板进行单独设计；可以采用现成的商用板卡作为 RP 板，增加了系统开发灵活性，降低了开发成本（以下简称“效果 3”）。

## 3 对技术方案的深入理解

基于对技术交底书中的技术方案的初步理解，针对本发明的应用环境、TP 板时钟单元的构成、本发明的可能扩展等方面，专利代理人与申请人进行了沟通。在沟通之后，申请人对技术交底书的内容作了以下补充和完善。

### 3.1 本发明的应用环境（无线移动通信系统）

到申请人提交技术交底书时为止，移动通信系统已发展到第三代。表 J－1 示出了前三代移动通信系统的比较。

**表 J－1 移动通信系统的名个制式的比较**

| 第一代 | 第二代 | 第三代 |
|---|---|---|
| 模拟蜂窝 | 数字（双模式、双频） | 多模式、多频 |
| 仅限于语音通信 | 语音与数据通信 | 包括当前通信业务（语音、数据）各种新业务 |
| 仅为宏小区 | 宏/微小区 | 卫星/宏/微/微微小区 |
| 主要用于户外覆盖 | 户内/户外覆盖 | 无缝全球漫游，供户内外使用 |
| 与固定 PSTN 完全不同 | 固定 PSTN 的补充 | 与 PSTN 综合，作为信息技术业务（数据网、互联网和虚拟专用网）的补充 |
| 以企业用户为中心 | 企业和消费者 | 通信用户 |
| 主要接入技术为 FDMA | 主要接入技术为 TDMA | 主要接入技术为 CDMA |
| 主要标准为 NMT、AMPS、TACS | 主要标准有 GSM、1S－136、PDC | 主要标准有 WCDMA、CDMA2000 和 TDS－CDMA |

根据技术交底书中的图 J－1，并参照表 J－1 可以看出本发明涉及第三代移动通信系统中的 WCDMA。

为便于更好地理解本发明的背景，建议在申请中增加一幅用于大致介绍移动通信系统的示意图。为此，通过与申请人的沟通，专利代理人绘制了图 F-2。

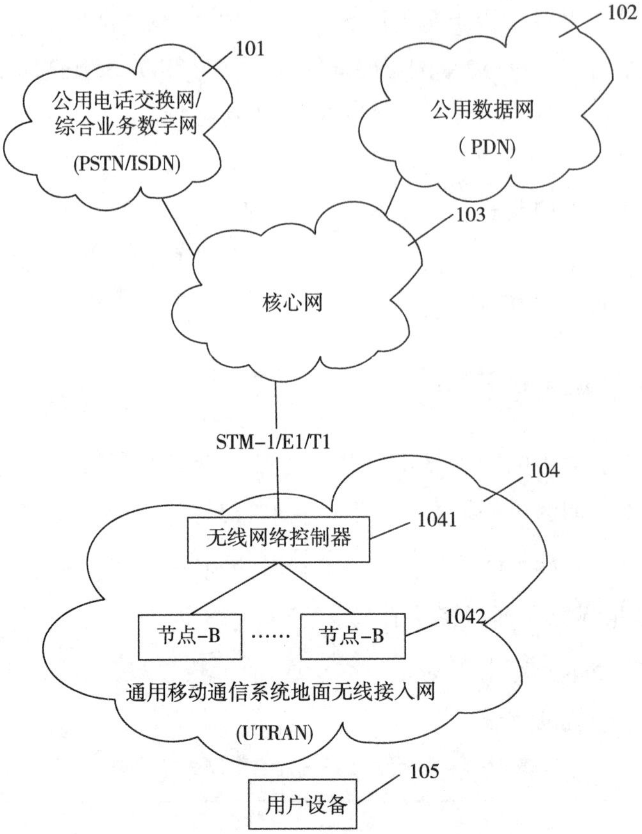


**图 F-2　无线移动通信系统示意图**

如图 F-2 所示，移动通信系统包括三个基本部分：核心网 103、通用移动通信系统（UMTS）地面无线接入网（UTRAN）104 和用户设备 105。通用移动通信系统（UMTS）地面无线接入网（UTRAN）104 包括至少一个无线网络控制器（RNC）1041 和多个节点 B 1042。节点 B 1042 在第三代移动通信系统中作为基站使用，与多个用户设备 105 进行通信。每个无线网络控制器 1041 通过地面线路或微波与相应的多个节点 B 1042 连接，对与其连接的节点 B 1042 进行控制。因此，在某些网络中，无线网络控制器 1041 又称为基站控制器（BSC）。每个无线网络控制器 1041，通过 STM-1/E1/T1 线路与核心网 103 连接。核心网 103 至少包括两个域，即电路交换域和分组交换域（图中均未示出），分别与公用电话交换网/综合业务数字网（PSTN/ISDN）101 和公用数据网（PDN）102 连接。本发明主要涉及无线网络控制器 1041 中传输时钟和无线时钟的产生与分配。

申请人确认了图 F-2 正确地反映了本发明的应用环境。所以，将图 F-2 作为本申请说明书的图 1。

第五章

3.2 TP **板时钟单元**

技术交底书中的图 J－2 示出了根据本发明的 TP 板时钟单元电路构成图。通过分析图 J－2，确认其中的锁相环（PLL）部分存在错误（例如，相位比较器的位置可能导致 PLL 不能实现锁相的目的）。经过与申请人的讨论，将图 J－2 修改为图 F－3，并得到了申请人的确认。

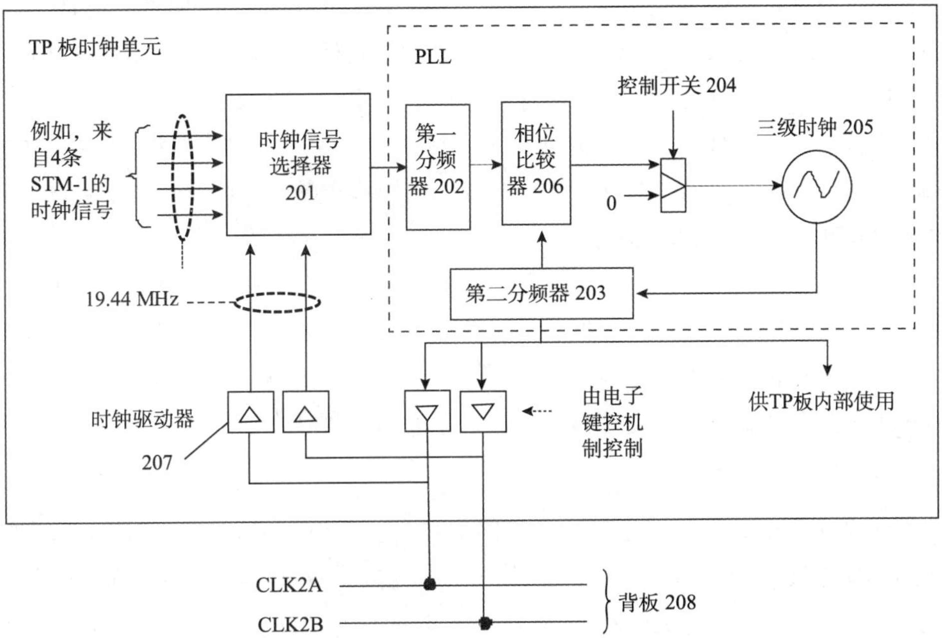


**图 F－3　修改后的本发明 TP 板时钟单元电路构成图**

图 F－3 示出了本发明中 TP 板上的时钟单元。该时钟单元主要包括：时钟信号选择器 201、第一分频器 202、第二分频器 203、控制开关 204、三级时钟 205、相位比较器 206 和若干个时钟驱动器 207。其中，第一分频器 202、第二分频器 203、三级时钟 205 和相位比较器 206 等主要部件组成了一个锁相环（PLL）。锁相环技术是公知技术。锁相环中的晶体振荡器（如图 F－3 中的三级时钟 205）被经常性地调整以便与输入信号在相位上匹配并锁定在输入信号的频率上。除了用于稳定特定的通信信道（使其设定在特定的频率），锁相环还用于产生信号、调制或解调信号、重构低噪音的信号、倍频或分频。锁相环的特点是：在锁相环达到环路锁定后，由锁相环输出的信号的频率稳定度可以达到锁相环的输入信号的稳定度，输出信号与输入信号之间保持基本固定的相位差。

申请人确认了图 F－3 及文字描述正确反映了本发明的时钟单元。所以，将图 F－3作为本申请说明书中的图 2。

### 3.3 技术交底书中某些附图的省略（应用环境的适当扩展）

技术交底书中记载了本发明的名称是“多标准无线网络控制器内部时钟产生与分配方案”；并且，技术交底书中给出了多标准无线网络控制器（MxRANC）的硬件结构示意图（见技术交底书中的图 J－1）。

通过与申请人的讨论，本发明的基本构思不限于“多标准”无线网络控制器，因为本发明的基本构思也可以应用于单标准（如 2G 或 3G）的无线网络控制器。因此，在与申请人讨论后确认申请中将不包括“多标准”这样的文字。这种撰写方式在一定程度上扩展了申请人之前寻求的专利保护范围，为申请人争取了更大利益。并且建议在说明书能够满足充分公开要求的前提下，在说明书附图中也不包括图 J－1 中所示的多标准无线网络控制器（MxRANC）的硬件结构示意图，从而避免了向公众公开与取得专利保护无关的技术内容。

另外，技术交底书的图 J－4 中还给出了传输时钟分配机架外观图，其中除了示出机架外观以及用电缆连接各子架的时钟总线之外，并未示出其他与本发明相关的技术内容。而且，技术交底书中的图 J－3 已示出了传输时钟在子架之间的分配。为此，经过申请人的确认，在申请文件中将不包括技术交底书中的图 J－4。

### 3.4 机架的扩展

技术交底书中记载了本发明的无线网络控制器采用商用 ATCA（PICMG 3.1）机箱作为系统子架；因此，利用 ATCA 标准工业机箱的特点，可以将基准时钟信号从主 TP 板分配至所有的从 TP 板。ATCA 机箱的背板上设置了 6 条差分时钟总线，每条时钟总线与背板上的所有板卡槽位相连。因此，所有 TP 板，无论是主 TP 板，还是从 TP 板，都可以物理地连接到背板上的时钟总线，进而通过时钟电缆连接到其他机箱的背板。

同样，本发明可以不限于 ATCA 机箱，ATCA 机箱只是一个例子。只要主 TP 板能够将抽取的或生成的传输时钟传送给从 TP 板，无论主 TP 板与从 TP 板位于同一机箱中还是位于不同机箱中，本发明均可以采用任何类型的机箱来容纳主 TP 板、从 TP 板以及其他板卡，从而实现无线网络控制器。

申请人确认了上述观点。因而，在申请文件中，将把采用 ATCA 机箱作为一种特定的实施方式加以描述。



## 4 对技术方案的充分理解

根据前面对发明内容和有益效果的初步理解，可以分析出本发明实际上包括两套技术方案：针对传输时钟的产生与分配作出改进的技术方案一和针对无线时钟的产生与分配作出改进的技术方案二，如图 F－4 中两个椭圆所示。

本申请的保护主题可以是一种通信系统，其中使用了上述方案一或方案二。本申请的保护主题还可以是一种无线网络控制器，其中使用了上述方案一或方案二。本申请的保护主题还可以是传输时钟产生装置、无线时钟产生装置、传输协议处理板、实施上述方案的IC芯片、对应的方法等。

对上述技术方案作进一步扩展后可以得出：由上述方案产生和分配的传输时钟同样可以应用于现有技术中的TP板和RP板。所以，本发明的TP板可以与现有技术中的TP板、RP板等混在一起使用；并且，本发明的无线网络控制器也可以包括现有技术中的TP板、RP板等。

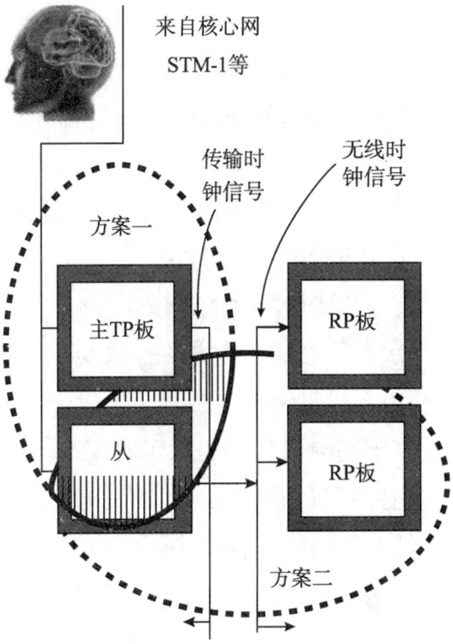


**图F-4　两套技术方案示意图**

## 5　权利要求书的撰写

在撰写权利要求之前，应当首先确定申请主题，因为申请主题是独立权利要求前序部分的组成部分，并且申请主题的类型还与权利要求中的技术特征的表述形式存在联系。例如，方法权利要求一般包括步骤，而产品权利要求一般包括部件及部件之间的连接关系。

### 5.1　权衡主题类型和权利要求数量

根据上述分析可知，本发明具体地涉及无线网络控制器中时钟的产生和分配。因此，可能的申请主题可以包括：

① 时钟产生方法；

② 时钟产生装置（如电路、芯片、板卡）；

③ 采用了该时钟产生方法的通信方法；

④ 采用了该时钟产生装置的通信装置（如板卡、无线网络控制器）；以及

⑤ 通信系统；等等。

另外，本发明涉及两种时钟信号的产生和分配，即：

① 传输时钟的产生和分配；以及

② 无线时钟的产生和分配。

从撰写的理论上讲，可以分别针对传输时钟和无线时钟、就前述五种申请主题各自撰写至少一项独立权利要求，由此产生至少十项独立权利要求（其中，五项独立权

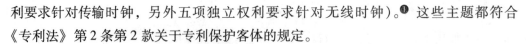

利要求针对传输时钟，另外五项独立权利要求针对无线时钟）。[1] 这些主题都符合《专利法》第2条第2款关于专利保护客体的规定。

但是，通信方法和装置及通信系统等可能的申请主题与时钟产生方法和装置之间的技术关联程度不高，并且某些主题维权难度可能较大。因此，通过与申请人的讨论，并且结合成本考虑，将申请主题限定为如下四种，即：

① 传输时钟产生方法；

② 传输时钟产生装置；

③ 无线时钟产生方法；以及

④ 无线时钟产生装置。

鉴于与申请人沟通后已确定本专利申请中要求保护四个主题，下面分别针对这四个主题撰写权利要求书。

针对上述四个保护主题，应当撰写至少四项独立权利要求。因而，各独立权利要求之间的单一性有可能会在实质审查阶段受到质疑。为此，在撰写各独立权利要求时，专利代理人在不影响权利要求清楚性的前提下，尽可能地将传输时钟和无线时钟统称为无线网络控制器的内部时钟，并且尽可能地减少针对传输时钟的权利要求与针对无线时钟的权利要求之间的文字差别。

## 5.2 撰写关于传输时钟产生方法的权利要求

首先说明如何撰写关于传输时钟产生方法的权利要求。

正如本节5.1所述，在撰写权利要求时，应当尽可能地减少针对传输时钟的权利要求与针对无线时钟的权利要求之间的文字差别。为此，将关于传输时钟产生方法的独立权利要求的主题名称确定为“在无线网络控制器中产生内部时钟的方法”。

### 5.2.1 列举技术特征

由前面分析可知，在无线网络控制器中产生传输时钟的方法这一主题包括以下八个特征（与产生传输时钟明显不相关的技术特征未列于此）：

① 将多块传输协议处理板（TP板）中的一块指定为主TP板；

② 在主TP板上，从与核心网相连的同步/异步线路（如STM－1/E1/T1线路）上提取时钟信号；

③ 在主TP板上，根据所提取的时钟信号，产生基准传输时钟；

④ 在所述主TP板无法从上述同步/异步线路上提取时钟信号的情况下，暂时由该主TP板的本地晶体振荡器维系工作，并且向操作维护单元发送通知，以便由操作维护单元选择另一块与核心网相连的TP板（即从TP板）作为主TP板；

⑤ 将产生的基准传输时钟信号发送到主TP板所位于的子架的时钟总线上，以便



[1] 这样，加上各个独立权利要求的从属权利要求，本申请中的权利要求总数将很高；为此，申请人将缴纳高额的权利要求附加费。在实践中，可以采取一定策略来避免这种情况的发生。

向该子架或其他子架中的一块或多块处理板传送该基准传输时钟信号；

⑥ 将传输时钟信号从一个子架的时钟总线传输到另一个子架的时钟总线；

⑦ 由从 TP 板（无论其与主 TP 板位于同一子架还是位于不同子架）从子架背板的时钟总线上获得时钟信号，基于该获得的时钟信号，生成基准传输时钟，供该从 TP 板内部使用；以及

⑧ 在一块 TP 板上，可以对基准传输时钟进行计数，生成无线时钟，然后将生成的无线时钟周期性地传送给该无线网络控制器中的多块无线协议处理板。

### 5.2.2 确定技术问题

在确定技术问题之前，需要进行现有技术检索，将检索到的现有技术文件逐一与本发明的技术方案进行比对，以确定与本发明技术方案的最接近的现有技术。然而，在本申请中，客户并未委托专利代理人进行现有技术检索。在技术交底书中，客户已经对其所认为的最接近的现有技术作了描述。因此，在本案中将客户提供的背景技术认为是最接近的现有技术。

由前面的分析可知，最接近的现有技术中是在专门的时钟板上而不是在 TP 板上从与核心网相连的同步/异步线路上提取时钟信号，而且也未明确提及根据所提取的时钟信号，产生基准传输时钟，并且将产生的基准传输时钟信号发送到 TP 板所位于的子架的时钟总线上。

因此，本发明相对于上述最接近的现有技术解决的技术问题之一是如何在无线网络控制器中的 TP 板上产生传输时钟信号，然后将该传输时钟信号提供给该无线网络控制器中的其他板卡。

以上是本发明要解决的基本技术问题，另外还存在进一步要解决的技术问题。按照与基本技术问题的联系紧密程度，那些进一步要解决的技术问题可被分为不同的层次。例如，这些不同层次的技术问题包括：如何在不同的子架之间传输由某块 TP 板生成的传输时钟？另一块板卡如何接收由某块 TP 板生成的传输时钟？在上述 TP 板发生故障而无法生成传输时钟的情况下系统如何对故障进行处理？为解决不同的技术问题，存在相应的多种技术方案。一般而言，为解决基本技术问题的技术方案对应于独立权利要求，而其他技术方案对应于从属权利要求。

### 5.2.3 确定必要技术特征

逐一分析前面所列的多项技术特征①至技术特征⑧，选择为解决上述基本技术问题而应包括的必要的技术特征。例如，需要预先指定一块传输协议处理板作为主 TP 板（对应于上述技术特征①）；为了在主 TP 板上产生传输时钟，必须在该 TP 板上从与核心网相连的同步/异步线路（如 STM－1/E1/T1 线路）上提取时钟信号（对应于上述技术特征②）；并且，基于所提取的时钟信号产生基准传输时钟（对应于上述技术特征③）。为了将产生的基准传输时钟提供给该无线网络控制器中的其他板卡，该 TP 板还必须将产生的基准传输时钟信号发送到该 TP 板所位于的子架的时钟总线上

（对应于上述技术特征⑤）。通过上述分析，确定以下技术特征是必要技术特征：

技术特征①：将多块传输协议处理板（TP 板）中的一块指定为主 TP 板；

技术特征②：在主 TP 板上，从与核心网相连的同步/异步线路（如 STM－1/E1/T1 线路）上提取时钟信号；

技术特征③：在主 TP 板上，根据所提取的时钟信号，产生基准传输时钟；以及

技术特征⑤：将产生的基准传输时钟信号发送到主 TP 板所位于的子架的时钟总线上，以便向该子架或其他子架中的一块或多块处理板传送该基准传输时钟信号。

除了上述必要技术特征之外，其他的技术特征是非必要技术特征。比如，其他的技术特征涉及从一个子架向另一个子架传输时钟，或者在从 TP 板上读取时钟以生成其内部使用的传输时钟，或者在 TP 板上生成无线时钟；所以，这些特征明显不是与在主 TP 板上产生传输时钟相关的特征，因而可以将它们作为附加技术特征撰写对应的从属权利要求。

5.2.4　撰写独立权利要求

撰写独立权利要求时主要涉及的法条是《专利法实施细则》第 20 条第 2 款和第 21 条。

如前面所述，已经确定了本发明方法的主题名称，并且已经确定了构成本发明方法独立权利要求的必要技术特征。因此，将前述主题名称和必要技术特征组合在一起即构成一项独立权利要求。

当然，在实践中可以不必完全拘泥于上述的过程来撰写独立权利要求。一种更灵活的方式是直接撰写独立权利要求。例如，在确定了主题名称之后，列举该主题应当包括的技术特征。在列举技术特征的过程中，分析这些技术特征对于本发明所要解决的技术问题而言是不是必要技术特征。若某技术特征不是必要技术特征，则将该技术特征留作撰写从属权利要求时考虑。在如此列举完技术特征之后，将权利要求作为一个整体来考虑，分析该权利要求是否能构成一个完整的技术方案。另外，再次分析每项技术特征是不是必要技术特征。对于认为不是必要技术特征的，考虑将其从权利要求中去除后余下的技术特征是否还能构成一个完整的技术方案。总之，撰写独立权利要求的过程是一个涉及诸多步骤的综合过程，其目标是取得技术方案完整性与最宽可能保护范围之间的平衡。



基于上述诸多考虑和分析，针对传输时钟的方法独立权利要求 1 撰写如下（注：在撰写权利要求 1 时，将前文确定的必要技术特征①和必要技术特征②合并成了一个技术特征以尽可能多地减少独立权利要求中的步骤）：

1. 一种在无线网络控制器中产生内部时钟的方法，其特征在于，包括：

在从多块传输协议处理板中指定的一块主传输协议处理板上，从与核心网相连的同步/异步线路上提取时钟信号；

在所述主传输协议处理板上，根据从所述同步/异步线路上提取的时钟信号，生

成基准传输时钟；以及

将所述基准传输时钟发送到所述主传输协议处理板所位于的子架的时钟总线上。

### 5.2.5 撰写从属权利要求

撰写从属权利要求时涉及的法条主要是《专利法实施细则》第20条第3款和第22条。

在本节5.2.1中列举的技术特征中，除构成独立权利要求的必要技术特征外的其他四个技术特征，可以作为《专利法实施细则》第20条第3款中所述的附加的技术特征撰写成若干项从属权利要求。这四个技术特征分别是：

技术特征④：在所述主TP板无法从上述同步/异步线路上提取时钟信号的情况下，暂时由该主TP板的本地晶体振荡器维系工作，并且向操作维护单元发送通知，以便由操作维护单元选择另一块与核心网相连的TP板（即一块从TP板）作为主TP板；

技术特征⑥：将传输时钟信号从一个子架的时钟总线传输到另一个子架的时钟总线；

技术特征⑦：由从TP板（无论其与主TP板位于同一子架还是位于不同子架）从子架背板的时钟总线上获得时钟信号，基于该获得的时钟信号，生成基准传输时钟，供该从TP板内部使用；以及

技术特征⑧：在一块TP板上，可以对基准传输时钟进行计数，生成无线时钟，然后将生成的无线时钟周期性地传送给该无线网络控制器中的多块无线协议处理板。

在撰写权利要求1的从属权利要求时，既可以对权利要求1已经记载的技术特征作进一步限定，也可以增加未记载在权利要求1中的技术特征。例如，上述特征“将传输时钟信号从一个子架的时钟总线传输到另一个子架的时钟总线”涉及在不同的子架之间传送传输时钟，为此，可以撰写一个从属于独立权利要求1的从属权利要求，其记载的技术特征是将权利要求1中生成的基准传输时钟传输到另一个子架的时钟总线上，参见下述权利要求2：

2. 根据权利要求1所述的产生内部时钟的方法，其特征在于，还包括：

将所述主传输协议处理板生成的基准传输时钟，从所述主传输协议处理板所位于的子架的时钟总线，传输到另一个子架的时钟总线上。

从属权利要求也可以分为多个层次。例如，可以进一步撰写一个从属于上述权利要求2的从属权利要求，其记载一块连接到时钟总线上的从TP板可以从时钟总线上获得时钟，然后生成供其自身内部使用的基准传输时钟，参见下述权利要求3：

3. 根据权利要求2所述的产生内部时钟的方法，其特征在于，还包括：

在连接到任何所述时钟总线的一块从传输协议处理板上，从所述时钟总线上获得时钟信号；以及

在所述从传输协议处理板上，根据从所述时钟总线上获得的时钟信号，生成供所

述从传输协议处理板内部使用的基准传输时钟。

另外，可以进一步撰写一个从属于权利要求1~3中任一项的从属权利要求，其记载在线路或板卡故障而无法从同步/异步线路上提取时钟信号时，由无线网络控制器中的操作及维护单元选择另一块传输协议处理板作为新的主传输协议处理板，参见下述权利要求4：

4. 根据权利要求1至3中任一项所述的产生内部时钟的方法，其特征在于，还包括：

在所述主传输协议处理板无法从所述同步/异步线路提取时钟信号时，由所述无线网络控制器中的操作维护单元选择一块与所述核心网连接的从传输协议处理板作为主传输协议处理板使用。

另外，也可以进一步撰写一个从属于权利要求1~3中任一项的从属权利要求，其记载在一块指定的传输协议处理板上生成无线时钟，参见下述权利要求5：

5. 根据权利要求1~3中任一项所述的产生内部时钟的方法，其特征在于，还包括：

在一块指定的传输协议处理板上，对所述基准传输时钟进行计数，生成无线时钟；以及

周期性地从所述指定的传输协议处理板向所述无线网络控制器中的至少一个无线协议处理板广播所述无线时钟。

### 5.3 撰写关于无线时钟产生方法的权利要求

下面说明如何撰写关于无线时钟产生方法的权利要求。

正如本节5.1所述，在撰写权利要求时，应当尽可能地减少针对传输时钟的权利要求与针对无线时钟的权利要求之间的文字差别。为此，将关于无线时钟产生方法的独立权利要求的主题名称确定为“在无线网络控制器中产生内部时钟的方法”。

#### 5.3.1 列举技术特征

由前面的分析可知，在无线网络控制器中产生无线时钟的方法这一主题包括以下六个技术特征（与产生无线时钟明显不相关的技术特征未列于此）：

① 在一块指定的TP板，生成基准传输时钟；

② 在上述指定的TP板上，通过对基准传输时钟进行计数，生成无线时钟；

③ 从上述指定的TP板向无线网络控制器中的一块或多块无线协议处理板（RP板）周期性地广播上述无线时钟；

④ 上述指定的TP板可以是前面（如权利要求1~4中）所述的主TP板，也可以是前面所述的从TP板；

⑤ 各块RP板在每个周期内独立地维护自身的无线时钟；以及

⑥ 所指定的TP板发生故障时，由无线网络控制器的操作维护单元选择另一块TP

板作为指定的 TP 板。

5.3.2　确定技术问题

由前面的分析可知，在最接近的现有技术中，各个 RP 板根据自身需要从传输时钟（从专门的时钟板处获得）独立地产生无线时钟，并不是由某种板卡产生无线时钟，然后广播给各块 RP 板。

因此，本发明相对于上述最接近的现有技术解决的另一个技术问题是如何由无线网络控制器中的一块 TP 板产生无线时钟并将产生的无线时钟分配给同一无线网络控制器中的各个 RP 板。

5.3.3　确定必要技术特征

逐一分析前面所列的技术特征①至技术特征⑥，选择为解决上述技术问题而应包括的必要技术特征。从而，确定以下技术特征是必要技术特征：

技术特征①：在一块指定的 TP 板上，生成基准传输时钟；

技术特征②：在上述指定的 TP 板上，通过对基准传输时钟进行计数，生成无线时钟；以及

技术特征③：从上述指定的 TP 板向无线网络控制器中的多块 RP 板周期性地广播上述无线时钟。

除了上述必要技术特征之外，其他三个技术特征是非必要技术特征。因为技术特征④涉及用于生成基准传输时钟的 TP 板与用于生成无线时钟的 TP 板之间的关系，技术特征⑤涉及 RP 板中生成的无线时钟的维护，技术特征⑥在指定的 TP 板发生故障时由操作及维护单元指定另一块 TP 板来生成无线时钟，它们都不是解决上述技术问题必不可少的技术特征，所以，不必将这三个技术特征写入独立权利要求。

5.3.4　撰写独立权利要求

基于上述分析，撰写针对无线时钟的方法独立权利要求 6 如下：

6. 一种在无线网络控制器中产生内部时钟的方法，其特征在于，包括：

在一块指定的传输协议处理板上，生成基准传输时钟；

在所述指定的传输协议处理板上，对所述基准传输时钟进行计数，生成无线时钟；以及

周期性地从所述指定的传输协议处理板向所述无线网络控制器中的至少一个无线协议处理板广播所述无线时钟。

5.3.5　撰写从属权利要求

在如前面所述完成了独立权利要求 6 的撰写后，开始着手撰写从属权利要求。

在本节 5.3.1 中列举的技术特征中，除构成独立权利要求的必要技术特征外的其他三个技术特征，可以作为附加的技术特征来撰写从属权利要求。这三个技术特征分别是：

技术特征④：上述指定的 TP 板可以是前面（如权利要求 1 ~ 4 中）所述的主 TP

板或者从 TP 板；

技术特征⑤：各块 RP 板在每个周期内独立地维护自身的无线时钟；

技术特征⑥：所指定的 TP 板发生故障时，由无线网络控制器的操作维护单元选择另一块 TP 板作为指定的 TP 板。

考虑到客户不需要太多数目的权利要求❶，而上述技术特征⑤与生成无线时钟的关系相对较小，因此未针对技术特征⑤撰写从属权利要求。

在撰写权利要求 6 的从属权利要求时，既可以对权利要求 6 已经记载的技术特征作进一步限定，也可以增加未记载在权利要求 6 中的技术特征。例如，上述技术特征④"上述指定的 TP 板可以是前面（如权利要求 1 ~ 4 中）所述的主 TP 板或者从 TP 板"包括两种情况，即："上述指定的 TP 板可以是前面所述的主 TP 板"（第一种情况）和"上述指定的 TP 板可以是前面所述的从 TP 板"（第二种情况）。针对第一种情况，可以撰写一个从属于独立权利要求 6 的从属权利要求，对独立权利要求 6 中的技术特征"生成基准传输时钟"作进一步限定，参见下述权利要求 7：

7. 根据权利要求 6 所述的产生内部时钟的方法，其特征在于，所述生成基准传输时钟包括：

在所述指定的传输协议处理板上，从与核心网相连的同步/异步线路上提取时钟信号；以及

在所述指定的传输协议处理板上，根据从所述同步/异步线路上提取的时钟信号，生成所述基准传输时钟。

针对上述第二种情况，可以撰写另一个从属于独立权利要求 6 的从属权利要求，对独立权利要求 6 中的技术特征"生成基准传输时钟"作进一步限定，参见下述权利要求 8：

8. 根据权利要求 6 所述的产生内部时钟的方法，其特征在于，所述生成基准传输时钟包括：

在所述指定的传输协议处理板上，从其所连接的时钟总线上获得时钟信号；以及

在所述指定的传输协议处理板上，根据从所述时钟总线上获得的时钟信号，生成所述基准传输时钟。

另外，可以进一步撰写一个从属于权利要求 6 ~ 8 中任一项的从属权利要求，其记载在板卡故障而无法生成无线时钟信号时，由无线网络控制器中的操作及维护单元选择另一块传输协议处理板作为新的指定的传输协议处理板，参见下述权利要求 9：

9. 根据权利要求 6 ~ 8 中任一项所述的产生内部时钟的方法，其特征在于，还包括：

在所述指定的传输协议处理板发生故障时，由所述无线网络控制器中的操作维护



❶ 用户不希望缴纳过高的权利要求附加费。

单元选择另一块连接到所述时钟总线的传输协议处理板作为所述指定的传输协议处理板。

通过对权利要求1～9的分析不难发现，权利要求5引用权利要求1的技术方案与权利要求7限定的技术方案为同样的发明，在实质审查时有可能会被认为是同样的发明。但考虑到在实质审查过程中有可能会因为找到相关的现有技术而不得不放弃其中一项发明，为方便那时对权利要求书进行修改，故在提交申请文件时仍保留权利要求7。

## 5.4 撰写关于传输时钟产生装置的权利要求

下面说明如何撰写关于传输时钟产生装置的权利要求。

正如本节5.1所述，在撰写权利要求时，应当尽可能地减少针对传输时钟的权利要求与针对无线时钟的权利要求之间的文字差别。为此，可以将关于传输时钟产生装置的产品权利要求的主题名称确定为“在无线网络控制器中产生内部时钟的装置”。但是，考虑到申请人的产品及其竞争对手的产品包括具体的网络设备和配件等，专利代理人建议并征得申请人同意，将关于传输时钟产生装置的产品权利要求的主题名称确定为“用于无线网络控制器的传输协议处理板”。

### 5.4.1 列举技术特征

由前面的分析可知，在无线网络控制器中产生传输时钟的传输协议处理板包括以下六个技术特征（与产生传输时钟的传输协议处理板明显不相关的技术特征未列于此）：

① 时钟信号选择器，设置在TP板上；在该TP板作为无线网络控制器中的主TP板使用时，该时钟信号选择器用于从与核心网相连的同步/异步线路（如STM－1/E1/T1线路）上提取时钟信号；当该TP板作为从TP板使用时，该时钟信号选择器用于从该TP板所位于的子架的时钟总线上获得时钟信号；

② 锁相环电路，与上述时钟信号选择器设置在同一块TP板上，根据上述时钟信号选择器提取的或获得的时钟信号，生成基准传输时钟；

③ 时钟驱动器，也设置在上述TP板上；当该TP板作为主TP板使用时，该时钟驱动器用于将生成的基准传输时钟发送到该TP所位于的子架的时钟总线上；

④ 当上述TP板作为从TP板使用时，时钟驱动器用于从该TP板所位于的子架的时钟总线上获得时钟信号，并将所获得的时钟信号传送给上述时钟信号选择器；

⑤ 无线时钟产生器，也设置在上述TP板上，用于对基准传输时钟进行计数，生成无线时钟；以及

⑥ 网络时间协议/简单网络时间协议（NTP/SNTP）服务器，也设置在上述TP板上，用于周期性地从该TP板向无线网络控制器中的至少一个RP板广播上述无线时钟。

### 5.4.2 确定技术问题

由前面的分析可知，最接近的现有技术而言中是在专门的时钟板上而不是在TP

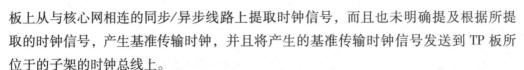

板上从与核心网相连的同步/异步线路上提取时钟信号，而且也未明确提及根据所提取的时钟信号，产生基准传输时钟，并且将产生的基准传输时钟信号发送到TP板所位于的子架的时钟总线上。

因此，本发明相对于上述最接近的现有技术而言解决的技术问题之一是提供一种TP板，使它在应用于无线网络控制器中时能产生传输时钟信号，并将该传输时钟信号提供给该无线网络控制器中的其他板卡使用。

5.4.3　确定必要技术特征

逐一分析前面所列的技术特征①至技术特征⑥，选择为解决上述基本技术问题而应包括的必不可少的技术特征。

通过分析，确定以下技术特征是必要技术特征：

① 时钟信号选择器，设置在TP板上；在该TP板作为无线网络控制器中的主TP板使用时，该时钟信号选择器用于从与核心网相连的同步/异步线路（如STM-1/E1/T1线路）上提取时钟信号；当该TP板作为从TP板使用时，该时钟信号选择器用于从该TP板所位于的子架的时钟总线上获得时钟信号；

② 锁相环电路，与上述时钟信号选择器设置在同一块TP板上，根据上述时钟信号选择器提取的或获得的时钟信号，生成基准传输时钟；以及

③ 时钟驱动器，也设置在上述TP板上；当该TP板作为主TP板使用时，该时钟驱动器用于将生成的基准传输时钟发送到该TP所位于的子架的时钟总线上。

除了上述必要的技术特征之外，其他三个技术特征是解决上述技术问题的非必要的技术特征。因为技术特征④涉及在该TP板作为从TP板时使用时的情况，技术特征⑤和技术特征⑥涉及该TP板也被指定用于生成无线时钟和向RP板广播无线时钟的情况等，所以，这些特征明显不是与在主TP板上产生传输时钟相关的特征，因而都不是解决上述技术问题必不可少的技术特征，不必将这三个技术特征写入独立权利要求。

5.4.4　撰写独立权利要求

如前面所述，撰写独立权利要求的过程是一个涉及诸多步骤的综合过程，其目标是取得技术方案完整性与最宽可能保护范围之间的平衡。基于上述分析，撰写针对传输时钟的装置独立权利要求10如下：

10. 一种用于无线网络控制器的传输协议处理板，其特征在于，包括：

时钟信号选择器，用于根据一个指令信号、从与核心网相连的同步/异步线路上提取时钟信号或者从所述传输协议处理板所位于的子架的时钟总线上获得时钟信号；

锁相环，用于根据所述时钟信号选择器提取或获得的时钟信号生成基准传输时钟；以及

时钟驱动器，用于在所述指令信号指示所述传输协议处理板为主传输协议处理板的情况下将生成的基准传输时钟发送到所述传输协议处理板所位于的子架的时钟总

线上。

需要说明的是，在撰写上述独立权利要求 10 中，将前面已经确定的必要技术特征中的“在该 TP 板作为无线网络控制器中的主 TP 板使用时”和“当该 TP 板作为从 TP 板使用时”概括成“根据一个指令信号”，以便尽可能避免在产品权利要求中出现“在 …… 时”这样的时间性因素；另外，还对时钟驱动器的表述作了相应调整。

### 5.4.5 撰写从属权利要求

在本节 5.4.1 中列举的技术特征中，除了构成独立权利要求 10 的必要技术特征外的其他三个技术特征，可以作为附加的技术特征来撰写从属权利要求。这三个技术特征分别是：

技术特征④：当上述 TP 板作为从 TP 板使用时，时钟驱动器用于从该 TP 板所位于的子架的时钟总线上获得时钟信号，并将所获得的时钟信号传送给上述时钟信号选择器；

技术特征⑤：无线时钟产生器，也设置在上述 TP 板上，用于对基准传输时钟进行计数，生成无线时钟；以及

技术特征⑥：网络时间协议/简单网络时间协议（NTP/SNTP）服务器，也设置在上述 TP 板上，用于周期性地从该 TP 板向无线网络控制器中的至少一个 RP 板广播上述无线时钟。

首先，在撰写权利要求 10 的从属权利要求时，考虑到上述技术特征④“当上述 TP 板作为从 TP 板使用时，时钟驱动器用于从该 TP 板所位于的子架的时钟总线上获得时钟信号，并将所获得的时钟信号传送给上述时钟信号选择器”与传输时钟的产生密切相关，因此先以此技术特征④来撰写独立权利要求 10 的第一个从属权利要求 11：

11. 根据权利要求 10 所述的传输协议处理板，其特征在于，所述时钟驱动器还用于在所述指令信号指示所述传输协议处理板为从传输协议处理板的情况下，从所述传输协议处理板所位于的子架的时钟总线上获得时钟信号，并将所获得的时钟信号传送给所述时钟信号选择器。

其次，考虑到上述技术特征⑤“无线时钟产生器，也设置在上述 TP 板上，用于对基准传输时钟进行计数，生成无线时钟”和技术特征⑥“网络时间协议/简单网络时间协议（NTP/SNTP）服务器，也设置在上述 TP 板上，用于周期性地从该 TP 板向无线网络控制器中的至少一个 RP 板广播上述无线时钟”两者关系密不可分，且对权利要求 10 和权利要求 11 的技术方案均适用，因此将这两个技术特征组合在一起作为附加技术特征，撰写一项引用权利要求 10 或权利要求 11 的多项从属权利要求 12：

12. 根据权利要求 10 或 11 所述的传输协议处理板，其特征在于，还包括：

无线时钟产生器，用于对所述基准传输时钟进行计数以生成无线时钟；以及

网络时间协议/简单网络时间协议服务器，用于周期性地从所述传输协议处理板向所述无线网络控制器中的至少一个无线协议处理板广播所述无线时钟。

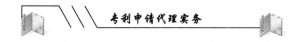

## 5.5 撰写关于无线时钟产生装置的权利要求

下面说明如何撰写关于无线时钟产生装置的权利要求。

正如本节5.1所述，在撰写权利要求时，应当尽可能地减少针对传输时钟的权利要求与针对无线时钟的权利要求之间的文字差别。为此，可以将关于无线时钟产生装置的权利要求的主题名称确定为“在无线网络控制器中产生内部时钟的装置”。考虑到申请人的产品及其竞争对手的产品包括具体的网络设备和配件等，专利代理人建议并征得申请人同意，将关于无线时钟产生装置的权利要求的主题名称确定为“用于无线网络控制器的传输协议处理板”。

### 5.5.1 列举技术特征

由前面的分析可知，在无线网络控制器中产生无线时钟的传输协议处理板包括以下四个技术特征（与产生无线时钟的传输协议处理板明显不相关的技术特征未列于此）：

① 基准传输时钟产生器，设置在一块TP板上，用于生成基准传输时钟；

② 无线时钟产生器，也设置在上述TP板上，用于对基准传输时钟进行计数，生成无线时钟；

③ 网络时间协议/简单网络时间协议（NTP/SNTP）服务器，也设置在上述TP板上，用于周期性地从该TP板向无线网络控制器中的至少一个RP板广播上述无线时钟；以及

④ 上述基准传输时钟产生器可以包括如前面所述的（如权利要求10或权利要求11中包括的）时钟信号选择器和锁相环电路。

### 5.5.2 确定技术问题

由前面分析可知，在最接近的现有技术中，各个RP板根据自身需要从传输时钟（从专门的时钟板处获得）独立地产生无线时钟，并不是由某种板卡产生无线时钟，然后广播给各块RP板。

因此，本发明相对于上述最接近的现有技术而言解决的另一个技术问题是提供一种TP板，使得该TP板应用在无线网络控制器中时可以产生无线时钟并将产生的无线时钟分配给同一无线网络控制器中的各个RP板。

### 5.5.3 确定必要技术特征



逐一分析前面所列的技术特征①至技术特征④，选择为解决上述技术问题而应包括的必要技术特征。从而，确定以下技术特征是必要技术特征：

① 基准传输时钟产生器，设置在一块TP板上，用于生成基准传输时钟；

② 无线时钟产生器，也设置在上述TP板上，用于对基准传输时钟进行计数，生成无线时钟；以及

③ 网络时间协议/简单网络时间协议（NTP/SNTP）服务器，也设置在上述TP板

上，用于周期性地从该 TP 板向无线网络控制器中的至少一个 RP 板广播上述无线时钟。

除了上述必要的技术特征之外，其他的技术特征是非必要的技术特征，因为这些其他的技术特征明显不是与在 TP 板上产生无线时钟相关的特征，因而可以用来撰写对应的从属权利要求。

### 5.5.4 撰写独立权利要求

基于上述分析，撰写针对无线时钟的装置独立权利要求 13 如下：

13. 一种用于无线网络控制器的传输协议处理板，其特征在于，包括：

基准传输时钟产生器，用于生成基准传输时钟；

无线时钟产生器，用于对所述基准传输时钟进行计数以生成无线时钟；以及

网络时间协议/简单网络时间协议服务器，用于周期性地从所述传输协议处理板向所述无线网络控制器中的至少一个无线协议处理板广播所述无线时钟。

### 5.5.5 撰写从属权利要求

在本节 5.5.1 中列举的技术特征中，除了构成独立权利要求 13 的必要技术特征外，可以作为附加技术特征来撰写从属权利要求只剩下技术特征④“上述基准传输时钟产生器，可以包括如前面所述的（如权利要求 10 或权利要求 11 中包括的）时钟信号选择器和锁相环电路”。因此针对该技术特征④撰写一项从属权利要求：

14. 根据权利要求 13 所述的传输协议处理板，其特征在于，所述基准传输时钟产生器包括：

时钟信号选择器，用于根据一个指令信号、从与核心网相连的同步/异步线路上提取时钟信号或者从所述传输协议处理板所位于的子架的时钟总线上获得时钟信号；以及

锁相环，用于根据所述时钟信号选择器提取或获得的时钟信号生成所述基准传输时钟。

## 5.6 权利要求的检查

在撰写权利要求的过程中以及在撰写完权利要求书之后，还应当尽可能地检查以下各项内容：权利要求是否清楚、独立权利要求是否缺少必要技术特征、各项权利要求是否能够得到技术交底书以及补充内容的支持、独立权利要求是否能够区别于技术交底中提及的现有技术以及各独立权利要求之间是否具备单一性。可以对照前文给出的图 F－4，逐一分析各项权利要求是否满足上述各项要求。

但是，就本案例而言，单一性的问题应当着重关注。为满足单一性的要求，权利要求之间应该具备相同或相应的特定技术特征。

本申请包括四项独立权利要求，因此各独立权利要求之间的单一性有可能在实质审查阶段遇到审查员的质疑。为此，在撰写各独立权利要求时，专利代理人已经在不影响权利要求清楚性的前提下，尽可能地将传输时钟和无线时钟统称为无线网络控制

器的内部时钟，并且已经尽可能地减少针对传输时钟的权利要求与针对无线时钟的权利要求之间的文字差别。

## 6 说明书和摘要的撰写

以下重点说明撰写说明书各个组成部分时应当注意的几个方面，读者可结合附在此后的推荐的说明书的具体内容来加深理解。

（1）发明名称

由于本专利申请的权利要求书中涉及四项独立权利要求，其主题名称分别“在无线网络控制器中产生内部时钟的方法”和“用于无线网络控制器的传输协议处理板”，而发明名称应当反映这四项独立权利要求的主题名称，所以，可以将发明名称写成“在无线网络控制器中产生内部时钟的方法和用于无线网络控制器的传输协议处理板”。然而，考虑到《专利审查指南2010》中关于“发明名称一般不得超过25个字”的规定，将发明名称写为“无线网络控制器中产生内部时钟的方法及传输协议处理板”。

（2）技术领域

由于本专利申请的四项独立权利要求的技术方案具有不同的主题，技术领域部分也应当反映上述不同的主题。因此，将技术领域写成：

“本发明涉及移动通信技术领域，尤其涉及在移动通信系统中为无线网络控制器产生内部时钟的方法和用于无线网络控制器的传输协议处理板。”

（3）背景技术

这一部分首先介绍本发明所适用的大的技术环境，以便由浅入深地描述本发明的背景技术。

然后，具体地介绍与本发明最接近的现有技术。本申请涉及两个方面的现有技术：与传输时钟的产生有关的现有技术，以及与无线时钟的产生有关的现有技术。针对每个方面的现有技术，客观地指出现有技术中存在的问题。

（4）发明内容

这一部分包括三部分的内容，其一是本发明要解决的技术问题，其二是本发明的技术方案，其三是有益技术效果。对于本申请的情况，可以采用如下的撰写方式：首先，写明本发明要解决的技术问题是如何提供一种为无线网络控制器产生内部时钟的方法及传输协议处理板；其次，应当将权利要求书中重要技术方案的内容（至少独立权利要求的内容）作为本发明的技术方案体现在发明内容部分；最后，说明上述技术方案带来的有益技术效果。

（5）附图及附图说明

如前面所述，经过与申请人的讨论，确定将与申请人沟通后由专利代理人绘制的图 F－2、对技术交底书中图 J－2 作出修改后的图 F－3 以及技术交底书中的图 J－3

和图 J－5 作为本发明的附图，其中图 F－2 示出了无线移动通信系统的示意图，用于反映本发明的应用环境，作为本申请说明书的图 1；图 F－3 示出了本发明中 TP 板上的时钟单元，用于反映 TP 板上的时钟抽取和生成过程，作为本申请说明书的图 2。技术交底书中的图 J－3 经修改后作为本申请说明书的图 3。技术交底书中的图 J－5 加入附图标记后作为本申请说明书的图 4。

在确定附图的过程中，可先给附图起名字。然后，将各幅附图的名字依次列出，作为附图说明部分。

（6）具体实施方式

具体实施方式部分所描述的内容要对本发明进行充分地说明，并且应当支持所撰写的权利要求书中所限定的每一项技术方案的保护范围。对于本案例而言，除了要对技术交底书中提供的本发明具体技术内容进行描述外，还应当描述与申请人在沟通后补充的相关技术内容。

针对权利要求中记载的技术方案，说明书中应给出具体的实施方式，以描述如何实现相应的功能。下面以确定后的本申请说明书的图 2 和图 4 为例，具体说明如何撰写具体实施方式中与该两幅附图有关的内容，以保证为权利要求限定的技术方案提供充分说明。

首先结合本申请说明书中的图 2（即前文中的图 F－3）对本发明的 TP 板时钟单元的结构进行说明。为方便读者阅读，在此再次给出图 F－3。

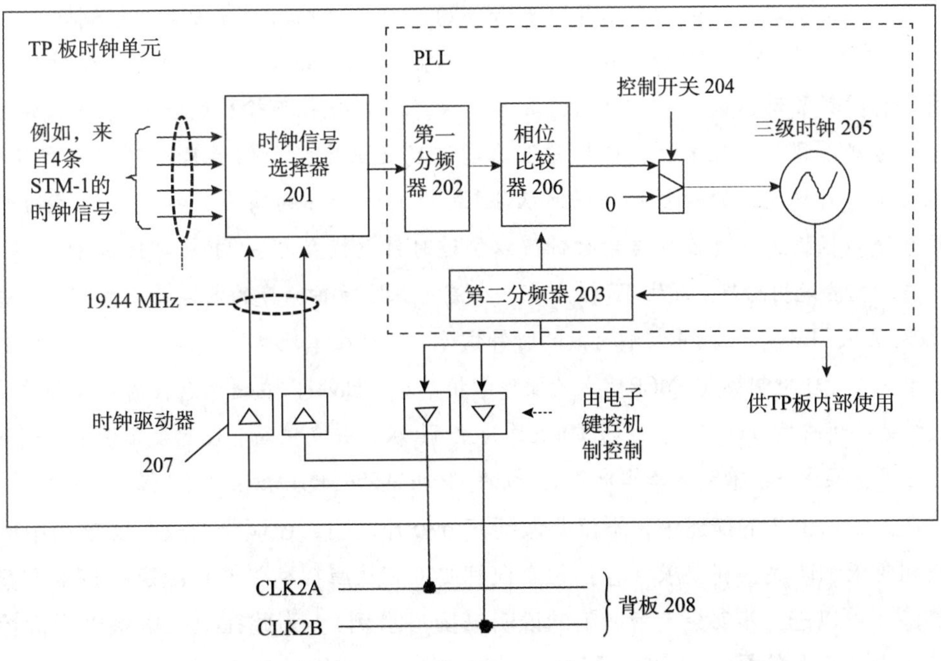


**图 F－3　修改后的本发明 TP 板时钟单元电路构成图**

为充分公开发明，本申请说明书中具体实施方式中有关 TP 板时钟单元结构的说明应当至少包括如下四方面的内容：图中所示的TP板既可作为主TP板，也可作为从TP板；TP板作为主TP板时如何工作；TP板作为从TP板时如何工作；在发生故障时重新指定主TP板。可采用下述具体描述方式：

图2所示的TP板既可作为主TP板，也可作为从TP板。由机箱管理器（未示出）通过电子键控（E-keying）机制决定多块TP板中的哪块TP板作为主TP板，而其他TP板作为从TP板。与核心网103连接的TP板上，时钟信号选择器201经过STM-1线路与核心网103相连。

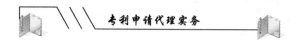

如果图2所示的TP板作为主TP板使用，则时钟信号选择器201从STM-1线路上提取时钟信号，然后将提取的时钟信号输入锁相环（PLL）。锁相环输出的信号，即为生成的基准时钟信号，也称基准传输时钟。

如图2所示，由锁相环输出的传输时钟，供该TP板内部使用，同时又通过相应的时钟驱动器207输出到位于机箱背板208的时钟总线（图2所示例子中的时钟总线为CLK2A和CLK2B）。根据上述过程，传输时钟得以产生。

如果图2所示的TP板作为从TP板使用，则时钟信号选择器201从背板208上的时钟总线（如图2中的CLK2A、CLK2B）获取时钟信号。即从所述TP板所位于的子架的时钟总线上获得时钟信号，并将所获得的时钟信号传送给所述时钟信号选择器。按照与上述过程类似的过程，时钟信号选择器201获取的时钟信号输入到锁相环，并由锁相环输出传输时钟，供从TP板内部使用。此时，由于机箱管理器（未示出）已经向有关板卡发送了一个指令信号（例如，通过电子键控机制或者其他机制实现）而将该块TP板决定为从TP板，所以该指令信号已对位于锁相环输出端与背板时钟总线连线上的时钟驱动器进行了控制，使其不工作，所以锁相环输出的传输时钟不会传送到背板时钟总线。也就是说，机箱管理器通过发送上述指令信号来决定只有主TP板才能获得对时钟总线的控制权；任何从TP板中的锁相环的输出时钟信号都不能到达时钟总线。根据上述过程，传输时钟得以经过时钟总线在各从TP板之间分配。

另外需要说明的是，每块TP板上有一个满足三级时钟精度的本地晶体振荡器。若主TP板无法从STM-1线路中提取有效的时钟信号，则暂由本地晶体振荡器维系工作，然后向位于网络管理控制板（OMCP）上的操作维护单元（O&M）发送消息，通知操作维护单元选择另一块与核心网103相连的TP板作为主TP板，并向机箱管理器发出请求，通知机箱管理器将操作维护单元选择作为主TP板的TP板激活，使其担任主TP板。



在上面对图2的描述中，不仅要做到充分公开发明，还应当使权利要求书中的方法权利要求和产品权利要求（包括独立权利要求和从属权利要求）限定的技术方案得到支持（可以进一步参见本节所附的说明书撰写示例）。为此在上文中将电子键控机制表述成“指令信号（例如，通过电子键控机制或其他机制实现）”。除此之外，考虑到上文中不但指出了锁相环是公知技术，而且还将它结合到了本发明的一个实施方式中，因此，为了使产品权利要求中出现的技术特征“锁相环，根据所述时钟信号选择器提取或获得的时钟信号，生成基准传输时钟”能够得到足够的支持，在说明书的具体实施方式部分还增加了下述对锁相环的描述内容。

锁相环技术已是公知技术。锁相环中的晶体振荡器（如图2中的三级时钟205）被经常性地调整以便与输入信号在相位上匹配并锁定在输入信号的频率上。除了用于稳定特定的通信信道（使其设定在特定的频率），锁相环还用于产生信号、调制或解调信号、重构低噪音的信号、倍频或分频。锁相环的特点是：在锁相环达到环路锁定后，由锁相环输出的信号的频率稳定度可以达到锁相环的输入信号的稳定度，输出信号与输入信号之间保持基本固定的相位差。

在说明书中还应描述“在从多块传输协议处理板中指定的一块主传输协议处理板上，从与核心网相连的同步/异步线路上提取时钟信号”的内容。为了支持上述关于从同步/异步线路上提取时钟信号的技术特征，在说明书中应结合图2描述从同步线路STM－1上提取传输时钟的内容。之后，说明书中还应记载以下描述：

虽然图2中仅示出时钟信号选择器201从同步线路STM－1上提取传输时钟，但是时钟信号选择器201也可以从异步线路如E1或T1上提取传输时钟。从同步线路或从异步线路提取时钟信号不构成对本发明的限制。

结合关于图2的描述以及上述描述，说明书中记载的内容使技术特征“在从多块传输协议处理板中指定的一块主传输协议处理板上，从与核心网相连的同步/异步线路上提取时钟信号”得到了充分支持。

此外，在撰写具体实施方式时，还应当为实质审查阶段对权利要求书进行修改做好准备，以避免出现修改不符合《专利法》第33条的问题。在具体实施方式部分，尽可能对每种可能的修改形式进行描述，从而使说明书针对修改后的权利要求书仍能满足充分公开的要求并为其提供支持。

下面再结合本申请说明书的图4（即前文中的图J－5）对无线时钟的产生与分配作出说明。同样，为方便读者阅读，在此再次给出图J－5，但在其中对各部件单元加注了附图标记。

在描述关于无线时钟的产生和分配的图4时，首先应当记载反映产生和分配无线时钟的各个部件单元的功能和结构：

图4是在无线网络控制器中产生及分配无线时钟的结构示意图。图4举例示出一块用于无线网络控制器的TP板和多块无线协议处理板（以下简称“RP板”）。在该TP板上，具有时钟单元401、无线时钟产生器402和网络时间协议/简单网络时间协议（NTP/SNTP）服务器403。在一种实施方式中，时钟单元401具有如图2所示的功能和结构。无线时钟产生器402对所述基准传输时钟进行计数，生成无线时钟；NTP/SNTP协议用于在计算机网络中同步计算机时钟时间，即用于周期性地从所述TP板向所述无线网络控制器中的至少一个RP板广播所述无线时钟。该协议已是一种因特网标准，它是现有技术。因此不作过多描述。

第五章

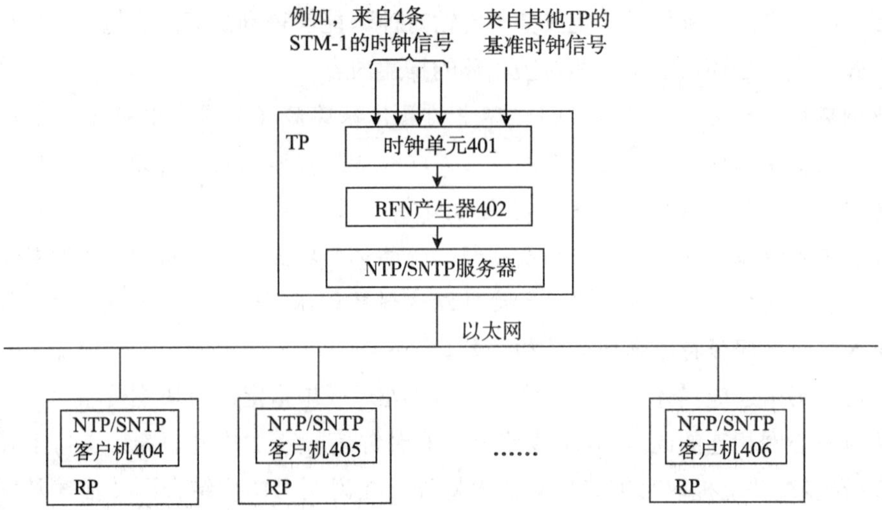


**图 J－5　无线时钟的产生与分配示意图**

为了充分公开本发明，说明书中还应记载如下三个方面的内容：产生和分配无线时钟的各个部件单元的工作方式；各部件单元的位置；部件单元发生故障时的操作。

TP 板上，时钟单元 401 或者根据来自 4 条 STM－1 线路的时钟信号产生基准传输时钟（此时该 TP 板作为主 TP 板使用），或者经过背板时钟总线从其他 TP 板接收基准传输时钟（此时该 TP 板作为从 TP 板使用）。当然，如在图 2 中所述，时钟单元 401 也可以根据异步线路如 E1 或 T1 上的时钟信号产生基准传输时钟。

无线时钟产生器 402 通过对时钟单元 401 输出的基准传输时钟进行计数，生成无线时钟。

接下来，NTP/SNTP 服务器 403 利用 NTP/SNTP 协议周期性地（例如每 10 分钟）将无线时钟经过以太网（以 125 微秒的精度）广播至所有 RP 板上的 NTP/SNTP 客户端。各个 RP 板在每个周期内独立地维护自己的无线时钟。RP 板上的时钟足以避免在无线时钟同步的每次广播之间出现大的偏差。

原则上，无线时钟产生器 402 和 NTP/SNTP 服务器 403 可以放在任意的 TP 板上，但是它们必须在同一块 TP 板上。具体位于哪一块 TP 板上，由操作和维护单元（未示出）决定。

若无线时钟产生器 402 和 NTP/SNTP 服务器 403 发生故障，则由 NTP/SNTP 服务器 403 向网络管理控制板（OMCP）上的操作和维护单元（O&M）发送通知。操作和维护单元收到通知后，选择另外一块 TP 板负责无线时钟的产生与分配。



关于本案例说明书具体实施方式部分的撰写，可以进一步参见本节所附的说明书撰写示例。

（7）说明书摘要

说明书摘要部分首先写明发明名称，然后应当体现方法独立权利要求和装置独立权利要求的技术方案。在此基础上进一步说明其解决的技术问题和有益效果。

## 7 最后完成的权利要求书和说明书的参考文本

按照上述分析，完成权利要求和说明书文本的撰写。下面给出最后完成的权利要求书和说明书及其摘要的参考文本。

## 权 利 要 求 书

1. 一种在无线网络控制器中产生内部时钟的方法，其特征在于，包括：

在从多块传输协议处理板中指定的一块主传输协议处理板上，从与核心网相连的同步/异步线路上提取时钟信号；

在所述主传输协议处理板上，根据从所述同步/异步线路上提取的时钟信号，生成基准传输时钟；以及

将所述基准传输时钟发送到所述主传输协议处理板所位于的子架的时钟总线上。

2. 根据权利要求1所述的产生内部时钟的方法，其特征在于，还包括：

将所述主传输协议处理板生成的基准传输时钟，从所述主传输协议处理板所位于的子架的时钟总线，传输到另一个子架的时钟总线上。

3. 根据权利要求2所述的产生内部时钟的方法，其特征在于，还包括：

在连接到任何所述时钟总线的一块从传输协议处理板上，从所述时钟总线上获得时钟信号；以及

在所述从传输协议处理板上，根据从所述时钟总线上获得的时钟信号，生成供所述从传输协议处理板内部使用的基准传输时钟。

4. 根据权利要求1~3中任一项所述的产生内部时钟的方法，其特征在于，还包括：

在所述主传输协议处理板无法从所述同步/异步线路提取时钟信号时，由所述无线网络控制器中的操作维护单元选择一块与所述核心网连接的从传输协议处理板作为主传输协议处理板使用。

5. 根据权利要求1~3中任一项所述的产生内部时钟的方法，其特征在于，还包括：

在一块指定的传输协议处理板上，对所述基准传输时钟进行计数，生成无线时钟；以及

周期性地从所述指定的传输协议处理板向所述无线网络控制器中的至少一个无线协议处理板广播所述无线时钟。

6. 一种在无线网络控制器中产生内部时钟的方法，其特征在于，包括：

在一块指定的传输协议处理板上，生成基准传输时钟；

在所述指定的传输协议处理板上，对所述基准传输时钟进行计数，生成无线时钟；以及

周期性地从所述指定的传输协议处理板向所述无线网络控制器中的至少一个无线协议处理板广播所述无线时钟。

7. 根据权利要求6所述的产生内部时钟的方法，其特征在于，所述生成基准传输时钟包括：

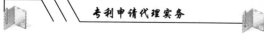

在所述指定的传输协议处理板上，从与核心网相连的同步/异步线路上提取时钟信号；以及

在所述指定的传输协议处理板上，根据从所述同步/异步线路上提取的时钟信号，生成所述基准传输时钟。

8. 根据权利要求6所述的产生内部时钟的方法，其特征在于，所述生成基准传输时钟包括：

在所述指定的传输协议处理板上，从其所连接的时钟总线上获得时钟信号；以及

在所述指定的传输协议处理板上，根据从所述时钟总线上获得的时钟信号，生成所述基准传输时钟。

9. 根据权利要求6～8中任一项所述的产生内部时钟的方法，其特征在于，还包括：

在所述指定的传输协议处理板发生故障时，由所述无线网络控制器中的操作维护单元选择另一块连接到所述时钟总线的传输协议处理板作为所述指定的传输协议处理板。

10. 一种用于无线网络控制器的传输协议处理板，其特征在于，包括：

时钟信号选择器，用于根据一个指令信号、从与核心网相连的同步/异步线路上提取时钟信号或者从所述传输协议处理板所位于的子架的时钟总线上获得时钟信号；

锁相环，用于根据所述时钟信号选择器提取或获得的时钟信号生成基准传输时钟；以及

时钟驱动器，用于在所述指令信号指示所述传输协议处理板为主传输协议处理板的情况下将生成的基准传输时钟发送到所述传输协议处理板所位于的子架的时钟总线上。

11. 根据权利要求10所述的传输协议处理板，其特征在于，所述时钟驱动器还用于在所述指令信号指示所述传输协议处理板为从传输协议处理板的情况下，从所述传输协议处理板所位于的子架的时钟总线上获得时钟信号，并将所获得的时钟信号传送给所述时钟信号选择器。

12. 根据权利要求10或11所述的传输协议处理板，其特征在于，还包括：

无线时钟产生器，用于对所述基准传输时钟进行计数以生成无线时钟；以及

网络时间协议/简单网络时间协议服务器，用于周期性地从所述传输协议处理板向所述无线网络控制器中的至少一个无线协议处理板广播所述无线时钟。

13. 一种用于无线网络控制器的传输协议处理板，其特征在于，包括：

基准传输时钟产生器，用于生成基准传输时钟；

无线时钟产生器，用于对所述基准传输时钟进行计数以生成无线时钟；以及

网络时间协议/简单网络时间协议服务器，用于周期性地从所述传输协议处理板向所述无线网络控制器中的至少一个无线协议处理板广播所述无线时钟。

14. 根据权利要求13所述的传输协议处理板，其特征在于，所述基准传输时钟产生器包括：

时钟信号选择器，用于根据一个指令信号、从与核心网相连的同步/异步线路上提取时钟信号或者从所述传输协议处理板所位于的子架的时钟总线上获得时钟信号；以及

锁相环，用于根据所述时钟信号选择器提取或获得的时钟信号生成所述基准传输时钟。

# 说 明 书

## 无线网络控制器中产生内部时钟的方法及传输协议处理板

### 技术领域

本发明涉及移动通信技术领域，尤其涉及在移动通信系统中为无线网络控制器产生内部时钟的方法和用于无线网络控制器的传输协议处理板。

### 背景技术

在现有的移动通信系统中，核心网与位于接入网的无线网络控制器之间以 STM-1（1 级同步传输模块）/E1（欧洲传输标准-E1）/T1（北美或日本传输标准-T1）线路相连。一般在无线网络控制器内部设置一个专门的时钟板（未示出），用于从 STM-1/E1/T1 线路中提取传输时钟，而后将传输时钟送至各层机箱的背板。机箱的背板上连接着各种处理板。机箱、时钟板、各种处理板以及其他一些组件共同构成了无线网络控制器。无线网络控制器内的各个处理板，从机箱的背板获得上述传输时钟，并根据自身需要从传输时钟独立地产生无线时钟。

上述设置专门的时钟板以提取传输时钟的方法，客观上增加了无线网络控制器中的板卡种类，从而降低了移动通信系统的可靠性。再者，这种方法一般需要通过附加的电缆将外接 STM-1/E1/T1 线路与时钟板连接起来，增加了无线网络控制器外连线的复杂度。另外，为了使各处理板根据传输时钟产生无线时钟，必须单独设计各处理板，所以无法采用现成的商用板卡，从而降低了系统开发的灵活性，并增加了开发成本。

### 发明内容

为了克服上述现有技术中存在的缺陷，本发明要解决的技术问题是提供一种为无线网络控制器产生内部时钟的方法及传输协议处理板，从而无需在无线网络控制器中设置专用的时钟板。

为解决上述技术问题，本发明中的一种在无线网络控制器中产生内部时钟的方法包括：在从多块传输协议处理板中指定的一块主传输协议处理板上，从与核心网相连的同步/异步线路上提取时钟信号；在所述主传输协议处理板上，根据从所述同步/异步线路上提取的时钟信号，生成基准传输时钟；以及将所述基准传输时钟发送到所述主传输协议处理板所位于的子架的时钟总线上。

作为本发明上述无线网络控制器中产生内部时钟的方法的改进，该方法还包括：将所述主传输协议处理板生成的基准传输时钟，从所述主传输协议处理板所位于的子架的时钟总线，传输到另一个子架的时钟总线上。

作为本发明上述无线网络控制器中产生内部时钟的方法的进一步改进，该方法还包括：在连接到任何所述时钟总线的一块从传输协议处理板上，从所述时钟总线上获得时钟信号；以及在所述从传输协议处理板上，根据从所述时钟总线上获得的时钟信号，生成供所述从传输协议处理板内部使用的基准传输时钟。

作为本发明上述无线网络控制器中产生内部时钟的方法的另一种改进，该方法还包括：在所述主传输协议处理板无法从所述同步/异步线路提取时钟信号时，由所述无线网络控制器中的操作维护单元选择一块与所述核心网连接的从传输协议处理板作为主传输协议处理板使用。

作为本发明上述无线网络控制器中产生内部时钟的方法的又一种改进，该方法还包括：在一块指定的传输协议处理板上，对所述基准传输时钟进行计数，生成无线时钟；以及周期性地从所述指定的传输协议处理板向所述无线网络控制器中的至少一个无线协议处理板广播所述无线时钟。

为解决上述技术问题，本发明中另一种在无线网络控制器中产生内部时钟的方法包括：在一块指定的传输协议处理板上，生成基准传输时钟；在所述指定的传输协议处理板上，对所述基准传输时钟进行计数，生成无线时钟；以及周期性地从所述指定的传输协议处理板向所述无线网络控制器中的至少一个无线协议处理板广播所述无线时钟。

作为本发明上述无线网络控制器中产生内部时钟的方法的一种改进，该方法中所述生成基准传输时钟的步骤为由该指定的传输协议处理板基于来自从其所连接的时钟总线的信号生成基准传输时钟。

作为本发明上述无线网络控制器中产生内部时钟的方法的另一种改进，该方法中所述生成基准传输时钟的步骤为由该指定的传输协议处理板基于来自从其所连接的时钟总线的信号生成基准传输时钟。

作为本发明上述无线网络控制器中产生内部时钟的方法的进一步改进，该方法还包括：在所述指定的传输协议处理板发生故障时，由所述无线网络控制器中的操作维护单元选择另一块连接到所述时钟总线的传输协议处理板作为所述指定的传输协议处理板。

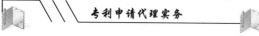

为解决上述技术问题，本发明中的一种用于无线网络控制器的传输协议处理板包括：时钟信号选择器，用于根据一个指令信号、从与核心网相连的同步/异步线路上提取时钟信号或者从所述传输协议处理板所位于的子架的时钟总线上获得时钟信号；锁相环，用于根据所述时钟信号选择器提取或获得的时钟信号，生成基准传输时钟；以及时钟驱动器，用于在指令信号指示所述传输协议处理板为主传输协议处理板的情况下将生成的基准传输时钟发送到所述传输协议处理板所位于的子架的时钟总线上。

作为本发明上述传输协议处理板的改进，其中的时钟驱动器还用于在所述指令信号指示所述传输协议处理板为从传输协议处理板的情况下从所述传输协议处理板所位于的子架的时钟总线上获得时钟信号，并将所获得的时钟信号传送给所述时钟信号选择器。

作为本发明上述两种传输协议处理板的一个优选方案，该传输协议处理板还包括：无线时钟产生器，用于对所述基准传输时钟进行计数以生成无线时钟；以及网络时间协议/简单网络时间协议服务器，用于周期性地从所述传输协议处理板向所述无线网络控制器中的至少一个无线协议处理板广播所述无线时钟。

为解决上述技术问题，本发明另一种用于无线网络控制器的传输协议处理板包括：基准传输时钟产生器，用于生成基准传输时钟；无线时钟产生器，用于对所述基准传输时钟进行计数以生成无线时钟；以及网络时间协议/简单网络时间（NTP/SNTP）协议服务器，用于周期性地从所述传输协议处理板向所述无线网络控制器中的至少一个无线协议处理板广播所述无线时钟。

作为本发明上述传输协议处理板的一个优选方案，该基准传输时钟产生器包括：时钟信号选择器，用于根据一个指令信号、从与核心网相连的同步/异步线路上提取时钟信号或者从所述传输协议处理板所位于的子架的时钟总线上获得时钟信号；以及锁相环，用于根据所述时钟信号选择器提取或获得的时钟信号生成所述基准传输时钟。

根据本发明上述在无线网络控制器中产生内部时钟的方法和用于无线网络控制器的传输协议处理板，将时钟单元集成在传输协议处理板或 STM－1/E1/T1 接口板上，从而不必设置专门的时钟板，也无需附加的电缆以连接外接 STM－1/E1/T1 线路。所以，本发明在无线网络控制器中产生内部时钟的方法和用于无线网络控制器的传输协议处理板减少了无线网络控制器内的板卡种类，并减轻了系统外连线的复杂度。

再者，根据本发明上述在无线网络控制器中产生内部时钟的方法和用于无线网络控制器的传输协议处理板，无线时钟是在传输协议处理板上产生的，然后通过 NTP/SNTP 协议周期性广播至各处理板。各处理板无需自行产生无线时钟，所以不必单独设计各处理板。这样，可以采用现成的商用板卡，增加了系统开发灵活性，降低了开发成本。

结合附图阅读本发明实施方式的详细描述后，本发明的其他特点和优点将变得更加清楚。

**附图说明**

图 1 是无线移动通信系统的示意图；

图 2 是在无线网络控制器中抽取、产生并在子架内分配传输时钟的结构示意图；

图 3 是无线网络控制器中在整个机架的各子架之间分配传输时钟的结构示意图；

图 4 是在无线网络控制器中产生及分配无线时钟的结构示意图。

**具体实施方式**

下面结合附图详细描述本发明的具体实施方式。

图1是无线移动通信系统的示意图。如图1所示，该移动通信系统包括三个基本部分，即核心网103、通用移动通信系统（UMTS）地面无线接入网（UTRAN）104和用户设备105。

UMTS地面无线接入网（UTRAN）104包括至少一个无线网络控制器（RNC）1041（虽然图中仅示出一个）和多个节点B 1042。节点B 1042在第三代移动通信系统中作为基站使用，与多个用户设备105进行通信。每个无线网络控制器1041通过地面线路或微波与相应的多个节点B 1042连接，对与其连接的节点B 1042进行控制。因此，在某些网络中，无线网络控制器1041又称为基站控制器（BSC）。每个无线网络控制器1041通过STM-1/E1/T1线路与核心网103连接。

核心网103至少包括两个域，即电路交换域和分组交换域（图中均未示出），分别与公用电话交换网/综合业务数字网（PSTN/ISDN）101和公用数据网（PDN）102连接。

本发明的实施方式主要涉及无线网络控制器1041，因此对图1所示的其他内容不做过多描述。

无线网络控制器1041包括若干机架，每个机架包括若干子架，每个子架包括若干处理板。各处理板例如可以分为呼叫处理板（CP板）、无线协议处理板（RP板）、传输协议处理板（TP板）和网络管理控制板（OMCP板）。各处理板均安插在机架背板上设置的板卡槽位中，从而与背板总线相连。子架内不同处理板之间的数据交换由子架交换单元完成。不同机架以及不同子架之间的数据交换由机架交换单元完成。

在本发明的实施方式中，内部时钟是通过传输协议处理板（以下简称为“TP板”）产生的。下面从传输时钟的产生及分配和无线时钟的产生及分配两个方面介绍内部时钟的产生及分配。

传输时钟和无线时钟统称为无线网络控制器的内部时钟。首先描述在无线网络控制器中传输时钟的产生及分配。

假定在无线网络控制器1041中有多块TP板，一些TP板通过STM-1线路与核心网103相连，其中一块TP板被指定为主TP板，所有其他的TP板作为从TP板。主TP板提取来自核心网103的STM-1/E1/T1线路中的时钟作为基准时钟信号（即基准传输时钟）。即在从多块TP板中指定的一块主TP板上，从与核心网103相连的同步/异步线路上提取时钟信号。在所述TP板上，根据从所述同步/异步线路上提取的时钟信号，生成基准传输时钟。在所述TP板无法从所述同步/异步线路提取时钟信号时，由所述无线网络控制器中的操作维护单元选择一块与所述核心网连接的从TP板作为主TP板使用。



然后将所述基准传输时钟发送到所述主TP板所位于的子架的时钟总线上，还可以从所述主 TP 板所位于的子架的时钟总线传输到另一个子架的时钟总线上。例如利用机架背板总线（例如符合 PICMG 3.1 标准的 Advanced TCA 机箱上的背板总线），将基准传输时钟分配至所有的从 TP 板。在连接到任何所述时钟总线的一块从 TP 板上，从所述时钟总线上获得时钟信号，在所述从 TP 板上，根据从所述时钟总线上获得的时钟信号，生成供所述从 TP 板内部使用的基准传输时钟。图 2 是在无线网络控制器中抽取、产生并在子架内分配基准传输时钟的结构示意图，示意性地示出了在一个子架内产生及分配基准传输时钟的情形。如图 2 所示，用于无线网络控制器的 TP 板的时钟单元主要包括：时钟信号选择器 201、第一分频器 202、第二分频器 203、控制开关 204、三级时钟 205、相位比较器 206 和若干个时钟驱动器 207。

其中，时钟信号选择器 201，用于根据一个指令信号、从与核心网相连的同步/异步线路上提取时钟信号或者从所述 TP 板所位于的子架的时钟总线上获得时钟信号。

时钟驱动器 207 用于在所述指令信号指示所述 TP 板为主 TP 板的情况下，将生成的基准传输时钟发送到所述 TP 板所位于的子架的时钟总线上。

第一分频器 202、第二分频器 203、控制开关 204、三级时钟 205 和相位比较器 206 等主要部件组成了一个锁相环（PLL）。锁相环根据所述时钟信号选择器提取或获得的时钟信号，生成基准传输时钟。

锁相环技术已是公知技术。锁相环中的晶体振荡器（如图 2 中的三级时钟 205）被经常性地调整以便与输入信号在相位上匹配并锁定在输入信号的频率上。除了用于稳定特定的通信信道（使其设定在特定的频率），锁相环还用于产生信号、调制或解调信号、重构低噪音的信号、倍频或分频。锁相环的特点是：在锁相环达到环路锁定后，由锁相环输出的信号的频率稳定度可以达到锁相环的输入信号的稳定度，输出信号与输入信号之间保持基本固定的相位差。

图 2 所示的 TP 板既可作为主 TP 板，也可作为从 TP 板。由机箱管理器（未示出）通过电子键控（E－keying）机制决定多块 TP 板中的哪块 TP 板作为主 TP 板，而其他 TP 板作为从 TP 板。与核心网 103 连接的 TP 板上，时钟信号选择器 201 经过 STM－1 线路与核心网 103 相连。

如果图 2 所示的 TP 板作为主 TP 板使用，则时钟信号选择器 201 从 STM－1 线路上提取时钟信号，然后将提取的时钟信号输入锁相环（PLL）。锁相环输出的信号，即为生成的基准时钟信号，也称基准传输时钟。

如图 2 所示，由锁相环输出的传输时钟，供该 TP 板内部使用，同时又通过相应的时钟驱动器 207 输出到位于机箱背板 208 的时钟总线（图 2 所示例子中的时钟总线为 CLK2A 和 CLK2B）。根据上述过程，传输时钟得以产生。

如果图 2 所示的 TP 板作为从 TP 板使用，则时钟信号选择器 201 从背板 208 上的时钟总线（如图 2 中的 CLK2A、CLK2B）获取时钟信号。即从所述 TP 板所位于的子架的时钟总线上获得时钟信号，并将所获得的时钟信号传送给所述时钟信号选择器。

按照与上述过程类似的过程，时钟信号选择器 201 获取的时钟信号输入到锁相环，并由锁相环输出传输时钟，供从 TP 板内部使用。此时，由于机箱管理器（未示出）已经向有关板卡发送了一个指令信号（例如，通过电子键控机制或者其他机制实现）而将该块 TP 板决定为从 TP 板，所以该指令信号已对位于锁相环输出端与背板时钟总线连线上的时钟驱动器进行了控制，使其不工作，所以锁相环输出的传输时钟不会传送到背板时钟总线。也就是说，机箱管理器通过发送上述指令信号来决定只有主 TP 板才能获得对时钟总线的控制权；任何从 TP 板中的锁相环输出的时钟信号都不能到达时钟总线。根据上述过程，传输时钟得以经过时钟总线在各从 TP 板之间分配。

另外需要说明的是，每块 TP 板上有一个满足三级时钟精度的本地晶体振荡器。若主 TP 板无法从 STM - 1 线路中提取有效的时钟信号，则暂由本地晶体振荡器维系工作，然后向位于网络管理控制板（OMCP 板）上的操作维护单元（O&M）发送消息，通知操作维护单元选择另一块与核心网 103 相连的 TP 板作为主 TP 板，并向机箱管理器发出请求，通知机箱管理器将操作维护单元选择作为主 TP 板的 TP 板激活，使其担任主 TP 板。

本发明各实施方式中的无线网络控制器可以采用任何适用的机箱作为系统子架。作为一种例子，而且是一种非常经济和方便的例子，本发明的实施方式中的无线网络控制器采用商用的符合 PICMG 3.1 标准的 Advanced TCA 机箱作为系统子架。当然，Advanced TCA 机箱只是一种举例，它不构成对本发明的限制。

Advanced TCA 机箱的背板上设置了六条差分时钟总线，每条时钟总线与背板 208 上的所有板卡槽位相连，从而所有 TP 板，无论是主 TP 板还是从 TP 板，都可以物理连接到背板 208 上的时钟总线。

六条差分时钟总线分为三组，即 CLK1A/CLK1B、CLK2A/CLK2B 和 CLK3A/CLK3B。其中 A 和 B 互为备份。

CLK1A/CLK1B，CLK2A/CLK2B 的特性被定义：

CLK1A/CLK1B 为 8kHz 时钟信号专用；

CLK2A/CLK2B 为 19.44MHz 时钟信号专用（用于 SDH/SONET 设备的三级时钟）。

CLK3A/CLK3B 由用户自定义，两者可互为备份，也可单独使用。

在图 2 所示的例子中，将 CLK2A/CLK2B 作为本发明的实施方式中的无线网络控制器的时钟总线。



虽然图 2 中仅示出时钟信号选择器 201 从同步线路 STM - 1 上提取传输时钟，但是时钟信号选择器 201 也可以从异步线路如 E1 或 T1 上提取传输时钟。从同步线路或从异步线路提取时钟信号不构成对本发明的限制。

图 3 是无线网络控制器中在整个机架的各子架之间分配传输时钟的结构示意图。在图 3 中，仅以图 2 所示的一条时钟总线 CLK2A 为例说明传输时钟是如何在整个机架

内（即跨子架）进行分配的。

图3所示的例子中包括三个子架，即子架#1、子架#2、子架#3。每个子架内仅示意性地示出了两块TP板，和各自的时钟总线CLK2A。在子架#1中例如包括TP板301、TP板302。在子架#2中例如包括TP板303、TP板304。在子架#3中例如包括TP板305、TP板306。

每个子架中还具有若干时钟驱动器307。时钟驱动器307实际上位于TP板上，其驱动方向由机箱管理器和操作维护单元进行控制。

借助于适当数目的电缆308和适当数目的时钟驱动器307，各子架内的时钟总线（例如CLK2A）得以连接起来。从而，主TP板产生的传输时钟可以在连接起来的时钟总线上传输并分配给各个子架内的所有从TP板。

为了方便在整个机架的前面维护，可在TP板的前面板设置两个连接器以保证电缆的前面连接。

为保证传输时钟的冗余性，在子架内的TP板的数目最好是偶数，即0个、2个、4个，等等，以兼顾CLK2A和CLK2B的子架间分配。

无线时钟和传输时钟统称为无线网络控制器的内部时钟。以上描述了传输时钟的产生及分配，以下将描述在无线网络控制器中无线时钟的产生及分配。

图4是在无线网络控制器中产生及分配无线时钟的结构示意图。图4举例示出一块用于无线网络控制器的TP板和多块无线协议处理板（以下简称“RP板”）。在该TP板上，具有时钟单元401、无线时钟产生器402和网络时间协议/简单网络时间协议（NTP/SNTP）服务器403。在一种实施方式中，时钟单元401具有如图2所示的功能和结构。无线时钟产生器402对所述基准传输时钟进行计数，生成无线时钟；NTP/SNTP协议用于在计算机网络中同步计算机时钟时间，即用于周期性地从所述TP板向所述无线网络控制器中的至少一个RP板广播所述无线时钟。该协议已是一种互联网标准，它是现有技术，因此不做过多描述。

TP板通过以太网与多块RP板相连。每块RP板上设置了一个NTP/SNTP客户端（客户机）。图4所示的例子包括三块RP板，三块RP板分别具有NTP/SNTP客户端404、NTP/SNTP客户端405和NTP/SNTP客户端406。

TP板上，时钟单元401或者根据来自4条STM－1线路的时钟信号产生基准传输时钟（此时该TP板作为主TP板使用），或者经过背板时钟总线从其他TP板接收基准传输时钟（此时该TP板作为从TP板使用）。当然，如对图2描述的那样，时钟单元401也可以根据异步线路如E1或T1上的时钟信号产生基准传输时钟。

无线时钟产生器402通过对时钟单元401输出的基准传输时钟进行计数，生成无线时钟。

接下来，NTP/SNTP服务器403利用NTP/SNTP协议周期性地（例如每10分钟）将无线时钟经过以太网（以125微秒的精度）广播至所有RP板上的NTP/SNTP客户端。各个 RP 板在每个周期内独立地维护自己的无线时钟。RP 板上的时钟足以避免在无线时钟同步的每次广播之间出现大的偏差。

原则上，无线时钟产生器 402 和 NTP/SNTP 服务器 403 可以放在任意的 TP 板上，但是它们必须在同一块 TP 板上。具体位于哪一块 TP 板上，由操作和维护单元（未示出）决定。

若无线时钟产生器 402 和 NTP/SNTP 服务器 403 发生故障，则由 NTP/SNTP 服务器 403 向网络管理控制板（OMCP 板）上的操作和维护单元（O&M）发送通知。操作和维护单元收到通知后，选择另外一块 TP 板负责无线时钟的产生与分配。

根据上述方案，TP 板只需将传输时钟传递到所有其他 TP 板，例如利用链来传递传输时钟。

利用图 2 至图 4 中所示的 TP 板，可以很方便地构造本发明的实施方式中的无线网络控制器。

虽然上面结合附图描述了本发明的实施方式，但是本领域的技术人员还可以在本发明技术构思的启发和不脱离本发明内容的基础上对本发明作出各种变形或改进，这仍落在本发明的保护范围之内。

# 说明书附图

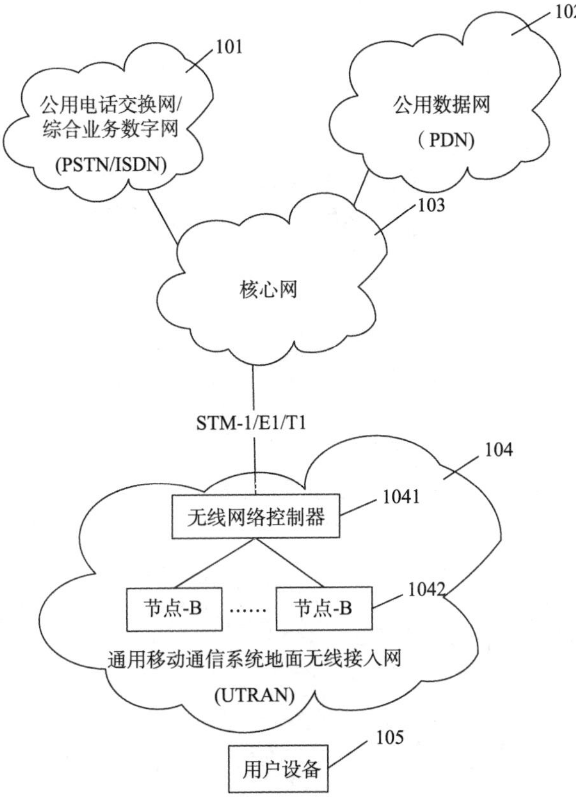

101
公用电话交换网/
综合业务数字网
(PSTN/ISDN)
102
公用数据网
（PDN）
103
核心网
STM-1/E1/T1
104
无线网络控制器
1041
节点-B
……
节点-B
1042
通用移动通信系统地面无线接入网
(UTRAN)
105
用户设备


图1

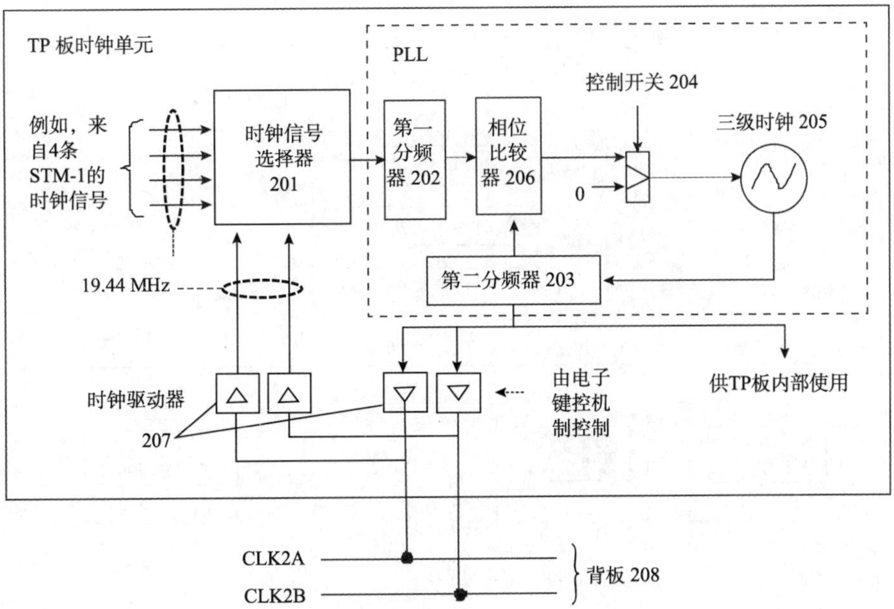

TP 板时钟单元
PLL
控制开关 204
例如，来
自4条
STM-1的
时钟信号
时钟信号
选择器
201
第一
分频
器 202
相位
比较
器 206
三级时钟 205
0
19.44 MHz
第二分频器 203
时钟驱动器
207
由电子
键控机
制控制
供TP板内部使用
CLK2A
CLK2B
背板 208


图2

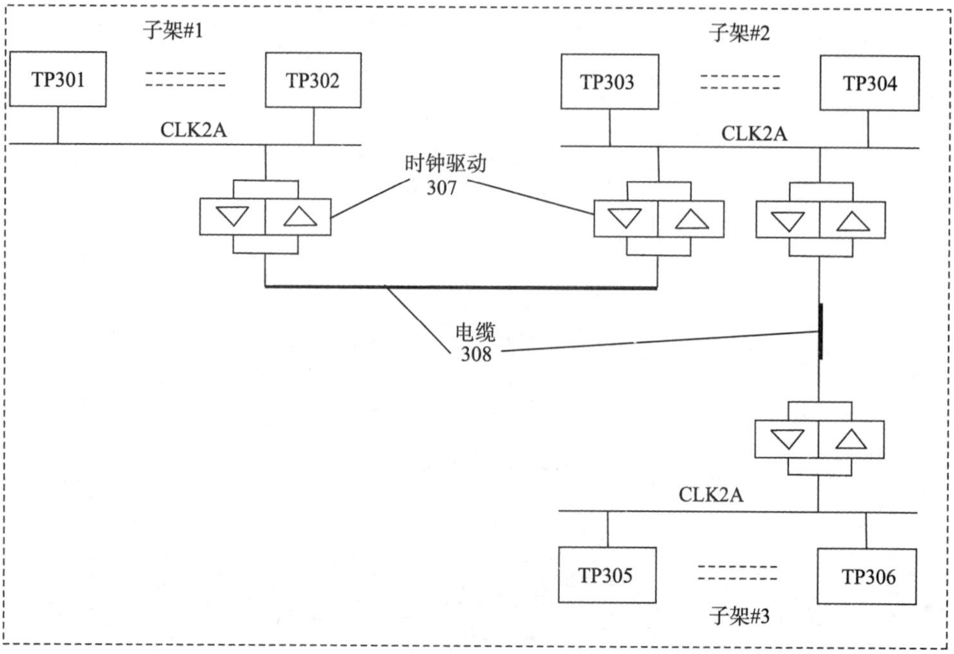
子架#1
TP301
TP302
CLK2A
子架#2
TP303
TP304
CLK2A
时钟驱动
307
电缆
308
CLK2A
TP305
TP306
子架#3

图 3

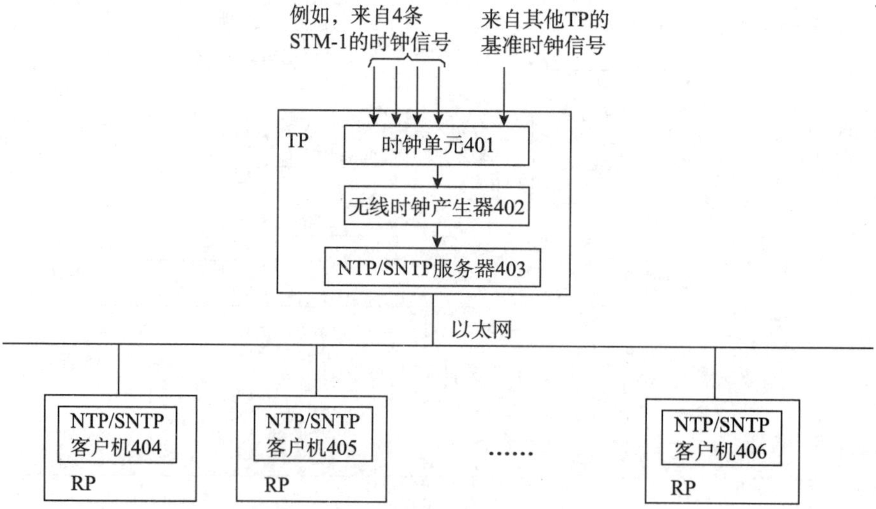
例如，来自4条
STM-1的时钟信号
来自其他TP的
基准时钟信号
TP
时钟单元401
无线时钟产生器402
NTP/SNTP服务器403
以太网
NTP/SNTP
客户机404
RP
NTP/SNTP
客户机405
RP
……
NTP/SNTP
客户机406
RP

图 4

## 说 明 书 摘 要

本发明涉及无线网络控制器中产生内部时钟的方法及传输协议处理板（TP 板）。该 TP 板包括根据指令信号从多块 TP 板中指定一块主 TP 板从与核心网相连的同步/异步线路提取时钟信号的时钟信号选择器，根据提取的时钟信号生成基准传输时钟的锁相环，以及在指定主 TP 板时将基准传输时钟发送到主 TP 板所位于的子架的时钟总线上的时钟驱动器。采用这样的 TP 板，在无线网络控制器中产生内部时钟的方法就可在指定的主 TP 板上生成基准传输时钟，并通过其所位于的子架的时钟总线将传输时钟分配到所有从 TP 板。根据本发明上述方法及 TP 板，减少了无线网络控制器内的板卡种类，减轻了系统外连线的复杂度，且还增加了系统开发灵活性，降低了开发成本。

# 摘 要 附 图

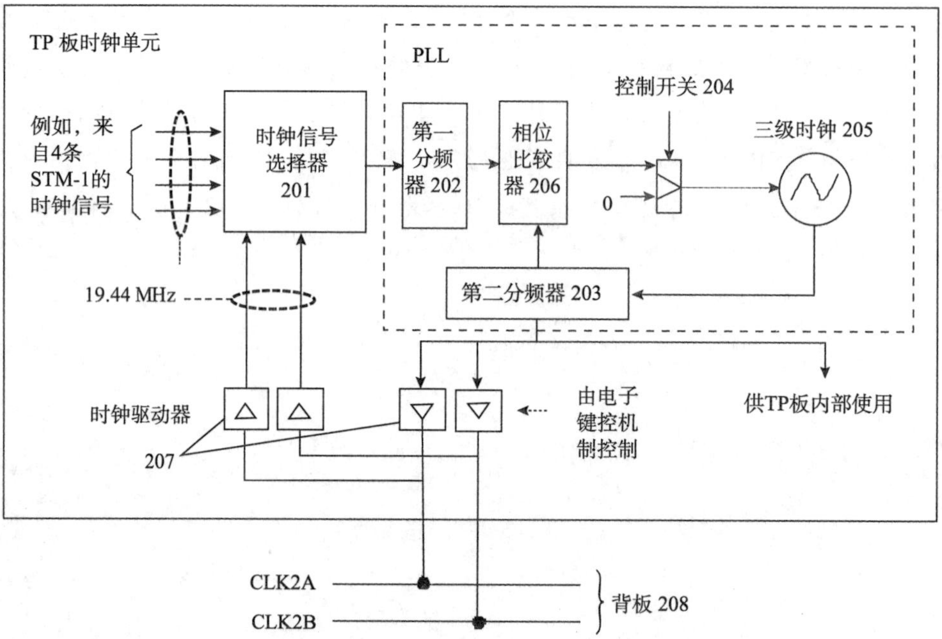
TP 板时钟单元
PLL
控制开关 204
例如，来自4条STM-1的时钟信号
时钟信号选择器 201
第一分频器 202
相位比较器 206
三级时钟 205
0
19.44 MHz
第二分频器 203
时钟驱动器
207
由电子键控机制控制
供TP板内部使用
CLK2A
CLK2B
背板 208

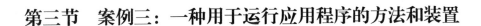

## 第三节 案例三：一种用于运行应用程序的方法和装置

本案例的素材来自专利代理实践中的案例，但具体内容作了较大的改动，因此，在阅读该案例的材料时，应当认真地阅读在该案例中提供的技术交底书，并以此为出发点，考虑如何通过与申请人的一次或多次沟通来逐渐深入地和充分地理解技术方案。在充分理解技术方案的基础上，应当围绕专利的实施而确定保护的主题，即应当考虑将来可能存在的侵权主体以及在诉讼中如何更容易地确定侵权主体，据此来确定保护的主题；根据确定的保护主题和技术方案来撰写保护范围适当的权利要求书；以及围绕权利要求书所要求保护的技术方案，在说明书中充分公开实施方式以支持权利要求所要求的保护范围。同时，依据《专利审查指南2010》第二部分第九章针对计算机技术领域特殊的规定，本案例还给出了与方法步骤对应的、涉及装置保护主题的权利要求书和说明书撰写的示例。

### 1 申请人提供的技术交底书

申请人提供的技术交底书中对发明创造涉及的技术内容作了如下介绍：

本发明涉及一种用于微件（Widget）的引擎系统，尤其涉及一种用于微件的集成引擎系统。

微件是一种应用程序，它通常位于计算机桌面或网页上，看起来像是一个小图片或小动画，使得桌面或网页更美观并拥有更多的功能。

目前，已经出现许多不同类型的微件，例如Yahoo的Yahoo！Widgets，苹果的Dashboard widgets of Apple Macintosh，微软的Microsoft Gadgets of Windows Vista and the Windows Live system. Widget等。它们的功能包罗万象，例如，查看气象、阅读实时新闻、进行网页资讯搜索，或玩小游戏等。甚至，还出现了一种webwag mobile，其使得用户在手机上也能使用微件。

虽然众多类型的微件给用户提供了很大的选择自由，但是，由于不同类型的微件需要运行在不同的微件引擎上，所以当用户在网上看到一个喜欢的微件并想在自己的手机上使用它时，用户首先需要识别出该微件所属的类型。例如，它是Yahoo！Widgets的微件还是Dashboard widgets of Apple Macintosh的微件等，然后需要下载对应的微件引擎来运行该微件，这对用户非常不方便，尤其在微件的类型越来越多的情况下，识别微件的类型是很不方便的。

由此可见，现有技术中存在的问题有两个：第一，若没有对应的微件引擎，则用户不能够在手机上下载使用各种微件（以下简称“现有技术存在的问题一”）；第二，用户需要知道微件的类型才可下载使用（以下简称“现有技术存在的问题二”）。

下面将结合图J-1，详细描述本发明的用于微件的集成引擎系统。

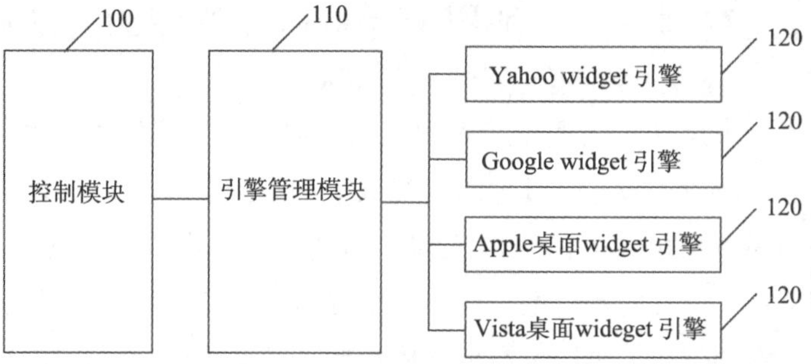


**图J-1　集成引擎系统示意图**

图J-1示出了本发明的集成引擎系统的模块示意图。从图J-1可知，本发明的集成引擎系统包括：控制模块100、引擎管理模块110、两个或多个引擎120。

引擎120可以是现有的各种类型的引擎，例如，Yahoo! widget engine，google gadget engine，Webwag mobile等，或者将来出现的各种用于微件的引擎。

引擎管理模块110用于管理集成引擎系统中的各个引擎120。引擎管理模块110包括一个引擎列表，其中该引擎列表具有多个引擎记录项，每个引擎记录项对应于其中一个引擎120，并保存该引擎的引擎ID、引擎名称、版本号、所依赖的操作系统类型等信息。当一个新的引擎加入到集成引擎系统时，在该引擎列表中增加相应的引擎记录项，并且在该增加的引擎记录项中输入该新引擎的引擎ID、引擎名称、版本号、所依赖的操作系统类型。

控制模块100用于控制整个集成引擎系统。控制模块100包含一个显示器列表，其中，该显示器列表包含一个或多个显示配置项，每个显示配置项保存显示器ID、显示器尺寸、在该显示器中微件的最大尺寸、在该显示器中文字的最大和最小显示字体。

首先，控制模块100从设备中读取硬件配置文件、包含设备所安装的操作系统类型的系统特性信息。接着，控制模块100从读取的硬件配置文件中获知设备的显示器大小的信息。控制模块100从显示器列表中查找出其显示器尺寸与所获知的显示器大小相匹配的显示配置项。控制模块100把查找到的显示配置项和读取的系统特性信息发送给引擎管理模块110。

引擎管理模块110根据从控制模块100收到的系统特性信息，确定出该设备所安装的操作系统类型。引擎管理模块110从引擎列表中找出其所依赖的操作系统类型与该设备所安装的操作系统类型相一致的引擎，作为该设备所支持的引擎。引擎管理模块110把收到的显示配置项中所包括的微件的最大尺寸信息和文字的大小信息告知该设备所支持的引擎，并启动该设备所支持的引擎，以便这些引擎根据该设备的显示器特性显示各个微件。

引擎管理模块110把已启动的引擎告知控制模块100。控制模块100保存已启动的引擎的信息。

下面结合图J-2详细描述在具有集成引擎系统的设备中下载并运行一个微件的控制过程的流程图。

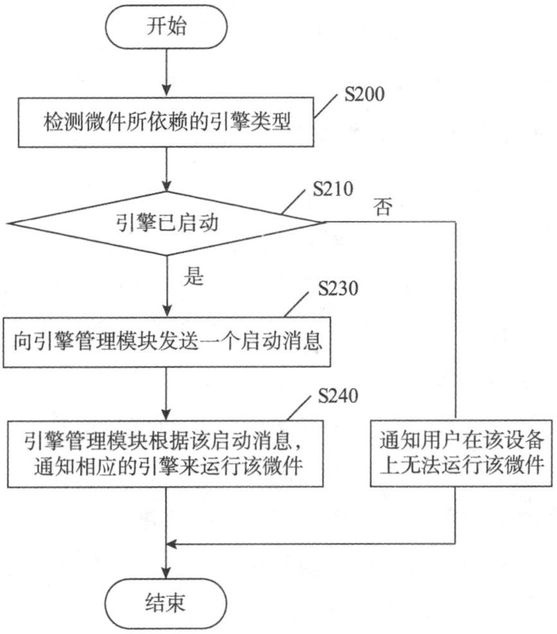


**图J-2　集成引擎系统工作流程图**

首先，在步骤S200中，控制模块100检测该微件所依赖的引擎类型。

接着，在步骤S210中，控制模块100根据所保存的已启动的引擎信息和该微件所依赖的引擎类型，判断该微件所依赖的引擎在该设备中是否已经启动。

在步骤S220中，当判断结果为否定时，控制模块100通知用户该微件不能在该设备中运行。

在步骤S230中，当判断结果为肯定时，控制模块100向引擎管理模块110发送一个包含该微件所依赖的引擎类型的启动消息。

在步骤S240中，引擎管理模块110根据收到的启动消息中所包括的引擎类型，通知相应的引擎120来运行该微件。

本发明集成了多个引擎，自动识别所下载的微件所依赖的引擎类型并调用对应的引擎来运行微件，因此，与现有技术相比，本发明不需要用户识别微件所依赖的引擎类型和下载对应的引擎来运行微件。同时本发明的集成引擎系统能够检测其所在设备的显示器尺寸，并使得引擎基于所检测的显示器尺寸来运行微件。

## 2 理解技术方案

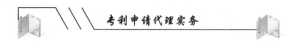

在专利代理实践中，对技术方案的理解，主要包括三个步骤：阅读申请人提供的技术交底书，初步理解该技术方案；与申请人初步沟通，深入理解该技术方案；以及与申请人进一步沟通，探讨该技术方案的不同实现方式，充分理解该技术方案。

对于本案例，下面将从这三个方面进行较为详细的阐述。

### 2.1 阅读技术交底书，初步理解技术方案

电学领域具有技术更新快且技术方案抽象的特点，因此，当收到申请人提供的技术交底书时，看不懂技术交底书中记载的发明内容的情形时有发生。在这种情况下，专利代理人要耐心、仔细地阅读技术交底书。通过对技术交底书的初步理解，可以了解技术交底书中发明内容所涉及的技术内容；再根据该发明内容所涉及的技术内容，有针对性地阅读相关技术的参考资料，可以有效地提高理解发明技术方案的效率。

若专利代理人对技术交底书中技术方案所涉及的技术背景比较熟悉，或通过补充相关知识对技术交底书中技术方案所涉及的技术背景已经比较了解，则可以在此基础上认真研读技术交底书，以初步理解本发明的技术方案。

在初步理解本发明的技术方案时，通常应当关注和总结两个方面的内容：本发明要解决的技术问题和采用的技术方案。

（1）本发明要解决的技术问题

根据技术交底书中的描述，本发明背景技术所存在的问题是：由于不同类型的微件需要运行在不同的微件引擎上，所以当用户在网上看到一个喜欢的微件并想在自己的计算机上使用它时，用户首先需要识别出微件所属的类型（对应于技术交底书中要解决的技术问题二，即：用户需要知道微件的类型，才可下载使用微件）；然后需要下载对应的微件引擎来运行该微件，这对用户非常不方便（对应于技术交底书中的要解决的技术问题一，即：在不同设备上，若没有相应的微件引擎，则用户不能使用各种微件）。

由此可知，本发明要解决的技术问题是提供一种用于运行微件的方法和装置，其能够自动识别用户下载的微件类型，并调用相应的微件引擎来运行该下载的微件。

（2）本发明采用的技术方案

本发明的核心构思在于提供一种用于显示微件的集成引擎系统，该集成引擎系统能够集合用于各种类型的微件所依赖的引擎（因为集合了各种引擎，所以不需要下载对应的微件引擎来运行该微件，即解决了上述现有技术存在的问题一），而且能够自动识别用户欲使用的微件的类型，并调用与该类型相对应的引擎来运行该微件（由于该集成引擎系统能够自动识别微件类型，因此，用户不需要识别，即解决了上述现有技术存在的问题二）。

本发明的具体技术方案为：本发明提供了一种集成引擎系统，该系统包括：控制模块100、引擎管理模块110、两个或两个以上引擎120。基于申请人在技术交底书中提供的图J-1，将其修改成更易理解本发明集成引擎系统的图J-3。

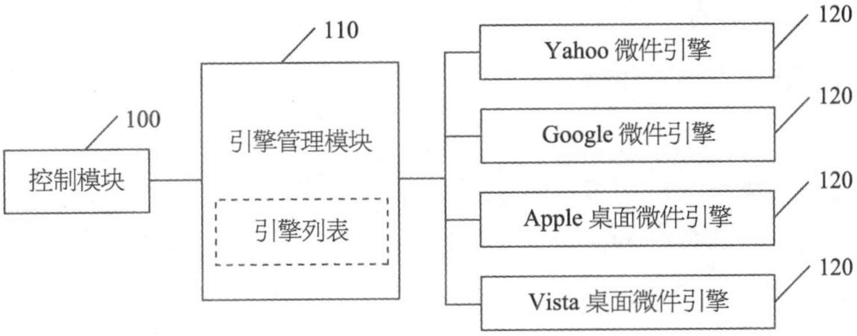


**图J-3 集成引擎系统示意图**

通过对该技术方案的深入理解，可以确定：该集成引擎系统是按照下列方式集合了用于各种类型的微件所依赖的引擎。

根据技术交底书中的描述可知，引擎管理模块110用于管理集成引擎系统中的各个引擎120。引擎管理模块110包括一个引擎列表，其中该引擎列表（参见表J-1）具有多个引擎记录项，每个引擎记录项对应于其中一个引擎120，并保存该引擎的引擎ID、引擎名称、版本号、所依赖的操作系统类型等信息。

**表J-1 集成引擎系统中的引擎列表**

| No. | 引擎ID | 引擎名称 | 版本号 | 操作系统或软件 |
|---|---|---|---|---|
| 1 | ×× | Yahoo 微件引擎 | ××× | Web 页面 |
| 2 | ×× | Google 微件引擎 | ××× | Web 页面 |
| 3 | ×× | Apple 桌面微件引擎 | ××× | Apple 操作系统 |
| 4 | ×× | Vista 桌面微件引擎 | ××× | 微软操作系统 |
| …… | …… | …… | …… | …… |

同样可以确定：该集成引擎系统按照下面两个阶段自动识别用户欲使用的微件的类型，并调用与该类型相对应的引擎来运行该微件。

根据技术交底书中的描述可知，该集成引擎系统的工作过程可以分为启动引擎120的阶段和利用启动的引擎120运行相应微件的阶段。

第一阶段：启动引擎120

首先，控制模块100从设备中读取如下信息：硬件配置文件；包含设备所安装的操作系统类型的系统特性信息。接着，控制模块100从读取的硬件配置文件中获知设备的显示器大小。然后，控制模块100从显示器列表中查找出其显示器尺寸与所获知的显示器大小相匹配的显示配置项。最终，控制模块100把查找到的显示配置项和读取的系统特性信息发送给引擎管理模块110。

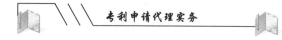

引擎管理模块 110 根据从控制模块 100 收到的系统特性信息，确定该设备所安装的操作系统类型。引擎管理模块 110 从引擎列表中找出其所依赖的操作系统类型与该设备所安装的操作系统类型相一致的引擎，作为该设备所支持的引擎。引擎管理模块 110 把收到的显示配置项中包括的微件的最大尺寸信息和文字的大小信息告知该设备所支持的引擎，并启动该设备所支持的引擎，以便这些引擎根据该设备的显示器特性显示各个微件。

第二阶段：利用启动的引擎 120 运行相应的微件

控制模块 100 检测收到的微件所依赖的引擎类型。控制模块 100 根据所保存的已启动的引擎信息和该微件所依赖的引擎类型，判断该微件所依赖的引擎在该设备中是否已经启动。当判断结果为肯定时，控制模块 100 向引擎管理模块 110 发送一个包含该微件所依赖的引擎类型的启动消息。引擎管理模块 110 根据收到的启动消息中所包括的引擎类型，通知相应的引擎 120 来运行该微件。

### 2.2 与申请人初步沟通，深入理解技术交底书

在阅读技术交底书初步理解本发明的技术方案后，往往需要与申请人进行初步沟通，以深入理解技术交底书。

#### 2.2.1 需要向申请人确认的问题

与申请人进行沟通时需要确认的问题通常包括两方面内容：向申请人确认对技术交底书中列出的技术问题和采用的技术方案；对申请人提供的技术方案还存在哪些疑问等。

具体到本案例，需要向申请人确认的问题包括：技术问题和相应的解决方案；本发明相对于台式计算机作出哪些主要改进；技术方案的可实施性；内容服务商提供的微件的有关情况。

（1）需要确认的技术问题、相应的解决方案

就本案而言，需要与申请人确认下述三个问题：

① 对于 Apple、Microsoft、Yahoo 等提供的微件，是否要预先下载相应的引擎 120，并且在引擎管理模块 110 中的引擎列表中是否需要填写好相应引擎名称、版本号、所依赖的操作系统类型等信息？换言之，在初始化阶段，是否需要下载这些主流供应商提供的微件应用程序，以使得引擎系统中具有能够分别运行 Apple、Microsoft、Yahoo 等提供的微件的相应的引擎 120，并需要在引擎管理模块 110 的引擎列表中填充相应信息？

② 若用于运行 Apple、Microsoft、Yahoo 提供的新的微件，当图 J－1 中的这些微件引擎 120 升级时，需要下载更新引擎系统中的原有引擎 120 并更新引擎管理模块 120 中的引擎列表吗？

③ 对于不是 Apple、Microsoft、Yahoo 提供的微件，为了显示这些微件，需要下载

运行这些微件的相应引擎吗?

(2) 确认本发明相比于台式计算机作出的主要改进

现有台式计算机，在 Apple 操作系统下，采用 Apple 桌面引擎，运行相应的 Apple 桌面微件；在 Microsoft 的操作系统下，采用 Vista 桌面微件引擎，运行相应的 Vista 桌面微件；在 IE 浏览器中，利用 Yahoo 微件引擎或 Google 微件引擎运行相应的微件。

就本发明相对于台式计算机作出的主要改进，需要申请人确认以下两个问题。

① 本发明的技术方案更像是将台式机上的多个微件引擎组合在一起，并设置了一张引擎列表；通过预先将这些引擎的信息（引擎名称、版本号、所依赖的操作系统类型）填入该引擎列表，实现自动识别用户欲使用的微件的类型，并通过控制模块 100 向引擎管理模块 110 发送一个启动消息，由引擎管理模块 110 根据该启动消息通知相应引擎，以调用与该类型相对应的引擎进而运行该微件，这样理解是否正确?

② 为了运行 Yahoo 微件、Apple 桌面微件、Vista 桌面微件，若本领域技术人员想到手机用户会有这种需求，是否很容易想到将台式计算机上的多个微件引擎组合在一起（即实现图 J-1 中的技术方案）?

(3) 技术方案实施的可行性

就技术方案实施的可行性而言，需要申请人确认两个问题：

① Apple 和 Microsoft 会分别将 Apple 桌面微件引擎、Vista 桌面微件引擎放在其网站上，并定期提供和更新相应的微件应用程序吗?

② 如何得到和更新 Apple 桌面微件引擎、Vista 桌面微件引擎及其对应的微件应用程序，并让其运行在手机上?

(4) 关注内容服务商提供的微件

对于内容服务商提供的微件，需要申请人确认三个问题：

① 在技术交底书中提到的 webwag mobile，能够运行 Yahoo 微件应用程序、Google 微件应用程序吗?

② 对于手机，有可能有类似 IE 浏览器这样的引擎，来运行基于 Web 页面的各种类型的微件程序吗?

③ 在手机上运行基于 Web 页面的各种类型的微件程序，与在台式计算机上运行基于 Web 页面的各种类型的微件程序，有哪些不同吗? 换言之，是否可以不作任何变化，就能直接将运行在台式计算机的浏览器中的微件运行在手机的 Web 浏览器中?

2.2.2 经申请人确认的内容

通过与申请人沟通，对于上述问题，得到如下四个方面的反馈信息。

(1) 确认的技术问题、相应的解决方案

对于技术问题和技术方案，申请人给出下述反馈信息：

① 对于 Apple、Microsoft、Yahoo 等提供的微件，需要预先下载相应的引擎 120，并在引擎管理模块 110 的引擎列表中，填写相应引擎名称、版本号、所依赖的操作系

统类型等信息。

② 若用于运行 Apple、Microsoft、Yahoo 提供的新的微件，当图 J－1 中的这些微件引擎 120 升级时，需要下载更新引擎系统中的原有引擎 120 并更新引擎管理模块 120 中的引擎列表。

③ 对于不是 Apple、Microsoft、Yahoo 提供的微件，为了显示这些微件，需要下载运行这些微件的相应引擎。

通过从申请人得到的上述反馈信息，可以得出如下结论：

当用户在网上看到一个喜欢的微件并想在自己的计算机上使用它时，若是首次运行该服务商提供的微件，用户仍旧需要下载对应的微件引擎。因此，对应于技术交底书中现有技术存在的问题一，本发明并没有提供相应的技术方案，以使得用户能够更便捷地将喜欢的微件运行在自己的计算机上；而对于技术交底书中现有技术存在的问题二，由于在初始化阶段已经下载了 Apple、Microsoft、Yahoo 这些主流供应商提供的微件引擎并在引擎管理模块 110 的引擎列表中填充了相应信息，因此，本发明的集成引擎系统，能够实现自动识别用户欲使用的微件的类型，并调用与该类型相对应的引擎来运行该微件。换言之，相对于技术交底书中现有技术存在的问题二，本发明提供了相应的技术方案。

（2）本发明相对于台式计算机作出的主要改进

申请人就本发明相对于现有技术中的台式计算机作出的主要改进给出下述两个反馈信息：

① 可以将本发明的技术方案理解为：将台式计算机上的多个微件引擎组合在一起，并设置一张引擎列表；通过预先将这些引擎的信息填入该引擎列表，实现自动识别用户欲使用的微件的类型，并通过控制模块 100 向引擎管理模块 110 发送一个启动消息，由引擎管理模块 110 根据该启动消息通知相应引擎，以调用与该类型相对应的引擎进而运行该微件。

② 若本领域技术人员想到手机用户会有这种需求，有可能想到将台式计算机上的多个 Widget 引擎组合在一起。

通过从申请人得到的上述反馈信息，可以得出如下结论：

为了避免将来在实质审查程序或无效宣告程序中审查员或无效请求人对该集成引擎系统的创造性提出质疑，需要提醒申请人注意能否对该集成引擎系统进行进一步的技术挖掘以提高其创造性的高度，从而为将来后续程序中可能出现的上述质疑做好防御准备。



（3）技术方案实施的可行性

就本发明技术方案实施的可行性，申请人给出了如下反馈信息。

① Apple 和 Microsoft 将其各自的桌面微件引擎放在其各自网站上并定期提供和更新相应的微件应用程序的可能性较小。微件引擎及其微件应用程序通常是随操作系统

提供的。

② 本发明的初衷还是更希望在手机上运行 Yahoo 或 Google 这些内容服务商提供的 Yahoo 微件应用程序、Google 微件应用程序；这些内容服务商提供的微件通常包括一些小图片或小动画，不仅使网页更美观，而且拥有更多的功能（如天气预报、股票信息等）。

通过从申请人得到的上述反馈信息，可以得出如下结论：

集成引擎系统的商用前景不是很乐观，将来出现与该集成引擎系统的技术方案相同或等同的侵权产品的可能性较小，需要提醒申请人思考该专利申请的商用价值。

（4）关注内容服务商提供的微件

就内容服务商提供的微件而言，申请人提供的反馈信息如下：

① 在技术交底书中提到的 webwag mobile，不能够运行 Yahoo 微件应用程序、Google 微件应用程序。因为在 webwag mobile 上运行的微件是针对该手机的硬件配置、软件环境而特别设计的（即针对该手机的操作系统而设计的运行在手机桌面上的微件应用程序）。

② 若在 IE 浏览器中运行的微件应用程序是用 XML 语言编写，那么，在手机上的 Web 浏览器（登录 Web 网页的引擎）中就有可能显示这些微件。

③ 若不做任何变化，运行在台式计算机的浏览器中的微件是不能运行在手机的 Web 浏览器中的。因为，移动终端与台式计算机（笔记本）的硬件配置、软件环境不同，需要根据每个手机设备自身的一些信息（例如：手机显示屏的尺寸）来调整微件的配置文件。

通过从申请人得到的上述反馈信息，可以得出如下结论：

本发明提供的一种用于显示微件的集成引擎系统，可以总结为：该集成引擎系统能够集成 Apple 桌面微件引擎、Vista 桌面微件引擎以及能够在手机上显示 Yahoo 微件应用程序和 Google 微件应用程序的基于 Web 浏览器的微件引擎；该 Apple 桌面微件引擎和 Vista 桌面微件引擎与 Apple 和 Microsoft 的操作系统相关，而手机上的基于 Web 浏览器的微件引擎需要对台式计算机上显示的微件的配置文件进行适应性调整。在该集成引擎系统中，设置了一张引擎列表；通过预先将这些引擎的信息（引擎名称、版本号、所依赖的操作系统类型）填入该引擎列表，实现自动识别用户欲使用的微件的类型，并通过控制模块 100 向引擎管理模块 110 发送一个启动消息，由引擎管理模块 110 根据该启动消息通知相应引擎，以调用与该类型相对应的引擎进而运行该微件。

### 2.2.3 重新确定本发明要解决的技术问题和技术方案

在与申请人的上述沟通过程中，申请人认为，在手机上运行 Yahoo 或 Google 这些内容服务商提供的 Yahoo 微件应用程序、Google 微件应用程序，会是将来移动互联网的一个应用前景。因此，本发明提供的技术方案还是应当基于在手机上运行 Yahoo 或 Google 这些内容服务商提供的 Yahoo 微件应用程序、Google 微件应用程序。在手机上显示 Apple 桌面微件应用程序、Vista 桌面微件应用程序，意义不大。换言之，申请人放弃了在原技术交底书中提供的集成引擎系统。

根据申请人的上述意见，重新确立的本发明要解决的技术问题是：在类似手机这样的设备上，运行由内容服务商提供的各种各样的微件应用程序。针对该技术问题，本发明提供的技术方案与现有技术中的在台式计算机上运行微件应用程序相比，其核心技术特征是：获得该微件的配置文件；针对手机的硬件配置、软件环境，对该微件配置文件进行适应性调整。

在对技术问题和相应技术方案进行重新确立和澄清后，对于该技术方案相对于现有技术是否具备新颖性，专利代理人与申请人进行了进一步的核实：

首先，相对于 webwag mobile 上运行的微件，其解决方案是直接调用相应的微件引擎，不需要得到微件的配置文件，更不需要对该配置文件进行适应性调整。

其次，相对于台式计算机上运行的桌面微件，其解决方案是根据桌面微件的类型而调用相应的微件引擎（Apple 桌面微件引擎或 Vista 桌面微件引擎），不需要特别得到微件配置文件，更不需针要对该配置文件进行适应性调整。

最后，相对于台式计算机上运行的基于 Web 的微件（最接近的现有技术），其解决方案是，将得到的微件的配置文件直接输出给 IE 引擎；但是，台式计算机上的基于 Web 的微件，不需要对该配置文件进行适应性调整。

相对于目前了解到的现有技术，初步确认上述技术方案具备新颖性。

### 2.3 与申请人进一步沟通，充分探讨技术方案的不同实现方式

通过上述与申请人的沟通，明确了本发明技术方案的核心技术特征是：获得该微件的配置文件；针对手机的硬件配置、软件环境，对该微件配置文件进行适应性调整。围绕该核心技术特征以及与该核心技术特征相关的其他特征，与申请人作进一步沟通，充分探讨该技术方案的不同实现方式。

#### 2.3.1 针对核心技术特征的不同实现方式

通过与申请人进一步沟通，申请人对配置文件的定义、获得配置文件的途径、调整配置文件的依据、对配置文件进行适应性调整的示例等内容作出补充说明。

（1）配置文件的定义

配置文件包括：与手机硬件配置（例如 CPU 的处理速度和缓存器的大小等）相对应的参数，与软件环境（例如浏览器类型和版本、是否支持 MP4、被调用的 API 函数的系统路径等）相对应的参数，与显示器配置信息（例如显示器的尺寸和分辨率）相对应的参数。可以将手机的这些硬件资源和软件资源概括为用于运行微件应用程序的系统参数。

（2）获得配置文件的途径

可以通过两种途径获得配置文件。一种途径是：若微件应用程序是采用例如 XML

语言编写的，则对微件应用程序进行解析而获得该微件的配置文件；另一种途径是：若内容服务商将配置文件作为一个专用文件附加在微件应用程序中的某个固定位置（例如微件应用程序的头部或尾部），则可以直接从该微件应用程序中提取该配置文件。

（3）对该微件配置文件进行适应性调整的依据

对该微件配置文件进行调整，可以考虑两个方面的因素。

① 手机设备的属性信息。手机设备的属性信息，可以包括手机的硬件配置（例如 CPU 的处理速度和缓存器的大小等）和/或软件环境参数（例如浏览器类型和版本、是否支持 MP4 等）。

关于如何获取手机设备的属性信息，可以有两种途径：若手机设备的属性信息被预先存储在手机设备的存储器中，则可以直接读取该属性信息；而若手机设备中未预先存储该属性信息或仅存储了部分属性信息，也可以通过执行一定的指令来检测并获得该手机设备的属性信息。

② 手机配备的显示器的配置信息。例如，可以根据显示器的尺寸和分辨率等对该微件的配置文件进行适应性调整。

（4）对配置文件进行适应性调整的示例

根据手机设备的属性信息和/或手机配备的显示器的配置信息，就如何对配置文件进行适应性调整，申请人给出了如下三个示例。

示例 1：对于一个播放音频数据的微件应用程序，若属性信息表明该手机设备的 CPU 的处理速度和缓存器的大小不能满足配置文件中运行该微件应用程序的系统参数的要求，则可以将该配置文件进行适应性调整，例如将音频参数 128kbps 调整为 32kbps，以使音频数据能够被手机设备播放。

示例 2：若属性信息表明该手机设备所配的显示器（即与移动终端耦合连接的显示器）的分辨率远远低于配置文件中的系统参数的要求，则可以将该配置文件进行适应性调整，例如将像素数据转换为矢量数据，从而使微件能够在显示器上正确地显示。

示例 3：若属性信息表明该手机设备所配的显示器的尺寸使得浏览器显示页面的有效可视区域不足以容纳一定数量的微件，则可以对该配置文件进行适应性调整。一种可选的方案是将微件相应地缩小为一个图标，待用户选定后再弹出微件窗口；另一种可选的方案是相应地增加有关控件（control）滚动条（scroll bar）的信息，以使得各微件能够通过页面元素（element）滚动条而显示在浏览器窗口中。

根据上述配置文件的具体内容（即配置文件的定义）、获得配置文件的具体途径、调整配置文件的依据以及对配置文件进行适应性调整的三个具体示例，可以得到实现本发明的技术方案的多个具体实施方式或实施例。在本案例中，可以将获得配置文件的具体途径作为主线，结合两个附图分别描述两个具体的技术方案。

在第一个实施方式中，通过对微件应用程序进行解析而获得该微件的配置文件。由于需要对该微件应用程序进行解析并根据运行该微件应用程序的手机设备的属性信息对该解析得到的配置文件进行调整，因此，在该实施方式中应当包括一个解析模块（用于对微件应用程序进行解析而获得该微件的配置文件）和一个调整模块（用于根据手机设备的属性信息对该配置文件进行适应性调整）。在实际应用中，该解析模块和调整模块既可以以计算机软件方式实现，又可以以计算机硬件方式实现。针对以计算机硬件方式实现，可以利用现场可编程门阵列（FPGA）将计算机软件固化而实现。

根据申请人提供的上述信息，与申请人一起绘制了下述的图 J－4 和图 J－5，分别表示在第一个实施方式中的各组成模块的示意图以及各组成模块所执行的步骤的流程图。

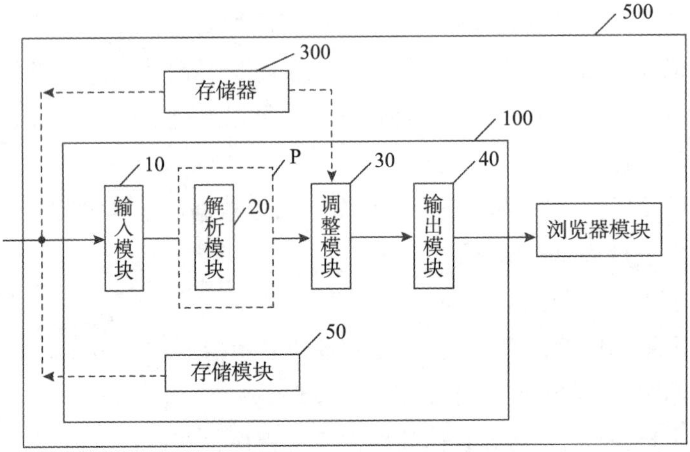


**图 J－4　用于运行微件的装置第一种实施方式的示意图**

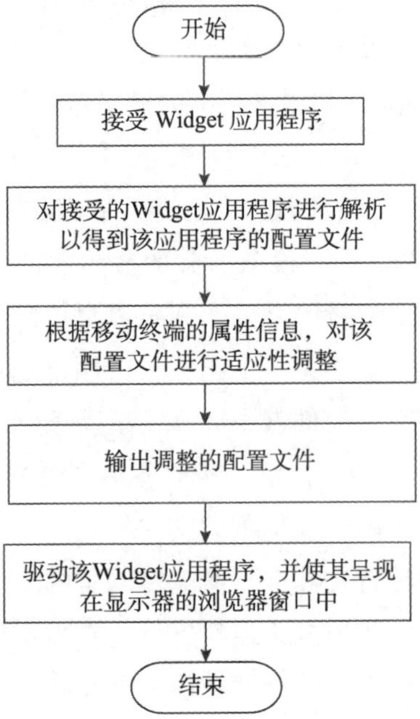


**图 J－5　用于运行微件的方法第一种实施方式的流程图**

第五章

在第二个实施方式中，针对内容服务商将配置文件作为一个专用文件附加在微件应用程序中的某个固定位置（例如微件应用程序的头部或尾部），提出了可以直接从该微件应用程序中提取该配置文件的解决方案。在该实施方式中，不仅包括一个识别模块和一个搜索模块以实现从该微件应用程序中直接提取该配置文件，而且还包括一个解析模块和一个调整模块以应对在内容服务商没有提供专用文件的情况下通过对微件应用程序进行解析而获得该微件的配置文件。其中：识别模块，可以根据预先获得的应用程序服务商的标识来获得提供给 Widget 的应用程序服务商的信息；搜索模块，可以根据该应用程序服务商的信息，搜索与该应用程序服务商提供的微件相匹配的配置文件；解析模块，用于在未搜索到与该应用程序服务商提供的微件相匹配的配置文件时，对微件应用程序进行解析而获得该微件的配置文件；调整模块，用于根据手机设备的属性信息对该配置文件进行适应性调整。

与第一实施方式类似，根据申请人提供的上述信息，与申请人一起绘制了下述图 J－6 和图 J－7，分别表示第二个实施方式中各组成模块的示意图以及各组成模块所执行的步骤的流程图。

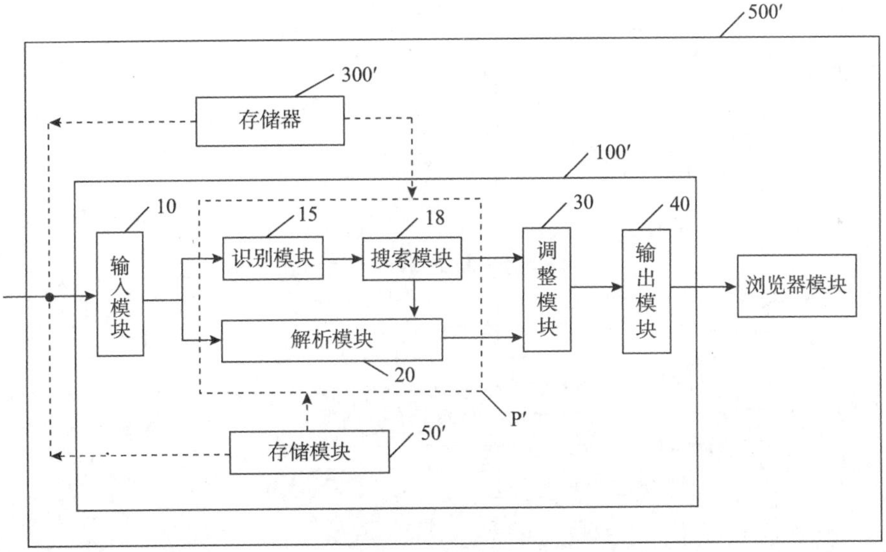


**图 J－6　用于运行微件的装置第二种实施方式的示意图**

2.3.2　针对其他技术特征的不同实现方式

除了围绕上述核心技术特征提供了两种实施方式的各种可能变形外，对于技术方案中可能涉及的技术内容，申请人还补充了以下信息。

（1）配置文件的内容

除了上述用于运行微件应用程序的系统参数外，配置文件中还可以包括用户参数和结构数据。

用户可以借助手机设备的输入装置（如键盘）来修改该用户参数以便为用户提供

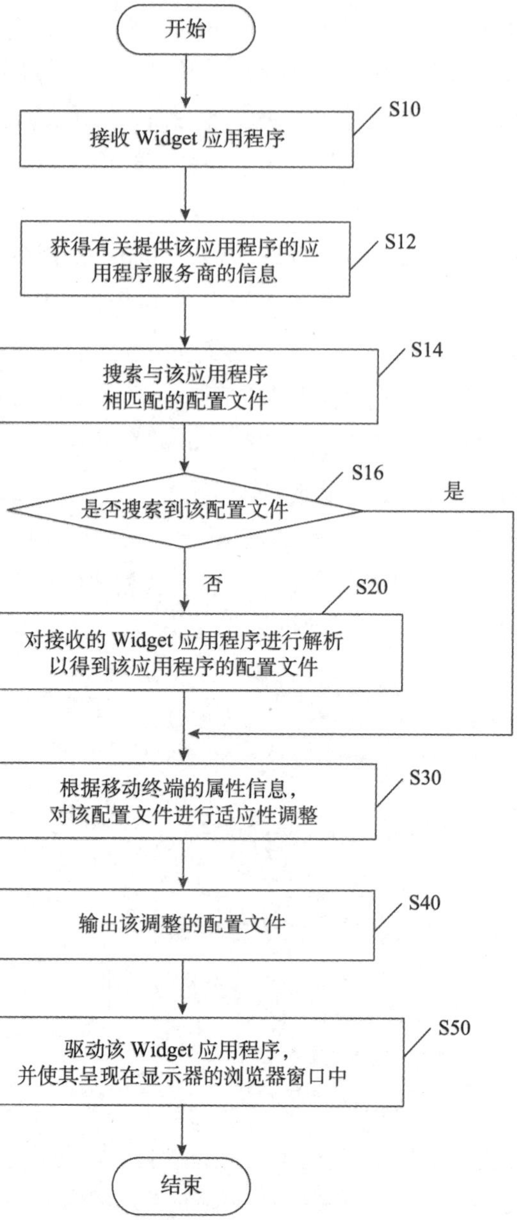


**图 J-7　用于运行微件的方法第二种实施方式的流程图**



定制的微件应用程序。例如：对于一个提供天气预报的微件应用程序，用户可以通过修改用户参数来选择显示特定时段内的天气预报。

结构数据通常是关于微件的一些图形界面的设置参数，例如：多个微件在浏览器窗口中的布局、每个微件的窗口尺寸等。根据用户的需求，可以修改该结构数据，例如可以根据用户的喜好来确定在浏览器窗口中显示的微件图标的数目。

（2）存储器

用于存储手机设备的属性信息的存储器，可以是手机设备内的存储器，也可以是可插入手机设备的一个存储卡。

有关存储器的位置，可以分别参见图 J－4 和图 J－6。其中，附图中显示的存储器表示手机设备内的存储器；附图中显示的存储模块表示可插入手机设备的一个存储卡。

（3）应用

本发明的技术方案不仅可以应用在手机设备上，还可以应用于 PDA（个人数字助理）等其他移动终端上。

2.3.3 根据核心技术特征和其他技术特征，对技术方案的不同实施方式进行总结整理

通过上述沟通与探讨，将申请人补充提供的相关技术内容总结如表 J－2 所示。

**表 J－2 在手机设备上用于运行微件应用程序的技术特征及其实施方式**

| 技术特征 | 具体实施方式 |
| --- | --- |
| 获得微件的配置文件 | 1. 如何获得微件的配置文件<br>①对微件应用程序进行解析<br>②直接获得配置文件<br>包括：（i）微件程序中附加；（ii）存储在手机本地（技术交底书中的方式）或从应用程序服务商的服务器下载。<br>2. 配置文件涉及的参数应当包括<br>①系统参数<br>其与手机设备的属性信息（硬件配置、软件环境、显示器配置信息）相对应，具体为：<br>（i）手机硬件配置：CPU 的处理速度和缓存器的大小等；<br>（ii）软件环境：浏览器类型和版本、是否支持 MP4 等；<br>（iii）显示器配置信息：显示器的尺寸和分辨率等。<br>②用户参数<br>关于使用该微件的用户的个性化信息，例如：借助手机输入装置，实现用户定制或用户交互功能（如预订特定时段内天气预报），即提供用户参数供用户来修改和定制。<br>③结构数据<br>关于微件的一些图形界面的设置参数，例如：多个微件在浏览器窗口中的布局、每个微件的窗口的尺寸等 |
| 获得手机的属性信息 | 直接读取或检测得到 |
| 对该微件配置文件进行适应性调整 | 1. 适应手机的 CPU 和缓存<br>例如：对于一个播放音频数据的微件应用程序，若属性信息表明该移动终端 500 的 CPU 的处理速度和缓存器的大小不能满足配置文件中的运行该微件应用程序的系统参数的要求，则可以将该配置文件进行适应性调整，例如将音频参数 128kbps 调整为 32kbps，以使得音频数据能够被移动终端 500 播放。 |

续表

| 技术特征 | 具体实施方式 |
| --- | --- |
| 对该微件配置文件进行适应性调整 | 2. 适应手机的显示器的分辨率和显示器尺寸<br>例如：若属性信息表明该移动终端500所配的显示器（即与移动终端耦合连接的显示器）的分辨率远远低于配置文件中的系统参数的要求，则可以将该配置文件进行适应性调整，例如将像素数据转换为矢量数据，从而使得微件能够在显示器上正确地显示。<br>3. 其他示例<br>若属性信息表明该移动终端500所配的显示器的尺寸使得浏览器显示页面的有效可视区域不足以容纳一定数量的微件，则可以对该配置文件进行适应性地调整。一种可选的方案是将微件相应地缩小为一个图标，待用户选定后再弹出微件窗口；另一种可选的方案是相应地增加有关控件（control）滚动条（scroll bar）的信息，以使得各微件能够通过页面元素（element）滚动条而显示在浏览器窗口中 |
| 其他变形 | 1. 存储器位于手机内的存储器中或位于可插入手机的存储卡中。<br>2. 不仅适用于XML语言编码的微件。<br>3. 不仅适用于手机，也适用其他移动终端（PDA） |

总之，通过上述三个步骤（阅读申请人提供的技术交底书，初步理解该技术方案；与申请人初步沟通，深入理解该技术方案；与申请人进一步沟通，充分理解该技术方案），专利代理人逐渐对该技术方案有了更加深入和充分的理解。在此基础上，专利代理人开始撰写权利要求书和说明书。

## 3　撰写权利要求书

权利要求书是专利申请文件的核心组成部分，在专利申请、审批及授权后的专利侵权诉讼等方面都起着重要的作用。为了更好地保护申请人的发明创造，在撰写权利要求书时，专利代理人通常从以下几个角度来考虑权利要求的撰写。

首先，确定保护的主题。在确定保护主题时，通常应当考虑将来可能存在的侵权主体以及在诉讼中如何更容易地确定侵权主体，以确定权利要求的主题名称和权利要求的撰写形式。

其次，需要确定保护的范围。每个权利要求均为一完整的技术方案，其各自的保护范围由独立权利要求记载的技术特征、各从属权利要求引用关系及附加技术特征所确定。

最后，所撰写的整个权利要求书（包括各从属权利要求的引用关系）应当清楚、简要地限定要求专利保护的范围。

在本小节中，将结合本案例，对这几个方面进行较为详细的阐述。

### 3.1　确定保护主题

在通常情况下，根据可能存在的侵权产品或实施侵权的主体来确定保护主题。涉及计算机程序的发明专利申请，其权利要求可以撰写成一种方法权利要求，也可以撰写成一种产品权利要求（即实现该方法的装置）。对于方法权利要求，通常记载组成该方法流程的步骤；对于产品权利要求，按照《专利审查指南2010》第二部分第九章第5.2节规定："如果全部以计算机程序流程为依据，按照与该计算机程序流程的各步骤完全对应一致的方式，或者按照与反映该计算机程序流程的方法权利要求完全对应一致的方式，撰写装置权利要求……"目前，对于涉及计算机程序的发明专利申请的产品权利要求，一般采取将其各组成部分与该计算机程序流程的各个步骤或者该方法权利要求中的各个步骤完全对应一致的方式来撰写。

对于本案例，撰写的权利要求书将包括两个独立权利要求："用于运行应用程序的方法"和以功能模块构架方式表述的"用于运行应用程序的装置"。

### 3.2 独立权利要求

权利要求书是一份专利申请文件的核心。独立权利要求因其保护范围比该独立权利要求的各个从属权利要求的保护范围宽，因此，在一份权利要求书中，独立权利要求有着更为重要的地位。

在撰写独立权利要求时，需要筛选必要技术特征以便确定合适的保护范围。此外，采用上位或者并列概括的技术特征，亦会为申请人寻求较宽的保护范围。

#### 3.2.1 选择解决本发明技术问题的必要技术特征

选择必要技术特征，包括两个方面：确定必要技术特征和排除非必要技术特征。

（1）确定必要技术特征

根据《专利审查指南2010》第二部分第二章第3.1.2节和第3.3.1节规定：在撰写独立权利要求时，应当首先确定本发明要解决的技术问题；然后，确定本发明为解决该技术问题必不可少的技术特征，其中，与最接近的现有技术不同的技术特征为区别技术特征，其他为与最接近的现有技术共有的技术特征，这些共有的技术特征与该区别技术特征合在一起构成的技术方案能够解决该技术问题。

具体到本案例，本发明要解决的技术问题是：在手机这样的不同于台式计算机的设备上，运行由内容服务商提供的各种各样的微件应用程序。根据该技术问题，在本发明中，按照获得配置文件的途径，主要提供了两个实施方式。

按照本发明的第一个实施方式，首先，接收以XML语言制作的微件应用程序。接着，对该接收的微件应用程序进行解析以得到该应用程序的配置文件。然后，根据该可得到的属性信息，对该配置文件进行适应性调整。例如：对于一个播放音频数据的微件应用程序，若属性信息表明移动终端的CPU的处理速度和缓存器的大小不能满足配置文件中运行该微件应用程序的系统参数的要求，则可以将该配置文件进行适应性调整，例如将音频参数128kbps调整为32kbps，以使音频数据能够被移动终端播放。将该调整的配置文件输出给浏览器模块。浏览器模块驱动该微件应用程序，并使其呈现在显示器的浏览器窗口中。

按照本发明的另一个实施方式，首先，接收微件应用程序。其次，根据预先获知的应用程序服务商的标识，获得有关提供该微件应用程序的应用程序服务商的信息。根据该应用程序服务商的信息，搜索与该应用程序服务商提供的微件应用程序相匹配的配置文件。再次，判断是否搜索到该配置文件。若未能搜索到与该应用程序服务商提供的微件应用程序相匹配的配置文件，则对该接收的微件应用程序进行解析以得到该应用程序的配置文件。将搜索得到的或通过解析得到的配置文件提供给一个调整模块，以根据可得到的属性信息，对该配置文件进行适应性调整。最后，将该调整的配置文件输出给浏览器模块。浏览器模块驱动该微件应用程序，并使其呈现在显示器的浏览器窗口中。

从本发明的上述两个实施方式可以得出，解决上述技术问题的必要技术特征为：①接收该微件应用程序；②获得该微件应用程序的配置文件；③针对手机的硬件配置、软件环境等，能够对该配置文件进行适应性调整。其中，后两个技术特征是与最接近的现有技术不同的区别技术特征，第一个技术特征是与最接近的现有技术共有的技术特征。

（2）排除非必要技术特征

由于在判定被诉侵权技术方案是否落入专利权的保护范围时，将审查权利要求所记载的全部技术特征，因此，应当尽量避免将非必要技术特征写入独立权利要求中。

具体到本案例，有关用于对接收的微件应用程序进行解析以得到配置文件的解析模块，以及用于显示被运行的微件应用程序的浏览器模块都是不应写入独立权利要求中的非必要技术特征。

① 解析模块：如上文所述，可以有两种方式获得配置文件，即：对微件应用程序进行解析而获得该微件的配置文件；若配置文件位于微件应用程序中的固定位置，则可以直接从该微件应用程序中提取该配置文件。因此，可以将上述两种获得配置文件的方式概括为“根据接收的应用程序，获得该应用程序的配置文件”，不需要在独立权利要求中将获取配置文件的方式具体限定为通过对接收的微件应用程序进行解析而得到该配置文件。

② 浏览器模块：如本领域的技术人员可以想到的，在根据设备的属性信息对微件应用程序的配置文件进行调整后，可以将该调整的配置文件提供给一个现有技术中的浏览器模块。例如：对于采用 XML 编程的微件应用程序，可以将该调整后的配置文件提供给一个在手机设备中的类似台式计算机中的 IE 浏览器模块，以运行具有该调整后的配置文件的微件应用程序；换言之，该浏览器模块，不是解决本发明的技术问题所必要的技术特征。因此，在独立权利要求中不应写入浏览器模块这一技术特征。

### 3.2.2 采用合适的撰写表述方式，寻求较宽的保护范围

在撰写权利要求时，为寻求较宽的保护范围，常采用两种撰写方式：概括方式表

述的技术特征；和功能性限定的技术特征。

（1）概括方式表述的技术特征

在实践中，通常采用对多个实施例或实施方式进行概括的方式以使得权利要求的保护范围尽可能覆盖到说明书中的实施例或实施方式的等同替代或明显变形。

在本案例中，如本节 2.3.1 之（2）中所述，可以有两种途径获得配置文件，即：对微件应用程序进行解析而获得该微件的配置文件，或若配置文件位于微件应用程序中的固定位置则可以直接从该微件应用程序中提取该配置文件。因此，在独立权利要求 1 中，可以将上述两种获得配置文件的方式上位概括为“根据接收的应用程序，获得该应用程序的配置文件”。

（2）功能性限定的技术特征

在电学领域专利申请的代理实践中，功能性限定的技术特征，是在产品权利要求的撰写过程中常常采用的特征表述方式。使用功能性限定，需要特别注意两点：在说明书中，应当尽可能多地给出实施方式或实施例，以使得包含该功能性特征的权利要求的保护范围能够得到说明书的支持；该功能性特征的限定应当恰当，尤其应当区别于现有技术中的具体技术特征。

如上文所述，对于根据设备的属性信息对配置文件进行适应性调整，在本发明中给出了多个实施方式，因此，在产品独立权利要求 11 中可以采用功能性限定的技术特征“用于基于可得到的用于运行该应用程序的设备的属性信息对该配置文件进行适应性调整的单元”。

3.2.3 最后完成的方法独立权利要求和产品独立权利要求

通过上述分析，最后完成的方法独立权利要求 1 为：

1. 一种用于运行应用程序的方法，包括：

接收该应用程序；

根据该接收的应用程序，获得该应用程序的配置文件；

基于可得到的用于运行该应用程序的设备的属性信息，对该配置文件进行适应性调整，以运行该应用程序。

在撰写方法独立权利要求 1 后，由于该方法独立权利要求中记载的技术方案可以全部以计算机程序来实施，因此，按照《专利审查指南 2010》第二部分第九章第 5.2 节中有关功能模块构架的装置权利要求的撰写要求，可以采用与该方法独立权利要求中记载的各步骤完全对应一致的方式来撰写装置权利要求，最后完成的产品独立权利要求 11 为：

11. 一种用于运行应用程序的装置，包括：

用于接收该应用程序的单元；

用于根据该接收的应用程序，获得该应用程序的配置文件的单元；

用于基于可得到的用于运行该应用程序的设备的属性信息对该配置文件进行适应

性的调整，以运行该应用程序的单元。

## 3.3 从属权利要求

在审查程序、无效宣告程序、侵权诉讼或者专利转让/许可中，从属权利要求都具有重要的价值，因此，专利代理人同样也需要熟练掌握从属权利要求的撰写技巧。

为帮助读者更好地提高撰写从属权利要求的能力，下面先对撰写从属权利要求时应当考虑的几个问题进行说明，在此基础上，再结合本案例具体说明如何撰写从属权利要求。

### 3.3.1 撰写从属权利要求应当考虑的问题

作为专利代理人，在撰写从属权利要求时，应当至少注意三点：选择附加技术特征；构建有层次的保护范围；合理利用权利要求之间的引用关系。

（1）选择附加技术特征

在实践中，写入从属权利要求中的附加技术特征，通常包括两类：限定型技术特征和附加型技术特征。限定型技术特征，是指对所引用的权利要求的技术特征作进一步限定的技术特征；由限定型技术特征进一步限定的技术方案一般对应于实施方式或实施例中的具体技术方案，因此其对权利要求的保护范围会限定得十分明确。附加型技术特征，是指对所引用的权利要求而言增加的技术特征；该增加的技术特征，往往能够带来进一步的技术效果。

（2）构建有层次的保护范围

在独立权利要求的基础上，通过引用关系对独立权利要求中的技术特征进行进一步限定或增加附加技术特征，会缩小保护范围，形成一种保护范围“上宽下窄”的倒金字塔结构。

众所周之，在一份权利要求书中，独立权利要求的保护范围是最大的。通常，保护范围越大，在将来的侵权诉讼中，越有可能覆盖竞争对手的产品；但是，保护范围相对较小的从属权利要求，更有可能针对具体的侵权产品，更有利于法官在侵权诉讼中的判断，而且，范围相对较小的从属权利要求，其在将来无效宣告程序中的稳定性也较强。因此，在写好独立权利要求的同时，选择从属权利要求中的技术特征、撰写合适的从属权利要求的技术方案，以构建更有层次的保护范围，对于申请人的权利保护也是至关重要的。

（3）合理利用权利要求之间的引用关系

《专利法实施细则》第22条第2款和《专利审查指南2010》第二部分第二章第3.2节规定，从属权利要求应当包括引用部分和限定部分，其引用部分可以采用引用两项以上在前的权利要求的方式，但这种引用两项以上在前权利要求的多项从属权利要求只能以择一方式引用在前的权利要求，且在后的多项从属权利要求不能引用在前的多项从属权利要求。因此，在撰写从属权利要求时，应当合理地利用权利要求之间的引用关系，一方面，尽可能采用引用两项以上在前权利要求的多项从属权利要求以减少权利要求的项数，不仅使得权利要求书更为简要，且可减少申请附加费用；另一方面，该多项从属权利要求应当采用择一引用方式，并且应当避免出现一项多项从属权利要求引用另一项在前的多项从属权利要求，以符合《专利法实施细则》和《专利审查指南2010》中的上述规定。总之，利用权利要求之间的引用关系对欲保护的技术方案进行合理布局也相当重要，在实践中（尤其是在后续无效宣告程序中）更可以起到一定的防御作用。

3.3.2 完成从属权利要求的撰写

下面结合本案例，从哪些技术特征应当作为附加技术特征写入从属权利要求、如何利用从属权利要求构建有层次的保护范围、正确理解权利要求之间的引用关系这几个方面，来论述本发明的从属权利要求的撰写。

本发明中，以下技术特征可以作为从属权利要求的附加技术特征：

① 对接收的应用程序进行解析，以生成该配置文件；

② 获得有关提供该应用程序的应用程序服务商的信息，根据所述应用程序服务商的信息，搜索与该应用程序相匹配的配置文件；

③ 特征②中的配置文件可以附加在该应用程序中；

④ 特征②中的配置文件可以预先存储在一个机器可读介质中；

⑤ 该配置文件可以包括系统参数、用户参数和结构数据之一；

⑥ 该移动终端的属性信息可以包括移动终端的硬件配置、移动终端的软件环境和与移动终端耦合的显示装置的配置信息之一；

⑦ 所述系统参数包括预定的显示装置的尺寸和分辨率，根据所述显示装置的配置信息对所述配置文件进行适应性调整的步骤包括将所述应用程序的像素数据转换为矢量数据；

⑧ 接收来自可与该移动终端耦合的一个输入装置的控制指令，可以根据该控制指令，对该配置文件进行进一步的调整；

⑨ 该应用程序是一种插件程序。

在上述特征中，技术特征①至⑦和技术特征⑨属于限定型技术特征，技术特征⑧属于附加型技术特征。下面，针对这些限定型技术特征、附加型技术特征，撰写相应的从属权利要求技术方案，以说明如何构建保护范围的层次以及合理利用权利要求之间的引用关系。

上述技术特征①和技术特征②，是对独立权利要求1中的技术特征“根据接收的应用程序，获得该应用程序的配置文件”中的获得配置文件的方式的进一步限定，因此，针对这两个技术特征分别撰写一项引用权利要求1的从属权利要求2和从属权利要求3。其中，技术特征①和技术特征②亦可以组成一个技术方案，如图J－7所示，但是，考虑到在后的一项多项从属权利要求的引用关系（参见下文从属权利要求6的说明），在本案例中，没有采用从属权利要求 3 引用权利要求 1 或权利要求 2 的引用方式，而是在从属权利要求 3 的引用部分仅引用了权利要求 1，从而权利要求 2 和从属权利要求 3 成为该组权利要求中两项并列的处于第一层次的从属权利要求：

2. 如权利要求 1 所述的方法，其中，获得所述配置文件的步骤包括：对所述接收的应用程序进行解析，以生成所述配置文件。

3. 如权利要求 1 所述的方法，其中，获得所述配置文件的步骤包括：获得有关提供所述应用程序的应用程序服务商的信息；根据所述应用程序服务商的信息，搜索与所述应用程序相匹配的配置文件。

上述技术特征③和技术特征④是对权利要求 3 中的技术特征“根据所述应用程序服务商的信息，搜索与所述应用程序相匹配的配置文件”中的配置文件的位置的进一步限定，因此，根据这两个技术特征分别撰写一项引用权利要求 3 的从属权利要求，成为该组权利要求中两项并列的处于第二层次的从属权利要求：

4. 如权利要求 3 所述的方法，其中，所述配置文件附加在所述应用程序中。

5. 如权利要求 3 所述的方法，其中，所述配置文件预先存储在一个机器可读介质中。

上述技术特征⑤，不仅是对独立权利要求 1 中的技术特征“配置文件”的进一步限定，而且对权利要求 2 至 5 中的各项权利要求中的“配置文件”也适用，因此，可以考虑将其撰写成引用权利要求 1 至 5 中任一项的多项从属权利要求：

6. 如权利要求 1 至 5 中任意一项所述的方法，其中，所述配置文件至少包括：系统参数、用户参数和结构数据之一。

上述技术特征⑥是对独立权利要求 1 中的技术特征“属性信息”的进一步限定。考虑到该属性信息应当与配置文件中的参数相对应，因此，将权利要求 7 撰写成引用权利要求 6 的从属权利要求：

7. 如权利要求 6 所述的方法，其中，所述属性信息至少包括：所述设备的硬件配置、所述设备的软件环境和与所述设备耦合的显示装置的配置信息之一。

上述技术特征⑦是当将从属权利要求 6 中的技术特征“系统参数”进一步限定为“预定的显示装置的尺寸和分辨率”时，根据从属权利要求 7 中的技术特征“显示装置的配置信息”，对权利要求 1 中的“对该配置文件进行适应性的调整”作出进一步的限定。因此，将权利要求 8 撰写为权利要求 7 的从属权利要求：

8. 如权利要求 7 所述的方法，其中，所述系统参数包括预定的显示装置的尺寸和分辨率，根据所述显示装置的配置信息对所述配置文件进行适应性的调整的步骤包括将所述应用程序的像素数据转换为矢量数据。

上述技术特征⑧是在独立权利要求 1 中的技术方案的基础上，增加了有关输入控制指令的特征，其带来的进一步的技术效果是：权利要求 8 所限定的技术方案可增强与用户的互动性。从技术内容看，该技术特征可以与权利要求 1～8 中的任意一个技术方案进行组合，但是，考虑到权利要求 6 是一项多项从属权利要求，因此，将权利要求 9 撰写为引用权利要求 1 ~5 中任意一项权利要求的从属权利要求：

9. 如权利要求 1 ~5 中任意一项所述的方法，还包括：接收来自可与所述设备耦合的输入装置的控制指令；根据该控制指令，对所述配置文件进行进一步调整。

上述技术特征⑨是对权利要求 1 中的技术特征“应用程序”的进一步限定。该技术特征对权利要求 2 ~8 中的“应用程序”也同样适用。考虑到权利要求 6 是一项多项从属权利要求，因此，将权利要求 10 撰写为引用权利要求 1 ~5 中任意一项权利要求的从属权利要求：

10. 如权利要求 1 ~5 中任意一项所述的方法，其中，所述应用程序是一种插件程序。

对产品从属权利要求的撰写，基本上与方法从属权利要求的撰写思路相同，这里不再重复说明。所撰写的产品从属权利要求，参见后面推荐文本。

### 3.4 权利要求的审核

一项权利要求是否清楚，通常涉及权利要求的保护范围和保护类型两个方面。一些专利代理人认为，权利要求的保护范围，可以通过说明书及其附图的解释进行澄清，因此，对于权利要求的清楚性未给予足够的重视。然而，值得注意的是，无论是在后续的无效宣告程序中，还是在侵权诉讼程序中，尽管《专利法》第 59 条规定了说明书及附图可以用于解释权利要求的内容，但不能将仅在说明书或者附图中描述而在权利要求中未记载的技术方案纳入专利权的保护范围。换言之，“解释”不同于“限定”。通常，“限定”的结果导致保护范围的缩小，而“解释”既有可能缩小保护范围，也有可能扩大保护范围。

在撰写权利要求书后，还应当根据主要法条对权利要求进行初步审核。在本申请案的初步审核过程中，主要涉及的法条包括：《专利法》第 2 条第 2 款涉及的可专利主题、《专利法》第 22 条第 2 款涉及的新颖性、《专利法实施细则》第 20 条第 2 款涉及的必要技术特征、《专利法》第 26 条第 4 款涉及的权利要求的清楚性。

## 4 说明书的撰写

在完成权利要求书的撰写后，着手撰写说明书。在撰写说明书的过程中，有时候还需要针对一些技术细节与申请人进行进一步的沟通。根据申请人补充的技术内容，有时候还需要对权利要求书作出进一步的修改。在撰写说明书时，尤其需要注意的是：对于说明书中的实施方式以及技术术语等，应当根据修改后的权利要求书进行描述，从而使得权利要求书中记载的技术方案和要求保护的范围能够得到说明书的实质性支持。

以下重点说明在撰写本申请案说明书各个组成部分时应当注意的问题，读者可结合附在此后的推荐的说明书的具体内容来加深理解。

（1）发明名称

说明书的发明名称应当反映独立权利要求的主题和类型。具体到本案例的发明名称，可写成“用于运行应用程序的方法和装置”。

（2）技术领域

在技术领域这个部分，应当写明本发明直接应用的技术领域。需要注意的是，不宜将区别技术特征写入技术领域部分。具体到本案例，可写成：

本发明涉及一种运行应用程序的方法和装置，具体涉及一种能够在移动终端上运行该应用程序的方法和装置。

（3）背景技术

在这一部分至少应当对最接近的现有技术作出说明。对本专利申请来说，至少应当对其操作系统能够支持微件应用程序的特定手机进行描述。此外，对背景技术的描述应当简洁清楚，尤其是对于背景技术中存在的问题和缺点，不仅应当客观地描述，而且应当紧密围绕本发明所要解决的技术问题和缺点进行论述。具体到本案例，建议按下述方式撰写：

随着计算机技术的发展，一种称为 Widget（“微件”，又称“小挂件”）的应用程序，再次将缤纷的互联网络引入人们的视野。目前，这些 Widget 不仅可以基于操作系统运行在计算机的桌面上，而且还可以通过例如 IE 浏览器显示在 Web 页面中。利用 Widget，计算机硬件的工作状态以及内容供应商提供的即时的天气预报、股票行情等信息可以方便地呈现在用户面前。

随着移动通信技术的发展，移动通信网络，不仅可以为人们提供语音通信和短信服务，而且还可以为用户提供移动音乐、视频应用、手机支付、位置服务等丰富多彩的数据业务。当移动终端日益成为越来越多用户访问互联网的常用工具时，像 Widget 这样为个人计算机提供便利的个性化应用程序，也正在成为移动用户的期盼。

目前，提出了一种可以为特定手机提供类似 Widget 应用程序的技术。该技术针对特定手机的操作系统提供了一种定制的 Widget。然而，对于采用不同操作系统的手机，这些定制的 Widget 将不能运行。

（4）发明内容部分

在这一部分包括三部分内容，其一是本发明要解决的技术问题，其二是本发明的技术方案，其三是有益技术效果。其中，在技术方案部分，应当至少写明独立权利要求的技术方案；对于能够提供进一步技术效果的部分从属权利要求的技术方案，若认为必要，也可以在该技术方案部分进行描述。在实践中，可以将带来进一步技术效果的技术特征，结合在具体实施方式中进行描述，从而使得包含该附加技术特征的技术方案更容易被本领域技术人员理解，也使得发明内容部分更加简明。具体到本案例，可写成：

为了解决现有技术存在的问题，需要一种新的技术，能够使得在采用不同操作系统的移动终端上，都可以运行各种各样的 Widget 应用程序。

本发明要解决的技术问题是提供一种运行应用程序的方法和装置，以使得该应用程序能够在采用不同操作系统的移动终端上运行。

为解决上述技术问题，本发明的用于运行应用程序的方法包括：接收该应用程序；根据该接收的应用程序，获得该应用程序的配置文件；基于可得到的用于运行该应用程序的设备的属性信息，对该配置文件进行适应性调整，以运行该应用程序。

为解决上述技术问题，本发明的用于运行应用程序的装置包括：用于接收该应用程序的单元；用于根据该接收的应用程序获得该应用程序的配置文件的单元；用于基于可得到的用于运行该应用程序的设备的属性信息对该配置文件进行适应性调整以运行该应用程序的单元。

按照本发明的用于运行应用程序的方法和装置，能够根据接收到的应用程序获得该应用程序的配置文件，并根据运行该方法的终端设备的属性信息，对得到的配置文件进行适应性调整。因此，该方法和装置可以使得应用程序能够在采用不同操作系统的任意终端设备上都可以运行。

（5）附图及附图说明

鉴于技术交底书中给出的图 J－1 和图 J－2（包括在理解技术交底书时由图 J－1 修改成的图 J－3）所对应的技术方案最终被申请人放弃，因此，在说明书中未采用上述三幅图，仅将本节 2.3.1 中与申请人作进一步沟通时根据申请人补充的材料所绘制的四幅附图（图 J－4 至图 J－7）作为本发明的说明书图 1 至图 4，其中，图 J－4 为图 1，图 J－5 为图 2，图 J－6 为图 3，图 J－7 为图 4。在说明书附图说明部分，对这四幅附图作出了说明。

为了对本发明有更全面的了解，下面结合附图，对本发明的运行应用程序的方法和装置的具体实施方式进行详细描述，其中：

图 1 是本发明移动终端的一个实施方式的示意图，该移动终端具有使得应用程序能够运行的智能模块（smart module）；

图 2 是图 1 所示移动终端执行的用于运行应用程序的方法的流程图；

图 3 是本发明移动终端的另一实施方式的示意图，该移动终端能够运行来自不同应用程序服务商提供的应用程序；和

图 4 是图 3 所示移动终端执行的用于运行应用程序的方法的流程图。

在所有附图中，相同的附图标记表示相似或相应的特征或功能。

（6）具体实施方式

具体实施方式部分所描述的内容一定要将本发明充分公开，并且应当支持所撰写的权利要求书中所限定的每一项技术方案的保护范围。此外，在权利要求书中对技术特征的描述，在说明书的实施方式部分的描述中也应有相应的文字记载。

在下文中，以通过对微件应用程序进行解析而获得该微件的配置文件的实施方式为例，结合图1和图2，说明如何撰写一个实施方式。

在图1中，以采用XML（可扩展标记语言：Extensible Markup Language）语言制作的Widget应用程序为例，描述了能够运行该程序的一个移动终端500的示意图。

如图1所示，该移动终端500包括一个智能模块100和一个浏览器模块200。将要被运行的Widget应用程序输入到智能模块100的输入模块10中。该Widget应用程序可以是用户下载的来自应用程序服务商（ASP）提供的以XML语言制作的Widget应用程序，例如：Yahoo提供的Yahoo！Widget；也可以是预先存储在移动终端500的存储器300中或智能模块100的存储模块50中的、以XML语言制作的Widget应用程序。

由输入模块10输入的Widget应用程序被提供给一个配置文件产生模块P。在图1所示实施方式中，该配置文件产生模块P包括一个解析模块20。解析模块20是一个能够解析XML语言的模块。在解析模块20中，对Widget应用程序进行解析以得到该应用程序的配置文件（Profile）。该配置文件以及解析模块20执行的具体操作，将在下文中结合图2进行详细说明。

在调整模块30中，根据可得到的移动终端500的属性信息，对配置文件进行适应性调整以在该移动终端500上运行该应用程序。其中，属性信息包括：移动终端500的硬件配置、软件环境以及移动终端500所配的显示器（即与移动终端500耦合连接的显示器，图中未示出）的配置信息。硬件配置包括例如CPU的处理速度和缓存器的大小；软件环境包括例如浏览器类型和版本是否支持MP4；显示器的配置信息包括例如显示器的尺寸和分辨率。属性信息可预先存储在存储器300中，由调整模块30读取；也可由调整模块30对移动终端500中的硬件和软件资源进行访问而获得。调整模块30根据属性信息对配置文件进行调整的具体步骤，也将在下文中结合图2进行详细说明。

经过调整的配置文件，经由输出模块40提供给浏览器模块200。由于经调整的Widget应用程序适合移动终端500的硬件和软件条件，因此，浏览器模块200只要其也能够解析XML语言，便能够使得Widget应用程序在移动终端500上运行，并呈现在显示器的浏览器窗口中。

图2是由图1所示移动终端执行的本发明用于运行应用程序的方法的流程图。

如图2所示，首先，输入模块10接收以XML语言制作的Widget应用程序（步骤S10）。如上所述，该Widget应用程序可以是用户下载的来自应用程序服务商的Widget应用程序，也可以是从存储器中读取的预先存储在一个应用程序库中的Widget应用程序。

接着，解析模块20对该接收的Widget应用程序进行解析以得到该应用程序的配置文件（步骤S20）。该配置文件包括：用于运行Widget应用程序的系统参数、用户参数和结构数据。

系统参数是关于运行该应用程序的平台的信息，涉及硬件资源和软件资源。例如，预定的用于运行应用程序的CPU的处理速度和缓冲器的容量、预定的显示器的尺寸和分辨率、被调用的API（应用程序接口）函数的系统路径等。

用户参数是关于使用Widget的用户的个性化信息。例如，若Widget是用于提供天气预报的，则用户参数可以是用户选定的时间参数，以向用户提供特定时段内（如当天或3天以内）的天气情况；若Widget是提供股票资讯的，则用户参数可以是用户选定的股票代码，以向用户呈现这些特定股票的即时消息。若在一个页面上同时显示多个Widget，则可以根据用户喜好，例如在用户参数中设定：将各个Widget优先显示为缩小的图标，待用户点击该缩小图标后再弹出Widget窗口。

结构数据是关于Widget的一些图形界面的设置参数。例如，多个Widget在浏览器窗口中的布局、每个Widget的窗口尺寸等。

在对Widget应用程序进行解析而得到配置文件后，解析模块20将配置文件提供给调整模块30。如上所述，调整模块30可以得到移动终端500的属性信息。从而，在调整模块30中，根据该可得到的属性信息，配置文件将被适应性调整（步骤S30）。

例如，对于一个播放音频数据的Widget应用程序，若属性信息表明移动终端500的CPU的处理速度和缓存器的大小不能满足配置文件中运行该Widget应用程序的系统参数的要求，则可以对配置文件进行适应性调整，例如将音频参数由128kbps调整为32kbps，以使得音频数据能够被移动终端500播放。

譬如，若属性信息表明移动终端500所配的显示器的分辨率远低于配置文件中的系统参数的要求，则可以对配置文件进行适应性调整，如将像素数据转换为矢量数据，从而使得Widget能够在显示器上正确地显示。

又如，若属性信息表明移动终端500所配的显示器的尺寸使得浏览器显示页面的有效可视区域不足以容纳一定数量的Widget，则可以对配置文件进行适应性调整。一种可选的方案是将Widget相应地缩小为一个图标，待用户选定后再弹出Widget窗口；另一种可选的方案是相应地增加有关控件滚动条的信息，以使得各Widget能够通过页面元素滚动条显示在浏览器窗口中。

再如，若移动终端500所配的显示器的尺寸较大，则可以将用户参数中的各个Widget显示为缩小图标的默认设置修改为根据该显示器的尺寸相应地调整Widget窗口的显示尺寸。

调整的配置文件经由输出模块40输出给浏览器模块200（步骤S40）。浏览器模块200驱动Widget应用程序，并使其呈现在显示器的浏览器窗口中（步骤S50）。

除了浏览Widget提供的信息外，经由浏览器模块200，用户还可利用键盘或触摸屏等输入设备向Widget输入一些控制指令以设置或修改上述配置文件中的系统参数、用户参数或结构数据。在一个实施例中，根据输入的控制指令，提供天气预报服务的

Widget 可以根据用户的选择，向用户提供特定时段内（如3天内）的天气预报；在另一个实施例中，播放音频的Widget可以提供预定范围的音频参数供用户选择（例如一定范围的音频播放速度），并根据用户输入的控制指令，按照用户的需求播放该音频；在又一个实施例中，多个Widget在浏览器窗口中的布局（如Widget图标的显示数目），可以根据输入的控制指令，按照用户的喜好而设定。总之，借助浏览器模块200，可以在智能模块100、移动终端500的显示器和输入设备之间实现信息的交互。

此外，在说明书中还公开了本发明的另一个实施方式。在下文中，结合图4具体说明该实施方式。

如图4所示，首先，输入模块10接收Widget应用程序（步骤S10）。接着，识别模块15根据预先获知的应用程序服务商的标识，获得有关提供该Widget应用程序的应用程序服务商的信息（步骤S12）。根据该应用程序服务商的信息，搜索模块18搜索与该应用程序服务商提供的Widget应用程序相匹配的配置文件（步骤S14）。如上所述，配置文件可以附加在应用程序中，也可以存储在智能模块100′内的存储模块50′中或移动终端500′内的存储器300′中。

判断搜索模块18是否搜索到该配置文件（步骤S16）。若搜索模块18未能搜索到与该应用程序服务商提供的Widget应用程序相匹配的配置文件，则解析模块20对该接收的Widget应用程序进行解析以得到该应用程序的配置文件（步骤S20）。

在得到该配置文件后，搜索模块18或解析模块20将该配置文件提供给调整模块30。如上所述，调整模块30将根据移动终端500′的属性信息，对该配置文件进行适应性调整（步骤S30）。进而，经过调整的配置文件经由输出模块40输出给浏览器模块200（步骤S40）。浏览器模块200根据该调整的配置文件运行Widget应用程序，并使其呈现在显示器的浏览器窗口中（步骤S50）。步骤S30～S50也与图2中的相同附图标记指示的步骤类似，这里不再赘述。

由此可见，在该另一个实施方式中，若搜索模块18能够搜索到配置文件，则不需要解析模块20，该搜索模块18便可以将配置文件提供给调整模块30。

上述文字对本发明的内容作出了清楚的说明，不仅充分公开了本发明的实施方式，而且还对权利要求的保护范围给予了支持。现结合本案例的方法权利要求1～3来说明如何满足《专利法》第26条第4款中的有关权利要求书应当以说明书为依据的要求。

1. 一种用于运行应用程序的方法，包括：

接收该应用程序（上文步骤S10）；

根据该接收的应用程序，获得该应用程序的配置文件（对上文结合图2描述的实施方式中步骤S20、结合图4描述的实施方式中步骤S12、S14、S20的概括）；

基于可得到的用于运行该应用程序的设备的属性信息，对该配置文件进行适应性的调整以运行该应用程序（上文步骤S30涉及的多个实施例支持该功能性特征）。

2. 如权利要求1所述的方法，其中，获得所述配置文件的步骤包括：

对所述接收的应用程序进行解析，以生成所述配置文件（上文步骤S20）。

3. 如权利要求1所述的方法，其中，获得所述配置文件的步骤包括：

获得有关提供所述应用程序的应用程序服务商的信息（上文步骤S12）；

根据所述应用程序服务商的信息，搜索与所述应用程序相匹配的配置文件（上文步骤S14）。

在完成说明书的撰写后，还需要对说明书的各个组成部分进行审核。对说明书的审核，主要涉及《专利法》第26条第3款有关充分公开的内容，以及《专利法》第26条第4款有关权利要求书应当以说明书为依据的规定。

## 5 最后完成的权利要求书和说明书的参考文本

按照上述分析，完成权利要求和说明书文本的撰写，下面给出最后完成的权利要求书和说明书文本的参考文本。

# 权 利 要 求 书

1. 一种用于运行应用程序的方法，包括：

接收该应用程序；

根据该接收的应用程序，获得该应用程序的配置文件；

基于可得到的用于运行该应用程序的设备的属性信息，对该配置文件进行适应性地调整，以运行该应用程序。

2. 如权利要求1所述的方法，其中，获得所述配置文件的步骤包括：

对所述接收的应用程序进行解析，以生成所述配置文件。

3. 如权利要求1所述的方法，其中，获得所述配置文件的步骤包括：

获得有关提供所述应用程序的应用程序服务商的信息；

根据所述应用程序服务商的信息，搜索与所述应用程序相匹配的配置文件。

4. 如权利要求3所述的方法，其中，所述配置文件附加在所述应用程序中。

5. 如权利要求3所述的方法，其中，所述配置文件预先存储在一个机器可读介质中。

6. 如权利要求1~5中任意一项所述的方法，其中，所述配置文件至少包括：系统参数、用户参数和结构数据之一。

7. 如权利要求6所述的方法，其中，所述属性信息至少包括：所述设备的硬件配置、所述设备的软件环境和与所述设备耦合的显示装置的配置信息之一。

8. 如权利要求7所述的方法，其中，所述系统参数包括预定的显示装置的尺寸和分辨率，根据所述显示装置的配置信息对所述配置文件进行适应性调整的步骤包括将所述应用程序的像素数据转换为矢量数据。

9. 如权利要求1~5中任意一项所述的方法，还包括：

接收来自可与所述设备耦合的输入装置的控制指令；

根据该控制指令，对所述配置文件进行进一步调整。

10. 如权利要求1~5中任意一项所述的方法，其中，所述应用程序是一种插件程序。

11. 一种用于运行应用程序的装置，包括：

用于接收该应用程序的单元；

用于根据该接收的应用程序获得该应用程序的配置文件的单元；

用于基于可得到的用于运行该应用程序的设备的属性信息对该配置文件进行适应性调整以运行该应用程序的单元。

12. 如权利要求11所述的装置，其中，所述用于获得所述配置文件的单元，包括：

用于对所述接收的应用程序进行解析以生成所述配置文件的单元。

13. 如权利要求 11 所述的装置，其中，所述用于获得所述配置文件的单元，包括：

用于获得有关提供所述应用程序的应用程序服务商的信息的单元；

用于根据所述应用程序服务商的信息搜索与所述应用程序相匹配的配置文件的单元。

14. 如权利要求 13 所述的装置，其中，所述配置文件附加在所述应用程序中。

15. 如权利要求 13 所述的装置，其中，所述配置文件预先存储在一个机器可读介质中。

16. 如权利要求 11 ~15 中任意一个权利要求所述的装置，其中，所述配置文件至少包括系统参数、用户参数和结构数据之一。

17. 如权利要求 16 所述的装置，其中，所述属性信息至少包括：所述设备的硬件配置、所述设备的软件环境和与所述设备耦合的显示装置的配置信息之一。

18. 如权利要求 17 所述的装置，其中，所述系统参数包括预定的显示装置的尺寸和分辨率，根据所述显示装置的配置信息对所述配置文件进行适应性调整包括将所述应用程序的像素数据转换为矢量数据。

19. 如权利要求 11 ~15 中任意一项所述的装置，还包括：

用于接收来自可与所述设备耦合的输入装置的控制指令的单元；

用于根据该控制指令，对所述配置文件进行进一步调整的单元。

20. 如权利要求 11 ~15 中任意一项所述的装置，其中，所述应用程序是一种插件程序。

# 说 明 书

用于运行应用程序的方法和装置

## 技术领域

[0001] 本发明涉及一种运行应用程序的方法和装置，具体涉及一种能够在移动终端上运行该应用程序的方法和装置。

## 技术背景

[0002] 随着计算机技术的发展，一种称为 Widget（“微件”，又称“小挂件”）的应用程序，再次将缤纷的互联网络引入人们的视野。目前，这些 Widget 不仅可以基于操作系统运行在计算机的桌面上，而且还可以通过例如 IE 浏览器显示在 Web 页面中。利用 Widget，计算机硬件的工作状态以及内容供应商提供的即时的天气预报、股票行情等信息可以方便地呈现在用户面前。

[0003] 随着移动通信技术的发展，移动通信网络不仅可以为人们提供语音通信和短信服务，而且还可以为用户提供移动音乐、视频应用、手机支付、位置服务等丰富多彩的数据业务。当移动终端日益成为越来越多用户访问互联网的常用工具时，像 Widget 这样为个人计算机提供便利的个性化应用程序，也正在成为移动用户的期盼。

[0004] 目前，提出了一种可以为特定手机提供类似 Widget 应用程序的技术。该技术针对特定手机的操作系统提供了一种定制的 Widget。然而，对于采用不同操作系统的手机，这些定制的 Widget 将不能运行。

## 发明内容

[0005] 为了解决现有技术存在的问题，需要一种新的技术，能够使得在采用不同操作系统的移动终端上，都可以运行各种各样的 Widget 应用程序。

[0006] 本发明要解决的技术问题是提供一种运行应用程序的方法和装置，以使得该应用程序能够在采用不同操作系统的移动终端上运行。

[0007] 为解决上述技术问题，本发明的用于运行应用程序的方法包括：接收该应用程序；根据该接收的应用程序，获得该应用程序的配置文件；基于可得到的用于运行该应用程序的设备的属性信息，对该配置文件进行适应性调整，以运行该应用程序。

[0008] 为解决上述技术问题，本发明的用于运行应用程序的装置包括：用于接收该应用程序的单元；用于根据该接收的应用程序获得该应用程序的配置文件的单

元；用于基于可得到的用于运行该应用程序的设备的属性信息对该配置文件进行适应性调整以运行该应用程序的单元。

[0009] 按照本发明的用于运行应用程序的方法和装置，能够根据接收到的应用程序获得该应用程序的配置文件，并根据运行该方法的终端设备的属性信息，对得到的配置文件进行适应性调整。因此，该方法和装置可以使得应用程序能够在采用不同操作系统的任意终端设备上都可以运行。

## 附图说明

[0010] 为了对本发明有更全面的了解，下面结合附图，对本发明运行应用程序的方法和装置的具体实施方式进行详细描述，其中：

[0011] 图1是本发明移动终端的一个实施方式的示意图，该移动终端具有使得应用程序能够运行的智能模块（smart module）；

[0012] 图2是由图1所示移动终端执行的用于运行应用程序的方法的流程图；

[0013] 图3是本发明移动终端的另一实施方式的示意图，该移动终端能够运行来自不同应用程序服务商提供的应用程序；和

[0014] 图4是由图3所示移动终端执行的用于运行应用程序的方法的流程图。

[0015] 在所有附图中，相同的附图标记表示相似或相应的特征或功能。

## 具体实施方式

[0016] 图1是本发明移动终端的一个实施方式的示意图，该移动终端具有使得应用程序能够运行的智能模块。在图1中，以采用XML（可扩展标记语言：Extensible Markup Language）语言制作的Widget应用程序为例，描述了能够运行该程序的一个移动终端500的示意图。

[0017] 如图1所示，该移动终端500包括一个智能模块100和一个浏览器模块200。将要被运行的Widget应用程序输入到智能模块100的输入模块10中。该Widget应用程序可以是用户下载的来自应用程序服务商（ASP）提供的以XML语言制作的Widget应用程序，例如：Yahoo提供的Yahoo！Widget；也可以是预先存储在移动终端500的存储器300中或智能模块100的存储模块50中的、以XML语言制作的Widget应用程序。

[0018] 由输入模块10输入的Widget应用程序被提供给一个配置文件产生模块P。在图1所示实施方式中，该配置文件产生模块P包括一个解析模块20。解析模块20是一个能够解析XML语言的模块。在解析模块20中，对Widget应用程序进行解析以得到该应用程序的配置文件（Profile）。该配置文件以及解析模块20执行的具体操作，将在下文中结合图2进行详细说明。

[0019] 在调整模块30中，根据可得到的移动终端500的属性信息，对配置文

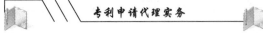

件进行适应性调整以在该移动终端500上运行该应用程序。其中，属性信息包括：该移动终端500的硬件配置、软件环境以及移动终端500所配的显示器（即与移动终端500耦合连接的显示器，图中未示出）的配置信息。硬件配置包括例如CPU的处理速度和缓存器的大小；软件环境包括例如浏览器类型和版本是否支持MP4；显示器的配置信息包括例如显示器的尺寸和分辨率。属性信息可预先存储在存储器300中，由调整模块30读取；也可由调整模块30对移动终端500中的硬件和软件资源进行访问而获得。调整模块30根据属性信息对配置文件进行调整的具体步骤，也将在下文中结合图2进行详细说明。

[0020]　经过调整的配置文件，经由输出模块40提供给浏览器模块200。由于经调整的Widget应用程序适合移动终端500的硬件和软件条件，因此，浏览器模块200只要其也能够解析XML语言，便能够使得Widget应用程序在移动终端500上运行，并呈现在显示器的浏览器窗口中。

[0021]　图2是由图1所示移动终端执行的本发明的用于运行应用程序的方法的流程图。

[0022]　如图2所示，首先，输入模块10接收以XML语言制作的Widget应用程序（步骤S10）。如上所述，该Widget应用程序可以是用户下载的来自应用程序服务商的Widget应用程序，也可以是从存储器中读取的预先存储在一个应用程序库中的Widget应用程序。

[0023]　接着，解析模块20对该接收的Widget应用程序进行解析以得到该应用程序的配置文件（步骤S20）。该配置文件包括：用于运行Widget应用程序的系统参数、用户参数和结构数据。

[0024]　系统参数是关于运行该应用程序的平台的信息，涉及硬件资源和软件资源。例如，预定的用于运行应用程序的CPU的处理速度和缓冲器的容量、预定的显示器的尺寸和分辨率、被调用的API（应用程序接口）函数的系统路径等。

[0025]　用户参数是关于使用Widget的用户的个性化信息。例如，若Widget是用于提供天气预报的，则用户参数可以是用户选定的时间参数，以向用户提供特定时段内（如当天或3天以内）的天气情况；若Widget是提供股票资讯的，则用户参数可以是用户选定的股票代码，以向用户呈现这些特定股票的即时消息。若在一个页面上同时显示多个Widget，则可以根据用户喜好，例如在用户参数中设定：将各个Widget优先显示为缩小的图标，待用户点击该缩小图标后再弹出Widget窗口。

[0026]　结构数据是关于Widget的一些图形界面的设置参数。例如，多个Widget在浏览器窗口中的布局、每个Widget的窗口尺寸等。

[0027]　在对Widget应用程序进行解析而得到配置文件后，解析模块20将配置文件提供给调整模块30。如上所述，调整模块30可以得到移动终端500的属性信息。从而，在调整模块30中，根据该可得到的属性信息，配置文件将被适应性地调整

（步骤 S30）。

[0028] 例如，对于一个播放音频数据的 Widget 应用程序，若属性信息表明移动终端 500 的 CPU 的处理速度和缓存器的大小不能满足配置文件中运行该 Widget 应用程序的系统参数的要求，则可以对配置文件进行适应性调整，例如将音频参数由 128kbps 调整为 32kbps，以使得音频数据能够被移动终端 500 播放。

[0029] 譬如，若属性信息表明该移动终端 500 所配的显示器的分辨率远低于配置文件中的系统参数的要求，则可以对配置文件进行适应性调整，例如将像素数据转换为矢量数据，从而使得 Widget 能够在显示器上正确地显示。

[0030] 又如，若属性信息表明移动终端 500 所配的显示器的尺寸使得浏览器显示页面的有效可视区域不足以容纳一定数量的 Widget，则可以对配置文件进行适应性调整。一种可选的方案是将 Widget 相应地缩小为一个图标，待用户选定后再弹出 Widget 窗口；另一种可选的方案是相应地增加有关控件滚动条的信息，以使得各 Widget 能够通过页面元素滚动条显示在浏览器窗口中。

[0031] 再如，若移动终端 500 所配的显示器的尺寸较大，则可以将用户参数中的各个 Widget 显示为缩小图标的默认设置修改为根据该显示器的尺寸相应地调整 Widget 窗口的显示尺寸。

[0032] 调整的配置文件经由输出模块 40 输出给浏览器模块 200（步骤 S40）。浏览器模块 200 驱动 Widget 应用程序，并使其呈现在显示器的浏览器窗口中（步骤 S50）。

[0033] 除了浏览 Widget 提供的信息外，经由浏览器模块 200，用户还可利用键盘或触摸屏等输入设备向 Widget 输入一些控制指令以设置或修改上述配置文件中的系统参数、用户参数或结构数据。在一个实施例中，根据输入的控制指令，提供天气预报服务的 Widget 可以根据用户的选择，向用户提供特定时段内（如 3 天内）的天气预报；在另一个实施例中，播放音频的 Widget 可以提供预定范围的音频参数供用户选择（例如一定范围的音频播放速度），并根据用户输入的控制指令，按照用户的需求播放该音频；在又一个实施例中，多个 Widget 在浏览器窗口中的布局（如 Widget 图标的显示数目），可以根据输入的控制指令，按照用户的喜好而设定。总之，借助浏览器模块 200，可以在智能模块 100、移动终端 500 的显示器和输入设备之间实现信息的交互。

[0034] 图 3 是按照本发明移动终端的另一实施方式的示意图，该移动终端能够运行来自不同应用程序服务商提供的应用程序。与图 1 所示实施方式不同的是，在图 3 所示的移动终端 500′的智能模块 100′中，配置文件产生模块 P′还包括：一个识别模块 15，用于识别由不同应用程序服务商提供的应用程序；一个搜索模块 18，用于搜索应用程序的配置文件，以使得由不同应用程序服务商提供的 Widget 能够运行在该移动终端上。

[0035] 如图3所示，经由输入模块10输入的Widget应用程序首先被输入到识别模块15。识别模块15可以根据预先获知的应用程序服务商的标识，例如嵌入在Widget应用程序内的网页地址，获得有关提供Widget应用程序的应用程序服务商的信息。根据该应用程序服务商的信息，搜索模块18搜索与该应用程序服务商提供的Widget应用程序相匹配的配置文件。

[0036] 例如，有的应用程序服务商会将其提供的应用程序的配置文件制作为一个专用文件，并将该配置文件附加在Widget应用程序中（如固定设置在应用程序的头部或尾部）提供给用户。在这种情况下，根据预定的配置文件被附加的位置，搜索模块18可从Widget应用程序中提取该配置文件。

[0037] 又如，有的应用程序服务商会将其提供的应用程序的配置文件制作为一个专用文件，并定期提供给移动网络的订户，或者根据用户的需求，将该专用文件经由无线网络（如无线广域网或无线局域网）或有线网络提供给用户。订户可以将应用程序服务商提供的应用程序的配置文件下载并预先存储在智能模块100′内的存储模块50′或移动终端500′内的存储器300′中。在这种情况下，搜索模块18根据上述应用程序服务商的标识，在存储模块50′或移动终端500′内的存储器300′中查找与该Widget应用程序相匹配的配置文件。

[0038] 因此，对于来自已知的应用程序服务商或在应用程序中设置有单独的配置文件的应用程序，利用识别模块15和搜索模块18，配置文件产生模块P′可以根据所接收的应用程序直接获得该应用程序的配置文件。若搜索模块18未能搜索到与该应用程序服务商提供的Widget应用程序相匹配的配置文件，例如该应用程序来自未知的应用程序服务商或应用程序中没有设置该配置文件，则解析模块20执行与上述图1中所示解析模块20类似的操作，通过对该Widget应用程序进行解析而得到该应用程序的配置文件。

[0039] 搜索模块18或解析模块20将得到的配置文件提供给调整模块30。调整模块30、输出模块40以及浏览器模块200的功能，与图1中相应的模块类似，这里不再赘述。

[0040] 由于在智能模块100′中设置了一个识别模块15和一个搜索模块18，与Widget应用程序相匹配的配置文件可以容易地从应用程序中提取或从智能模块100′内的存储模块50′中读取，因此，在图3所示的移动终端的显示器上，可以更便捷地显示由不同的应用程序服务商提供的Widget。

[0041] 图4是由图3所示移动终端执行的本发明用于运行应用程序的方法的流程图。

[0042] 如图4所示，首先，输入模块10接收Widget应用程序（步骤S10）。接着，识别模块15根据预先获知的应用程序服务商的标识，获得有关提供该Widget应用程序的应用程序服务商的信息（步骤S12）。根据该应用程序服务商的信息，搜

索模块 18 搜索与该应用程序服务商提供的 Widget 应用程序相匹配的配置文件（步骤 S14）。如上所述，配置文件可以附加在应用程序中，也可以存储在智能模块 100′内的存储模块 50′中或移动终端 500′内的存储器 300′中。

[0043] 判断搜索模块 18 是否搜索到该配置文件（步骤 S16）。若搜索模块 18 未能搜索到与该应用程序服务商提供的 Widget 应用程序相匹配的配置文件，则解析模块 20 对该接收的 Widget 应用程序进行解析以得到该应用程序的配置文件（步骤 S20）。

[0044] 在得到该配置文件后，搜索模块 18 或解析模块 20 将该配置文件提供给调整模块 30。如上所述，调整模块 30 将根据移动终端 500′的属性信息，对该配置文件进行适应性调整（步骤 S30）。进而，经过调整的配置文件经由输出模块 40 输出给浏览器模块 200（步骤 S40）。浏览器模块 200 根据该调整的配置文件运行 Widget 应用程序，并使其呈现在显示器的浏览器窗口中（步骤 S50）。步骤 S30 ~ S50 也与图 2 中的相同附图标记指示的步骤类似，这里不再赘述。

[0045] 结合本申请所公开示例描述的在移动终端中运行应用程序的方法可直接体现为硬件、由处理器执行的软件模块或二者组合。例如，图 1 和图 3 中所示功能框图中的一个或多个和/或功能框图的一个或多个组合（例如，解析模块 20、调整模块 30、识别模块 15 和搜索模块 18 等），既可以对应于计算机程序流程的各个软件模块，亦可以对应于各个硬件模块。这些软件模块，可以分别对应于图 2 和图 4 所示的各个步骤。这些硬件模块例如可利用现场可编程门阵列（FPGA）将这些软件模块固化而实现。

[0046] 软件模块可以位于 RAM 存储器、闪存、ROM 存储器、EPROM 存储器、EEPROM 存储器、寄存器、硬盘、移动磁盘、CD－ROM 或者本领域已知的任何其他形式的存储介质。可以将一种存储介质耦接至处理器，从而使处理器能够从该存储介质读取信息，且可向该存储介质写入信息；或者该存储介质可以是处理器的组成部分。处理器和存储介质可以位于 ASIC 中。该软件模块可以存储在移动终端的存储器中，也可以存储在可插入移动终端的存储卡中。例如，若移动终端采用的是较大容量的 MEGA－SIM 卡或者大容量的闪存装置，则该软件模块可存储在该 MEGA－SIM 卡或者大容量的闪存装置中。

[0047] 针对图 1 和图 3 描述的功能框图中的一个或多个和/或功能框图的一个或多个组合（例如解析模块 20、调整模块 30、识别模块 15 和搜索模块 18 等），可以实现为用于执行本申请所描述功能的通用处理器、数字信号处理器（DSP）、专用集成电路（ASIC）、现场可编程门阵列（FPGA）或其他可编程逻辑器件、分立门或晶体管逻辑器件、分立硬件组件或者其任意适当组合。针对图 1 和图 3 描述的功能框图中的一个或多个和/或功能框图的一个或多个组合，还可以实现为计算设备的组合，例如，DSP 和微处理器的组合、多个微处理器、与 DSP 通信结合的一个或多个微处理

器或者任何其他这种配置。

[0048] 虽然本申请描述了本发明的特定示例，但本领域的普通技术人员可以在不脱离本发明概念的基础上设计出本发明的变型。

[0049] 例如，本发明的用于在移动终端中运行应用程序的方法，并不仅仅限于采用XML语言制作的Widget应用程序，也可适用于以其他语言制作的应用程序，只要运行应用程序的设备中具备能够解析该语言和运行该应用程序的模块即可。此外，本发明不仅仅限于可以与浏览器一起运行的插件程序，也可以应用于其他的需要对配置文件进行适应性调整的应用程序。

[0050] 又如，在图3所示实施方式中，识别模块15根据预先获知的应用程序服务商的标识，获得有关提供Widget应用程序的应用程序服务商的信息。在另一个实施方式中，若应用程序中的代码采用标准格式，则可以从应用程序中的固定位置直接获得提供应用程序的应用程序服务商的信息。

[0051] 再如，在图3和图4所描述的实施方式中，对于无线网络流量受限的用户，在无线广域网（WWAN）的情况下，可以优先利用解析模块20对Widget应用程序进行解析以得到应用程序的配置文件；而在无线局域网（WLAN）的情况下，则可以优先选择利用搜索模块18搜索应用程序的配置文件，且若搜索模块18在移动终端的本地存储器（如图3的存储模块50′或300′）中未搜索到应用程序的配置文件，还可以经由无线局域网从例如应用程序服务商的服务器中下载应用程序的配置文件。

[0052] 另外，本发明的运行应用程序的方法，不仅可以在移动终端中执行，还可以由PDA、游戏机等多媒体设备执行。

[0053] 本领域技术人员在本发明技术构思的启发下，在不脱离本发明内容的基础上，还可以对上述用于运行应用程序的方法作出各种改进，这仍落在本发明的保护范围之内。

# 说 明 书 附 图

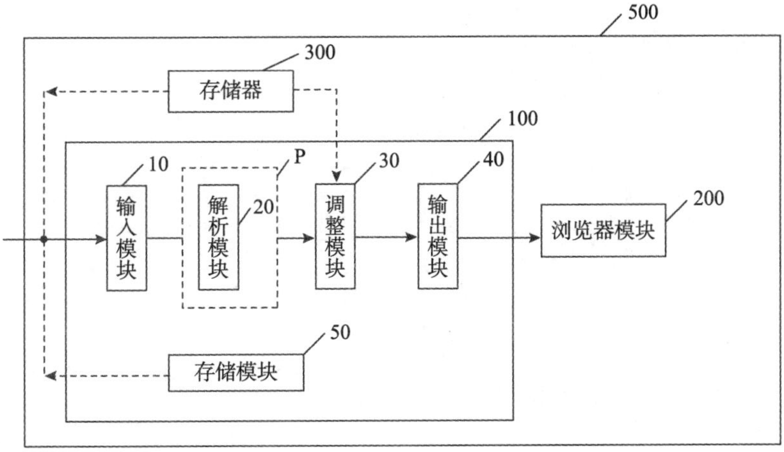
500
300
存储器
100
10
P
30
40
输入模块
解析模块
20
调整模块
输出模块
200
浏览器模块
50
存储模块

图 1

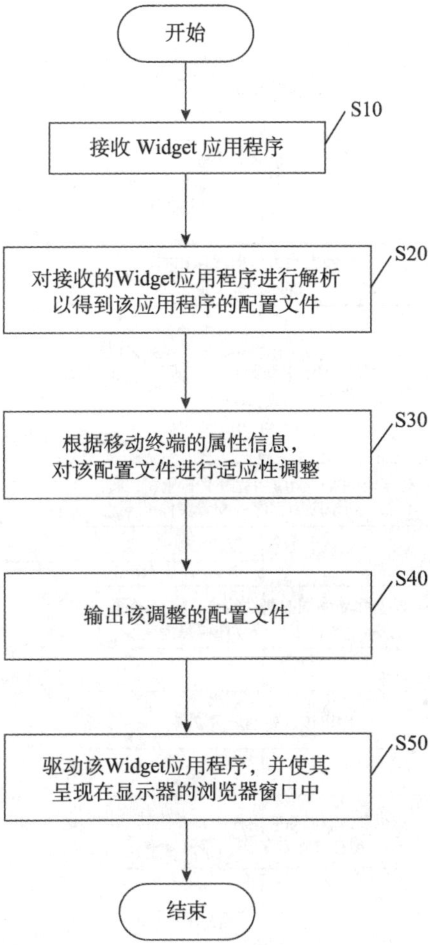
开始
S10
接收 Widget 应用程序
S20
对接收的Widget应用程序进行解析以得到该应用程序的配置文件
S30
根据移动终端的属性信息，对该配置文件进行适应性调整
S40
输出该调整的配置文件
S50
驱动该Widget应用程序，并使其呈现在显示器的浏览器窗口中
结束

图 2

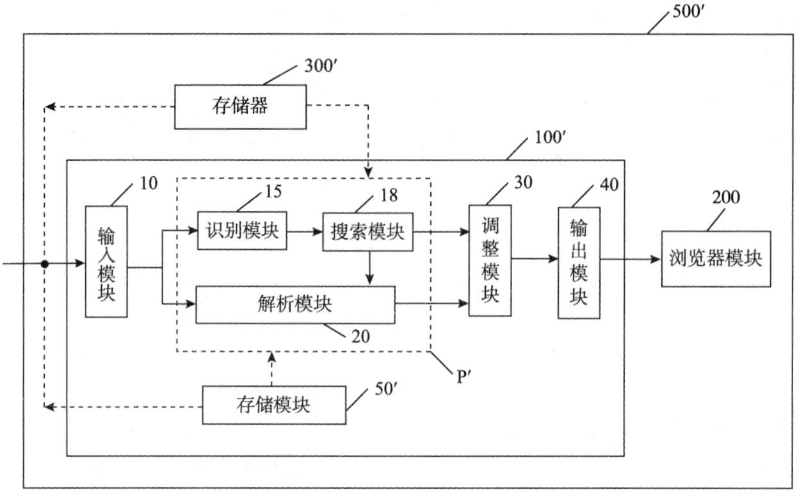
500′
300′
存储器
100′
10
15
18
30
40
200
输入模块
识别模块
搜索模块
调整模块
输出模块
浏览器模块
解析模块
20
P′
存储模块
50′

**图3**

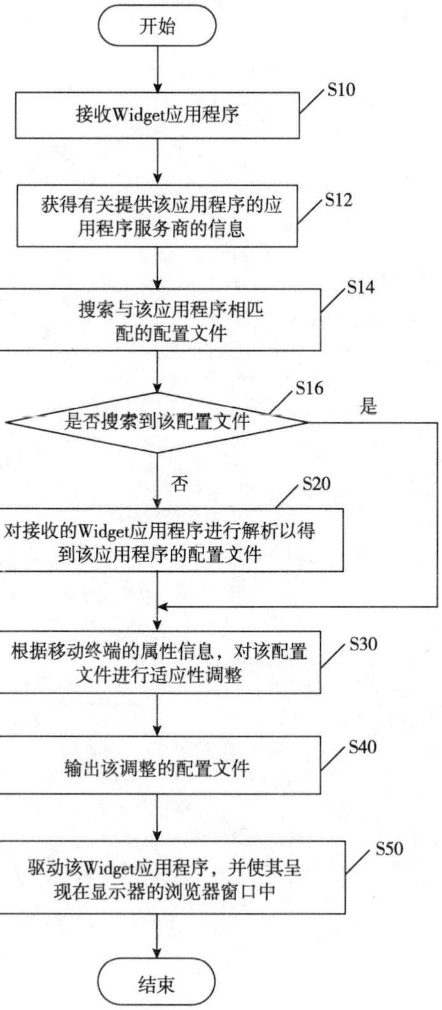
开始
接收Widget应用程序
S10
获得有关提供该应用程序的应用程序服务商的信息
S12
搜索与该应用程序相匹配的配置文件
S14
是否搜索到该配置文件
S16
是
否
对接收的Widget应用程序进行解析以得到该应用程序的配置文件
S20
根据移动终端的属性信息，对该配置文件进行适应性调整
S30
输出该调整的配置文件
S40
驱动该Widget应用程序，并使其呈现在显示器的浏览器窗口中
S50
结束

**图4**

## 说 明 书 摘 要

本发明涉及一种用于运行应用程序的方法和装置。该方法或装置包括：接收该应用程序的步骤或单元；根据该接收的应用程序获得该应用程序的配置文件的步骤或单元；基于可得到的用于运行该应用程序的设备的属性信息对该配置文件进行适应性调整以运行该应用程序的步骤或单元。按照本发明的用于运行应用程序的方法和装置，可以使得应用程序能够在采用不同操作系统的任意终端设备上都可以运行。

## 摘 要 附 图

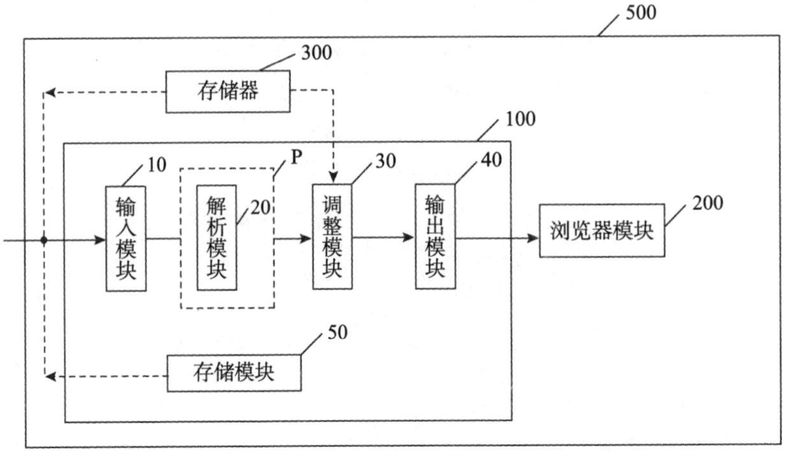
500
300
存储器
100
P
10
30
40
输入模块
解析模块
20
调整模块
输出模块
浏览器模块
200
50
存储模块

# 第四节 案例四：一种计算机文件系统搜索排序方法及装置

技术交底书是撰写申请文件的基础。不同客户提供的技术交底书格式不尽相同，有些技术交底书较为详尽，有些则相对简单。本案例的素材来自一份真实的技术交底书，但具体内容和形式作了较大改动。设置本案例的目的在于使专利代理人在面对涉及计算机程序的发明专利申请时，能够从技术交底书中提炼出发明所要解决的技术问题，从而形成可以获得专利保护的技术方案。为了便于读者更快地理解相关的技术内容，本案例为缩写词加注了原文，为一些技术术语加了脚注，并且对某些不通顺的文字作了调整。

## 1 申请人提供的技术交底书

申请人提供的技术交底书的内容如下：

本发明的名称是用于文件系统中搜索排序的能量树模型。在文件搜索中，目前仅仅使用词汇信息，搜索性能极差。本发明在文件系统中引用了能量树的概念，并且提出了一种基于文件系统目录结构和用户交互的文件系统搜索排序方法。

本发明的基本构思是将文件系统作为一棵能量树来考虑，即在文件系统搜索中，使用能量树来动态地调整文档重要性。最初，将能量均衡地分配到每个节点。在搜索过程中，将根据用户交互操作对能量分布进行更新。例如，当用户点击一个查询到的搜索结果时，可以为所点击的文件增加一定能量；然后，根据预定深度，向邻近的文件夹和文件传递能量。能量越高，文档越重要，以便提高将来搜索的性能。

本发明能为文件系统搜索提供以下好处：

基于个人交互的搜索结果进行优化。由于考虑了用户的交互历史，用户将看到其最感兴趣的文件。例如，对于那些系统类的文件，在几轮交互之后，将不会包括在最终的搜索结果列表中。

在详细描述本发明之前，先给出一些术语的基本定义。

叶节点 d：在文件系统中，指任何格式的文件，比如：html、doc、pdf。

非叶节点 f：在文件系统中，指目录。

节点 n：包括叶节点和非叶节点。

链接 l：指叶节点与非叶节点之间的关系。

非叶节点 f 的能量分值 E（f）：表示文件夹的重要性。

叶节点 d 的能量分值 E（d）：表示文档的重要性。

传导参数 cp：表示在用户交互过程期间的能量变换量。

传导深度 dept：表示在用户交互过程期间能量变换的范围。

图 J－1 是本发明方法的概览。

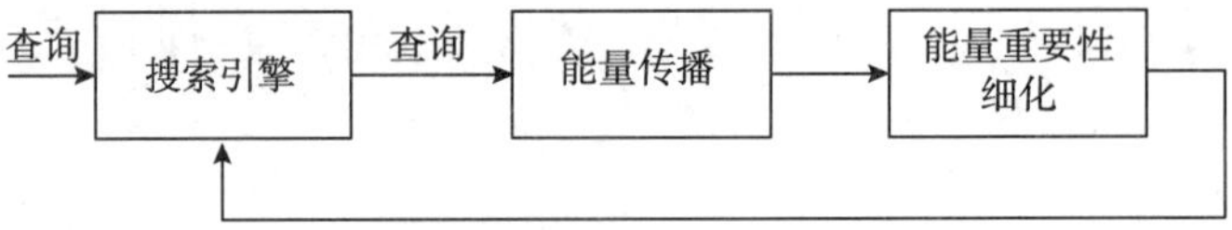


**图 J－1　本发明方法概览示意图**

能量树初始化：

本发明中，将文件系统看作是一棵以目录为非叶节点和以文档为叶节点的树。建立一棵与文件系统具有同样结构的能量树，按以下过程初始化每个节点的能量分值。

图 J－2 示出了能量树的初始化。

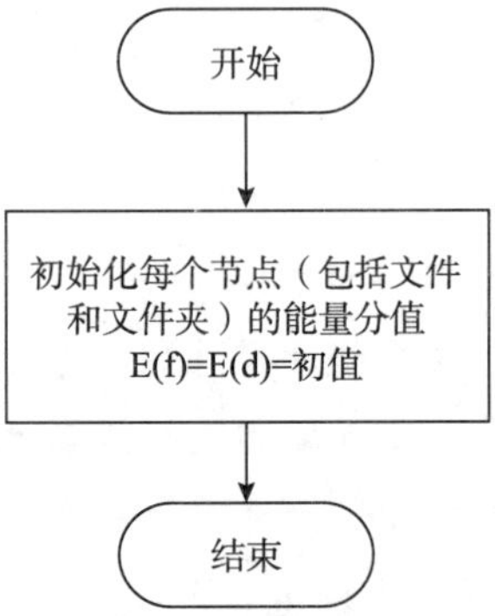


**图 J－2　能量树初始化示意图**

基于能量树的搜索排序：

对于基于给定查询 q 的排序，任何文件搜索引擎将为每个文档提供一个分值 S（q，d）。本发明中，使用能量树信息对这些分值进行更新，以得到最终的搜索排序。下面的公式

$$S'(q,\ d) = \beta S(q,\ d) + (1-\beta) E(d)$$

解释了一种实现的例子。对于文档 d 和给定的查询 q，β 是确定能量部分重要性的参数。通过将文档能量应用到排序方案中，将对搜索结果进行调整，以适合用户的兴趣，使搜索引擎性能更好。

用户点击搜索结果后能量树的更新：

在用户向文件搜索引擎提交了查询之后，该引擎将返回一个基于先前分值的搜索结果列表。然后，用户可以点击那个结果列表中的某些文档。在本发明中，将这些点击作为正反馈。基于这些反馈，对整棵能量树的能量分值进行更新。

图 J－3 给出了调整能量树的细节。

带有节点（文件/文件夹）更新的能量树更新：

当用户更新其文件系统结构时，例如，建立新的子文件夹/文件，或删除现有文件夹/文件，或将文件夹/文件移动到其他位置，能量树将被相应地更新。

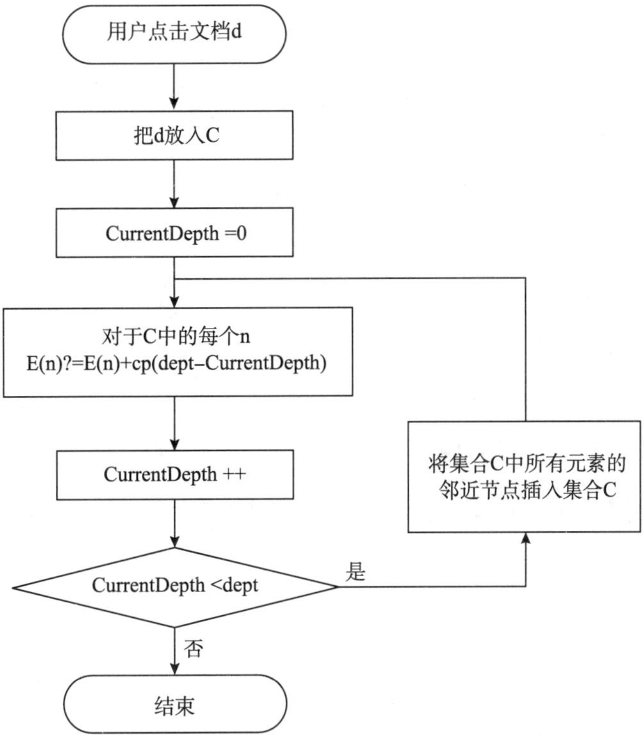


**图 J－3 调整能量树细节的示意图**

图 J－4 示出了在文件系统中插入节点时更新能量树的细节。

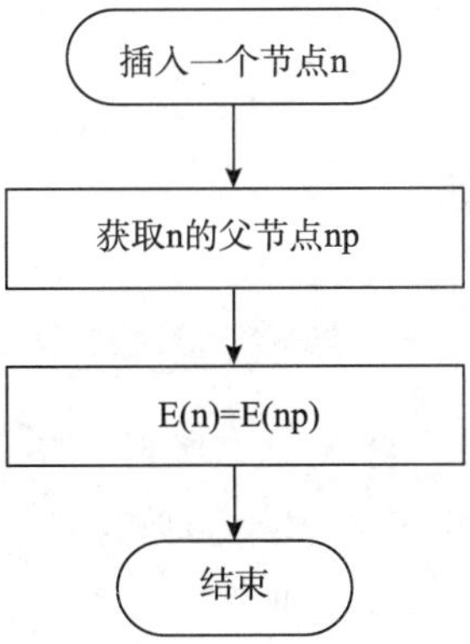


**图 J－4 能量树更新示意图**

对于删除和移动操作，更新过程非常直观。执行删除操作，关联的能量节点也将被删除。执行移动操作，能量节点将被移动到新的位置，其能量分值等于其新的父节点的能量分值。

下面给出一个例子，图 J－5 是磁盘文件系统的初始树结构。

当点击一个文档时，例如，点击了该树中的文档 K，可以假定搜索者对文档 K 感兴趣，因为他/她已经阅读了 K 的摘录（snippet）和路径，并且和其他结果作了比较

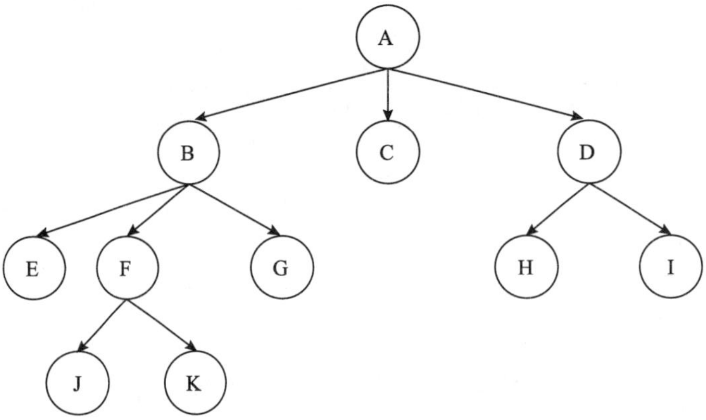


**图 J-5　文件系统初始化结构示意图**

之后认为他/她更喜欢 K。所以，在本发明中，将这种点击转变成文档 K 在上述树中的能量增加操作，如图 J-6 所示。

图 J-6 是点击文档 K 后的树结构。

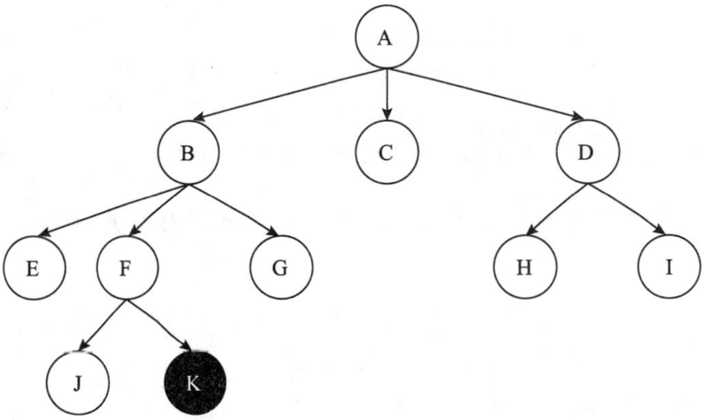


**图 J-6　点击文档 K 后的树结构**

在搜索和排序环境中，当用户对 K 感兴趣时，不仅意味着他/她对 K 感兴趣，而且表明他/她对 K 附近的某些文档也感兴趣，因为用户通常把相同类别的文档或类似的文档存放得较为接近。所以，在本发明中，所有的能量增加并不是静止地停留在 K 处；相反，能量可以经过与 K 连接的边缘传递。因此，一部分增加的能量将传递到节点 F，如图 J-7 所示。

图 J-7 是能量从 K 向 F 传递之后的树结构。

F 将向其父节点 B 和子节点 J 传递其能量，其他依此类推。但是，在本发明的算法实现中，为了使这种传递更容易理解和有效，假定在向树中的其他节点传递时，能量最远仅传递到源节点的祖父节点。B 是 K 的祖父节点，所以能量最远仅传递到 B。如图 J-8所示，B 仅将其部分能量传递给其子节点 E 和 G，但不向其父节点 A 传递能量，因为 A 在源节点 K 的范围之外。但是，本发明并不排除其他算法实现。

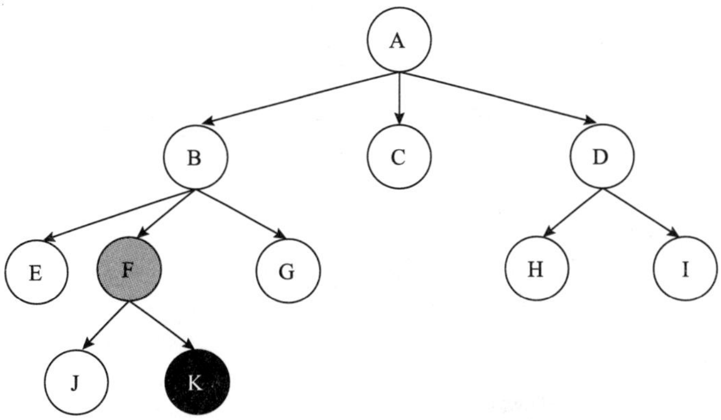


**图 J－7　能量从 K 向 F 传递之后的树结构**

图 J－8 是向 B 传递能量之后的能量树结构。

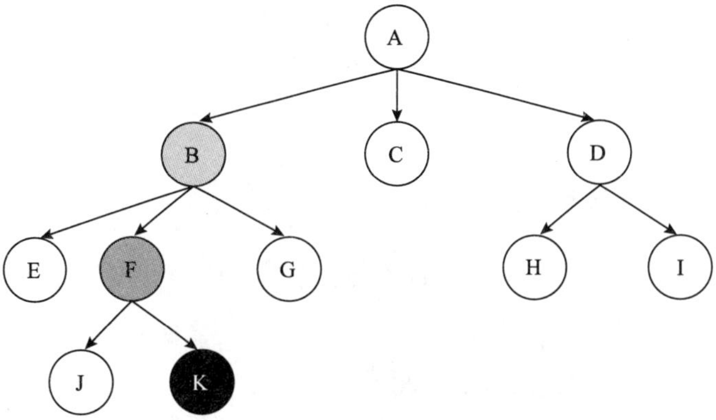


**图 J－8　向 B 传递能量之后的能量树结构**

介绍了能量树之后，下面将简要介绍如何在本发明的搜索和排序算法中使用能量树。在本发明的搜索排序算法中，将每个节点的能量值作为与该节点对应的每个文档的重要分值，以获得更好的排序效果。例如，在上述图 J－8 中，节点 K 具有大于 E 的能量，所以，K 的重要性分值大于 E 的重要性分值，并且这种大的重要性分值将帮助 K 获得在搜索结果中的更好的排序位置。因为该用户对 K 感兴趣，所以，本发明的算法使 K 成为最先前的搜索结果，这对于搜索者是适当的。

随着搜索者点击操作的增加，该能量树将随着上述过程持续变化，向源节点或源节点附近的节点增加能量。因为搜索者的兴趣以及对树中不同节点的点击不是随意的，所以每个节点将获得不同的能量值。哪个节点获得的能量值越高，搜索者就越对与该节点对应的文档产生过兴趣。

可以考虑在树中的插入、删除和移动操作。对于在能量树中的插入操作，本发明可以为插入的节点分配与其父节点一样的能量值，因为树结构中存在继承属性。在图 J－8 中增加一个新节点 M 作为 F 的子节点，树结构将如图 J－9 所示。

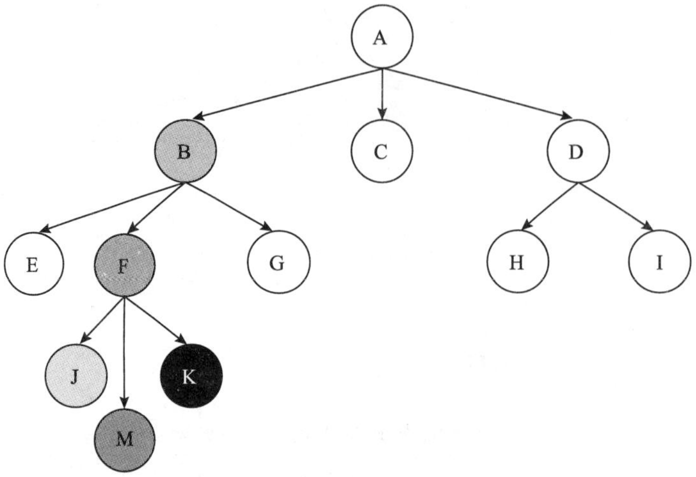


**图 J-9　插入节点之后的树结构**

对于删除操作，可以从能量树中去除相关节点。对于移动操作，可以将其分解为删除操作和一个增加操作。

## 2　对技术交底书的理解

专利代理人在收到申请人提供的技术交底书后，应当详细阅读并针对技术交底书存在的问题及时与申请人进行沟通。

### 2.1　阅读技术交底书时应当思考的问题

专利代理人在阅读技术交底书的过程中，应当思考如下几个问题：

① 本发明创造与技术交底书中提到的现有技术相比改进之处体现在哪里？

② 能够从哪几个方面或者分几个层次来保护技术主题？例如，至少可以拟定几组权利要求？每组权利要求的层次如何规划？

③ 技术内容是否描述清楚、充分，能否根据目前的技术交底书撰写申请文件？哪些内容需要与申请人作进一步沟通以获得更多的技术信息？哪些地方需要提示申请人提供更多的实施方式？

### 2.2　理解技术交底书



专利代理人通过阅读本案例的技术交底书，可以得出如下几点意见：

① 在目前的文件搜索中，主要使用词汇信息进行搜索，呈现给用户的搜索排序结果并不理想，搜索排序性能很差；因此，如何对文件系统的搜索引擎中搜索出的搜索项进行排序以便提高搜索排序性能是一个待解决的问题。

② 通过分析上述技术交底书描述的技术内容，可以初步确定本发明创造相对于现有技术作出的改进主要在于：在文件系统搜索中，使用变量值来动态地调整文件项的重要性。对于文件系统中的各个文件项赋予变量值（技术交底书中称为“能量值”），

用于反映用户的操作历史，并根据用户对文件项的操作情况对该值进行更新，例如，当用户点击一个查询到的搜索结果时，可以使所点击的文件项的变量值增大；并且可以根据预定深度使邻近的文件项的变量值也增大。该变量值越高，文件项越重要，在将来的搜索排序中越靠前。

申请人在技术交底书中，将文件系统看作是一棵以目录为非叶节点和以文档为叶节点的树，并建立一棵与文件系统具有同样结构的能量树，首先将能量均衡地分配到每个节点，并且在搜索过程中，根据用户对文件夹的操作，对能量树相对应节点的能量值分布进行更新，并根据预定深度，向邻近的文件夹和文件传递能量。但是从该技术方案的本质来看，就是通过对于文件系统中的各个文件项赋予变量值（技术交底书中称为“能量值”）来反映用户的操作历史，并根据用户对文件项的操作情况对该值进行更新，从而提高文件系统的搜索排序性能，实际技术方案中并不涉及“能量树”的建立，并且所述“能量树”“能量值”“能量”，是发明人为形象表述而采用的术语，并非本领域的常用术语，不具有本领域的公知含义。这样的术语，如需使用，应在说明书中对其进行清楚的定义，并将该清楚的定义限定在权利要求中以保证权利要求的清楚性。专利代理人通过对本发明技术的理解，认为“能量树”的概念及相关术语，并无必要体现在说明书和权利要求书中，所谓“能量值”可以规范为相对于各文件项的“搜索优先级值”，并且在撰写说明书的过程中可以避免使用“能量”“能量树”“能量值”这样的词语。

③ 确定发明专利申请要求保护的主题及类型：以计算机程序实现的发明专利申请中，通常采用方法权利要求对计算机程序所形成的某种处理或控制活动过程进行保护。另外，对于本案例这种典型的全部以计算机程序实现的发明专利申请，还可以要求保护一种与方法权利要求各步骤相对应的功能模块架构的装置。因此，本申请的申请主题确定为两个：计算机文件系统搜索排序方法以及计算机文件系统搜索排序装置。

申请人很可能希望谋求对于相关的能量树模型的保护，然而所述“能量树”实质上是一种树形结构，是常用数据结构❶的一种。按照目前的中国专利法及相关法规的规定，数据结构本身不构成技术方案，不属于中国专利法保护的客体。

关于能量树模型，技术交底书中没有明确的描述。一般而言，模型是所研究的系统、过程、事物或概念的一种表达形式。❷ 申请人希望利用“能量树模型”这一概念来指代对能量树的应用模式或应用方法等。按照目前的中国《专利法》及相关法规的规定，发明创造的解决方案必须构成技术方案，才属于中国专利法保护的客体；而构



❶ 数据结构是计算机存储、组织数据的方式。常用数据结构包括数组、栈、队列、链表、树、图、堆、散列表等。

❷ [EB/OL]. [2011-06-09]. http://baike.baidu.com/view/96500.htm.

成技术方案的条件是，该方案必须解决技术问题，采用为解决该技术问题所实施的技术手段，并且达到技术效果。所以，对能量树的应用模式或应用方法是否构成中国专利保护客体的分析，应该围绕以下三个方面进行：该应用模式或应用方法用于解决技术问题，为解决该技术问题采取了技术手段，并且达到了技术效果。

以上三个意见需要与申请人进行沟通并确认。

④ 技术交底书中明显存在三处错误或者不清楚之处，需要请申请人进行解释和确认。

（i）技术交底书中将图 J－1 作为本发明的概览，然而，图 J－1 自身过于笼统、不清楚，并且也不能全面地反映本发明的总体构思。比如，图 J－1 未能表示出使用变量值来动态地调整文件项，并根据用户对文件项的操作情况对该值进行更新。

（ii）在技术交底书中给出了公式 $S'(q, d) = \beta S(q, d) + (1-\beta)E(d)$ 表示更新后的能量值，其中对于给定查询 q 的排序，任何文件搜索引擎将为每个文档提供一个分值 S（q，d），而对于文件项 d 和给定的查询 q 来说，β 是确定搜索优先级部分重要性的参数，通过调整该参数，使搜索引擎性能更好。但是，技术交底书中并未对参数 β 的取值范围给出具体说明。

（iii）在技术交底书中给出了图 J－3 作为用户点击搜索结果列表中的文件项之后对文件项的搜索优先级值进行更新的流程图。专利代理人认为图 J－3 不完善，比如，在图 J－3 所包括的循环中，应该有一个清空集合 C 的步骤，否则，随着每次循环中当前深度（CurrentDept）的增加，集合 C 将变得越来越大，而且对集合 C 中的某节点重复计算变量值；同时，专利代理人也注意到，图 J－3 中的表述不够准确，例如上述流程图中的“把 d 放入 C”“CurrentDepth＋＋”等，应当利用自然语言进行清楚地描述；除此之外，上述流程图中的公式 E（n）? ＝ E（n）＋ cp（dept － CurrentDepth）过于笼统，该公式并未反映出如何计算所定义的参数的数值。

⑤ 为了在说明书中对本发明作出清楚描述，至少需要申请人补充如下四方面的材料。

（i）在技术交底中提到的现有文件系统搜索引擎中使用的排序方法是与本发明相关的背景技术。然而，技术交底书中并未对现有文件系统搜索引擎中使用的排序方法进行介绍，需要申请人补充相关内容。

（ii）由于技术交底书中的图 J－1 自身过于笼统、不清楚，并且也不能全面地反映本发明的总体构思，所以需要申请人提供能够反映本发明总体构思的更详细的示意图。

（iii）由于在技术交底书中未对公式 $S'(q, d) = \beta S(q, d) + (1-\beta)E(d)$ 中的参数 β 的取值范围给出具体说明，所以，需要请申请人提供相关内容。

（iv）由于申请人在技术交底书中对图 J－3 的描述并不完善，因此需要申请人对图 J－3 进行修改。另外，关于其中的公式 E(n)? ＝E(n) ＋ cp(dept － Current-

Depth)，建议申请人给出一个或两个更具体的公式，用于反映如何计算相邻文件项的搜索优先级值的更新值。

## 3 给客户的信函

在理解技术交底书的内容之后，对于需要申请人确认和补充的内容以及需要申请人澄清的内容，应当尽快与申请人进行沟通，通常可以采用信函或电子邮件的方式。给客户的信函通常应当包括如下几方面的内容：

① 专利代理人对发明创造的理解。

② 专利代理人对发明创造撰写申请文件时的总体考虑，例如主题的选择等。

③ 阅读技术交底书后需要请申请人补充或者修改的内容：需要对哪些部件进行扩展、补充，针对技术交底书中描述不清楚的部件进行补充说明、补充必要的附图，技术交底书所描述的技术内容有误或者用词不当之处要求作补充说明或者进行修改等。

下面结合本案例（基于前面理解技术交底书时所认定需要与申请人进行沟通的内容）给出一份写给申请人信函的推荐样本。

尊敬的××先生：

很高兴贵方委托我所代为办理有关计算机文件系统搜索排序方法的专利申请案，我所对该案件的编号为××××××××。

我所专利代理人认真地研读了贵方的技术交底文件，对本发明创造有了初步了解，但仍存在着需要与贵方作进一步沟通的内容，具体内容如下。

一、对技术内容的理解

本发明创造的核心内容是在文件系统搜索中使用变量值来动态地调整文件项的重要性。也就是说，对于文件系统中的各个文件项赋予变量值（技术交底书中称为“能量值”），用于反映用户的操作历史，并根据用户对文件项的操作情况对该值进行更新。例如，当用户点击一个查询到的搜索结果时，可以使所点击的文件项的变量值增大，并且可以根据预定深度使邻近的文件项的变量值也增大；该变量值越高，文件项越重要，在将来的搜索排序中越靠前。

在技术交底书中将文件系统看作是一棵以目录为非叶节点和以文档为叶节点的树，并建立一棵与文件系统具有同样结构的能量树，首先将能量均衡地分配到每个节点，并且在搜索过程中，将根据用户对文件项的操作对能量树节点的能量值分布进行更新，并根据预定深度，向邻近的文件夹和文件传递能量。但是从该技术方案的本质来看，就是通过对于文件系统中的各个文件项赋予变量值（技术交底书中称为“能量值”）来反映用户的操作历史，并根据用户对文件项的操作情况对该值进行更新，从而提高文件系统的搜索排序性能。专利代理人认为，技术交底书中所述的“能量树”“能量值”“能量”只是发明人使用的一种形象的表述方式，并非本领域的常用术语，不具有本领域的公知含义，并且，对于该技术方案的表述并不需要涉及“能量树”的概念及相关术语。因此，对于“能量树”的建立等的描述，并没有必要体现在说明书和权利要求书中，对于“能量值”可以规范为相对于各文件项的“搜索优先级值”，并且在撰写说明书的过程中应该避免使用“能量”“能量树”等用语以避免产生理解的混乱。

对本发明的上述理解是否正确，请贵方予以核定。

二、对专利申请类型以及主题的规划

“能量树”的模型仅能用来形象地说明本发明的构思，但并不构成一个专利法意义上的技术方案，因此不能作为一个被保护的客体。

以计算机程序实现的发明专利申请中，通常采用方法权利要求对计算机程序所形成的某种处理或控制过程进行保护。另外，对于本案例这种典型的全部以计算机程序为依据的发明专利申请，还可以要求保护一种与方法权利要求各步骤相对应的功能模块架构的装置。因此，本申请的申请主题确定为两个：计算机文件系统搜索排序方法和计算机文件系统搜索排序装置。

对于发明实质是计算机软件的发明创造，只可能通过发明专利获得保护，不可能申请实用新型。即使上述这种与方法权利要求各步骤相对应的功能模块架构的装置，由于其限定的并不是一个通过实际结构改进形成的装置，也只能申请发明专利，不能申请实用新型专利。

三、技术交底书中需要贵方进行补充和澄清的内容

在阅读技术交底书之后，专利代理人对于其中的部分内容尚不能清楚理解，请贵方对下述四方面的内容进行澄清性说明或修改。

(1) 技术交底书中提到的现有文件系统搜索引擎所使用的排序方法是与本发明相关的背景技术。然而，技术交底书中并未对现有文件系统搜索引擎所使用的排序方法进行介绍，需要贵方补充相关内容。

(2) 技术交底书中将图 J－1 作为本发明的概览示意图，然而，上述图 J－1 不能全面地反映本发明的总体构思。例如，未示出使用变量值来动态地调整文件项，也未示出根据用户对文件项的操作情况对该值进行更新。因此，需要贵方提供能够反映发明总体构思的更详细的示意图。

(3) 技术交底书中给出公式 $S'(q, d) = \beta S(q, d) + (1-\beta)E(d)$ 表示更新后的能量值，而对于文件项 d 和给定的查询 q 来说，β 是确定搜索优先级非常重要的参数，但是，技术交底书中未对参数 β 的取值范围给出具体说明，需要贵方提供相关内容。

(4) 技术交底书中将图 J－3 作为用户点击搜索结果列表中的文件项之后对文件项的搜索优先级值进行更新的流程图，专利代理人认为图 J－3 不完善，例如，在图示循环中，应该有一个清空集合 C 的步骤，否则，随着每次循环中当前深度（Current-

Dept）的增加，集合C将变得越来越大，而且对集合C中的某节点重复计算变量值；此外图中的表述不够准确，例如上述流程图中的“把d放入C”“CurrentDepth + +”等，应利用自然语言进行清楚地描述。因此，请贵方对该图进行修改。

另外，其中的公式E(n)? = E(n) + cp(dept - CurrentDepth) 过于笼统，该公式并未反映出如何计算所定义的参数的数值。建议贵方给出一个或两个更具体的公式，用于反映如何计算相应文件项的搜索优先级值的更新值。

请贵方尽快就上述几方面的问题给出答复，在补充具体技术内容的同时，明确告知贵方的具体决策意见。

××专利事务所×××

××年××月××日

## 4 申请人的回复

申请人针对上述信函作出答复，其主要意见如下：

1. 来函中对发明改进点的理解正确，同意在说明书和权利要求书中不体现“能量树”的建立等描述，对于“能量值”的描述统一规范为相对于各文件项的“搜索优先级值”，并且同意不再采用“能量”“能量树”“能量值”等用语。

2. 申请发明专利，并且同意将本申请的申请主题确定为：计算机文件系统搜索排序方法和计算机文件系统搜索排序装置。

3. 补充背景技术如下：目前，对文件系统进行检索排序主要是基于关键词的检索方法。传统的基于关键词的检索方法的基本原理是，搜索引擎首先对文档内容进行分析，提取文档中出现的关键词，并统计关键词在文档中出现的频率、位置以及整个文档集合中包含该关键词的文档的数目等，对这些信息建立索引。当用户输入查询式后，搜索引擎首先分析查询请求，对每个查询词在索引中分别找到包含该关键词的文档，然后对每篇文档计算与查询式的相关程度，最后，将相关文档按照相关程度大小进行排序，返回给用户。这种方法的难度在于，大多数情况下，用户的查询要求无法用非常简单的关键词进行准确的描述，而且，由于用自然语言理解技术和相关程度计算方法的限制，查询结果的准确率比较低。

4. 补充提供图J-10来替换原图J-1，示出使用变量值来动态地调整文件项的重要性，并根据用户对文件项的操作情况对该值进行更新，清楚、全面地反映本发明的总体构思。

5. 补充对公式的说明：文件系统搜索引擎会根据接收到的查询q为每个文件d提供一个用于排序的分值S(q，d)。根据当前文件系统中提供的搜索优先级值信息以及该用于排序的分值，为每个文件计算相关度S′(q，d)以用于最终的搜索排序。例如，对于文件d，给定查询q可以用如下公式定义相关度S′(q，d)与分值S(q，d)和搜

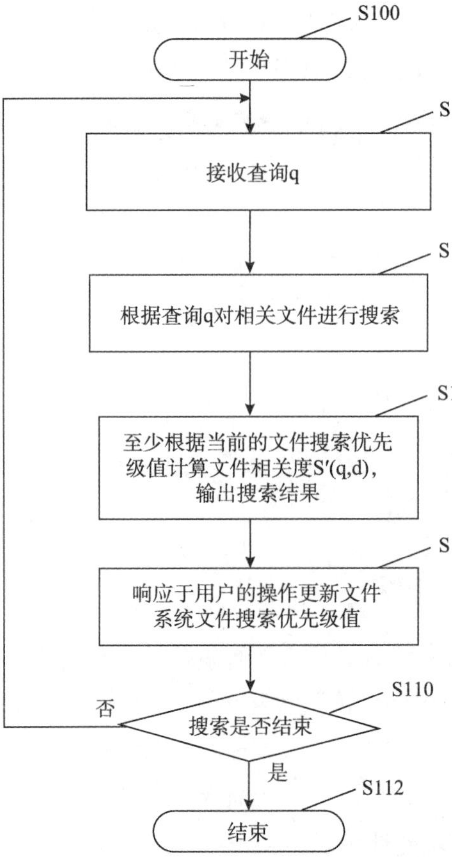


**图 J－10　本发明的概览示意图**

索优先级值 E(d) 之间的关系：

$$S'(q, d) = \beta S(q, d) + (1-\beta) E(d),$$

其中，β 为一个取值在 0 到 1 之间的参数，用来平衡分值和搜索优先级值在相关度中所占的比重。

由此，在上述步骤中根据相关度输出的搜索结果列表至少部分地反映了用户在操作文件系统时的操作历史。

6. 提供了图 J－11 作为修改点击后文件项搜索优先级值更新的流程图，其中将原图 J－3 中的计算公式改为了文字描述，如图 J－11 中的步骤 S408 所示。关于如何计算搜索优先级值，给出了一个新的公式：

$$E'(n) = E(n) + p^{dist(n,d)},$$

其中，d 表示被点击文件项；n 表示任一位于预定传递深度之内的文件项；E(n) 为文件项 n 的原有的搜索优先级值；E'(n) 为文件项 n 的更新后的搜索优先级值；p 为取值在 0 到 1 之间的搜索优先级值增加率；dist(n, d) 表示在所述文件系统的树形结构中，从文件项 n 沿树的路径到文件项 d 之间的距离，其中 dist(n, d) 小于或等于预定传递深度。



第五章

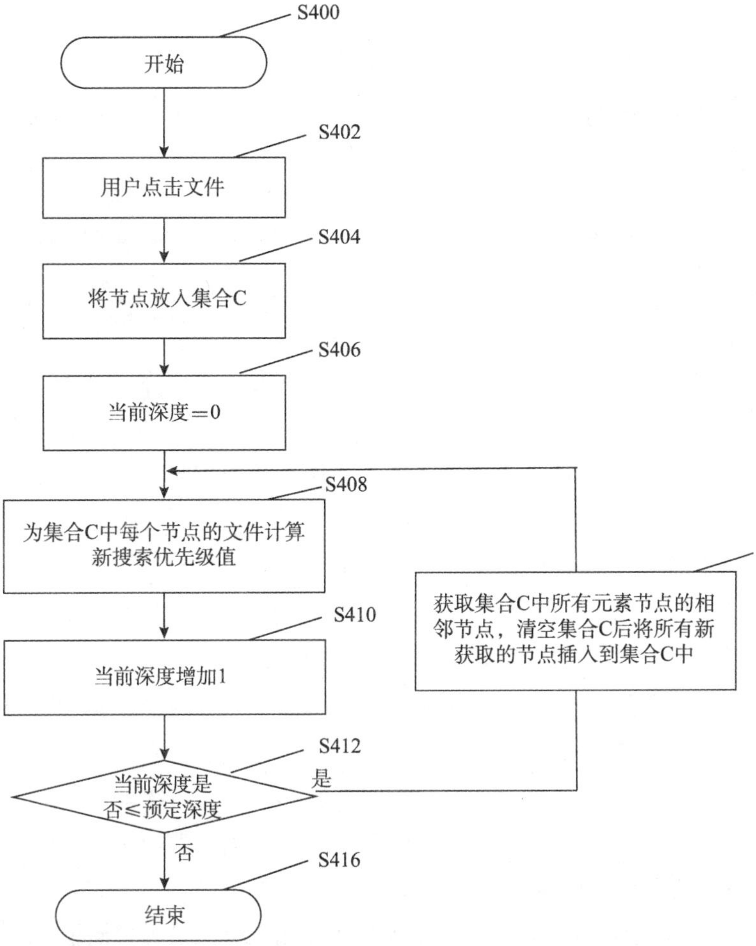


**图 J-11 点击后文件项搜索优先级值更新的流程图**

上述公式代表了许多不同的实施例，例如这些实施例可以因 p 的取值不同而不同。根据该公式，随着文件项 n 与文件项 d 之间距离的增加，从文件项 d 向文件项 n 递增的搜索优先级值越小。

## 5 权利要求书的撰写

前面在阅读和理解了技术交底书的基础上，与申请人进行了充分沟通，并请申请人对相关问题进行了确认和补充，下面以此为基础撰写权利要求书。

### 5.1 对计算机文件系统搜索排序方法主题所涉及的技术特征的分析

由前述分析可知，计算机文件系统搜索排序方法这一主题包括以下几个技术特征（与上述主题不是十分相关的技术特征未列于此）：

① 接收查询；

② 由搜索引擎对相关文件进行搜索，并且计算各个文件项相对于该查询的重要程

度分值（技术交底书中所述分值 S(q，d))；

③ 根据文件系统中提供的相应搜索优先级值，计算各个文件项相对于该查询的相关度，并且基于该相关度输出搜索结果，其中所述搜索优先级值至少与用户对所述相应文件项的操作历史相关联；

④ 根据公式 $S'(q, d) = \beta S(q, d) + (1-\beta) E(d)$ 计算各个文件项对于所述查询的相关度，其中 q 是查询，d 是文件，S(q，d) 是文件系统搜索引擎根据接收到的查询 q 为每个文件 d 提供的用于排序的分值，E(d) 是搜索优先级值，β 为一个取值在 0 到 1 之间的参数，S′(q，d) 是最终的搜索排序的文件相关度；

⑤ 响应于用户对文件系统的操作（例如，对某个搜索结果的点击），对文件系统中相应文件项的搜索优先级值进行更新；

⑥ 在用户点击一个搜索结果的情况下，在文件系统中相应文件项的搜索优先级值增加；

⑦ 计算机文件系统具有树形结构，各文件项位于所述树形结构的各节点，在用户点击一个搜索结果的情况下，随着文件系统中相应文件项的搜索优先级值增加，预定传递深度内的其他文件项的搜索优先级值也相应地增加；

⑧ 创建一个文件项时，在文件系统中相应地增加一个文件项，并为增加的文件项分配搜索优先级值；

⑨ 删除一个文件项时，在文件系统中删除相应的搜索优先级值；

⑩ 移动一个文件时，在文件系统中删除与文件被移动之前的位置对应的搜索优先级值，并增加一个与新的文件位置对应的搜索优先级值；

⑪ 初始化时将所述文件系统中各文件项的搜索优先级值设为相同值。

### 5.2 相对于最接近现有技术确定发明所要解决的技术问题

一般情况下，在确定要解决的技术问题之前，首先需要进行现有技术检索，然后对检索到的现有技术进行分析，以确定与本发明的技术方案最接近的现有技术，以便重新确定该发明要解决的技术问题。然而，在本申请中，客户并未委托代理人进行现有技术检索。在技术交底书及之后补充的信息中，客户已经对其所认为的最接近的现有技术水平作了描述。

由前述分析可知，在与上述技术方案最接近的现有技术（即文件系统搜索引擎）中，在对搜索结果进行排序时使用了基于关键词信息计算的文档相关度，但是没有考虑用户对文档的操作历史以及文件系统的目录结构与用户的操作历史之间的联系。

因此，本发明相对于上述最接近的现有技术解决的技术问题是如何在适用于文件系统的搜索排序方法中考虑文件系统的目录结构与用户的操作历史之间的联系，以动态地利用用户对搜索结果的操作以提高以后的搜索排序性能。

### 5.3 确定解决本发明技术问题的必要技术特征

从上述确定的多个技术特征中，选择为解决上述技术问题应包括的必要技术特征。专利代理人在考虑必要技术特征时，应当为申请人争取较宽的保护范围。

考虑到文件系统的目录结构与用户的操作历史之间的联系，以动态地利用用户对搜索结果的操作以提高文件系统的搜索排序性能，在文件系统中为各个文件项分配搜索优先级值来标识文件项的搜索优先级，所述搜索优先级值与用户对所述相应文件项的操作历史相关联，根据所述搜索优先级值，计算各个文件项相对于该查询的相关度，基于该相关度输出搜索结果，并根据用户对文件项的操作情况对该搜索优先级值进行更新。

由此可知，本节5.1中列出的技术特征①“接收查询”、技术特征③“根据文件系统中提供的相应搜索优先级值，计算各个文件项相对于该查询的相关度，并且基于该相关度输出搜索结果，其中所述搜索优先级值至少与用户对所述相应文件项的操作历史相关联”以及技术特征⑤“响应于用户对文件系统的操作，对文件系统中相应文件项的搜索优先级值进行更新”是解决上述技术问题的必要技术特征。若缺少“接收查询”步骤，就不会引起随后一系列操作，若缺少“根据文件系统中提供的相应搜索优先级值，计算各个文件项相对于该查询的相关度，并且基于该相关度输出搜索结果，其中所述搜索优先级值至少与用户对所述相应文件项的操作历史相关联”步骤，则不能实现“考虑到文件系统的目录结构与用户的操作历史之间的联系”，若缺少“响应于用户对文件系统的操作，对文件系统中相应文件项的搜索优先级值进行更新”步骤，则不能实现“动态地利用用户对搜索结果的操作以提高文件系统的搜索排序性能”。

在确定必要技术特征时应当注意下述几点。

① 本节5.1中列出的技术特征②“由搜索引擎对相关文件进行搜索，并且计算各个文件项相对于该查询的重要程度分值”不是解决上述技术问题的必要技术特征：该特征是现有技术特征，对于解决上述所确定的技术问题（“在适用于文件系统的搜索排序方法中考虑文件系统的目录结构与用户的操作历史之间的联系，以动态地利用用户对搜索结果的操作以提高以后的搜索排序性能”）而言，并不是必不可少的技术特征，因为本发明中根据所述搜索优先级值计算各个文件项相对于该查询的相关度，并不是必须和现有技术中的搜索引擎所计算的“重要程度分值”一起使用才能解决上述技术问题，因此该技术特征不是必要技术特征。

② 本节5.1中列出的技术特征④“根据公式 $S'(q, d) = \beta S(q, d) + (1-\beta) E(d)$ 计算各个文件项对于所述查询的相关度，其中q是查询，d是文件，S(q, d)是文件系统搜索引擎根据接收到的查询q为每个文件d提供的用于排序的分值，E(d)是搜索优先级值，β为一个取值在0到1之间的参数，S′(q, d)是最终的搜索排序的文件相关度”也不是解决上述技术问题的必要技术特征：对于解决上述所确定的技术问题而言，该技术特征也不是必不可少的技术特征，相反它是对“根据文件系统中提供的相应搜索优先级值，计算各个文件项相对于该查询的相关度，并且基于该相关度输

第五章

出搜索结果”进一步限定的技术特征，是解决所述技术问题所采取的更为具体的技术手段，属于非必要技术特征，应当作为附加技术特征写入从属权利要求中。

③ 本节 5.1 中列出的技术特征⑥“在用户点击一个搜索结果的情况下，在文件系统中相应文件项的搜索优先级值增加”也不是解决上述技术问题的必要技术特征：对于解决上述所确定的技术问题而言，该技术特征也不是必不可少的技术特征，相反它是对“响应于用户对文件系统的操作（例如，对某个搜索结果的点击），对文件系统中相应文件项的搜索优先级值进行更新”进一步限定的技术特征，是进一步实现技术效果的特征，属于非必要技术特征，应当作为附加技术特征写入从属权利要求中。

④ 本节 5.1 中列出的技术特征⑦“在用户点击一个搜索结果的情况下，随着文件系统中相应文件项的搜索优先级值增加，预定传递深度内的其他文件项的搜索优先级值也相应地增加”也不是解决上述技术问题的必要技术特征：对于解决上述所确定的技术问题而言，该技术特征也不是必不可少的技术特征，相反它是对“在用户点击一个搜索结果的情况下，在文件系统中相应文件项的搜索优先级值增加”进一步限定的技术特征，并且是进一步实现技术效果的特征，属于非必要技术特征，应当作为附加技术特征写入从属权利要求中，以便将来在实质审查阶段（甚至专利无效宣告阶段）为申请人修改权利要求书做准备。

⑤ 本节 5.1 中列出的技术特征⑧至技术特征⑪是对本发明技术方案具体细节的描述，显然属于非必要技术特征，但这些技术特征可以考虑作为附加技术特征写入从属权利要求中。

⑥ 独立权利要求的用语应当尽可能采用概括表述方式，以取得较宽保护范围。根据技术交底书可知，本发明提供了具体实施方式，包括实现文件系统只根据各个文件项的相应搜索优先级值计算各个文件项相对于该查询的相关度的技术方案，以及文件系统同时根据搜索引擎计算出的各个文件项相对于该查询的重要程度分值和相应搜索优先级值，计算各个文件项相对于该查询的相关度的不同技术方案。因此，对于必要技术特征“根据文件系统中提供的相应搜索优先级值，计算各个文件项相对于该查询的相关度，并且基于该相关度输出搜索结果”可以概括为“至少根据文件系统中各文件项的搜索优先级值计算各个文件项对于所述查询的相关度，并基于所述相关度输出搜索结果”，以在得到说明书支持的情况下获得尽可能宽的保护范围。



## 5.4 完成方法独立权利要求的撰写

撰写独立权利要求时主要涉及《专利法实施细则》第 20 条第 2 款和第 21 条。

如前面所述，已经确定了本发明方法独立权利要求的主题名称，并且已经确定了本发明方法的必要技术特征。因此，将前述主题名称和必要技术特征组合在一起即构成一项方法独立权利要求。

基于上述诸多考虑和分析，撰写针对于计算机文件系统的搜索排序的方法的独立权利要求 1 如下：

1. 一种计算机文件系统搜索排序方法，所述方法包括：

接收查询；

至少根据文件系统中各文件项的搜索优先级值计算各个文件项对于所述查询的相关度，并基于所述相关度输出搜索结果，其中所述搜索优先级值至少与用户对所述相应文件项的操作历史相关联；以及

响应于用户对所述文件项的操作，对所述文件系统中各文件项的搜索优先级值进行更新。

需要说明的是，不少申请人由于缺乏撰写经验，总认为应当将其最优选的技术方案写入独立权利要求，以体现其发明创造的高度；也有的申请人急于获得发明专利授权，因而希望将最优选的、拟上市产品的具体结构写入独立权利要求。在这种思想指导下所撰写的独立权利要求虽然容易获得授权，但会使本发明不能得到有效的保护，因为竞争对手可以很容易地采取既利用了本发明构思，但又规避侵权的其他结构以绕开该专利权的保护范围。面对这种情况时，专利代理人应当耐心地向申请人作出说明，明确告知其若这样撰写独立权利要求，即使申请被授予专利权，本发明也得不到有效的保护。优选的做法是，在完成独立权利要求的撰写之后，将那些体现最优选的、拟上市产品的具体结构的附加技术特征，作为从属权利要求来撰写，以此构建多层次全方位的专利权利的保护范围。

## 5.5 撰写方法从属权利要求

在上述分析基础上，确定出必要技术特征进而形成独立权利要求之后，从重要程度或保护的层次等方面考虑哪些技术特征需要写入从属权利要求以及这些从属权利要求的先后排布顺序，在独立权利要求的基础上层层深入，从而形成有层次的从属权利要求架构。

就本申请案来说，可以按照下述思路来撰写有层次的方法从属权利要求。

首先，考虑到本节 5.1 中列出的技术特征④是本发明相对于现有技术作出的主要改进，因此以该技术特征④作为第一层次从属权利要求附加技术特征撰写从属权利要求 2：

2. 根据权利要求 1 所述的方法，其中至少根据文件系统中各文件项的搜索优先级值计算各个文件项对于所述查询的相关度并基于所述相关度输出搜索结果的步骤包括根据如下公式计算各个文件项对于所述查询的相关度的步骤：

$$S'(q, d) = \beta S(q, d) + (1-\beta) E(d),$$

其中，q 是查询，d 是文件，S(q, d) 是文件系统搜索引擎根据接收到的查询 q 为每个文件 d 提供的用于排序的分值，E(d) 是搜索优先级值，$0 \leq \beta < 1$，S′(q, d) 是最终的搜索排序的文件相关度。

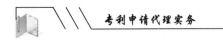

其次，考虑到本节5.1中列出的技术特征⑥对“响应于用户对文件系统的操作，对文件系统中相应文件项的搜索优先级值进行更新”作进一步限定，并且是用户对文件系统的主要操作形式，因此，将上述技术特征⑥作为附加技术特征撰写从属权利要求3：

3. 根据权利要求2所述的方法，其中所述响应于用户对所述文件系统的操作、对所述文件系统中各文件项的搜索优先级值进行更新的步骤包括：

响应于用户对文件项的点击，增加所述文件项的搜索优先级值。

接下来，考虑到本节5.1中列出的技术特征⑦是对“在用户点击一个搜索结果的情况下，在文件系统中相应文件项的搜索优先级值增加”作了进一步限定，因此将上述技术特征⑦作为下一层次的从属权利要求的附加技术特征，撰写从属权利要求4。与此同时还可根据技术交底书中描述的具体传递步骤撰写权利要求4的从属权利要求5。具体如下：

4. 根据权利要求3所述的方法，其中所述计算机文件系统具有树形结构，各文件项位于所述树形结构的各节点，所述响应于用户对所述文件系统的操作、对所述文件系统中各文件项的搜索优先级值进行更新的步骤还包括：

根据各文件项在所述文件系统的树形结构体现的关联程度，将所述文件项的搜索优先级值的增加传递到其他文件项。

5. 根据权利要求4所述的方法，其中所述根据各文件项在所述文件系统的树形结构体现的关联程度，将所述文件项的搜索优先级值的增加传递到其他文件项的步骤包括：

至少将所述增加的文件项的搜索优先级值传递到位于预定传递深度之内的节点的文件项，并且满足下式

$$E'(n) = E(n) + p^{dist(n,d)},$$

其中，d表示与所述被点击文件项对应的节点，n表示任一位于所述预定传递深度之内的节点，E(n)为节点n的原有的搜索优先级值，E′(n)为节点n的更新后的搜索优先级值，p为取值在0到1之间的传递率，dist(n, d)表示在所述文件系统树形结构中从节点n沿树的路径到节点d之间的距离，dist(n, d)小于或等于预定传递深度。

最后，针对本节5.1中列出的技术特征⑧至技术特征⑪，撰写权利要求1~5的从属权利要求6~9如下：

6. 根据权利要求1~5中任一项所述的方法，其中所述响应于用户对所述文件系统的操作、对所述文件系统中各文件项的搜索优先级值进行更新的步骤包括：

响应于用户创建文件项的操作，在所述文件系统中创建相应的节点，并且为所创建的文件项分配与其所属文件夹相等的搜索优先级值。

7. 根据权利要求1~5中任一项所述的方法，其中所述响应于用户对所述文件系

统的操作、对所述文件系统中各文件项的搜索优先级值进行更新的步骤包括：

响应于用户删除文件项的操作，删除该文件项及其搜索优先级值。

8. 根据权利要求 1 ~5 中任一项所述的方法，其中所述响应于用户对所述文件系统的操作、对所述文件系统中各文件项的搜索优先级值进行更新的步骤包括：

响应于用户将文件项从第一位置移动到第二位置的操作，在所述文件系统的第一位置处删除相应节点的文件项及其搜索优先级值，并在所述文件系统的第二位置处创建相应节点的文件项，且为其分配与其所属文件夹相等的搜索优先级值。

9. 根据权利要求 1 ~5 中任一项所述的方法，还包括初始化时将所述文件系统中各文件项的搜索优先级值设为相同值。

## 5.6 撰写产品权利要求

《专利审查指南 2010》第二部分第九章第 5.2 节规定了涉及计算机程序的发明专利申请权利要求的撰写方式。对于全部以计算机程序流程为依据的发明，《专利审查指南 2010》指出：可以按照与该计算机程序流程的各步骤“完全对应一致”的方式，或者按照与反映该计算机程序流程的方法权利要求“完全对应一致”的方式，撰写产品权利要求。《专利审查指南 2010》还规定：如此撰写的产品权利要求，其各组成部分应当理解为实现该程序流程各步骤或该方法各步骤所必须建立的功能模块，由这样一组功能模块限定的产品权利要求应当理解为主要通过说明书记载的计算机程序实现该解决方案的功能模块构架，而不应当理解为主要通过硬件方式实现该解决方案的实体装置。

基于上面所述，本发明的改进点不涉及装置的物理实体结构变化，属于典型的全部以计算机程序流程为依据的发明。因此，按照《专利审查指南 2010》的上述规定，撰写产品权利要求（计算机文件系统搜索排序的装置）10 ~ 18 如下（其中产品权利要求 10 对应于方法权利要求 1，从属权利要求 11 ~ 18 对应于方法权利要求 2 ~9）：

10. 一种计算机文件系统搜索排序的装置，包括：

用于接收查询的装置；

用于至少根据文件系统中各文件项的搜索优先级值计算各个文件项对于所述查询的相关度并基于所述相关度输出搜索结果的装置，其中所述搜索优先级值至少与用户对所述相应文件项的操作历史相关联；以及

用于响应于用户对所述文件项的操作，对所述文件系统中各文件项的搜索优先级值进行更新的装置。

11. 根据权利要求 10 所述的装置，其中所述用于至少根据文件系统中各文件项的搜索优先级值计算各个文件项对于所述查询的相关度并基于所述相关度输出搜索结果的装置包括根据如下公式计算各个文件项对于所述查询的相关度的装置：

$$S'(q, d) = \beta S(q, d) + (1-\beta) E(d),$$



第五章

其中，q是查询，d是文件，S(q，d）是文件系统搜索引擎根据接收到的查询q为每个文件d提供的用于排序的分值，E(d）是搜索优先级值，$0\leqslant\beta<1$，S′(q，d）是最终的搜索排序的文件相关度。

12. 根据权利要求11所述的装置，其中用于所述响应于用户对所述文件系统的操作、对所述文件系统中各文件项的搜索优先级值进行更新的装置包括：

用于响应于用户对文件项的点击、增加所述文件项的搜索优先级值的装置。

13. 根据权利要求12所述的装置，其中所述计算机文件系统具有树形结构，各文件项位于所述树形结构的各节点，所述用于响应于用户对所述文件系统的操作、对所述文件系统中各文件项的搜索优先级值进行更新的装置还包括：

用于根据各文件项在所述文件系统的树形结构体现的关联程度、将所述文件项的搜索优先级值的增加传递到其他文件项的装置。

14. 根据权利要求13所述的装置，其中所述用于根据各文件项在所述文件系统的树形结构体现的关联程度、将所述文件项的搜索优先级值的增加传递到其他文件项的装置包括：

用于至少将所述增加的文件项的搜索优先级值传递到位于预定传递深度之内的节点的文件项的装置，并且满足下式

$$E'(n) = E(n) + p^{dist(n,d)},$$

其中，d表示与所述被点击文件项对应的节点，n表示任一位于所述预定传递深度之内的节点，E(n）为节点n的原有的搜索优先级值，E′(n）为节点n的更新后的搜索优先级值，p为取值在0到1之间的传递率，dist(n，d）表示在所述文件系统树形结构中从节点n沿树的路径到节点d之间的距离，dist(n，d）小于或等于预定传递深度。

15. 根据权利要求10~14中任一项所述的装置，其中所述用于响应于用户对所述文件系统的操作、对所述文件系统中各文件项的搜索优先级值进行更新的装置包括：

用于响应于用户创建文件项的操作在所述文件系统中创建相应的节点、并且为所创建的文件项分配与其所属文件夹相等的搜索优先级值的装置。

16. 根据权利要求10~14中任一项所述的装置，其中所述用于响应于用户对所述文件系统的操作、对所述文件系统中各文件项的搜索优先级值进行更新的装置包括：

用于响应于用户删除文件项的操作、删除该文件项及其搜索优先级值的装置。

17. 根据权利要求10~14中任一项所述的装置，其中所述用于响应于用户对所述文件系统的操作、对所述文件系统中各文件项的搜索优先级值进行更新的装置包括：

用于响应于用户将文件项从第一位置移动到第二位置的操作、在所述文件系统的第一位置处删除相应节点的文件项及其搜索优先级值、并在所述文件系统的第二位置处创建相应节点的文件项、且为其分配与其所属文件夹相等的搜索优先级值的装置。

18. 根据权利要求10~14中任一项所述的装置，还包括用于初始化时将所述文件

系统中各文件项的搜索优先级值设为相同值的装置。

### 5.7　撰写 PCT 或国外申请时的特殊考虑

如果是在为申请人撰写 PCT 申请或国外专利申请，或者将来有可能要求本申请的优先权递交国外专利申请，那么在申请人同意的前提下，也应针对国外能够进行专利保护的申请主题撰写权利要求。例如，在本申请中撰写了一项计算机程序产品的权利要求，如下所示：

一种计算机程序产品，包含用于执行根据权利要求 1～9 中任何一个权利要求所述方法的计算机程序代码。

另外，根据上述需要，装置独立权利要求 10 也可以撰写为如下的形式：

10. 一种装置，包括

至少一个处理器；及

至少一个存储器，含有计算机程序代码，所述至少一个存储器和所述计算机程序代码被配置为利用所述至少一个处理器使得所述装置

接收查询；

至少根据文件系统中各文件项的搜索优先级值计算各个文件项对于所述查询的相关度，并基于所述相关度输出搜索结果，其中所述搜索优先级值至少与用户对所述相应文件项的操作历史相关联；以及

响应于用户对所述文件项的操作，对所述文件系统中各文件项的搜索优先级值进行更新。

## 6　说明书的撰写

在完成权利要求书的撰写之后，就可着手撰写说明书的各个组成部分。以下重点对撰写说明书各个组成部分时应当注意的问题作出说明，读者可结合本节之 7 中的说明书推荐文本的具体内容来加深理解。

（1）发明名称

由于本专利申请的权利要求书中涉及两项独立权利要求，其主题名称分别为“计算机文件系统搜索排序方法”和“计算机文件系统搜索排序装置”，而发明名称应当反映这两项独立权利要求的主题名称。因此，将发明名称写成“计算机文件系统搜索排序方法及装置”。

（2）技术领域

技术领域部分应当反映其主题名称，写明其直接应用的技术领域，但不要写入区别技术特征。建议写成：

本发明涉及对特定信息项的搜索排序，更具体地说涉及在计算机文件系统中进行搜索排序的方法及装置。

（3）背景技术

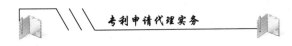

由于申请人没有提供具体的现有技术，所以在这一部分先大致介绍本发明所适用的大的技术环境，随后描述申请人提到的背景技术；然后，客观地指出背景技术中存在的问题。

（4）发明内容

在这一部分包括三部分内容，其一是本发明要解决的技术问题，其二是本发明的技术方案，其三是有益技术效果。对本发明专利申请的情况，倾向于采用如下的撰写方式：首先针对上述主题写明本发明要解决的技术问题是提供一种计算机文件系统搜索排序的方法及装置，其基于计算机文件系统结构并利用用户与搜索引擎系统的交互对文件系统进行搜索来提高搜索排序性能；然后针对所述方法和装置的独立权利要求分别给出其技术方案；在此基础上说明所述技术方案所带来的有益技术效果。当然，还可以在此之后另起段写明从属权利要求的技术方案及进一步带来的有益技术效果。

（5）附图说明

经过筛选，确定本发明说明书包括7幅附图。首先，图1采用本节之4“申请人回复”中补充提供的图J-10，其体现本发明技术方案的总体构思，与权利要求1的技术方案相对应。然后，选用六幅附图以逐层深入的方式依次体现具有文件搜索优先级值的文件系统的初始化、搜索优先级值的更新、具体更新方式和文件创建时的更新情况等：其中图2采用了稍作改动后的技术交底书中的图J-5，示意地表示了具有文件搜索优先级值的文件系统初始化的一个示例；将技术交底书中的图J-6、图J-7、图J-8这三幅图示意表示图2所示文件系统在用户点击文件后搜索优先级值的更新的附图略作修改，作为本申请说明书中的图3A、图3B、图3C；图4采用本节之4“申请人回复”中提供的图J-11，给出根据本发明一个实施方式的文件系统搜索优先级值响应用户点击的更新流程；图5采用了稍作改动后的技术交底书中的图J-9，示意地表示图3C所示文件系统在用户创建新文件时搜索优先级值的更新。

（6）具体实施方式

具体实施方式部分所描述的内容一定要将本发明充分公开，并且应当支持所撰写的权利要求书中每一项权利要求所限定的技术方案的保护范围。对于本案例来说，除了根据技术交底书提供的本发明具体技术内容进行描述外，还应当包括与申请人在沟通后所补充的必要技术内容。必要时，如果专利代理人对于技术方案所涉及的技术内容足够熟悉，也可以根据专利代理人对于技术方案的理解撰写技术交底书中所没有描述的具体实施方式，并要求申请人对这些具体实施方式予以确认。



例如，独立权利要求中记载了经概括的上位技术特征“至少根据文件系统中各文件项的搜索优先级值计算各个文件项对于所述查询的相关度，并基于所述相关度输出搜索结果”。为了支持上述关于计算各个文件项对于所述查询的相关度的功能性限定技术特征，在说明书中应当结合图1描述根据一个实施方式的搜索排序方法流程。其中涉及相关度计算的步骤 S104 和 S106 应进行如下描述：

步骤 S104 中是根据查询 q 对相关文件项进行搜索。例如，当采用的文件系统搜索引擎为基于关键词的搜索引擎时，文件系统搜索引擎根据查询 q 利用文件系统索引中的信息，可以计算每个文件项 d 对于该查询 q 的重要程度的分值 S(q，d)。通常，该分值 S(q，d) 在常规的文件系统搜索引擎中，会作为搜索结果排序的依据。

步骤 S106 是根据当前的文件项搜索优先级值计算文件项的相关度，并基于该相关度输出搜索结果列表。根据本发明的一个实施方式，在启动任何具体搜索排序流程之前（例如，在初始安装文件系统搜索引擎的过程中），为该文件系统的各个文件项初始化相应的搜索优先级值，其中所述搜索优先级值是反映用户对于该文件或文件夹的操作历史的参数。

其中对于步骤 S104 应该进一步描述为：

文件系统搜索引擎会根据接收到的查询 q 为每个文件 d 提供一个用于排序的分值 S(q，d)。根据当前文件系统中提供的搜索优先级信息以及该用于排序的分值，为每个文件计算相关度 S′(q，d) 以用于最终的搜索排序。例如，对于文件 d，给定查询 q 可以用如下公式定义相关度 S′(q，d) 与分值 S(q，d) 和搜索优先级值 E(d) 之间的关系：

$$S'(q, d) = \beta S(q, d) + (1-\beta) E(d),$$

其中，β 为一个取值在 0 到 1 之间的参数，用来平衡分值和搜索优先级值在相关度中所占的比重。

根据上述步骤 S104 和 S106 可知，在本发明的一个实施方式中，首先根据现有技术计算每个文件项 d 对于查询 q 的重要程度的分值 S(q，d)，然后再根据文件系统提供的搜索优先级信息（即相应文件项的搜索优先级值）和上述分值 S(q，d)，计算每个文件项 d 对查询的相关度 S′(q，d)。

关于步骤 S104，说明书中还应当作以下说明：

本领域的技术人员可以理解，虽然在这里给出了基于关键词进行搜索的示例，但是本发明的技术方案并不限制具体采用何种现有技术来实现该搜索步骤。而且，根据查询 q 对文件项进行搜索的过程可以以任何已知的算法、过程、方式来实现。

这样，说明书为独立权利要求中记载的经概括的上位技术特征技术特征“至少根据文件系统中各文件项的搜索优先级值计算各个文件项对于所述查询的相关度，并基于所述相关度输出搜索结果”提供了足够的支持。

（7）说明书摘要

说明书摘要部分首先写明本发明专利申请的名称，然后重点对独立权利要求的技术方案的要点作出说明，在此基础上进一步说明其解决的技术问题和有益效果。此外，还应当选择最能说明本发明实质内容的附图作为摘要附图，本申请将图 1 作为说明书摘要附图。

## 7 最后完成的权利要求书和说明书的参考文本

按照上述分析，完成权利要求书和说明书文本的撰写。下面给出最后完成的权利要求书和说明书的参考文本。

# 权 利 要 求 书

1. 一种计算机文件系统搜索排序方法，所述方法包括：

接收查询；

至少根据文件系统中各文件项的搜索优先级值计算各个文件项对于所述查询的相关度，并基于所述相关度输出搜索结果，其中所述搜索优先级值至少与用户对所述相应文件项的操作历史相关联；以及

响应于用户对所述文件项的操作，对所述文件系统中各文件项的搜索优先级值进行更新。

2. 根据权利要求1所述的方法，其中至少根据文件系统中各文件项的搜索优先级值计算各个文件项对于所述查询的相关度并基于所述相关度输出搜索结果的步骤包括根据如下公式计算各个文件项对于所述查询的相关度的步骤：

$$S'(q, d) = \beta S(q, d) + (1-\beta) E(d),$$

其中，q是查询，d是文件，S(q, d)是文件系统搜索引擎根据接收到的查询q为每个文件d提供的用于排序的分值，E(d)是搜索优先级值，$0 \leqslant \beta < 1$，S′(q, d)是最终的搜索排序的文件相关度。

3. 根据权利要求2所述的方法，其中所述响应于用户对所述文件系统的操作、对所述文件系统中各文件项的搜索优先级值进行更新的步骤包括：

响应于用户对文件项的点击，增加所述文件项的搜索优先级值。

4. 根据权利要求3所述的方法，其中所述计算机文件系统具有树形结构，各文件项位于所述树形结构的各节点，所述响应于用户对所述文件系统的操作，对所述文件系统中各文件项的搜索优先级值进行更新的步骤还包括：

根据各文件项在所述文件系统的树形结构体现的关联程度，将所述文件项的搜索优先级值的增加传递到其他文件项。

5. 根据权利要求4所述的方法，其中所述根据各文件项在所述文件系统的树形结构体现的关联程度、将所述文件项的搜索优先级值的增加传递到其他文件项的步骤包括：

至少将所述增加的文件项的搜索优先级值传递到位于预定传递深度之内的节点的文件项，并且满足下式

$$E'(n) = E(n) + p^{dist(n,d)},$$

其中，d表示与所述被点击文件项对应的节点，n表示任一位于所述预定传递深度之内的节点，E(n)为节点n的原有的搜索优先级值，E′(n)为节点n的更新后的搜索优先级值，p为取值在0到1之间的传递率，dist(n, d)表示在所述文件系统树形结构中从节点n沿树的路径到节点d之间的距离，dist(n, d)小于或等于预定传递深度。

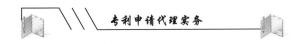

6. 根据权利要求1~5中任一项所述的方法，其中所述响应于用户对所述文件系统的操作、对所述文件系统中各文件项的搜索优先级值进行更新的步骤包括：

响应于用户创建文件项的操作，在所述文件系统中创建相应的节点，并且为所创建的文件项分配与其所属文件夹相等的搜索优先级值。

7. 根据权利要求1~5中任一项所述的方法，其中所述响应于用户对所述文件系统的操作、对所述文件系统中各文件项的搜索优先级值进行更新的步骤包括：

响应于用户删除文件项的操作，删除该文件项及其搜索优先级值。

8. 根据权利要求1~5中任一项所述的方法，其中所述响应于用户对所述文件系统的操作、对所述文件系统中各文件项的搜索优先级值进行更新的步骤包括：

响应于用户将文件项从第一位置移动到第二位置的操作，在所述文件系统的第一位置处删除相应节点的文件项及其搜索优先级值，并在所述文件系统的第二位置处创建相应节点的文件项，且为其分配与其所属文件夹相等的搜索优先级值。

9. 根据权利要求1~5中任一项所述的方法，还包括初始化时将所述文件系统中各文件项的搜索优先级值设为相同值。

10. 一种计算机文件系统搜索排序的装置，包括：

用于接收查询的装置；

用于至少根据文件系统中各文件项的搜索优先级值计算各个文件项对于所述查询的相关度、并基于所述相关度输出搜索结果的装置，其中所述搜索优先级值至少与用户对所述相应文件项的操作历史相关联；以及

用于响应于用户对所述文件项的操作，对所述文件系统中各文件项的搜索优先级值进行更新的装置。

11. 根据权利要求10所述的装置，其中所述用于至少根据文件系统中各文件项的搜索优先级值计算各个文件项对于所述查询的相关度并基于所述相关度输出搜索结果的装置包括根据如下公式计算各个文件项对于所述查询的相关度的装置：

$$S'(q, d) = \beta S(q, d) + (1-\beta) E(d),$$

其中，q是查询，d是文件，S(q, d)是文件系统搜索引擎根据接收到的查询q为每个文件d提供的用于排序的分值，E(d)是搜索优先级值，$0 \leq \beta < 1$，S′(q, d)是最终的搜索排序的文件相关度。

12. 根据权利要求11所述的装置，其中用于所述响应于用户对所述文件系统的操作、对所述文件系统中各文件项的搜索优先级值进行更新的装置包括：

用于响应于用户对文件项的点击、增加所述文件项的搜索优先级值的装置。

13. 根据权利要求12所述的装置，其中所述计算机文件系统具有树形结构，各文件项位于所述树形结构的各节点，所述用于响应于用户对所述文件系统的操作、对所述文件系统中各文件项的搜索优先级值进行更新的装置还包括：

用于根据各文件项在所述文件系统的树形结构体现的关联程度、将所述文件项的

第五章

搜索优先级值的增加传递到其他文件项的装置。

14. 根据权利要求13所述的装置，其中所述用于根据各文件项在所述文件系统的树形结构体现的关联程度、将所述文件项的搜索优先级值的增加传递到其他文件项的装置包括：

用于至少将所述增加的文件项的搜索优先级值传递到位于预定传递深度之内的节点的文件项的装置，并且满足下式

$$E'(n) = E(n) + p^{dist(n,d)},$$

其中，d表示与所述被点击文件项对应的节点，n表示任一位于所述预定传递深度之内的节点，E(n)为节点n的原有的搜索优先级值，E′(n)为节点n的更新后的搜索优先级值，p为取值在0到1之间的传递率，dist(n，d)表示在所述文件系统树形结构中从节点n沿树的路径到节点d之间的距离，dist(n，d)小于或等于预定传递深度。

15. 根据权利要求10～14中任一项所述的装置，其中所述用于响应于用户对所述文件系统的操作、对所述文件系统中各文件项的搜索优先级值进行更新的装置包括：

用于响应于用户创建文件项的操作在所述文件系统中创建相应的节点、并且为所创建的文件项分配与其所属文件夹相等的搜索优先级值的装置。

16. 根据权利要求10～14中任一项所述的装置，其中所述用于响应于用户对所述文件系统的操作、对所述文件系统中各文件项的搜索优先级值进行更新的装置包括：

用于响应于用户删除文件项的操作、删除该文件项及其搜索优先级值的装置。

17. 根据权利要求10～14中任一项所述的装置，其中所述用于响应于用户对所述文件系统的操作、对所述文件系统中各文件项的搜索优先级值进行更新的装置包括：

用于响应于用户将文件项从第一位置移动到第二位置的操作、在所述文件系统的第一位置处删除相应节点的文件项及其搜索优先级值、并在所述文件系统的第二位置处创建相应节点的文件项、且为其分配与其所属文件夹相等的搜索优先级值的装置。

18. 根据权利要求10～14中任一项所述的装置，还包括用于初始化时将所述文件系统中各文件项的搜索优先级值设为相同值的装置。

# 说 明 书

## 计算机文件系统搜索排序方法及装置

### 技术领域

本发明涉及对特定信息项的搜索排序，更具体地说涉及在计算机文件系统中进行搜索排序的方法及装置。

### 背景技术

随着计算机技术的不断发展，人们越来越依靠计算机系统（包括计算机网络）来存储大量的信息。当今所广泛应用的搜索引擎旨在协助用户在大量信息中进行检索，以便方便、快捷地获得有用信息。在信息检索领域，搜索引擎获得了很大的成功，开发并采用了大量有益的技术。其中，各种搜索引擎的技术改进和优化，都直接体现在对搜索结果的排序上。

目前，对文件系统进行检索排序主要是基于关键词的检索方法。传统的基于关键词的检索方法的基本原理是，搜索引擎首先对文档内容进行分析，提取文档中出现的关键词，并统计关键词在文档中出现的频率、位置以及整个文档集合中包含该关键词的文档的数目等，对这些信息建立索引。当用户输入查询式后，搜索引擎首先分析查询请求，对每个查询词在索引中分别找到包含该关键词的文档，然后对每篇文档计算与查询式的相关程度，最后，将相关文档按照相关程度大小进行排序，返回给用户。这种方法的难度在于，大多数情况下，用户的查询要求无法用非常简单的关键词进行准确的描述，而且，由于自然语言理解技术和相关计算方法的限制，查询结果的准确率比较低。

### 发明内容

由此可见，现有技术没有向用户提供适合计算机文件系统结构特点且能够响应于用户的交互而进行动态适应的搜索排序方案。

因此，为了克服现有技术中存在的不足，本发明要解决的技术问题是提供一种计算机文件系统搜索排序的方法及装置，其基于计算机文件系统结构并利用用户与搜索引擎系统的交互对文件系统进行搜索来提高搜索排序性能。

为解决上述技术问题，本发明计算机文件系统搜索排序方法包括：接收查询；至少根据文件系统中各文件项的搜索优先级值计算各个文件项对于所述查询的相关度，并基于所述相关度输出搜索结果，其中所述搜索优先级值至少与用户对所述相应文件项的操作历史相关联；以及响应于用户对所述文件项的操作，对所述文件系统中各文件项的搜索优先级值进行更新。

为解决上述技术问题，本发明计算机文件系统搜索排序的装置包括：用于接收查询的装置；用于至少根据文件系统中各文件项的搜索优先级值计算各个文件项对于所述查询的相关度、并基于所述相关度输出搜索结果的装置，其中所述搜索优先级值至少与用户对所述相应文件项的操作历史相关联；以及用于响应于用户对所述文件项的操作，对所述文件系统中各文件项的搜索优先级值进行更新的装置。

作为本发明所述方法或装置的改进，所述至少根据文件系统中各文件项的搜索优先级值计算各个文件项对于所述查询的相关度并基于所述相关度输出搜索结果的步骤或装置包括根据如下公式计算各个文件项对于所述查询的相关度的步骤或装置：

$$S'(q, d) = \beta S(q, d) + (1-\beta) E(d),$$

其中，q 是查询，d 是文件，S(q, d) 是文件系统搜索引擎根据接收到的查询 q 为每个文件 d 提供的用于排序的分值，E(d) 是搜索优先级值，$0 \leqslant \beta < 1$，S′(q, d) 是最终的搜索排序的文件相关度。

作为本发明所述方法或装置的进一步改进，所述响应于用户对所述文件系统的操作、对所述文件系统中各文件项的搜索优先级值进行更新的步骤或装置包括：响应于用户对文件项的点击、增加所述文件项的搜索优先级值的步骤或装置。

作为本发明所述方法或装置的更进一步改进，对于具有树形结构的计算机文件系统，各文件项位于所述树形结构的各节点，所述响应于用户对所述文件系统的操作、对所述文件系统中各文件项的搜索优先级值进行更新的步骤或装置还包括：根据各文件项在所述文件系统的树形结构体现的关联程度，将所述文件项的搜索优先级值的增加传递到其他文件项的步骤或装置。

作为本发明所述方法或装置再进一步的改进，所述根据各文件项在所述文件系统的树形结构体现的关联程度、将所述文件项的搜索优先级值的增加传递到其他文件项的步骤或装置包括：至少将所述增加的文件项的搜索优先级值传递到位于预定传递深度之内的节点的文件项的步骤或装置，并且满足下式

$$E'(n) = E(n) + p^{dist(n,d)},$$

其中，d 表示与所述被点击文件项对应的节点，n 表示任一位于所述预定传递深度之内的节点，E(n) 为节点 n 的原有的搜索优先级值，E′(n) 为节点 n 的更新后的搜索优先级值，p 为取值在 0 到 1 之间的传递率，dist(n, d) 表示在所述文件系统树形结构中从节点 n 沿树的路径到节点 d 之间的距离，dist(n, d) 小于或等于预定传递深度。

作为本发明所述方法或装置的另一种改进，所述响应于用户对所述文件系统的操作、对所述文件系统中各文件项的搜索优先级值进行更新的步骤或装置包括：响应于用户创建文件项的操作、在所述文件系统树形结构中创建相应的节点、并为所创建的文件项分配与其所属文件夹相等的搜索优先级值的步骤或装置。

作为本发明所述方法或装置的又一种改进，所述响应于用户对所述文件系统的操作、对所述文件系统中各文件项的搜索优先级值进行更新的步骤或装置包括：响应于用户删除文件项的操作，删除该文件项及其搜索优先级值的步骤或装置。

作为本发明所述方法或装置的再一种改进，所述响应于用户对所述文件系统的操作、对所述文件系统中各文件项的搜索优先级值进行更新的步骤或装置包括：响应于用户将文件项从第一位置移动到第二位置的操作、在所述文件系统的第一位置处删除相应节点的文件项及其搜索优先级值、并在所述文件系统的第二位置处创建相应节点的文件项、且为其分配与其所属文件夹相等的搜索优先级值的步骤或装置。

作为本发明所述方法或装置的再一种改进，还包括在初始化时将所述文件系统中各文件项的搜索优先级值设为相同值的步骤或装置。

利用本发明，用户在对文件系统进行搜索时，其感兴趣的经常操作的文件、文件夹通常排在搜索结果列表中较靠前的位置。而且，随着用户对文件点击的增加，搜索优先级值不断更新，使得搜索排序能够响应于用户交互持续跟踪用户的操作历史，及时调整搜索结果列表来动态地适应用户操作的变化。

结合附图阅读本发明实施方式的详细描述后，本发明的其他特点和优点将变得更加清楚。

**附图说明**

图 1 示出本发明对计算机文件系统进行搜索排序处理的流程图；

图 2 示意地表示文件系统搜索引擎初始化时的一个示例；

图 3A、图 3B、图 3C 示意地表示了图 2 所示文件系统在用户点击文件之后搜索优先级值的更新；

图 4 示出本发明一种实施方式中的文件系统搜索优先级值响应用户点击进行更新的流程图；

图 5 示意地表示图 3C 所示文件系统在用户创建新文件时搜索优先级值的更新。

**具体实施方式**

以下参照附图，对本发明的实施方式和实施例进行详细说明。为了便于下文的描述，首先给出一些术语的基本定义：

叶节点 d：d 表示与所述被点击文件项对应的节点。如上所述，在计算机文件系统中，叶节点是指任何格式的文件，例如 html、doc、pdf 等；

非叶节点 f：如上所述，在计算机文件系统中，非叶节点是指文件夹（这里以及以下的描述中，为了简便起见，认为文件夹均包含有文件。实际中，可将空文件夹等效处理为叶节点）；

节点 n：n 表示任一位于所述预定传递深度 depth 之内的节点，包括所有叶节点和非叶节点；

传递深度 depth：表示在响应于用户交互而进行的处理期间，搜索优先级值的增量所能传递的范围，例如可以表示为在该范围之内搜索优先级值增量传递所经过的最大路径数。

图 1 示出本发明对计算机文件系统进行搜索排序方法流程图，所述计算机文件系统可以具有树形结构，各文件项位于所述树形结构的各节点，但本发明不局限于树形结构的计算机文件系统，还可以是其他结构的计算机文件系统。

现结合图 1 所示流程图对计算机文件系统进行搜索排序方法的各步骤作具体说明。

在步骤 S100 中，开始该处理流程。

在步骤 S102 中，接收用户输入的查询 q。

在步骤 S104 中，根据查询 q 对相关文件项进行搜索。例如，当采用的文件系统搜索引擎为基于关键词的搜索引擎时，文件系统搜索引擎根据查询 q 利用文件系统索引中的信息，可以计算每个文件项 d 对于该查询 q 的重要程度的分值 S(q, d)。通常，该分值 S(q, d) 在常规的文件系统搜索引擎中，会作为搜索结果排序的依据。

结合下文中的描述，本领域的技术人员可以理解，虽然在这里给出了基于关键词进行搜索的示例，但是本发明的技术方案并不限制具体采用何种现有技术来实现该搜索步骤。而且，根据查询 q 对文件项进行搜索的过程可以以任何已知的算法、过程、方式来实现，而该实现方式的变换不影响本发明的保护范围。

在步骤 S106 中，根据当前的文件系统中各文件项的搜索优先级值计算各个文件项对于所述查询的相关度 S′(q, d)，并基于该相关度输出搜索结果列表。

根据本发明的一种实施方式，在启动任何具体搜索排序方法之前（例如，在初始安装文件系统搜索引擎的过程中），文件系统搜索引擎首先依据文件系统的结构（文件系统可以对应于一个树形结构，其中目录作为非叶节点，而文件则作为叶节点），为文件系统各个节点对应的相应文件项分配相应的搜索优先级值，其中所述搜索优先级值至少与用户对所述相应文件项的操作历史相关联。在这个初始化过程中，可以优选将所述文件系统中所有节点的各文件项的搜索优先级值设为相同值。

如在步骤 S104 中所描述的，文件系统搜索引擎会根据接收到的查询 q 为每个文件 d 提供一个用于排序的分值 S(q, d)。根据当前文件系统中提供的信息以及该用于排序的分值，为每个文件计算相关度 S′(q, d) 以用于最终的搜索排序。例如，对于文件 d，给定查询 q 可以用如下公式定义相关度 S′(q, d) 与分值 S(q, d) 和搜索优先级值 E(d) 之间的关系：

$$S'(q, d) = \beta S(q, d) + (1-\beta) E(d),$$

其中，β 为一个取值在 0 到 1 之间的参数，用来平衡分值和搜索优先级值在相关度中所占的比重。

第五章

由此，在该步骤中根据相关度输出的搜索结果列表至少部分地反映了用户对文件系统的操作历史。

在步骤S108中，响应于用户对文件系统的操作（例如，查询、打开文件或文件夹、添加文件或文件夹、删除文件或文件夹等），对所述文件系统中各文件项的文件搜索优先级值进行更新，使得其能够动态地反映当前文件系统的结构以及用户对某类文件或文件夹的操作历史。

在步骤S110中，判断搜索是否结束。

如果判断结果为“是”，则该处理在步骤S112中结束。

如果判断结果为“否”，则返回步骤S102接收新的查询q，并继续执行以后的步骤。

搜索优先级值是动态反映用户对文件系统的操作历史的参数。将文件搜索优先级值引入到搜索排序方案中，能够使得搜索结果至少部分地依据用户的操作历史进行排序，用户由此会更加方便有效地找到其所需的文件或文件夹。

在下文中将详细介绍如何对文件系统中的搜索优先级值进行动态更新，以便其能够及时并且有效地反映用户的操作历史。

图2示意性地表示了在树形结构文件系统搜索引擎初始化时的一个示例。

如图2所示，文件系统树形结构的根节点A为非叶节点，可以对应于文件系统的根目录A。节点A的子节点包括节点B、C、D，其中叶节点C对应于根目录A下的文件C，而非叶节点B、D分别对应于根目录A下的两个文件夹B、D。类似地，与节点B连接的包括子节点E、F、G，其中叶节点E、G对应于文件夹B中的两个文件E、G，而非叶节点F对应于文件夹B中的文件夹F。与节点F连接的为叶节点J、K，对应于文件夹F中的两个文件J、K。与节点D连接的包括叶节点H、I，对应于文件夹D中的两个文件H、I。

在初始化时，可以将所有节点的文件项的搜索优先级值设置成相同的值。

图3A、图3B、图3C示意性地表示图2所示的文件系统在用户点击文件之后的搜索优先级值的更新。

响应于用户对所述文件系统的操作，对所述文件系统中各文件项的搜索优先级值进行更新的方法包括：响应于用户对文件项的点击，增加所述文件项的搜索优先级值。当一个文件例如文件K被用户点击，则可以认为相对于其他文件而言，文件K对于用户重要程度更高。因此，如图3A所示，响应于这次点击，增加对应的节点K的搜索优先级值。在图中，为表示节点K的搜索优先级值增加，用粗线条的圆加以表示。此时，节点K成为源节点。



在搜索和排序的环境下，当用户对文件K操作，并不意味着他只对这一个文件感兴趣，而是表示他可能对与文件K密切相关的一些文件和文件夹都感兴趣。因为，用户通常习惯于将相关或者同类文件放置在相同的目录或文件夹中，所以与文件K密切相关的文件可能包括文件夹F（在树形结构中K的父节点）以及与其同在文件夹F下的文件J（在树形结构中K的兄弟节点）。因此，所有增加的搜索优先级值不能静态地只存在于节点K。

根据本发明的一个实施方式，搜索优先级值将按照文件系统的树形结构，通过连接节点K的链接进行传递。如图3B所示，节点K的搜索优先级值部分地传递到节点F，在图中K节点和F节点均用粗线条的圆表示两者的搜索优先级值增加，但两者加粗的程度不同，表示F节点的圆线条比表示K节点的圆线条细，以体现F节点增加值小于K节点的增加值。接着，如图3C所示，节点F再将其自身的搜索优先级值通过连接到它的链接，部分地传递到F节点的子节点J和父节点B。在图中，K节点、F节点以及B节点和J节点均用粗线条圆表示这些节点的搜索优先级值增加，但线条的粗细不同，其中线条最粗的K节点的增加值最大，线条次粗的F节点的增加值居中，三者中粗线条最细的B节点和J节点的增加值最小。依此类推，在文件系统中传递搜索优先级值增量。

为了提高这种搜索优先级值增量传递算法的效率，还可以在本发明的上述实施方式中规定当向一个节点增加搜索优先级值时的传递深度，也就是传递所经过的最大路径数。在图3C所示的示例中，规定了传递深度为2。搜索优先级值增量传递到节点B，它是作为源节点的节点K的祖父节点，与节点K的之间相距的路径，也即距离为2。由于规定了传递深度为2，节点B不再将搜索优先级值增量传递到它的父节点A和子节点E和G。当然，本领域技术人员可以理解，传递深度是可以依据特定的文件系统以及搜索排序需求进行选择，因此并不对本发明构成限制。而且，还可以将传递深度与其他限制条件相结合来限定传递。例如，可以规定传递深度为3且最远只传递到源节点的祖父节点位置。在这样的复合条件下，则节点B可以将搜索优先级值增量传递给其子节点E和G，而不再传递给其父节点A。因此，可以非常灵活地进行搜索优先级值增量传递限制条件的设定。

在根据本发明的搜索排序方法中，通过将每个节点的搜索优先级值至少部分地作为对应于该节点的文件的相关度，能够获得更好的排序效果。例如，在图3C中，节点K具有比节点B更高的搜索优先级值，当它们对于查询q得到分值相同时，节点K的相关度将会高于节点B的相关度。在搜索结果列表中文件K将会获得更好的排序位置，例如，位于列表更靠前的位置等。这样，用户感兴趣的文件、文件夹通常排在搜索结果列表中较靠前的位置，给用户的搜索带来了方便。而且，随着用户对文件点击的增加，将会给受点击的源节点以及其附近的节点增加搜索优先级值，由此不断更新文件系统中相应文件项的搜索优先级值。因此，上述文件系统能够持续跟踪用户的操作历史，及时调整搜索结果列表来动态地适应用户对文件系统的操作的变化。

图4示出本发明上述实施方式中的文件系统搜索优先级值响应用户点击进行更新的流程图。

所述响应于用户对所述文件系统的操作，对所述文件系统中各文件项的搜索优先级值进行更新包括，响应于用户对文件项的点击，增加所述文件项的搜索优先级值，并且根据各文件项在所述文件系统的树形结构体现的关联程度，将所述文件项的搜索优先级值的增加传递到其他文件项，至少将所述增加的文件项的搜索优先级值传递到位于预定传递深度之内的节点的文件项。下面结合图4对文件系统搜索优先级值响应用户点击进行更新的流程加以具体说明。

在步骤S400中，该处理流程开始。

在步骤S402中，用户点击文件d。

在步骤S404中，将文件d对应的节点d放入一个预先经过初始化的集合C中，其中该集合C用于包含当前搜索优先级值需要更新的节点。

在步骤S406中，将当前传递深度初始化为0。

在步骤S408中，为集合C中每个节点n（$n \in C$）的文件计算新搜索优先级值，每个节点n的文件的新搜索优先级值$E'(n)$满足：

$$E'(n) = E(n) + p^{dist(n,d)},$$

其中，d表示与所述被点击文件项对应的节点，n表示任一位于所述预定传递深度之内的节点，$E(n)$为节点n的原有的搜索优先级值，$E'(n)$为节点n的更新后的搜索优先级值，p为取值在0到1之间的传递率，$dist(n, d)$表示在文件系统的树形结构中从节点n沿树的路径到节点d之间的距离，$dist(n, d)$小于或等于预定传递深度。例如，由用户点击文件所增加的搜索优先级值为1，由于该节点的父节点到该节点的距离为1，所以该节点的父节点的搜索优先级值将增加$p^1$，而其祖父节点和其兄弟节点到该节点的距离为2，所以其祖父节点和其兄弟节点的搜索优先级值将分别增加$p^2$。

在步骤S410中，将当前传递深度累加1。

在步骤S412中，判断当前传递深度是否小于或等于预定传递深度。

如果在步骤S412中判断结果为“是”，则处理进入步骤S414。

在步骤S414中，获取当前集合C中所有元素节点的相邻节点，并在将集合C中的当前节点清空后，将所有新获取的节点插入到集合C中。其中一个节点的相邻节点是指与该节点直接相连的节点，即包括其父节点以及其子节点（如果存在的话）。

在步骤S414之后，处理返回步骤S408继续执行。

如果在步骤S412中判断结果为“否”，则处理在步骤S416中结束。

需要注意的是，本领域技术人员可以为传递率p和传递深度选择不同数值，甚至还可以设计其他的传递公式，以适应具体文件系统以及特定搜索需求的特点。例如，可以不限定传递深度，而是仅仅通过传递值$p^{dist(n,d)}$的大小来限制传递的距离。也就是说，预先设定一个传递阈值，对于各个相关节点来说，如果其传递值$p^{dist(n,d)}$大于所述阈值，则继续向其相邻节点传递；如果其传递值$p^{dist(n,d)}$等于或小于所述阈值，则停止传递。

根据本发明的方法，响应于用户对所述文件系统的操作、对所述文件系统中各文件项的搜索优先级值进行更新可以包括：

响应于用户创建文件项的操作，在所述文件系统树形结构中创建相应的节点，并且为所创建的文件项分配与其所属文件夹相等的搜索优先级值；和/或

响应于用户删除文件项的操作，删除该文件项及其搜索优先级值；和/或

响应于用户将文件项从第一位置移动到第二位置的操作，在所述文件系统树形结构的第一位置处删除相应节点的文件项及其搜索优先级值，并在所述文件系统树形结构的第二位置处创建相应节点的文件项，并为其分配与其所属文件夹相等的搜索优先级值。

图5示意地表示图3C所示文件系统在用户创建新文件时搜索优先级值的更新。该更新是在响应于用户对文件项的点击增加所述文件项的搜索优先级值并根据各文件项在所述文件系统的树形结构体现的关联程度，将所述文件项的搜索优先级值的增加传递到其他文件项进行更新的基础上，在用户创建新文件时对搜索优先级值作进一步更新。

如图5所示，用户在文件夹F下创建了新的文件M，其对应于节点F的子节点M。可以直接为节点M分配相应的搜索优先级值。例如，可以为节点M分配与其父节点F相同的搜索优先级值，在图中，M节点和F节点以相同的粗线条圆示出。

对于用户删除文件或文件夹的情况，可以简单地把对应节点的文件项从文件系统树形结构中删除，同时删除其对应的搜索优先级值。

类似地，对于用户移动文件或文件夹的操作，可以将其分解为一个创建过程以及一个删除过程。

本领域的技术人员可以理解，文件系统响应于具体用户操作历史的搜索优先级值更新方法，可以根据需要进行设计，以便优化计算机文件系统的搜索排序的性能。因此，这里给出的具体实施方式不对本发明的保护范围构成限制。虽然以上结合附图描述了本发明的具体实施方式，但是本领域技术人员可以在本发明技术构思的启发和不脱离本发明内容的基础上对本发明作出各种变形或修改，这些变形或修改仍落入本发明的保护范围之内。

# 说 明 书 附 图

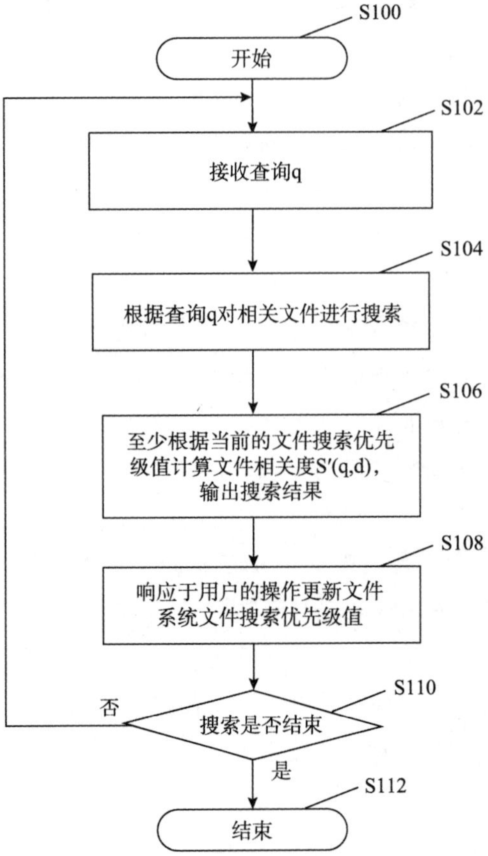
S100
开始
S102
接收查询q
S104
根据查询q对相关文件进行搜索
S106
至少根据当前的文件搜索优先级值计算文件相关度S′(q,d)，输出搜索结果
S108
响应于用户的操作更新文件系统文件搜索优先级值
S110
搜索是否结束
否
是
S112
结束

图1

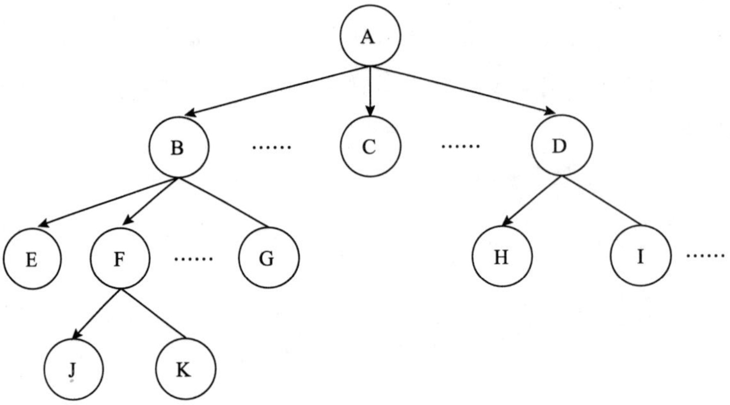
A
B
……
C
……
D
E
F
……
G
H
I
……
J
K

图2

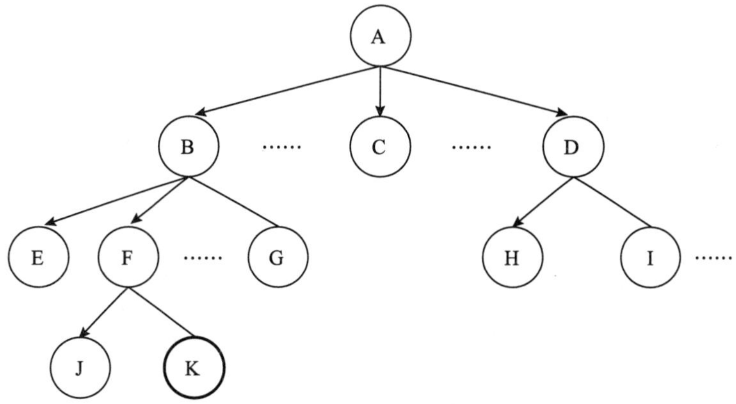


图 3A

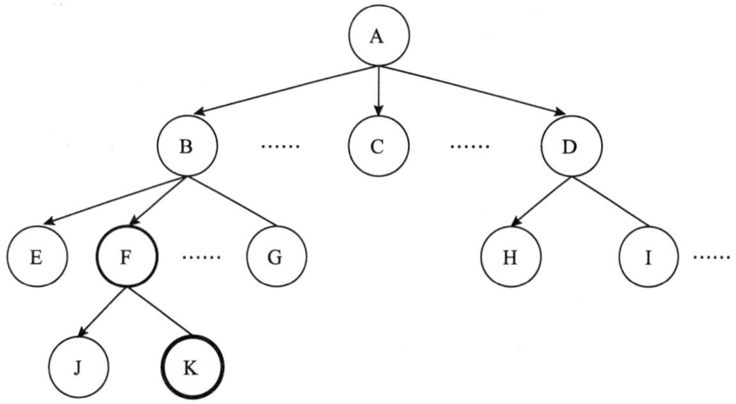


图 3B

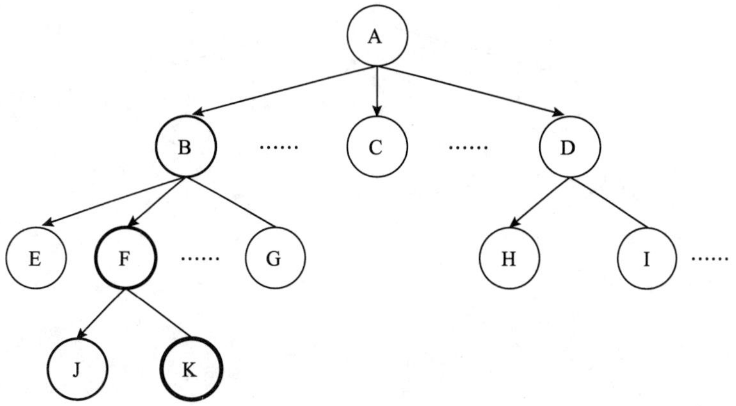


图 3C

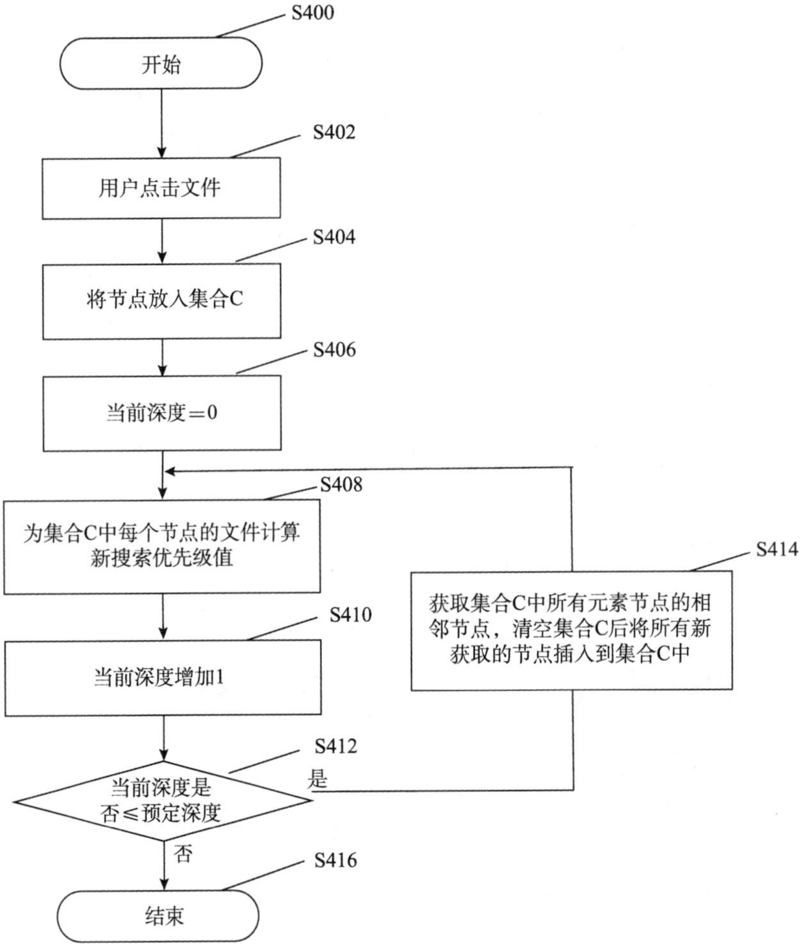
S400
开始
S402
用户点击文件
S404
将节点放入集合C
S406
当前深度=0
S408
为集合C中每个节点的文件计算新搜索优先级值
S410
当前深度增加1
S412
当前深度是否≤预定深度
是
否
S414
获取集合C中所有元素节点的相邻节点，清空集合C后将所有新获取的节点插入到集合C中
S416
结束

**图 4**

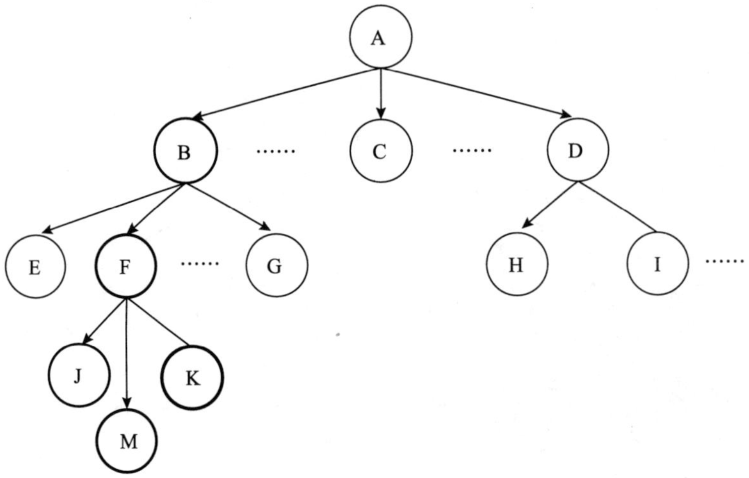
A
B
C
D
E
F
G
H
I
J
K
M

**图 5**

# 说 明 书 摘 要

本发明提供一种计算机文件系统搜索排序方法和装置。所述方法或装置包括：接收查询步骤或装置；至少根据文件系统中各文件项的搜索优先级值计算各个文件项对于所述查询的相关度，并基于所述相关度输出搜索结果的步骤或装置，其中所述搜索优先级值至少与用户对所述相应文件项的操作历史相关联；以及响应于用户对所述文件项的操作，对所述文件系统中各文件项的搜索优先级值进行更新的步骤或装置，例如响应于用户对文件项的点击增加所述文件项的搜索优先级值。利用本发明，随着用户对文件点击的增加，搜索优先级值不断更新，使得搜索排序能够响应于用户交互持续跟踪用户的操作历史，及时调整搜索结果列表来动态地适应用户操作的变化。

# 摘 要 附 图

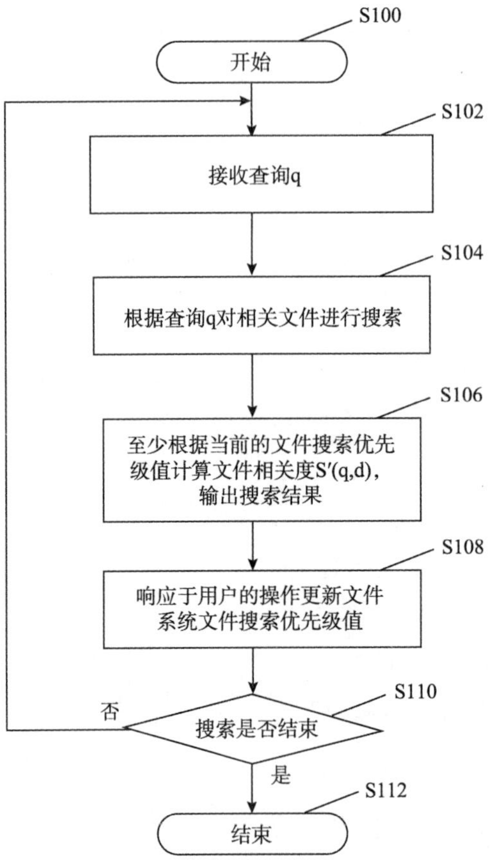
S100
开始
S102
接收查询q
S104
根据查询q对相关文件进行搜索
S106
至少根据当前的文件搜索优先级值计算文件相关度S′(q,d)，输出搜索结果
S108
响应于用户的操作更新文件系统文件搜索优先级值
S110
搜索是否结束
否
是
S112
结束